포스트모더니즘의 세계
▶도전 받는 크리스챤◀

Gene Edward Veith, Jr. 지음
홍치모 교수 옮김

아가페문화사

Postmodern Times

- A Christian Guide to Contemporary Thought and Culture -

by
Gene Edward Veith, Jr.

·

translated
by

Hong Chi-Mo

2004
Agape Culture Publishing Company,
Seoul, Korea

□ 저자 서문 □

　오늘 날 많은 사람들이, 모더니즘 시대가 끝났다는 생각을 하고 있다. 학문의 분야에서부터 새로운 사회현상들에 이르기 까지 거의 모든 영역에서, 20세기의 사상과 문화를 형성했던 주장들이 부서지고 있는 것이다. 21세기로 들어서는 지금, 서구 문화는 새로운 국면에 접어들고 있음이 분명하며, 학자들은 그것을 "포스트모던(postmodern)"이라고 말한다.
　아직은, 그 변화가 좋은 것인지 나쁜 것인지, 단정 지을 수 없다. 한편, 모더니스트적인 유물론과, 무신론, 사회 구성 론 등을 바탕으로 형성된 사회로서 그 극단적인 예(例)라 할 수 있는 소련이 붕괴했다. 자유 시장 경제이론 이라든지 개인의 자유 등 전통적 미국의 이상(理想)들이 전 세계를 휩쓸고 있다. 기독교는, 공산주의를 이겨냈을 뿐만 아니라 공산주의가 사멸 되게 하는 주된 힘이 되기도 했는가 하면, 이제 새로운 신뢰를 얻고 있다. 그런 와중에, 옛 모더니스트적인 비평가들은 얼굴을 들기가 곤란하게 됐으며, 전 세계의 수많은 사람들이 하나님의 말씀을 발견하고 예수님께 의지하고 있다.
　또 한편, 사회는 상호 적대적인 집단과 집단들로 잘게 나뉘고 있다. 종족 주의, 테러, 이민족 말살 행위 등이 이 지구를 갈기갈기 찢어 놓고 있는 것이다. 미국인들은 낙태와 안락사 같은 도덕적 논쟁, 그리고 교육과 문화의 다양성 같은 지식 논쟁들과 "문화 전쟁"을 치르고 있다. "정치적인 정확한 일치감"을 위해 동요된 나머지, 대학교 들은 이제 더 이상, 하나의 객관적이고 합리적인 진리가 존재한다고 생각했던 모더니스트적인 주장 하에서 움직이지 않는다. 심지어 서구문명의 가치에 대한 것과 같은 기초적인 질문들조차도 생각 나름으로 되어 버렸다. 서구의 유산이 인간의 업적과 자유의 유산인가? 아니면 서구의 유산이 원천적으로 인종 차별, 성 차별, 제국주의, 그리고 동성애 공포의 유산인가?
　벼라 별 "공동체들"- 여성해방론자들, 동성연애자들, 흑인계 미국인들, 신 보수주의자들, 낙태 반대론자들 - 이 현재 문화의 모습을 형성하고 있다. 서로 다른 이들 집단들은 서로 간 뜻이 통할 수 있는 공통 틀이 없으며, 의견의 일치를 이룬다는 것은 더 더욱 말할 수조차 없다. 그런 와중에, 가정들은 이산(離散)되고, 수천 명의 목숨이 AIDS로 죽어가고 있다. 그리고 대중문화는 우리 모두를 TV앞에서 정신을 팔게 만든다.

그러니 포스트모더니즘 시대가 기독교인의 관점에서 볼 때 좋다는 말인가 나쁘다는 말인가? 아무래도 우리는 디킨즈(Dickens)의 말을 상기해 보는 수밖에 없을 것 같다, "그것은 모든 시대 중에서 최고의 시대인 동시에 최악의 시대였다." 그는 두 도시 이야기(The Tale of Two Cities)에서, 여러 가지 면으로 모더니즘의 시초라 할 수 있는 불란서 혁명의 시대를 말하고 있다. 그러나 그의 말들은 모든 시대에 다 해당되는 듯하다. 모든 시대는 그 나름의 위대함과 어리석은 점들, 그리고 가능성과 미혹을 언제나 함께 가지고 있다. 그러나 이러한 양상들은 각 시대마다 다르게 마련이다. 기회를 잘 붙잡고 미혹의 덫을 피하기 위해서는, 기독교인들이 "현시대에 대한 이해"의 감각을 지속적으로 유지하고 있어야한다(롬13:11)

교회는 항상 그 시대의 문화와 맞서야만 했으며, 세상과 긴장관계 속에서 존재해야 했다. 당시대의 문화를 무시하는 것은 부적합한 비판을 한다는 욕을 당하기 십상이고; 그렇다고 무비판 적으로 문화를 받아들이는 것은 혼합주의나 불신앙의 위험을 안게 되는 것이었다. 모든 시대마다, 당대 최신의 지식과 문화의 유행에 맞춰서 기독교를 재해석하려고 노력했던, 대중들의 비위 맞추기식 자유주의 신학자들이 존재해 왔다. 계몽사상의 자유주의자들은 그들의 합리적 종교를 가지고 있었고, 성경에 대해서는 더욱 고도의 고등 비평을 가했으며, 로맨티시즘의 자유주의자들은 그들의 다정한 감정을 갖고 있었다. 실존주의적 자유주의자들은 의미에 대한 비평과 신앙의 비약이 있었다(우리가 읽게 될 내용이기도 하지만). 오늘날엔 포스트모더니즘의 자유주의자들이 있다. 그러나 그 모든 것들과 함께 참된 기독교인들도 역시 매 시대마다 살고 있었으며, 그들은 (본서에서 읽게 되듯이) 그리스도 안에서 그들의 신앙을 고백했다. 그들은 모두 그들 문화의 한 부분이기도 했다(그들이 모두 같은 것을 말하고 있지만, 독자는 17세기, 18세기, 19세기 등 각 시대의 기독교인들의 독특한 스타일을 알아볼 수 있게 될 것이다). 그러면서도 그들은 또한 그들 문화에 거스르는 존재로 되어져 있었으며, 사회의 모든 부조리와 필요한 사항들 앞에서 하나님의 율법과 복음을 선포하였다.

본서는 현시대 상황-즉 시대적인 중심 사상, 예술 형태, 사회적 윤곽, 그리고 영적 주장들-에 대한 안내서이다. 이 책은 그러한 사항들에 대해서 기독교인의 관점에서 다양한 추세와 논평을 서술하고 있다.

일부 기독교인들은 모더니즘의 종말과 함께 포스트 모던의 시대가 고전적 기독교의 재 탄생을 의미할 수 있다고 생각한다. 그들은 포스트 모던 시대를 희망찬 용어로 거론한다. 필자도 이러한 전망에 동의하면서도, 한편으로는 모더니즘적 세계관을 대신해 자리 잡고 있는 새로운 세속적 이데올로기를 목도한다. 모더니즘과 같이 포스트모더니즘도 기독교에 대하여 적대적이다. 그러나 그 이유가 다르다. 본서에서는 필자가, "모던이 지나갔다는 뜻의 포스트모던에 대해서는 밝은 전망을 지니고 있지만" "포스트모더니즘"이라고 부르는 대상에 대해서는 비판적 입장을 지니고 내용을 엮어간다.

나는 본서에서 전반적으로 교회를 옹호하는 입장에서 글을 쓰는 것이지, 학문적인 전문가들을 위해서 쓰는 것이 아니기 때문에, 포스트모더니스트 사상에 대한 고도의 기술적인 면모들에 대해서는 서술하지 않고 있다. 라캉(Lacan), 데리다(Derrida), 포우컬트(Foucault)등을 비롯한 포스트모던 사상의 중심적인 인물들의 구체적인 글들에 대해서는 언급을 하지 않았다. 또한 나는 포스트모더니스트들이 그들의 사상을 주장하기위하여 대체로 사용하는 비판 이론이나, 해석학, 또는 높은 전문적인 부류의 강연이나 논문 속으로 깊이 빠져 들어갈 의향도 없다. 다른 기독교 학자들, 특히 로저 란딘(Roger Lundin)이나 클라렌스 월 하우트(Clarence Walhout)같은 사람들이 기독교인의 입장에서, 전술(前述)한 포스트모더니스트들의 학문에 관하여 사려 깊고도 세밀하게 취급한 책들을 이미 내놓은 터이기 때문이다.

본서가 나오게 된 유래는, 텍사스 대학교(University of Texas)의 조사 담당관들(Probe Ministry)이 후원하고, 필자가 강의하도록 요청

받은 "해체주의를 해체하기(Deconstructing Deconstruction)"라는 강좌로부터 비롯된다. 나는 내 동료인 데이빗 크렌즈 박사(Dr. David Crenz)에게 많은 도움을 받았다(실제로 그가 이 책을 썼어야한다고 생각한다), 그는 나에게 포스트모더니즘에 관한 전반적인 이해를 할 수 있게 해준 분이다. 낸시 피어시(Nancy Pearcey)는, 챨스 콜슨(Charlse Colson)의 라디오 방송 프로그램인 "파괴 점(Breakpoint)"을 가지고 작업을 할 때, 17세기에 관한 전문가인 나에게 아무래도 서툴 수밖에 없는 현시대의 쟁점들에 대해 나의 초점을 집중할 수 있도록 많은 도움을 주었다.

더불어 필자는, 함께 모여 커피도 들면서 원고를 읽거나 대화를 나누었던 두 사람의 동료 작가들의 큰 도움에도 높이 감사하고자 한다. 그중 해롤드 셍크베일 목사(Rev. Harold Senkbeil)는 필자에게 현시대 기독교가 직면하고 있는 신학적인 문제점들 과 개혁주의 영성에 바탕을 둔 대체안적 고백신앙으로의 발전 가능성에 대하여 이해할 수 있게 도움을 주었다. 또한 리챠드 아이어 목사(Rev. Richard Eyer)는, 병원 예배당 목사로서, 나에게 의료 윤리와, 말 그대로, 신 세계관들에 대하여 기독교가 벌이고 있는 생명과 죽음에 관한 투쟁의 방법들을 제대로 볼 수 있게 눈을 열어 주었다.

이 최종 원고를 전환점으로서의 기획물(the Turning Point Series)로 의탁하고, 이 연속 기획물을 뒷받침할 수 있게 하려고 필드 스테드 연구소(Fieldstead Institute)에 위촉하였음은 물론, 그 연구소의 작가 제위(諸位)의 이루 다 열거할 수 없이 많은 방법으로 우리의 시대를 하나님의 말씀으로 조명하여 바라볼 수 있도록 나를 도울 수 있게 하는 등의 배려를 아끼지 않은 마빈 올래스키(Marvin Olasky)님께 심심한 감사를 드린다. 내 사랑하는 아내 잭크린(Jackquelyn)과 아들 폴(Paul), 딸 죠안(joanna)과 메리(Mary)에게도 큰 감사의 빚을 다 갚을 길이 없다.

Gene Edward Veith, Jr.

□ 역자 서문 □

역자가 이 책을 처음 발견하여 읽은 것은 근 10년이 가까워 오고 있다. 이 책의 저자 베이드(Gene Eward Veith, Jr.) 교수는 미국 위스콘신 주에 소재하고 있는 컨콜디아대학교의 인문학 부교수로 재직하면서 이 책을 쓴 것으로 되어 있다. 얼마 전 대학당국에 문의하여 베이드 교수의 주소를 문의하였더니 대학교를 사임하고 떠나버렸다는 소식을 들었다.

베이드 교수가 쓴 Postmodern Times: A Christian Guide to Contemporary Thought and Culture를 읽고 가졌던 소감을 적어 보면 다음과 같다.

첫째, 베이드 교수는 한 기독교 지성인으로서 오늘 기독교가 다양하고 복잡한 현대 세속문화와 긴장 속에서 대결하지 않으면 안 될 절박한 상황 속에 처해 있다는 것을 강조하고 있다. 그런데 지난 2천년 동안 기독교회가 경험하여 온 지난날의 역사를 회고해 볼 때, 기독교회가 세속사회 내지 문화에 대해서 그 영향을 세속사회에 주었든가, 아니면 반대로 기독교회가 세속문화 또는 정치적 권력의 영향을 받아 핍박을 받았든가, 아니면 세속문화(이방사상)와 타협함으로서 기독교 고유의 빛과 짠 맛을 잃었던가, 둘 중에 하나였다.

그렇다면 지나간 긴 2천년의 역사를 모두 이야기 할 것 없이 지금 여기서(hic et nunc) 오늘 우리가 직면하고 있는 역사적 정황과 문화를 이야기 하는 것만으로도 충분하지 않을까... 그런 뜻에서 베이드 교수는 지금 동서양을 막론하고 현실적으로 기독교인들이 부딪치고 있는 현대사상과 문화에 대해서 냉정하게 분석하고 이해함으로서 우리에게 도전해 오고 있는 온갖 사조(思潮)와 퇴폐문화를 필사적으로 막아야 한다는 목적의식을 가지고 이 책을 집필했다고 생각한다.

그러므로 베이드 교수는 이 책의 내용을 상징적으로 암시하기 위해서 구약성경 시편 11편 3절에 있는 말씀을 표어로 삼고 있다.

터가 무너지면 의인은 무엇을 할고?

이 책을 번역하는데 있어서 이모저모로 큰 도움을 주신 김충선(金忠鮮) 선생에게 감사의 뜻을 표해 마지않는다. 그는 총신대학교 신학과를 졸업하고 선교대학원에서 석사학위를 마친 영어에 능통한 재사이다. 여러 가지 어려운 여건 속에서 이 일을 도와 준 것에 대해서 다시금 감사한다. 그리고 이 책을 출판하기로 주저 없이 허락하여 주신 아가페문화사의 김영무 목사에게도 감사를 드린다. 아울러 독자의 양해를 구하는 것은 본서의 본래의 제목을 내용에 부합하도록 "시대"를 "세계"로 고쳤다는 점이다.

끝으로 바라는 것은 이 역서가 간행됨으로서 한국교회의 여러 목사님들을 비롯하여 신학생들과 일반 교우님들까지 읽음으로서 질식 상태에 있는 기독교회가 생기를 되찾는데 일익을 감당해 주기를 기원해 마지않는다.

2004년 10월 10일

정들었던 사당동 연구실을 떠나면서…

역자 홍 치 모

□ 차 례 □

저자 서문 · 3
역자 서문 · 7

제1부: 포스트모더니즘적 사고(思考) · 13
  제1장. "절대 진리는 없는 것인가?" · 15
    절대 진리는 없는가? 16/ 세계관의 변동 20/ 바벨탑의 저주 22/ 본서의 개괄 25
  제2장. 모더니즘에서 포스트모더니즘으로 · 29
    모더니즘 이전 31/ 계몽주의 37/ 반대의 목소리 40/ 모더니즘의 종말 45/ 반 계몽주의 49/ 포스트모더니즘과 문명 52
  제3장. 진리의 정립(定立), 그리고 해체(解體) · 57
    반 기초주의 59/ 언어의 파괴 62/ 진리 없는 행동 68/ 도구에 대한 의혹 74/ 해체와 기독교 79/ 인간의 언어와 하나님의 언어 82/ 이성(理性)의 한계(限界) 86
  제4장. 인간에 대한 비판 · 91
    인간에 대한 비판들 93/ 정체성 없는 삶 104/ 기독교의 두 가지 자아 113

제2부: 포스트모던의 예술 · 119
  제5장. 전통·인습에 대한 희롱: 예술과 예술 행위 · 121
    예술에 나타난 모더니즘과 포스트모더니즘 122/ 퍼포먼스 132/ 인간성 부재의 예술 136/ 예술의 정치 140/
  제6장. 바벨의 탑들: 건축술의 경우 · 147
    현대 건축술 148/ 포스트모던 건축술 151/ 해체주의적인 건축술 153/ 몰(malls)과 테마파크 156/ 다시 가 본 바벨탑 159/
  제7장. 메타 픽션: TV, 영화, 그리고 문학 · 161

텔레비젼 162/ 영화 168/ 형이상학 소설 170/ 요술적 현실주의 177/ 인기가 있다는 것 180/ 초현실주의(Super Realism) 187/

제3부: 포스트모던식 사회 · 191

제8장. 신(新) 종족(種族) 주의 · 193
분열(分裂) 195/ 다문화주의 201/

제9장. 힘의 정치 · 213
포스트모더니즘의 정치적 의미들 214/ 현시대 민주주의 226/ 포스트모더니스트와 러시아인의 만남 234/

제10장. 일상 속의 포스트모더니즘 · 239
포스트모던적 의식구조(意識構造) 240/ 포스트모던 사업 239/ 신종(新種) 계급 244/ 과학의 운명 247/ 교육 250/ 사회 정책 251/ 지구 환경 253/

제4부: 포스트모더니즘 시대의 종교 · 259

제11장. 진리 없는 영성 · 261
진리냐 욕망이냐 264/ 신(新) 종교들 272/ 사회의 선택 277/

제12장. 포스트모던 시대의 기독교 · 287
복음주의적 포스트모더니즘 288/ 고백적 선택 297/ 포스트모더니즘적 활용 304/

결론: "기초가 무너지면" · 309
의인이 무엇을 할고? 310/ 역사의 교훈 314/ 성소에 계신 주님 321/

참고문헌 · 323

포스트모더니즘의 세계
도전 받는 크리스챤

"기초가 무너지면, 의인이 무엇을 할고?"
(시편 11편 3절)

제1부

포스트모더니즘적 사고(思考)

제1장
"절대 진리는 없는 것인가?"

　찰스 콜슨은 한 방송계 인사와 저녁을 함께 하면서 서로 나눈 이야기를 들려주었다. 찰스는 그 친구에게 되도록이면 기독교에 대한 얘기를 하려고, 자기가 어떻게 예수님을 영접하게 되었는지를 말해주었더니, "예수는 확실히 당신을 도왔군"하고 대답을 하면서도, 자기가 아는 어떤 사람은 뉴 에이지 사상의 영향으로 인해 인생이 완전히 바뀐 경우도 있더라고 언급하면서, "수정구슬과 염력(念力)이 그녀에게 효험이 있었던 것인데, 예수가 자네에게 효험이 있었던 거와 같은 경우겠지"라는 대답을 했다.
　콜슨은 그 이야기의 내용이 같은 경우가 아님을 애써 설명하려고 했으나 통하질 않았다. 콜슨은 죽음과 내세에 관해서 얘기를 꺼냈지만, 그 친구는 천당이나 지옥의 존재를 믿지도 않았고, 유독 죽음이라는 미래에 대해서도 그다지 마음에 걸리는 것으로 보지 않았다. 콜슨은 성경말씀을 설명했지만, 그 친구는 성경에 대해 믿지도 않을뿐더러 다른 어떤 영적 권위에 대한 것도 인정하지 않는 것이었다. 그래서 콜슨은 이번엔 우디 앨런의 영화 '범죄와 비행'에 대한 얘기를 꺼냈는데, '인생은 적자생존의 장일뿐'이라고 단정하면서 자기 양심의 소리를 묵살하는 한 킬러에 관한 내용이다. 그 얘기에 이 친구가 진지해지는 것을 보고, 콜슨은 도덕률과 실존에 관해서 톨스토이와 C. S. Lewis가 제시한 사항들을 가지고 말을 이어갔다. 그는 이제 콜슨의 얘기를 묵묵히 듣기만 했고, 그래서 콜슨은 '법을 지킬 수 없는 인간의 무능력'에 대한 로마서까지 인용하게 되었다. 그러자 그 친구는 예수님의 십자가상의 대속사역에 대해 진지하게 귀를 기울였다.

그 친구가 기독교인이 된 것은 아니었지만, 콜슨은 마침내 그가 가졌던 여러 겹의 벽을 조금은 허물었다는 것을 느끼게 되었다. 그 친구가 지닌 사고의 틀로 인해, 보통 사용하는 복음주의적 접근이 먹혀들지를 않았던 것이다. 콜슨은 말한다. "내 경험은, 현대의 사고가 기독교 복음에 대해 얼마나 거부하고 있는가를 여실히 보여주는 심각한 예로서, 우리시대의 전통적인 복음주의 방법이 과연 효과적인 것인지에 대해서 진지한 물음을 던지고 있는 것이다. 이 시대의 정신은 우리가 인식하고 있는 것보다도 더욱 급속하게 변화하고 있기 때문이다."1)

절대 진리는 없는가?

진리가 상대적이라고 믿는 자들에게 진리를 증거 하기는 쉽지 않다. "예수가 당신을 도왔지만, 그녀에겐 보석<수정이나 다이아몬드>이 도움이 되었다."는 경우처럼 도덕성이라는 것이 상대적이므로, 용서할 죄도 없다고 믿는 이에게 구속의 진리를 선포하기는 어려운 일이다.

최근의 조사에 따르면, 미국인 66퍼센트가 "절대 진리 따윈 없다"고 믿는다. 초기 성년 층으로 가면 그 비율이 더 커져서, 18세에서 25세의 미국인들 중 72퍼센트가 절대 진리가 없다고 믿는다.2)

진리를 인정하지 않는 것은 물론 자기모순이다. 뭔가 '옳다'고 생각한

---

1) Charles Colson, "Reaching the Pagan Mind," *Christianity Today*, 9 November 1992, p. 112.
2) George Barna, *The Barna Report: What Americans Believe*(Ventura, CA: Regal Books. 1991), pp.83-85.

다는 뜻으로, "옳은 것은 없다는 말이야 말로 옳다."고 말하는 것 그 자체가 본질적으로 의미를 잃은 난센스다. 또한 "절대 진리란 있을 수 없다."고 하는 그 말이 바로 (그들에겐) 절대 진리인 셈이다. 인간들은 수 세기 동안 그런 관념들을 가지고 서로 공격하며 철학적인 유희를 삼았다. 그러나 그들은 그것들에 대해 정말로 진지하게 생각해보질 않았다. 오늘날엔 단지 소수의 비밀스럽고도 괴팍한 철학자들만이 이런 진리에 대한 깊은 회의적 견해를 지니고 있는 게 아니라, 길거리의 보통사람들도 지니고 있다. 진리에 대한 거부가, 광기어린 몇 사람들의 하찮은 짓 정도가 아니라, 미국인 3분의 2나 되는 사람들의 일인 것이다.

더구나, 그 여론조사는 연이어, 복음주의적 기독교인이라고 자칭하는 미국인들 53퍼센트가 절대 진리를 부정하고 있음을 보여주고 있다. 이것은, 성경의 권위를 인정하고 예수를 구주로 믿는다고 말하는 자들의 대부분이 "절대 진리라는 건 없다"는 말에 동감한다는 뜻이다. 예수는 정말 없을까요? 그럼요, 설혹 예수가 "사람들을 이롭게 하는"분이라고 한다 해도, 그런 분은 없어요. 성경도 없나요? 그것도 뻔하죠. 비록 복음주의적인 사람들 85퍼센트가, "성경은 하나님의 성령으로 쓰여진 말씀이며, 성경의 가르침 모두가 정확무오하다."고 믿고 있지만, 그런 성경이 어디 있겠습니까. 그런데 기이한 사실은, 70퍼센트의 미국인이 성경에 대한 이런 고귀한 관념(성경은 하나님 말씀이요, 정확무오하다)을 자기네들이 인정하고 있다고 주장하는데, 그것은 "절대 진리란 없어"라고 말하는 사람들의 숫자와 같다는 점이다.[3]

그럼 어찌된 셈인가? 추정컨대 조사 대상자들이 조사 질문의 뜻을 오해했거나 아니면, 자기네들이 믿는다고 주장하는 것의 의미를 제대로 알지 못한 것 같다. 전에 말한 53퍼센트 속의 복음주의적 회의론 자들 중 일부는, 그러한 대중철학의 신학이론에 대해 망각하고는, 그들이 텔레비전에서 들었던 것을 단순히 모방해 되뇌기는 정도일 뿐, 사실상으로는 흔들림 없는 기독교인일 수도 있다. 그 여론조사는 무지라든지 아니면

---

3) *Ibid.*, pp. 292-94.

뜻의 혼동을 나타내주는 것일지도 모른다. 그럴 경우라 하더라도 그것은 마찬가지 의미를 가지는 것이다. 서로 양립될 수 없는 사상을 지닌다는 것은, 절대 진리가 존재하지 않는다고 믿는 확실한 표징이다. 절대 진리에 대한 거부가 철학의 장점인 것만은 아니다. 여론조사 대상의 많은 사람들이 의심할 것 없이 그 조사 설문을 인식론으로 보다는 도덕성에 대한 언급으로 받아들였다. 상대적인 가치 기준은 진리에 대해서도 상대주의를 갖게 한다.

지금까지, 각 사회마다 성(性)을 엄격한 도덕적 기준으로 규제해 왔다. 이것은 모든 시대나 종교, 그리고 문화에 대해서도 마찬가지였다. 그런데 어느새, 혼외정사가 별스럽지 않게 받아들여지게 되었고, 1969년에는, "성의 혁명" 속으로 한 걸음 진입한 상태에서, 68퍼센트 정도의 미국인만이, 혼전성관계가 잘못이라고 믿고 있었다. 1987년에 어느 정도는 보수적인 지역이라고 알려진 곳에서도 이미 에이즈의 진입에 의해 겁에 질려 있었으며, 그땐 절반에 미달하는 46퍼센트만이 혼전성교가 잘못이라고 믿었다.4) 이것이 1992년에 들어서는 겨우 33퍼센트만이 혼전성교를 잘못된 일로, 거부감을 보였다.5)

논란에 논란을 거듭하는 와중에, 사람들은 쉽사리, 때를 기다리고 존중하는 도덕의 기준을 버려가고 있다. 자궁에 든 태아를 없애는 일은, 무섭고 아예 거론조차 할 수 없는 죄악으로 간주되었었던 일이다. 그런데 오늘날 낙태는 다만 불법이라는 것만 남았고, 이제는, 그럴 수도 있는 일이라거나, 제도상의 권리 정도로 달라져가고 있는 실정이다. 사람들은 과거에 장애자나 병자, 노약자를 죽이는 일을 생각할 수조차 없는 흉악무도한일로 생각했었는데, 요즘은 안락사를 동정의 행위로 간주한다. 이러한 도덕적 전도현상(顚倒現像)은 비단 세속적 삶 속에서만 아니라, 기독교계 내에서도 벌어지고 있다. 최근 연구는 독신 근본주의자들 중 56

---

4) George Gallup and Sarah Jones, *100 Questions and Answers: Religion in America* (Princeton, NJ: Princeton Research Center, 1989), p. 120.
5) Andrew M. Greeley,"Sex and the Single Catholic: The Decline of an Ethic,"*America,* 7 November 1992, p.344.

퍼센트가 혼외 성관계를 갖고 있다고 주장한다. 이 수치는 자유주의자들의 경우(57퍼센트)와 거의 같은 비율이다. (아이러니하게도, 성의 도덕성에 대해 가장 엄격하게 가르치며, 구원의 역사를 위한 훌륭한 역할이 가장 중요하다고 강조하는, 교회가 혼외정사를 인정하는 교인들을 두고 있기도 하다. 이 연구에 따르면, 독신 카톨릭 신자의 66퍼센트가 성에 대해 적극적이었으며, 미국 카톨릭 신자들이 일반 미국인들보다도 더 세속적으로 혼외정사와 혼전 성관계에 찬성했다. 이 연구에 의하면, 67퍼센트의 미국인이 혼전성관계에 찬성했는데, 카톨릭 신자는 83퍼센트의 수치를 보이므로, 그들의 교회의 가르침에 완전히 반대되는 현상을 보였다.)6)

같은 맥락에서 개신교도 49퍼센트, 카톨릭 신자 47퍼센트가, 낙태에 관해서 찬성하는 입장을 보였다.7) 약 49퍼센트의 복음주의자와 놀랍게도 71퍼센트의 구교도들이 안락사를 인정한다고 대답 한다.8) 이는 "살인하지 말라."는 계명이 절대 진리가 아니라고 단정 짓는 것 임이 명백하다.

분명, 여론 조사라는 것이 잘못된 것일 수도 있고, 때론 오도되기도 하며, 여러 가지 해석에 따라 좌우되는 것 이기는 하다. 다른 조사에 따르면, 기타(앞서 언급한 사람들 이외에)문제에 대해서는 강한 도덕적 입장을 가진 사실을 보여준다. 내가 제시하고자하는 것은, 여론조사에 대한 과신이, 특별한 종류의 현시대적 혼란의 표징들 가운데 하나라는 것이다.

비록 여론조사가 정확하다 할지라도, 그것은 성경이 말하는 죄 문제에 대해 확인 하는데 지나지 않는다. 성경적인 죄의 관념을 가진 사람이라면, 부도덕이, 사회 전체는 물론 교회 내에도 만연하여 있고, 기독교인들이 도덕적으로 실족하거나 위선에 빠지기 매우 쉽다는 사실에 놀라지 말아야한다.

---

6) *Ibid.*
7) James R. Kelly,"Abortion: What Americans *Really* Think and the Catolic challenge,"*America*, 2 November 1991, p.314.
8) Kim Lawton,"The Doctor as Executioner,"*Christianity Today*, 16 December 1991, p. 50.

교회는 언제나 죄인으로 가득하다. 마치 "죄 없는 자 누구인가?"라는 말을 이루려는 듯, 기독교인들도 그들이 하나님의 율법을 지킬 수 없는 무능을 인정한다. 그래서 그들은 그들의 구원을 오직 예수께서 이루어 주신 구속에 의지할 수밖에 없는 것이다. 신학자들은 늘, 교인들이 비신자들 못지않게 복음으로 다져질 필요가 있다는 사실을 깨닫고 있다.

그러면서도, 여론조사는 새로운 사실을 나타낸다. 사람들이 언제나 죄를 저지르고 있지만, 그게 죄라는 걸 알고는 있었다는 사실이다. 100년 전에도, 한 인간이 하나님과 사람을 무시하고 음행을 저지르는 경우도 있었을 테지만, 그가 행한 일이 죄라는 걸 자신도 알고 있었을 것이다. 그러나 오늘날 우리가 처하고 있는 것은, 부도덕한 행위만이 아니라, 도덕적 분별의 실종이다. 이는 교회 내에서도 마찬가지다. 도덕의 붕괴와, 의미의 퇴락이 우리에게 다가온 것이다. "절대 진리가 어디 있는가?"

세계관의 변동

어떤 일이 벌어진 것일까? 한때는 모든 인간이 근본적인 기독교 사상을 인정하고 있었으나 이제는 소수만이 받아들이고 있다. 우리는 이러한 도덕, 종교적 변동만 접하고 있는 것이 아니다. 기독교인으로서 순수주의자인 레이스 앤더슨은, "우리는 국가와 세계에 엄청난 구조적 변화를 겪고 있다.

그 변화는 인쇄술의 발명이나 산업혁명보다도 힘이 클 것이다."고 말한다.9) 기독교인들이 이런 중대한 변화를 외면할 수 있는가? 프랑시스 새퍼 및 여러 학자들이 보여주는 바와 같이, 서구 문화는 많은 국면을 겪어 오고 있다. 하나의 세계관 뒤에 또 다른 세계관이 등장한다. 18세기 계몽사상은, 서구문명을 지배하고 있던 성서적 통일성에 맞서고 나왔으며, 19세기가 되면서, 로맨티시즘과 과학적 유물론이 동반해 왔다. 20세기는 우리에게 마르크시즘과 파시즘, 실존주의와, 콩트의 실증주의를 가

---

9) Leith Anderson, *A Church for the Twenty-first Century* (Minneapolis: Bethany House, 1992), p. 17.

져다주었다. 지금 21세기로 들어서면서 또 다른 세계관이 등장하고 있다. 좀 이상한 얘기 같지만, "모던"이란 말이 이젠 낡은 것이 되어버렸다. 20세기는, 업적도 많고 재난도 많았지만 역사 속으로 사라져가고 있다. 20세기를 특징짓던 "현대적인 사상들"이리는 용어는 이제 적절해 보이질 않는다. "포스트 모던"시대로 들어가고 있기 때문이다. "포스트 모던"이란 말은, 어느 뚜렷한 이데올로기를 지칭 한다기 보다 주로 시대에 대한 뜻을 언급하는 것이다. "모더니즘" 시대가 정녕 종료되었다면, 매우 반가워해야 마땅할 것이다. "모더니스트들"과 "근본주의자들"(및 그 이전)의 쟁론이 있은 이래로, 성서적 기독교는, 과학적 유물론과 휴머니즘 그리고 과거에의 반항이 합세한, 모더니즘의 세력에 시달려 왔다. 오늘날, 금세기에 교회를 혼란에 빠뜨렸던 주장들을 위시해서, 모더니즘의 주장들은 이제 힘을 잃고 있다. 그런 다음 포스트 모던 시대의 여명이 밝아오니, 기독교인들은 기뻐할 수도 있을 듯 하다.

그러나 모더니즘은 새로운 세속적 이데올로기, 즉 포스트모더니즘으로 자리가 바뀌고 있다. 단순한 상대주의를 훨씬 상회하는, 현실에 대한 일련의 새로운 주장들이 ,모든 문화에 걸쳐, 그 지배력을 얻어 가고 있다. 절대 진리가 있을 수 없다고 생각하는 보통 사람은, 학문분야에서의 "해체"가 실제 벌어지고 있다는 것에 대해 아마 들어본 일 조차도 없을 것이다. 그 지적 바탕에서 바라볼 때엔, 텔레비전의 전자 세계는 경멸스러울 수도 있을 것이다. 현시대의 정치인들은 아방가르드(avant garde) 예술을 잘 모를 수도 있다. 그럼에도 불구하고, 이 모든 것들은 서로 연관성을 갖고 있으며, 뚜렷하게 포스트모더니스트의 세계관을 이루고 있다.

모더니스트의, 기독교에 대한 공격이 그 힘을 잃어가자, 이번엔 포스트모더니스트들이 다른 입장에서 기독교를 공격한다. 예를 들면, 모더니스트들은 기독교가 진리가 아니라는 주장으로 다각도의 공격을 했다. 이제는 더 이상 그런 반박이 우리에게 들려오지 않는다. 근자에는, "기독교인들은 자기들만 진리를 가지고 있다고 생각한다"는 비판이 제일 크다. 기독교의 진리 주장은 부정되고 있는 게 아니라 거부당하고 있다. 왜냐

하면, 기독교 진리가 옳은 것이라고 이미 알려져 있기 때문이다. 절대 진리를 믿지 못하겠다는 사람들을 향해, 자기들이 믿는 진리를 남에게 강요하려 든다는 이유를 내세워, "상대주의는 도량이 없다"고 하면서 상대주의를 거부하는 사람을 본다면 그것은 또 인정치 않으려 할 것이다.

포스트모더니스트들은 과학적 합리주의를 지닌 모더니즘을 거부하는 것과 똑같은 이유로 기독교를 거부한다. 기독교인이나 모더니스트 모두 진리를 인정하나, 포스트모더니스트들은 그렇지 않다. 모더니즘이 기독교에 더 호의적인지 포스트모더니즘이 그런지는 아직은 단정할 수 없다.

성경은 우리에게 "현실의 깨달음"이 중요하다고 가르친다(롬13:11). 죠지바르나는 "대부분의 기독교인들이, 교회가 수세기 역사 중에서 가장 심한 싸움의 와중에 서있다는 사실을 모르고 있다"[10]고 생각한다. 신학자들을 포함한 많은 기독교인들이, 쟁점이 바뀐 사실도 모르고 아직도 모더니즘과 투쟁하고 있다. 기독교인들이 포스트모더니즘의 미혹을 피하고, 그 세계 속에서 효과적인 사역을 하려면, 이 시대의 정신을 제대로 파악해야 한다.

바벨탑의 저주

별스런 주장들이 끝없이 나오지만, 기독교인들은 "해 아래 새 것이 하나도 없으며, '보라, 여기 정녕 새것이 있다'고 해도, 그건 오래 전에 있던 일"임을 알고 있다(전1:9~10). 불신앙과 죄는 항상 우리 곁에 있어왔다. 고대 이교도들도 어느 면에서는 역시 상대주의적이었으며, 하나님의 백성들도 시대의 주류문화와 흥정하며, 그들과 믿음을 타협하려는 미혹에 늘 빠져들고 있었다. 그래서 성경은 놀라울 정도로 명쾌하게 포스트모던 시대의 쟁점들을 설파해 준다. 모더니즘에서 포스트모더니즘으로의 변동은 실상 옛 시대의 실패와 저주의 형태로 볼 수 있다. 한때엔, "온 세상은 하나의 언어와 말을 쓰고 있었다(창 11:1)" 그들은 하나로써

---

[10] George Barna, *The Frog in the Kettle: What Christians Need to Know About Life in the Year 2000* (Ventura, CA: Regal Books, 1990), p. 123.

같은 이해를 할 수 있고 또한 기술적 능력도 함께할 수 있다는 사실에 고무되어 말했다. "'오라, 함께 우리의 도시를 세우자, 하늘 까지 닿는 탑을 세워서 우리 이름을 높이자'"(창 11:4).

바벨탑을 쌓았던 문화는 모더니즘시대와 비교된다. 사람의 능력이나 이성, 과학적 지식에 과신하여, 모더니스트들은 하나님이 필요 없게 되었다. 자신들의 힘으로 이름을 높이고자, 도시들을 세우는가 하면 새로운 경제 질서를 설계하였고, 공산주의도 나오게 되었다. 그들은 바벨탑을 쌓은 자들보다 더 큰 기술을 가지고 있었다. 그래서 하늘에 닿는 탑을 지었을 뿐 아니라, 달까지 닿는 우주선을 만들 수 있게 되었다. 하나님은 그들의 순수한 업적과 인간적 성취의 광대한 잠재력을 눈여겨보시고, 통일된 정교한 기술로 말미암아 인류가 죄악을 저지를 무한한 능력이 있다는 사실을 알았다. "한 언어를 사용하는 민족으로, 저들이 이러한 일을 시작했다면, 저들이 앞으로 못하는 일이 없겠구나"(창 11:6). 하나님은 그들이 애초에 위험천만한 시작을 못하도록 "그들이 착수한 일"을 자애롭게 가로 막았다.

하나님은, 그들이 스스로 하나님처럼 높아지려는 생각을 부수고 그들이 쌓은 높은 명성의 탑을 파괴하셨다.

우리시대에, 이성, 과학, 기술 같은 것이 우리의 모든 문제를 다 해결하지는 못하고 있다는 사실이 분명해지고 있다. 빈곤이나, 범죄, 절망은, 인간의 인위적 사회 설계 노력을 비웃고 있는 것이다. 가장 오래 버티던 노력, 즉 합리주의와 유물론 이론으로 사회를 개조하려던 공산주의는 산산조각 나버렸다. 기술은 위태로운 속도로 내닫고 있지만, 하늘까지 닿기는커녕 하나님은 오히려 바벨탑 쌓는 자들의 뜻을 이루게 만드는 언어라는 재능을 허물어트림으로 바벨탑을 파괴하셨다. 인류는 서로 가까이 할 수 없는 무리들로 뿔뿔이 흩어진 것이다.

"자, 우리가 내려가서 거기서 그들의 언어를 혼잡케 하여 그들로 서로 알아듣지 못하게 하자 하시고 여호와께서 거기서 그들을 온 지면에 흩으신 고로 그들이 성 쌓기를 그쳤더라 그러므로 그 이름을 바벨이라 하니이는 여호와께서 거기서 그들을 온 지면에 흩으셨음이더라"(창 11:7~9).
 이것은 모더니즘의 쇠퇴에서도 그대로 벌어진 일이다. 언제까지나 한 덩어리 일 것 같던 모더니즘의 일체감은 무한한 저력을 함유한 듯 보였으나, 이전투구의 다양성의 나락으로 잘게 부서져 떨어지고 말았다. 그래서 인류는 더 이상 서로 이해하지 못하게 되었다. 공통의 인지 점들이 없다. 공통 언어도 없다. 전체주의적 통합은 다양성의 혼돈에 의해 밀려났다. 언어가 같고 생각이 같은, 작은 무리들로 나뉘어져서 오늘날의 인류는 혼란스럽다.
 하나님의 백성들은 바벨탑에 대한 하나님의 심판과 저주에 동의할 수 있을 뿐이다. 마찬가지로 그의 백성들은 모더니즘이 잡신을 섬기는 일이라는 점에 동의하고, 또 그 퇴락을 기뻐할 것이다. 바벨탑의 저주가 일면(一面) 마땅하면서도 동시에 죄에 대한 벌인 것이다. 예수께서 세상의 죄를 짊어지셨을 때 죄에 대한 저주는 없어졌다. 성령님이 이 땅에 보내심을 받았을 때, 바벨탑의 저주가 파기되었다.

> 오순절 날이 이미 이르매 저희가 다같이 한 곳에 모였더니 홀연히 하늘로부터 급하고 강한 바람 같은 소리가 있어 저희 앉은 온 집에 가득하며 불의 혀같이 갈라지는 것이 저희에게 보여 각 사람 위에 임하여 있더니 저희가 다 성령의 충만함을 받고 성령이 말하게 하심을 따라 다른 방언으로 말하기를 시작 하니라 그 때에 경건한 유대인이 천하 각국으로부터 와서 예루살렘에 우거하더니 이 소리가 나매 큰 무리가 모여 각각 자기의 방언으로 제자들의 말하는 것을 듣고 소동하여 다 놀라 기이히 여겨 이르되 보라 이 말하는 사람이 다 갈릴리 사람이 아니냐 우리가 우리 각 사람의 난 곳 방언으로 듣게 되는 것이 어찜 이뇨 우리는 바대 인과 메대 인과 엘람 인과 또 메소포타미아, 유대와 가바도기아, 본도와 아시아, 브루기아와 밤빌리아, 애굽과 및 구레네에 가까운 리비야 여러 지방에 사는 사람들과 로마로부터 온 나그네, 곧 유대인과 유대교에 들어온 사람들과 그레데인과 아라비아 인들이라 우리가 다 우리의 각 방언으로 하나님의 큰

일을 말함을 듣는 도다 하고 다 놀라며 의혹하여 서로 가로되 이 어
찐 일이냐 하며(행 2:1~12)…

다른 의미도 있지만 이 내용이 주는 뜻은 복음이 모든 다양성 속에 놓인 전체 인류를 위한 것이며, 사도들의 말씀을 통하여 성령께서는 모든 각각의 언어와 문화를 가진 사람들에게 믿음을 전한다는 것이다. 결코 알아듣지 못할 소리가 없이 오순절에 있었던 방언들은 유독 제각각의 모든 이에게 그들이 각각 원래 사용하는 말과 상관없이 알아들을 수 있는 말들이었다. 언어의 회복은 바로 하나님 나라의 표징이었던 것이다.

오순절에 성령님은 모든 민족으로부터 교회를 모으기 시작 하셨다.(행 2:41) 이 교회는, 바벨탑의 주인공들이나 모더니스트들과 같이 인간 스스로 만든 인위적 정신세계 속에서 모인 통일된 공동체도 아니고, 바벨탑을 쌓은 자들이나 포스트모더니스트들처럼 서로 낯선 무리들로 갈라진 집단도 아니었다. 오히려 교회는 일치와 다양성의 균형체로 신체의 발과 눈처럼 서로 다른 지체들로 이루어진 하나이면서(고전 12) 상호간 사랑과 예수 그리스도 안에서 믿음으로 통일된 한 몸인 것이다. 하나님의 백성들은 이렇게 더 넓은 시야가 있으므로 바벨탑 축조나, 그것을 포기할 때 뒤따라온 언어의 불협화음 등이 모두 무용한 일임을 알 것이다. 마찬가지로, 그의 백성들은 모더니스트나 포스트모더니스트들이 가진 한계를 알아차릴 것이다. 재차 언급하자면, 쟁점은 죄와 우상숭배, 그리고 언어에 있다.

본서의 개괄

이 책은 현시대의 사고와 문화에 대하여 두루 살펴보기 위한 것이다. 그러니만큼, 그 영역이 광범위하다. 학문적 철학과 인기 있는 TV쇼들, 예술과 정치사항들, 사회변화사항들, 새로운 종교들을 진단해 볼 것이다. 그렇게 하는 목적은 기독교인들이 알아두어야 할 흐름들을 기술하고 성서적 기독교 안목으로 위 사항들을 논평하려는 것이다.

포스트모던식 사고에 대해 쓴 첫 장에서는 다원주의와 학계의 후기 마르크시즘에서부터 대중문화의 상대주의에 이르기까지 현시대적 사고를 대변하는 새 패러다임에 대해 기술하였다. 이장은 모더니즘과 포스트모더니즘의 역사를 고찰하고, 그 둘의 결말을 얘기하고, 기독교인이 취할 반응을 제시 할 것이다.

 둘째 장에서는 예술에 대해 조사해 볼 텐데, 예술은 포스트모더니즘의 내면적인 움직임과 의미들이 제일 명료하게 표출되는 분야이다. 영화나 텔레비전의 대중적 예술 형태에서부터 실험예술과 아방가르드(avant garde)문학, 예술 판별의 새로운 기준에서부터 다른 한편에서는 모던적인 것에 대한 반발로 인해 생긴 일부 포스트모던 예술, 건축술, 문학 등이, 과거의 전통들을 어떻게 현시대적 세계 속으로 재등장 시킬 수 있는가에 대한 모델을 제안해 줄 것이다.

 제3장에서는 포스트모던의 사회를 진단하고, 우리의 사회가 어떻게 여러 파벌로 전개되어져 가는가를 보여주며, 문화가 민족이나 이 종교, 성문화가 바탕이 되어 반(反)문화들로 찢겨져 각각 나타나는지 설명할 것이다. 정치에 대한 장은 포스트모더니즘이 전반적 사회의 상관관계로 하여금 권력에 대한 회의를 갖도록 하고, 자유와 민주주의를 위협하고 있는 행태를 보여준다. 그러나 공산주의의 몰락으로 말미암아 모더니즘을 대신해 도래한 포스트모던적 사회질서 대신 민주주의와 자유 시장경제, 성경적 절대기준들이 진정한 토대를 제공해 줄 수 있으리란 점을 시사하고 있다.

 전반적으로 이 책이, 현시대 문화를 신학적 관점으로 논평하는 내용이 될 수 있겠지만, 끝장에서는 아주 터놓고 종교에 대해서만 다루었다.

 끝장에서는 포스트모더니스트들이 그들 세계관으로 어떻게 뉴 에이지 종교들 속에서까지도 그들 스스로에 대한 해명할 수 있다는 것을 보여준다. 오히려, 포스트모던적인 교회가 교회의 영적 유산을 회복하고 적응하면 된다는 것을 보여줌으로써 마지막장은 끝을 맺는다.

 본서(本書)는 포스트모더니즘에 대해 비판적이지만, 그들이 다시 정상적 교회로 회복할 수 있는 여지조차 닫아 버린 건 아니다. 마치 두 가지의 상반된 포스트모던적 입장이 있고, 그 둘이 서로 지배권을 다투는 상황처럼 되었던 것이다. 1960년대 반문화 운동이나 베를린 장벽의 붕괴가 포스트모던 시대의 진정한 선구자적 면모인가? 현시대의 미국을 가장 잘 대표할 자는 과연 누구인가? 마돈나인가 아니면 레이건인가? 미국이 상대주의나 신 이교주의로 기운다고해서 기독교가 쇠퇴하고 있는 걸까? 아니면 공산주의의 박해에서 살아나와 전 지구에 기독교의 불을 붙이고 있는 중인가? 포스트모던의 의식(意識)은 신 급진주의나 신 보수주의 어느 쪽도 가능케 할 수 있을 것 같아 보인다. 과연 어떤 모습이 다음의 천년시대에 지배적인 것이 될지는 분명치 않은 상황이다.

본서는 기독교인들이 균형감각을 아는데 도움이 될 것이다. 분명히, 현 시기의 혼란은 하나의 신기원으로부터 또 다른 것으로 변해가는 과도기적 특성을 가지고 있다. 기독교가 다시 한번 문화 위에 그 영향력을 끼치게 될지, 아니면 21세기에 들어 더 더욱 위태롭게 될 것인지를 두고, 기독교인들은 이시대의 표징들을 예의 주시해야만 한다.

그렇게 될 때, 성경적 믿음이 모든 수욕이나 박해까지도 참고 견디어 왔으며 억압이나 복음 변조의 갖은 시도에도 불구하고, 모든 시대에 합당한 진리란 것을 증거해 왔다는 사실을 그들이 알게 되리라고 본다. 분명하게도 제각각의 인위적으로 지어진 세계관들은 모조리 그 부당성이 밝혀져 왔고 그것들은 또 다른 일단의 가설들에 의해 대체되어져 왔다. 모더니즘이 포스트모더니즘에 20세기가 21세기에 각각 자리를 내주게 되면서(예수께서 오신다면 이야기가 달라지겠지만), 기독교인들은 하나님의 말씀을 더 더욱 확고하게 지녀야 함을 새삼 깨닫게 될 것이다.

제2장
모더니즘에서 포스트모더니즘으로

"하나의 커다란 지식혁명이 일어나고 있다. 그 혁명은, 현대 세계를 중세로부터 구별지어주는 혁명만큼이나 거대하다"[1]고 프린스턴 신학자 디오게네스 앨런은 말한다. 이 혁명의 표징은 대학교 캠퍼스 온갖 텔레비전 화면에서 보이고 있는가 하면, 컴퓨터 네트워크 식 사고방식 형태 속에서라든지 일반 미국인의 라이프스타일 등, 도처에서 나타나고 있다. 20세기가 마감되면서 하나의 특정한 사고방식이 퇴조하고 인간은 막 새로운 무언가를 손대려 하고 있다는 사실이 느껴진다.

기독교 철학자 토머스 오든은, 이러한 변화들에 대해 연대기사를 정리한 인사 중 하나이다. 그는 주장하기를, 현대기(期)는 1789년 바스티유 감옥이 있는 파리에서 시작하여 1989년 베를린 장벽의 붕괴까지 정확히 200년간이었다고 말한다.[2] 불란서 혁명은 계몽주의의 대승을 뚜렷이 보여주는 증거다. 전제군주가 정치범을 수용했던 바스티유 감옥이 파괴되면서 봉건 왕권과 영적 계급 구조와 더불어 모더니즘 이전의 세계는

---

1) Diogenes Allen, *Christian Belief in a postmodern World* (Louisville, KY: Westminster/John Knox Press, 1989), p. 2.
2) Thomas C. Oden, *Two World: Notes on the Death of Modernity in America and Russia* (Downers Grove, H,: InterVarsity Press, 1992), p. 32.

극형에 처해지고 말았다. 혁명가들은 천부인권설을 높이 치켜들었다. 그들은 기독교를 구시대유물로 버렸다. 그 혁명의 과정 속에서 혁명가들은 노틀담 대성당에 이성(理性)을 그들의 神으로 모셔 놓았다. 모더니즘 세계에서는 인간의 이성이 하나님을 대신하여 인간의 높은 문제를 해결하고 과학과 합리적 진리에 맞추어 사회를 개조하기에 이르렀다.

인간의 이성을 믿고, 초자연적 존재를 거부하는 모습이 여러 형태로 나타났다. 그러나 그 어디에서도, 마르크시즘이 형성 될 때만큼, 모더니스트의 부추김이 그렇게 심하거나 야심을 드러내는 상황은 없었다. 변증법적 유물론이라는 가정으로 시작된 마르크시즘은, 인간의 모든 문제에 대해 물질, 경제적 관점으로 원인을 규명하려 하였다. 마르크스는 인간의 삶의 상황을 계급투쟁과 경제적 착취라는 논쟁으로 격하시켰다.

그러면서 그는, 어쩌면 이 땅위에 파라다이스를 가져올지 모르는 겉으로 보기에는 과학적인 대안을 만들어냈다. 공산주의 하에서는 개인의 사유재산이 없게 될 것이고 더 이상의 착취도 없을 터였다. 사회주의 하에서 인간 개개인은 좀 더 큰 집단에 자신들을 내 맡김으로써 각자의 생의 의미를 발견하리라는 것이었다. 경제와 사회의 모든 국면들이 전체의 이익을 위해 짜여지게 된다는 것이다.

소련의 우두머리들은 겉보기에 "계몽된" 이러한 이상들을 러시아 혁명에 실용(實用)하였다. 허나, 그 이론이 약속한대로 노동자의 천국을 초래하지는 못하고, 인류사에 그 유례를 찾을 수 없는 억압과 야만적 결과만 낳고 말았다. 놀랍게도 소련 공산주의라는 그 거대한 몸집이 비밀경찰과 핵무기로 무장까지 했지만 그 민중이 체제의 허위를 발견하고 자유를 요구하자 결국은 잘게 부서지고 말았다.

기독교인들은 인간이 인간만의 능력으로 절대 권위를 가지려 할 때, 과연 무슨 일이 벌어질지 예측을 해봤을지도 모른다. 원죄설이란 인간은 자기들끼리 놓아두면 고상한 듯 한 이상들을 고백하게 되지만 기실은 무서운 죄악을 저지르게 마련임을 의미하는 것이다. 단두대의 공포정치 속에서도 천부인권설이 고상한 이상으로 차리고 나선 것처럼 불란서 혁명이 한 본보기가 되어 주듯이 인간은 어떤 상황에 놓여있더라도 고상한 일을 만들어 내는 습성을 가지고 있는 것이다.

　모스크바도 샌프란시스코도 모더니즘의 주장을 내던져 버렸다. 계몽주의는 신용을 잃고 말았다. 이성은 이제 대학교내에서도 그 권좌를 박탈당했다. 산업혁명은 정보시대를 위해 길을 비켰고 사회, 기술, 가치기준 및 사고의 근본적 틀이 옮겨지고 있다. 세계를 바라보는 새로운 방식이 나타난 것이다.

　토머스 오든(Thomas C. Oden)은 이 포스트모던 시대야말로 고유의 정통 기독교가 회복을 이룰 호기임을 힘 있게 주장한다.3) 모더니즘의 실패는 초자연적 기독교에 대한 낡고 속된 비평들이 맥을 잃었다는 뜻이다. 보수기독교는 포스트모던 세계 속에서 새로운 신빙성을 얻고 있다.

　오든이 옳다. 포스트모던 시기의 기독교인들은 강력하고도 긴급하게 새로이 그들의 문화를 향해 복음을 외칠 수 있다. 그렇지만 속된 세상에서도 그 나름으로 포스트모던식 대용물을 건사하고 있는 중이다. 이런 관점은 진리를 모두 파기해 버렸기 때문에 실패했던 계몽주의가 등장할 때와 유사하다. 의지가 지성을 대신한다. 지성이 의지에게 자리를 내준다는 것이다. 이성이 감성에게 도덕성이 상대주의에게 그 자리를 내어주고 있으며 사회심리가, 곧 실존 그 자체인 것처럼 되고 있다. 이렇게 등장하는 세계관은 과거 모더니즘 때부터 갖은 방법으로 기독교를 건드리고 있다. 포스트모던 시대의 기독교인들은 비 기독교인이 지니고 있는 포스트모더니즘식 관념들과 충돌하지 않을 수 없다.

모더니즘 이전

　모더니즘시대와 포스트모던 시대를 이해하기 위해서는 모더니즘 시대 이전에 대해서 먼저 알아야 한다. 그것을 간략하게 말해본다면 서구문명

---

3) See Thomas C. Oden, *After Modernity... What?: Agenda for Theology* (Grand Rapeds, MI: academie Books, 1990).

의 모더니즘시대 이전 상황 속에서는 사람들은 초자연을 믿었다. 인간 개인들이나 그 문화가 전반적으로 하나님이 살아계심을 믿었거나, 아니면 신(神)이 있다는 것만이라도 인정했다. 이 세상에서의 생이 그 존재와 의미를 갖는 것은 육의 감각을 초월하는 곳에 있는 영적인 영역의 덕분이었다.

이것은 현대주의 신학자들이 주장한 정의이며, 그들에겐 두말할 것 없이 "모더니즘 시대의 인간"은 더 이상 기적의 존재를 인정하지 않으므로, 신약에 기록된 초자연적 사건들은 "모더니즘시대"를 위해서 재해석되어야 한다고 하는 말이 귀에 익은 소리였다. 20C의 허다한 사람들이 정말로 초자연을 믿고 있으므로 "모던"이라는 용어로, 그들은 연대기적 사실이 아닌 인간의식에 대해 거론하고 있다는 점이 분명해진다. 그들은 보수적인 기독교인들을 교육의 부재로 인한 무지와 지적 순진성 탓에 모더니즘 이전 사상들을 고수하는 자들 이라고 고발했다. 어느 학자는 "복음주의자들이 단지 모더니즘 시대적인 것에 대한 소식을 들어보지 못한 것일 뿐"[4] 이라고 지적하기도 했다. 이 "소식", 즉 모더니티라는 복음은 예컨대 예수 그리스도의 복음이나 여타 부류의 소식은 거들떠보지도 않을 만한 권위를 지녔다.

그러나 모더니즘 이전(以前)은 진지하게 받아들일 가치가 있다. 서구 문명의 이러한 상황이 한 개의 큰 덩어리로 단일화된 세계관이라는 식으로 간편하게 특징지을 수 있는 대상이 아니었다. 그보다는 오히려 이렇게 복잡하고 역동적이며, 긴장감이 가득 찼던 이 시대는 성경적 계시는 물론 신화적인 이교(異敎)라든지 고전적 합리주의가 함께 공존하고 있던 때였다.

고대 그리스인들은 스스로 원시문화의 애니미즘(Animism)적 자연종

---

[4] James Nuechterlein,"The Last Protestant,"a review of Peter Berger, *A Far Glory: The Quest for Faith in an Age of Credulity, in first Things*, March 1993, p. 42. Nuechterlein은, Peter Berger의 입장을 의역으로 바꾸어 쓰고, 뒤이어 비판을 가하고 있다.

교에서 유래(由來)된, 이민족 종교와 플라톤과 아리스토텔레스와 같은 지적 거인들의 합리주의적 철학 사이에서 갈등하며 쟁론하고 있었다. 소크라테스는 그의 "불경(不敬)"때문에 사약을 마셔야 했는데, 그는 가공(加功)한 인위적 세계관을 거부하면서 사람들이 생각해 낸 제신(諸神)들은 인간의 죄악의 투영물(投映物)에 불과하다고 주장했다. 그는 설득하기를 유일 최고의 하나님이 존재해야 맞고 그분이 진리와 미와 선의 근원이라고 했다. 플라톤은 소크라테스의 제자로서 거기에서 그치지 않고, 존재하는 실존세계 내의 모든 개개의 사물들은 하나님의 의중에 있는 초월적 이상들 덕분에 각기 제 모습을 갖게 된 것이라는 견해로 고전적 이상주의를 발전시켰다.

플라톤주의자들이 정신세계의 이상과 보편성들을 탐구하게 되자 아리스토텔레스는 외적인 세계로 관심을 돌렸다. 그도 역시 인위적으로 형성된 신화론을 거부하면서 모든 원인들은 창시적인 것에서 유래했고 창시원인 그 자체는 스스로 있는 것 이라고 해설하였다. 이 창시적 원인은 오직 초월자 하나님일 수밖에 없고, 그런 분은 한 분 밖에 존재할 수가 없다. 아리스토텔레스는 계속 이어서 가촉적(可觸的) 세계를 연구하여 식물과 동물들을 분류하고 물리적 사물들과 자연의 조직체계들의 존재 목적을 궁구(窮究)하였다. 인간의 생(生)에 대한 탐구에서 아리스토텔레스는 객관적 가치관들의 존재를 확인하였다. 아리스토텔레스의 분석적 방법과 수단과 목적의 구별, 형태와 목적간의 함축관계, 나아가 모든 생(生)의 영역의 밑에 내재하고 있는 절대원리의 발견은 인간의 이성을 현기증 나는 높이까지 밀어 올렸다.5)

---

5) 예컨대, Aristotle은, 자체로써 선한 것과, 선을 가져다 줄 수 있기 때문에 선한 것과의 사이를 구별 지었다. 삶이나, 미덕, 그리고 아름다움 등은 그 자체로써 선한 것이며; 돈은 그것이 선한 목적으로의 수단이 될 때에만 선한 것으로, 즉 사람을 살리는 일, 선한 행위를 하기위한 일, 또는 아름다움을 즐기는 일 등에 쓰일 때를 말한다. 목적과 수단에 대한 그러한 판단법은, 그 밖의 일들에 있어서도, 기술적 가르침(여타의 사회적 선을 초래케 하는 기술들에 대한 연구)에 반대 되는 것으로써의 자유주의 예술에 대한 교육(그 자체로써 선한 것에 대한 연구)의 개념을 불러 왔다. Aristotle의 Nichomacheon Ethics를 보라. 아리스토 텔레스적 사고를 근대적 개념으로 잘

고대 그리스인들은 처음에 신화적 이교주의(異敎主義)로 시작하였으나, 지식의 예리한 능력으로 그들의 세계관을 다르게 꾸며 내었다. 확실히 그리스 사회는 이교적 상상의 신과 고전적 합리주의가 불안하게 뒤섞여 있었으며, 그것이 유토피아는 될 수 없었다. 도덕적으로 타락한 그리스 사회는 유아 살해 제도를 가지고 있었고 노예제도, 전쟁, 강압과 매춘, 그리고 동성애 제도도 가지고 있었다.

바울과 그 외 사도들이 전도여행을 할 때, 그리스 세계는 복음을 받을 준비가 되어 있었다. 그리스 문화로 함양된 사람들은 이미 영혼불멸, 영적 영역의 실재, 초월적 유일신 하나님의 엄존에 대해 희미하게나마 알고 있었다. 바울은 아테네에서 "알지 못할 신에게" 바치는 제단을 발견했다. 그리스 사람들은 하나님이 계심을 깨닫게 되었었다. 그러나 제대로 알지 못하고 있었던 것이다. 매우 발달되어 있었던 그들의 이성은 계시에 의해서 대체되는 길 밖에는 다른 도리가 없었다. "그런즉 너희가 알지 못하고 위하는 그것을 내가 너희에게 알게 하리라."(행17:23)

그리스인들이 기독교로 개종 했을 때, 성경이 전해졌다. 히브리 성서는 그들에게 하나님과 창조, 인간과 도덕적 진리에 대한 신사고를 갖게 해주었다. 새 종교는 유아살해, 낙태, 동성애 등의 악행을 확고하게 반대했다.6) (신약에서 동성애와 같은 부류를 잘못으로 지적하는 것이 그 당시의 문화적 표현일 뿐이라고 생각하는 자유주의자들은 명백한 오류를 보이고 있는 것이다. 그리스 문화자체가 동성애에 대해 관대할 뿐만 아니라 부추기기까지 했었기 때문이다.7) 그리스의 군사 전략가들은 병사들이 동성애로 짝지어질 경우, 자기네 연인들을 보호하느라고 더 열심히

소개한 것을 보려면, Mortimer Adler의 여러 저술서들을 읽으면 된다, 그는 新 Aristotelian 철학자로써 최근에 기독교인이 된 사람이다.
6) See Michael J. Gorman, Abortion and the Early Church (Downers grove, IL: InterVarsity Press, 1982) 그리스-로마 세계에서 널리 행해지고 있는 낙태와 그에 대한 초대 교회의 반응을 파악하기 위해 필요한 내용이 들어있다.
7) See K. J. Dover, *Greek Homosexuality* (Cambridge, MA: Harvard University Press, 1978).

전투에 임하게 되리라는 추리까지 했었다. 플라톤 조차도 여성이 자질상 못 미치니 최상의 사랑은 남자들끼리 표현될 수 있을 거라고 말한 바 있다. 신약시대의 성도덕(性道德)은 (그 당시 그리스를 두고 볼 때) 반(反)문화적 이었으며 그것은 오늘날의 기준으로 본다 해도 그럴 것이 틀림없다.

기독교는 희랍인들의 세계관에 도전하였고, 동시에 그들의 세계관 형성에 기여하기도 하였다. 성경적 세계관과 고전적세계관이 항상 일치하지는 않았다. 그러나 양자가 철저하게 모든 세부적인 것까지 상호 충돌되는 경우는 없었다. 양자는 이 세계를 상회하는 초월적 실체가 있다는 것과 세상의 의미는 그 실체의 덕택이라는데 함께 동의하였다. 그 둘은 또한 물질세계에는 질서가 존재하며 어느 정도까지는 그것이 가지적(可知的)임과 진리가 객관성을 갖고 있다는 것, 지적(知的) 절대 진리가 있다는 것에 대해서도 일치하였다. 희랍인의 관점은 인간 이성에 과도하게 의존하고 인간의 전적 타락 문제는 중시치 않았다는데 있었다. 그럼에도 불구하고 어거스틴은 자기의 엄격한 기독교 신학을 체계화하는데 플라톤을 도입해도 될 수 있다고 생각했다. 중세기에 토마스 아퀴나스는 성경을 아리스토텔레스와 통합하려는 시도를 했었다.

천 년여 동안 서구문명은 세계관들의 불안정한 혼합으로 지배를 받고 있었다. 즉 성경적 계시, 고전적 합리주의, 각 나라에서 형성된 이교적 신론들의 잔재들까지도 함께 혼합된 것이었다. 흔히 성경적 진리는 인간의 이성과 이교적 미신과 타협하였다. 어떤 때는 기독교 세계관이 뚜렷하게 권위를 지니고 등장하는 경우도 있었다.

중세기(A. D. 1000-1500)동안 기독교인의 경건과 고전적 합리주의 유럽문화의 민속적 이교주의가 뭔가 통합을 이루었다. 비록 중세의 문명이 나름대로 강성하긴 했지만 스콜라 신학은 성서적 계시의 순수성을 희생시키면서 성경을 아리스토텔레스의 논리와 인간의 존재를 보다 낮은 자리로 격하시켰다. 중세 대중문화는 복음의 메시지를 더욱 흐려놓았는데 기독교를 허울로 내세워 놓고 옛 이교주의를 다분히 유지하는 일이 흔했다. 기독교 성자들을 우선시하긴 했으나 그들의 옛날 신들을 여전히 놓지 않고 있었다.

1500년대와 1600년대에는, 서구문명이 그 근본으로 되돌아갔다. 인문주의는 중세의 혼탁한 통합 상황에 도전했다. 서구문화가 두 근본으로 되돌아가게 되었던 것이다. 르네상스 인문주의는 그리스 사상을 재발견하고 재 주장하였으며 동시에 성경도 다시 바라보게 되면서 다시금 강조하게 되었다. 고전주의와 성서주의가 다시 회생하여 순수한 형태를 찾게 된 것이다.

신화, 고전주의, 그리고 기독교, 이 세 가지는 서로 다른 세계관들이 다양한 공존형태를 이루면서 수세기동안 서구세계를 대변하였다. 근대 이전 세계에서 모든 사람이 기독교인은 아니었다. 성서적 기독교는 그 문화와 언제나 긴장관계에 있었다. 신화(Mythology), 인간적 합리주의는 그치지 않고 교회를 미혹했다.

기독교를 인간이 고안한 기타, 다른 제도와 동등하게 생각해서는 안 되지만, 기독교를 근대 이전의 시대와 배타적인 입장으로 구별해서도 안 될 것이다. 얼마 후 기독교인의 주장들은 특별한 권위를 얻게 되었다. 고전적 합리주의나 심지어 이교주의도 기독교인이 주장하고 있는 것들을 자신들도 내세우는 일이 흔했다. 다수의 사람들은 하나님이 계시다는 것을 반드시 염두에 두어야 한다고 주장했다. 선과 악이 갈등하고 있었다. 인간은 죄를 지었으나 하나님의 구원의 대상이자 소중한 존재이다. 자연은 하나님의 피조물이다. 그러나 자연을 초월한 실체, 즉 영적세계가 있는 것이며 그것이 모든 가치기준들이며 인간의 참된 운명의 근본이다. 인간과 사회, 자연, 그 어느 것도 저절로 된 것이 아니다. 모든 것들이 하나같이 하나님의 주권에 철저하게 의존되어 있는 것이다.

그러자 근대(The Modern Age)가 시작되었다. 인간은, 죄악된 신분에도 언제나 자율을 원했고 모든 제약에서 벗어나기만을 바랐으며 내세보다는 현세만을 보았다. 성경적 초자연주의에서 눈을 떼는 일은 더러는 르네상스 인문주의에서 비롯된 것인데, 그것은 중세 스콜라 신학과 그리스의 고전적 합리주의에서 절정을 이루었다. 만약 그러한 실정이라면, 그 견해들은 언제나 서구 사회의 미혹이었던 셈이 된다. 그러나 그들이 아무리 인본주의적이라 해도 중세나 르네상스의 사상가들이 하나님의 궁극적 실체를 부인하진 못했다.

그러나 시간이 흘러서 사상가들은 기독교 초자연주의를 낡은 것으로 간주하기 시작했다. 과학 기술 분야의 성취들은 새 시대로 나가는 열린 문처럼 보였으며 구시대의 지혜들을 무시하게 했다. 근대의 세계는 1700년대 계몽주의와 더불어 시작되었다고 말하는 것이 적절할 것이다.

계몽주의

새로 나오는 과학적 지식은 자연은 선하시고 질서 있는 인격적인 창조주에 의한 것이라는 성경적 관점과 절대적 합리법칙이 자연을 지배한다는 고전적 견해에 그 기반을 두고 있는 것 들이었다. 1700년대엔 과학의 진보가 매우 빨라지다 보니 마치 과학이 모든 것을 설명해 줄 수 있을 듯 했다. 혹자는 인간의 여러 가지 분별력에 작용하는 인간 이성의 위력이 무한할 것처럼 생각하기도 했다.

이러한 이성과 과학적 발견, 신을 떠난 인간자율의 시대는 계몽주의라고 지칭되었다. 그 시대의 사상가들은 고전주의의 질서와 합리성을 잘 수용했다. 그러나 그들의 고전주의는 플라톤과 아리스토텔레스가 지녔던 초자연주의를 무시하는 형태였다. 또한 그들은 기독교와 이교주의를 한데 묶어 뒤떨어진 미신으로 간주해 버렸다. 그들의 생각엔 오직 이성만이 "미개한" 시대의 무지에서 비롯된 초자연에의 믿음을 대신할 수 있게 되었다고 생각했다.

그렇다고, 계몽주의 시대의 사상가들은 종교를 아주 배척한 것은 아니다. 오히려, 그들은 합리적 종교, 즉 계시 같은 것에 매달리지 않는 믿음을 고안해 내려고 추구했다. 그 결과는 이신론(理神論)으로 나타났다. 이 신론자에 따르면 자연의 질서정연함을 보면 그것이 바로 만유를 창조한 이성적 신의 존재를 증명해 준다고 하였다. 그러나 이들이 생각하는 하나님은 더 이상 그의 창조물에 관여하지 않는다. 그 하나님은 일단 자연의 전체적 복잡한 구조를 만들어 놓은 다음, 그것이 거대한 기계장치처럼 운행하도록 놔두었다는 것이다. 이 종교에 따르면, 이성으로 무장한 인류는 근본적으로 스스로 판단기준을 갖고 있는 것이다.

계몽주의가 기독교를 거부하긴 했지만, 하나님이 계심을 동의하였다. 적어도 초기에는 그랬다. 그러나 하나님이 창조물에 관여치 않는 하나님이라면 무슨 소용이 있겠는가? 결국 그 이성신(理性神)은 아무 힘없이 사라졌다. 계몽주의적 합리주의는 온 우주를 원인과 결과로만 형성되어 있고, 다른 것은 관련될 수 없는 단절된 자연체계로 보았다. 모든 현상은 그 자체적 체제 내에서 발발하는 원인 여하의 관점으로만 설명되어야 하는 것이다.

계몽 사상가들은 초기에 있어서만큼은 도덕적 절대성을 그들의 신에 결부시켰을 뿐더러 신상필벌이 있는 내세의 존재까지도 인정하기에 이르렀다. 그렇게 하면서, 그들은 구원의 은총을 거부했으며, 새로운 율법들과 의(義)의 기준을 세웠다. 그 때문에, 곧 사람들은 하나님과 무관한 존재 구조적 관점에서 도덕 문제를 풀기 시작했고, 그로 인해 신 도덕관에 다가서게 되었던바, 그것이 실용주의의 출현이다. 실용주의자들은 도덕문제를 초월적 절대 진리에 호소치 않고 그들의 존재 구조적 관점에서 행위의 결과를 보고 결정지었다. '도둑질은 나쁘다'라는 십계명 때문이 아니라 도둑질이 사회의 경제기능을 저해시키기 때문이다. 무엇이 좋다는 이유는 그것이 그 구조를 더 원활하게 해주는 이유 때문이다. 무엇이 죄악이라는 것은 그것이 거대한 장치의 톱니에 장애를 주기 때문에 그렇다는 것이다. 실용성이야말로 유일한 도덕적 판단 기준인 것이다. 일이 그렇게만 된다면 나쁠 이유는 전혀 없다.

실용주의는 노예제도와 착취적 아동고용, 가난한 사람들의 기근 등을 모두 경제 능률이라는 명목으로 정당화시켰다. 오늘날 이런 계몽주의적 윤리는 복지부담을 덜어준다는 이유로 낙태를 찬성하는가 하면, 병원비용을 줄일 수 있다 해서 안락사를 허용한다는 관념이 되어있다. 실용주의는 하나님 없이 도덕 문제를 바라보는 방식이다.

계몽주의 과학이 19세기로 들어가면서 계속하여 가속력이 붙어가자 하나님과 연결된 마지막 줄마저 끊어졌다. 이신론자들(理神論者)은 가르치기를 엄격히 말해서 일상생활에서 하나님이 필요한 것이 아니고, 만물이 처음 시작될 때에 하나님이 필요했던 것이라고 했다. 그러나 찰스 다윈은 창조를 설명하는 데에도 하나님은 필요치 않다는 주장을 했다. 원인과 결과라는 폐쇄적 자연구조의 관점으로 "종의 기원"을 서술하면서 다윈은 여하한 종류의 조물주적 존재의 필요성도 아예 제거해 버렸다. 이제 자연은 완전히 자체적 전기능 소유체로 되어 버린 것이다. 이로써 과학이 만유를 설명할 수 있게 되었다.

결국, 사상가들은 계몽(주의)적 고전주의마저도 폐지해 버렸다. 플라톤과 아리스토텔레스로부터 시작되었던 합리주의는, 우주적 절대 진리와 비물질적 진리들을 주장했었다. 그러나 19세기에 들어 경험주의가 합리주의를 대신하게 되었다. 19세기 유물론에 의하면, 오직 우리가 관찰할 수 있는 것만이 진실이다. 물리적 만유만이 우리가 감촉할 수 있고 과학적 규명이 되기에 실존일 수 있다는 것이다.

논리적 실증주의자로 알려진 철학자들은, 경험적으로 증명될 수 없는 모든 말(신학, 형이상학, 심미학, 도덕적인 말들)은 잠꼬대라고 주장하기까지 했다. "하나님", "정의"같이 눈으로 보여줄 수 없는 것은 존재하지 않는 대상이다. 추상적 철학은 말장난에 지나지 않는다(논리적 실증주의자들 자신에게 있어서 그들 자신의 의미 기준 역시 비 경험적이므로, 스스로의 기준에 의한다면 어불성설이어야 마땅하다는 그 사실은 문제시하지 않는 것 같았다).

계몽주의의 유산은 다양한 방식으로 꽃을 피웠다. 자연의 사물들을 분석하자고 형성된 방법론들은 인간에게 그 적용이 가해지기 시작했다. "사회과학"이 고안된 것이다. 사회학은 인간제도의 설명을 뒷받침 했고, 심리학은 인간 존재의 내면상을 설명하려 하였는데, 이 모든 것이 과학적 경험주의 방법들로 접근할 수 있는 폐쇄적 자연구조의 관점에서 행해진 일이었다.

사회와 경제의 여러 사항들이 다시 고안되어, 다시 설계되었다.

미국의 정체(政体)와 자유기업 경제는, 계몽주의 이론들과 긴밀히 연결되어 있다고는 하겠으나 성경적 세계관에 그 기초를 두고 있는 점은 자연과학과 마찬가지다. 하나님을 배제시키는 사회 이론들은 훨씬 더 심화되었다. 모든 문제들은 인간의 계획으로 해결될 수 있다는 가정 하에 사회주의의 다양한 계획들이 프랑스 혁명의 고상한 이상들이든 야만적 실행이든 다 이어나갔다. 합리주의적 이론에 따라 사회와 인류를 개조하려는 가장 철두철미한 시도가 마르크스의 변증법적 유물론을 강요함으로써, 세계인구 전체의 넓은 부분에 행해졌다. 마르크스주의는 개인의 사유재산을 근절시키고, 종교를 말살하려 하였고, 민족문화를 억압하며, 거대한 단체적 공동사회를 위해서 개인주의를 없이 하려고 노력하였다.

계몽주의적 전통은 초자연적 존재를 없애려는 방안들을 강구하였다. 기독교는 뒷전으로 밀려나 수세에 몰렸다. 많은 교회들이 타협을 했고, 계몽주의적 독단에 의거 신앙을 재해석했던 것이다. 곧 자유주의 신학이 탄생하였다. 인간 지능이 갖는 절대적 권력 중에서 어느 부분도 제거시킬 수가 없었다.

반대의 목소리

계몽화된 모더니즘이 승리의 행군을 거듭하긴 하면서도, 다른 한편 반항심을 불러일으키기도 하였다. 계몽주의는 낭만주의라는 반발심에 불씨를 심게 되었으며 유물론은 실존주의라는 철학적 반발을 불러 일으켰다. 어떤 면에서는 이러한 움직임들은 모더니즘의 여러 가지 형세처럼 보이기도 하고, 다른 시각에서는 그러한 것들이 반(反)-모더니즘적인 것들이었다. 낭만주의와 실존주의는 오늘날의 포스트모더니즘 세계관을 위해 길을 닦아 놓았다.[8]

19세기 초 낭만주의는 계몽주의가 낳은 합리주의를 전도시켜 놓았다. 자연을 거대한 기계장치로 보지 않고, 낭만주의자들은 자연을 살아있는 유기체로 보았다. 理神論자들처럼 하나님이 멀찌감치 떨어져 있다고 믿지 않고, 낭만주의자들은 하나님이 바로 곁에 계시며 물리적 존재계에 친밀하게 개입하신다고 믿었다. 하나님은 자연이나 우리 자신들에게 속해 있으며 함께 하신다고 믿었다. 일부는 새 범신론에 찬성하여 성경의 하나님(함께하시면서 초월하시는)을 거부하고, 하나님은 자연과 동일하며 그 자체가 하나님이라고 믿기까지 했다. 계몽주의가 이성이야말로 가장 중요한 인간의 재능이라고 주장하는 반면에 낭만주의는 감정이 인간 본질의 핵심이라는 주장을 했다. 낭만주의자들은 인간적 성분이 아닌 추상적인 구조들을 인간 개인 보다 아래에 두었다. 이번엔, 실용성이 아닌 자기 충족이 도덕적의 기준이 되었다.

계몽주의가 물리적인 과학의 패러다임을 따르며 그것을 삶의 모든 면에 적용하려는 추구가 있었지만, 낸시 피어시(Nancy Pearcey)가 보여주는 바와 같이, 낭만주의는 생물학적 패러다임을 추종했다.9) 자연이 단순히 기계적인 말로 설명될 수 있는 것이 아니고, 개인이나 온 우주를 생동케 하는 "생명력"의 관점으로 풀이될 수 있다고 보았다. 사람이 내면적 감각들을 만져주어서 삶의 모든 면들을 깊이 있게 체험하고, 인간 자신을 물리적 세계 전체에 활력을 주는 생명력과 합치를 이룰 수 있다는 것이다. 그 생명력이라 함은 성경의 인격적 하나님을 뜻하는 것은 전혀 아니다. 하나님은 내재하심과 동시에 초월적이신 분이기 때문이다. 그 생명력이라는 관념이 하나님 대신 사람의 마음속에 들어앉더니, 이신론(理神論)처럼, 새 세속종교의 토대 역할을 하였다.

---

8) 문학과 종교적 의미를 포함한, 계몽사상과 로맨티시즘에 대한 좀 더 상세한 설명을 보려면, 나의 책, *Reading Between the Lines* (Wheaton, IL: Crossway Books, 1990), pp. 169-90를 보라.
9) See Nancy R. Pearcey and charles B. Thaxton, *The soul of Science: A Christian Map to the Scientific Landscape* (Wheaton, IL: Crossway Books, 1994), pp. 106-07.

낭만주의자들은 "문명"을 비판하기를, '인간 지능의 인위적 추상들을 반영하는 것'이라 했다. 아이들은 자유로운 존재로 태어나는데 "사회"는 그 아이들을 문명과 함께 묶어두어서 그들을 타락시킨다. 원시 인간 종족들은 "고상함을 가진 야인들"로 구성되어 있고, 자연과 가까이 살아서 현대 기술이나, 물질주의에 오염되어 타락하지 않았다. 낭만주의는 옛것을 찬미하였다. 그들은 단순히 문명이나 인간 지능의 성취만 추구한 것이 아니라 "유기체적 공동체로써의 자연의 영혼을 가진" 것으로써의 "문화"를 추구했다.

낭만주의는 주관성을 함양시켰고, 개인 경험이나 깊은 정서를 가르쳤다. 그것은 내적 인생의 성찰과 관심을 북돋아주었다. 낭만주의자들은 칸트에게 가까운 면이 있었는데, 그는 외적 세계의 형태와 구조는 인간 정신의 구성력의 덕택이며, 그 구성력이 우리가 대하는 여러 가지 혼란스런 감각의 대상들을 정리할 수 있게 해준다고 했다. 일부 낭만주의자들은 자아가 우주를 만든 자라는 의미로 구성력이란 뜻을 쓰기도 했다.

자아는 조물주일 뿐 아니라, 법질서를 부여하는 자가 되었다. 외적인 법칙이나 실용적인 측면들을 따르지 않고, 낭만주의는 도덕적 삶의 내면적 조성을 이루었다. 낭만주의자들은 자신들의 명예와 개인적 실패 등에 고민하였다. 그러나 그들은 궁극적으로 도덕성을 자아성취의 관점에서 이해하게 됐다. 인생의 목적이 꽃이나 새싹처럼 "자라기" 위한 것이므로 자아를 풍족케 하는 것은 반드시 선이고, 자아를 위축케 하는 것은 틀림없이 악이 되었다.

그런 관점은 영웅적 행위와 끝 간 데 없이 심화되는 이기심을 부추길 것이었다. 바이런(Byron)은 그리스를 해방시키겠다는 무모한 사명감에 생애를 바쳤는데, 이복자매와 근친상간을 행하는 등, 그 역시 "사회법"을 무시하였다. 셸리(Shelley)는 메리 고드윈(Mary Godwin)과의 관계에 빠지면서 그의 가족을 버렸고, 고드윈이 셸리 자신의 본처보다 셸리를 더 잘 이해한다고 생각했다. 버림 받은 그의 본부인은 자살했다. 이런 낭만주의 윤리는 오늘날에도 그 모습을 도처에서 드러내어 "경쟁을 통해 얻는 아내"를 갖기 위해서 자기만족을 위해 이혼하는 행정관들이 있는가 하면, 아이를 갖는 것은 여성의 자아성취에 장애가 된다는 주장을 펴는 낙태 옹호자들, "질적" 자아지향의 삶을 추구할 수 없는 자들은 죽는 게 더 낫다고 믿는 안락사 주장자들이 등장하였다.

다윈의 진화론은, 기독교에 도전한 것처럼 낭만주의에도 도전했다. 다윈은, 자연은 조화와 선의 영역이 아니며, 낭만주의자들이 이상화했던 것과는 다른 것임을 보이면서 자연은 오히려 본질적으로 폭력적인 것이라 했다. "적자생존", 즉 약자가 강자의 먹이가 되는 야성적 생존경쟁은 자연의 기초원리로 되었다는 내용으로 종의 기원을 설명했다. 19세기 후반에 낭만주의는 신 계몽적 유물론의 예각(銳角) 앞에 힘을 잃었다.

그러나 유물론 역시 삶의 동반자가 되기는 어렵게 되었다. 20세기에는 새 세계관이 나왔고, 그것은 개인적 생의 의미를 부여하면서도 유물론의 예리한 사실들을 인정하는 세계관이었다. 이 세계관이 실존주의이다.

실존주의에 따르면, 삶에 있어서 내재적 의미나 목적은 전혀 없다. 자연의 맹목적 자체질서나 합리주의의 논리적 결론이 순리로 보일는지 모른다. 그러나 그것들은 인간과 상관없다. 인간과 관련되는 한, '자연법칙의 뜻 없는 되풀이'는 얘기할 가치가 없다. 인간과 무관한 영역이라는 것은 아무 의미도 인간에게 주지 못하므로 논의한다는 것 자체가 우스운 일이다.

인간과 무관한 세계가 존재하면 '거기서 무슨 의미를 발견할 수 있겠는가'. 의미는 순전히 인간과의 관련현상에서만 있기 때문이다. 삶에서 정해놓은 의미란 없기 때문에, 각자 살아가는 상황 속에서 의미는 모두 다르게 발생한다. 각자의 자유선택과 세심한 행동으로 인간은 저마다의 질서와 그들이 혼자서만 결정지을 수 있는 생의 의미를 만들어갈 뿐이다. 이 의미는 어느 타인에게도 유효치 않다. 어느 누구도 다른 누구에게 의미를 제공할 순 없다. 모든 사람이 스스로의 의미를 결정해야 한다. 의미는 사적(私的)이고 직접적이어야 하며, 객관적 진리의 어떤 형태와도 무관한 것이라야만 참 의미이기 때문이다.

실존주의는 동시대 상대주의에 이론적 근거를 제공한다. 모든 사람이 각자 자신의 의미를 만들어 가는 것이므로 모든 의미의 가치는 똑 같다. 종교는 순전히 개인의 일이므로 어느 누구에게도 "요구" 할 수 없다. 개인의 의미의 내용은 중요치 않다. 개인의 위촉(자기가 인정하고 생각하는 특정의 의미에 가치를 두는 것)만 있을 뿐이다.

삶에 의미를 부여하기 위해 사르트르는 공산주의를 택하였고, 하이데커는 나치즘을, 불트만은 기독교를 택했다. 사람은 각기 자신의 개인적 현실 속에서 산다. "당신에게 옳은 것이 나에겐 그릇된 것일 수도 있다."

도덕가치기준들도 다른 부류의 의미처럼 자아에 의해서 비롯된다. 존재론적 윤리의 최상의 예는 낙태를 옹호하면서 스스로를 "임신중절 합법화 지지자"라 칭하는 사람들 중에서 찾아볼 수 있다. 그들에겐 그 여자가 결정한 것은 중요치 않다. 다만 그녀가 아이를 갖을지 여부를 진정으로 결정한 사실만 있을 뿐이다. 그녀가 무엇을 선택하든 그것은 —그녀에게는— 옳다. "임신중절 합법화"의 옹호자들은 낙태의 도덕성에 대해 관련이 있을지도 모르는 어떤 객관적 정보에도 관심이 없다. 태아 발달의 단계들, 낙태의 방법에 관한 사실들, 생명의 신성함에 대한 철학적 논쟁 등등은 모두 외적 세상의 객관들이기 때문에 그 여자의 개인적 선택엔 아무 상관이 없다.

실존주의는 19세기에 시작되었다. 그러나 20세기 중반에는, 중요한 철학적 동향으로 대두되었다. 오늘날 실존주의는 더 이상, 카페에 있는 abant garde(아방가르드: 전위예술, 소설가들 또는 불란서 지식인들)의 전유물이 아니다. 실존주의는 대중문화 속으로 들어갔다. 그것은 TV 연속극이나 토크쇼의 철학이 되었다. 실존주의 신조들은 정치적 화법을 형성하고 있으며 법적 구조를 변형시키고 있다. 실존주의는 포스트모더니즘의 철학적 기초이다.

모더니즘의 종말

20세기의 초반부에, 지적, 문학적, 그리고 예술적인 모더니즘이라는 이름으로 통하는 움직임이 있었다. 모더니즘 시대가 1700년대에 시작되었다고 나는 주장한바 있지만, 모더니즘적인 성취나 절망은 20세기에 그 절정에 달했다.

모더니즘은 신세기를 위해 새로운 예술형태의 창출을 추구하였다.

이들 예술가나 지식인들이 그들 스스로를 모더니스트로 부른다고 해서 그들이 모더니즘의 세계에 사로 잡혔다는 뜻은 아니다. 그들 중에도 많은 사람들이 모더니즘을 싫어했다. 비록 그들이 낭만적 애수(哀愁)를 경멸하지만, 많은 모더니스트들이 과거를 갈망했다. 많은 사람들이 실존주의자로서 그들 스스로의 의미를 창조하는 결정을 하였다. T. S. Eliot과 같은 소수의 몇 사람이 기독교에 눈을 돌렸다. 그러면서 그들 모두는 모더니즘적인 상황을 사로잡을 수 있는 예술의 형태를 가지고 정직한 방법으로 20세기를 대하기를 바랬다. 그들 중 일부는 모더니스트로 간주되기는 했지만, 그들의 시대를 앞서 있었고 포스트모더니즘을 내다보고 있었다.

실존주의의 영향을 받은 경험주의나 모더니즘이 불안하게 뒤섞여 20세기 중반 내내 지식과 예술세계를 지배했다. 그러다가 완전히 새롭진 않지만 뭔가 새로운 것이 등장했는데, 수 십 년간 잠복되어있던 사상들을 새롭게 적용시키는 작업이었다.

찰스 젱크스(Charles Jencks)에 따르면, 모더니즘이 끝나고 포스터모더니즘이 시작된 기점이 1972년 7월15일 오후 3시 32분이었다. 그 시간, 세인트루이스의 '쁘루트-이고에(Pruitt-Igoe)' 주택개발사업이 모더니스트적 건축술의 최고봉을 선보였던 것이다. 비록 칭찬할만한 하이테크놀로지의 표본이자 모더니스트적인 미적 감각과 기능적 디자인이 있지만, 그 계획은 매우 비인간적이고 위압적이었던 데다가 일일이 돌아볼 수 없을 만큼 범죄성이 농후하여 사람이 거주할 수 없었다.10)

'쁘루뜨 - 이고에' 주택개발사업의 파격은 포스트모더니즘의 패러다임이다. 모던 세계관은 인간이 살기는 불가한데도 합리적으로 설계된 구조를 건축한다. 이 패러다임은 주택사업에 적용되고 있다기 보다는 철학구조와 삶의 방식에 적용되는 것이다. 기독교인들은 알게 모르게 거기에 동의하고 있다. 그러나 그 새로운 세속적 해결책은 모더니즘만 잘게 부수는 것이 아니라, 기독교를 포함한 모든 안정된 형태들도 파괴하는 것이다.

파괴된 그 잔재 위에 다른 구조를 세우지는 않고, 세속적 포스트모더니즘은 파괴만 일삼는다. 가난한 자들이 들어가 살 수 있게 그들에게 모더니즘이라는 수도원을 주려는 노력은 이미 쓸모없게 되어 버렸다. 모더니즘을 폭파해 버리는 것이 적절했을지도 모르지만, 대부분의 포스트모더니즘의 이론가들은 좀더 들어가서 살아 봄직한 것을 제공하려하지 않는다. '쁘루뜨 - 이고에' 주택사업 계획에서의 저소득 거주자들은 더 이상 삭막하고 인간적이지 않은 구조에서 살지 않아도 된다.

대부분의 학자들은 포스트모던적 변동을 1960년대 반문화운동과 연관시킨다. 많은 젊은이들이 기술이나 조직화된 사회, 합리적 계획 같은 현대문명의 결과들에 대해 회의하기 시작했다. 그들은 그런 것들 대신 자연과 유기적으로 연관되고 도덕과 이성적 억압이 없는 삶의 방식을 추구했다. 베트남 전쟁은 그들에게 자본주의, 기술, 미국식 민주주의의 전통의 폐단을 집약적으로 보여주었다. 그들은 약물복용을 통하여 현대 합리주의의 요구에 완전히 대립되는 황홀하고 신비한 의식 세계를 실험하였다. 그들은 완전한 자유를 실현하고 제약 없는 삶의 즐거움을 추구하고자 성적 규제들마저 걷어치웠다.

많은 학자들은 1968년을 전환점으로 간주한다.[11]
그해, 학생 시위사건들 때문에 세계 곳곳의 대학교들이 문을 걸어 잠

---

10) Cited by Daved Harvey in *The Condition of Postmodernity* (Cambridge, MA: Basil Blackwell, 1989), p. 39. quoting from charles Jencks, *The Language of Post-Modern Architecture* (London: Academy Editions, 1984), p. 9.
11) Harvey, *Condition of Postmodernity*, p. 38.

갔다. 베트남 전쟁에 반대하는 학생들의 항의는 미국에 중대한 영향을 주게 되었고 그 항의는 유럽에서 더 성공적이었다. 파리와 기타 대학도시들에서의 학생반란사건들은 지식세계 전체에 깊은 영향을 미쳤다. 대학교들이 급진파가 된 것이다. 결국 한 부류의 새로운 지식인들이 득세하게 되었는데 그들의 목표는 현대세계의 허울을 벗겨 버리자는 것이었다.

1960년대의 청년문화는 단순히 낭만주의가 재현된 것이라고 볼 수 있는데, 청년들이 반발대상으로 삼고 있는 바로 그 사회의 풍요와 관용 때문에 가능했던 유아적 심리가 바탕에 깔린 회귀(回歸)였다. 19세기 낭만주의자들은 자연을 광시(狂詩)로 읊은데 비해, 그 시대 미국인들은 자연을 생존을 위한 투쟁의 대상으로 보았다. 그러나 1960년대가 되자 힘든 시기는 끝나는 것처럼 보였다. 젊은이들은 부모가 벌어준 돈을 뒷받침으로 머리에 꽃을 장식하고 부모를 물질주의자라고 불평하며 기술을 비난했는데, 정작 자신들은 고도의 과학기술의 영향을 고스란히 받고 있었다. 1960년대 반문화는 그것이 아무리 철없어 보이고 오늘날 보기에 앞뒤가 맞지 않아도 깊은 영향을 끼친 것이 사실이다. 그것은 유행을 지어냈다. 그 가치기준들은 국민의 오락 산업과 전자매체에 깃들기 시작했다. 특히 성적(性的) 혁명들이 사회 각 계층에 자리 잡았다.

1960년대 청년운동은 정치적 전환을 가져왔다. 시민권운동은 기독교 실천 운동에 그 뿌리를 둔 것인데, 사회(복음화)사역과 흑인교회의 도덕운동에서 자라난 것이다. 그 운동은 미국의 평등과 정치적 권리라는 전통적 가치관에 호소하였다.

이것을 바라보는 젊은이들은 그들의 동기를 반드시 교회나 입헌주의 정치제도로부터 찾지는 않았지만, 시민권운동만큼은 그들의 이상에 동력이 되어 주었으며 전체 사회가 변화되어야 한다는 확신을 주었다. 더 많은 자유운동이 인종해방을 위해 개혁운동의 뒤를 이었다. 여성해방운동도 꽃을 피웠다. 동성애자들은 자신들을 압제받는 소수라고 정의하기 시작했다.

마르크스주의자들도, 곧 청년문화의 정치적 이상에 동승하여 사회변

혁의 욕망을 전달시키려 하였고, 혁명운동 속에서의 지위적 비중을 문제시하기도 하였다. 1968년의 학생반란운동은 마르크스주의를 미국이나 유럽의 모든 대학에서 정치적으로 정확한 이념으로 세워 놓았다. 마르크스주의 학문은 전성기를 누렸고 새로운 학문적 존중을 받기도 하면서 사회학으로부터 문학비평에까지 이르는 분야의 학문에서 이름을 떨쳤다.

아이러니하게도, 서구에서 마르크스주의가 한참 유행했던 것과 때를 같이하여 소련 공산주의자들은 마르크스주의 구속복(일종의 죄수복으로 두 팔을 움직이지 못하게 통으로 된)을 뚫고 나오려는 안간힘을 쓰는 지식인, 예술가, 작가들을 짐승 같이 짓눌렀다. 청년들이 1968년의 영광을 계속 그리워하는 것은 청년운동의 자기도취와 서구 지식인들의 도덕적 불감증을 가장 잘 보여주는 증거다. 이 "학생혁명"의 해는 또한 소련의 탱크들이 체코에 밀고 들어갔던 해이기도 하다. 마르크스주의는 자유의 분출을 근절시킴으로 그 진면모를 잘 증명했는데도 서구 지식인들은 엉뚱한 생각을 했다. 러시아와 중국의 또래 학생들이 마르크스주의를 의심했다고 투옥되거나 죽고 있는데, 서구 학생들은 몸에 붉은 기를 두르고 모택동 주석의 말들을 인용하여 외치고 있었다.

토머스 오든(Thomas Orden)은 '뿌르트-이고에'의 주택사업을 통해서가 아니라 베를린 장벽의 붕괴를 통해 모더니즘의 종말을 본다. 오늘날 대학교의 포스트모더니스트들은 아직도 정치적 급진주의의 실패를 인정치 않으려 한다. 오든은, 그들은 그 회의론과 도덕적 권위에 대한 경멸과 함께 모더니즘의 주장을 새로운 극단으로 몰아붙이는 참으로 "도가 지나친 모더니스트들"로 간주한다.12) 그런 상황이지만 그 새로운 이데올로기는 서구문화 전반에 손길을 뻗어가고 있다.

---

12) Oden, *Two Worlds*, p. 79. Ihab Hassan, 그는 포스트모더니즘의 주도적인 학자 중 한 사람 으로써, 포스트모더니즘이라는 것은 모더니즘 속에 이미 존재해 있던 여러 경향들이 강화되어 나타나는 것이라고 믿고 있는 자이기도 하다. Steven Connor, *Postmordernist Culture: An Introduction to Theories of the contemporary* (Oxford: Basil Blackwell, 1989), pp. 111-14를 보라.

반 계몽주의

이제, 모더니즘은 문화의 모든 면에서 자리를 잡아가는 새로운 세계관에 의해 도전 받고 있다.

이 세계관의 신봉자들은 그것을 "포스트모더니즘"이라고 부른다. 포스트모던(postmodern)은 형용사로 시기(時期)에 대한 말이고, 포스트모더니즘(postmodermism)은 구별된 사상을 일컫는데, 일반적인 말로는 근대(modern)기가 지나가면, 우리는 모두 근대후기(postmodern) 사람인 셈이다. 우리가 포스트모더니즘(postmodernism) 신조를 거부할 경우에도 시간개념으로는 그렇게 됨을 구분해야 한다.

데이빗 하비(David Harvey)는 계몽주의에 반대하는 포스트모더니스트의 주장을 제시하여:

> 계몽주의의 거대한 계획이 금언으로 삼고 있는 것은 "어떤 문제에 대해서도 가능한 대답은 오직 한 가지 밖에 없다"는 것이다. 그렇게 볼 때, 만일 우리가 그것만 올바르게 구성하고 제시할 수 있다면 세상은 합당하게 조정되고 질서가 생길 것이라는 얘기가 된다. 그러나 그 주장은 반드시 "제시적 표현의 유일하고 정확한 양식이 존재한다"는 점이 선행되어야 하고 "우리가 이 유일한 양식(이것은 과학과 수학적 연구들이 모두 추구하는 것으로)을 밝혀낼 수만 있다면 계몽주의의 목적을 이룰 수단을 제공해 줄 것이다"[13]라고 말했다.

포스트모더니스트에 따르면, 계몽주의가 갖는 문제점은 인간이성에만 무비판적으로 의존한다는 점이 아니라, 객관적 진리가 존재한다고 주장하는 점이라고 한다. 일반적으로 경험론적이고 기술 중심적, 합리주의적으로 이해되고 있지만, 총체적 모더니즘은 곧은 진보, 절대 진리, 이상적 사회 질서의 합리적 계획, 지식과 생산의 표준화에 대한 믿음과 동일시되어왔다. 계속해서 하비는 말한다. "분열, 불확정성, 그리고 모든 획일

---

13) Harvey, *Condition of Postmodernity*, p. 27.

적이라든지 '통합적'(일반적인 어구를 써서 말하면) 논조에 대한 강한 불신 등이 바로 포스트모던 사고의 뚜렷한 특징이다."14)

하비의 말로는 모더니스트들은 "혼란을 통합"하려고 시도한다.15) 삶의 내적 공허에 직면하여 거기에 질서를 부여해 놓고, 그것을 객관적으로 우주적인 틀인 것처럼 다룬다. 포스트모더니스트들은 한편, 혼란을 지니고 살며 그것을 알고 있고, 어떤 질서도 일시적이며 사람마다 다르다고 생각한다.

그러한 묘사를 보면, 그 새로운 이데올로기는 실존주의의 철학적 주장에 의존하고 있음을 알 수 있다. 그러나 그것은 다른 원조(元租)도 가지고 있다. 낸시 피어시는, 과학 자체의 발달이, 객관적 질서나 可知的 절대 진리들에 대한 신뢰를 어떻게 무너뜨렸는지 제시해준 바 있다. 비(非) 유클리트적 기하학은, 수학이야말로 자연의 절대법칙들을 생각지 않고 행하는, 멋대로 된 심리게임에 불과할지도 모른다는 가능성을 제기했다.

물리학에서 아인슈타인의 상대성 이론은 대중들에게 "모든 것은 상대적이다"고 말한 것처럼 많은 사람들이 오해한다. 더욱 진지하게 볼 때, 양자 물리학은 그것이 무엇을 나타내는가를 상상할 수 있는 우리의 모든 능력을 무시하고 있다. 언뜻 볼 때는 우리의 상식이나 논리의 근본적 기준들을 위반하는 듯하다. 관찰방법 여하에 따라서, 빛은 입자 일수도, 파장일수도 있다는 것을 실험으로 증명할 때, 모순이 없는 근본적 법칙이 흔들리는 것 같이 느껴지고 현실이 불합리한 것만 같다.16)

포스트모더니스트들이 "절대 진리는 없다"고 라는 것이 경솔한 주장이 아니다. 모더니즘식 세속적 사고의 과정은 그들에게 그런 결론을 가져다 준 것이다. 다음 장에서는 절대진리의 비판과 고전적 합리주의를 밀어 내고 들어선 사고방식인 그런 주장의 기초들 을 보여준다.

---

14) *Ibid.*, p. 9.
15) *Ibid.*, p. 11.
16) See Pearcey, *Soul of Science*, pp. 192-93. (포스트모더니스트에게 다른 지적인 영향을 준 것들을 알아보려면,)

계몽주의는 실제로 끝났다. 세속적 합리주의는 막다른 골목에 다다랐다. 기독교인들은 하나님에 의하지 않고는 도저히 객관적 의미를 설명할 도리가 없다는데 동의하게 될 것이다.

아담의 타락의 결과로써, 죄로 가득한 인류는 공허감과 지적인 벽에 부딪쳐 중병을 앓고 있다(전도서 1장). 인간 이성을 우상화하고, 하나님의 신비로운 능력들 앞에서 이성의 한계를 느끼면서도, 그것을 외면하고자 하는 시도들은 필연적으로 실패하게 마련이다. 알게 되겠지만 기독교도 포스트모더니스트의 계몽주의에 대한 비판에 있어서 뜻을 같이 할 수 있다.

그렇지만 포스트모더니즘은 기독교에 대해서도 전열을 정비할 것이다. 모더니즘처럼 고전적 합리주의와 같은 대개의 근대 이전의 사고체계와 기독교는 절대 진리의 존재를 믿는다. 기독교를 "우주적이고 통합적 설교"로 놓고 본다면, 기독교는 계몽주의와 같은 범주 속에 들어가게 될 것이다.

포스트모더니스트들은 기독교를 비롯한 많은 근대 이전의 사고를 모더니즘의 여러 다른 모습으로 치부해 버릴 공산이 크다. 기독교나 모더니즘은 같은 맥락에서 버려지게 될 판이다. 그 둘이 서로 옳다고 똑같이 다툰다면!

이합 하싼은 일단(一團)의 대조점들을 제시함으로써 모더니즘의 가치기준과 포스트모더니즘의 가치기준들이 서로 대립된다면서17) 모더니스트들은 명확성을 인정하지만, 포스트모더니스트들은 운동과 우연을 강조한다. 모더니즘은 위계질서가 있다고 보는데 포스트모더니즘은 무정부상태적 혼란을 가르친다. 모더니즘이 로고스, 즉 언어에 담긴 우주의 내재적 의미를 찾는데 반해 포스트모더니즘은 말과 의미를 모두 거부하고 침묵을 더 인정한다.

하싼에 의하면, 모더니스트 예술은 자체적 의미가 내포된 완성된 작품

---

17) Ihab Hassan,"The culture of Postmodernism," *Theory, Culture and Society*, 2 (1985): 123-24.

의 객관에 중점을 두는데 반해, 포스트모던 예술은 예술의 과정과 수행에 초점을 모은다. "창조/통합/일치"에 관련한 모더니스트적 입장에 반해서, 포스트모더니스트들은 "파괴/해체/대립"에 더 관심을 갖는다.

모더니스트들이 선택과 영역을 중요시하는데, 포스트모더니스트들은 조화나 상관성을 중시한다. 모더니스트들이 "현존(現存)"을 가르치고 포스트모더니스트들은 "부존재(不存在)"를 가르친다. 모더니스트가 깊이에 유념하는데 포스트모더니스트는 표면에 흥미를 둔다. 모더니스트는 격식을 포스트모더니스트는 비 격식을 강조한다.

포스트모더니즘은 사고와 문화를 전혀 다른 토대 위에 재정리하려고 시도한다. 그리고 현실을, 원래 그러한 사회로 받아들이면서 "통합적 교훈"을 전면적으로 회피한다. 모든 기초를 다 거부하는 그런 토대위에 무슨 궁전이 세워질 수 있겠는가? 이것이 삶이나, 예술, 정치, 종교가 갖는 인간에 대한 가치에 어떤 의미가 있는가? 미결정성, 무정부상태, 돌연변이, 부존재, 표면, 비 격식 등, 모든 포스트모더니스트적 가치 기준들은 지식인 엘리트들의 망상인가, 그리고 그 망상이 전체 문화나 심지어 교회에까지 침투하고 있는 것인가? 본서의 뒷부분은 이런 질문에 대답하기 위해 힘쓸 것이다.

포스트모더니즘과 문명

"포스트모더니즘"이란 용어를 처음 쓴 학자 중 하나는 위대한 역사가, 아놀드 토인비(Anold Toynbee)이다. 1940년대, 토인비는 세계 문명의 성쇠에 대한 장엄한 연구에 몰두하였다. 토인비의 역사를 들여다보는 통찰력과 그의 시대의 역동성들은 놀라우리만큼 예언적인 것이었다.[18]

---

18) Oxford 영어사전에서 인용한 최초의 Postmodernism이란 용어의 사례는 1949년, 건축술에 관해 쓰여진 한 연구서에서 나왔다. 나는 그보다 훨씬 더 오래 된 그 용어의 사용 예를 발견했는데, Religion for Living이란 제목으로 Bernard Iddings Bell이 쓴 기독교 변증학 서적이며, 1940년 Harper社가 발행한, 포스트모더니스트를 위한 책이다. 문화에 대한 보다 더 광범위한 서술로써 그 용어가

고대 로마에서 제국주의 중국까지, 바빌론에서 아즈텍 문명까지 포괄하는, 21권의 세계문명에 대한 그의 연구에 기초하여 토인비는 무너지고 있는 사회들은 일종의 "영혼의 붕괴"를 겪는다는 사실을 발견하였다. 그 사회들이 단순히 타 문명들에게 짓밟혀서 그렇게 되는 경우는 아주 드물다. 오히려 그들은 일종의 문화적 "자살"을 범하는 것이다. 그는 분열되는 사회는 여러 특성이 있다고 말한다. 그들은 포기의식 속에 빠져 드는데 "의식적이든 무의식적이든, 그리고 이론상으로든 실제상으로든, 그것은 '반 율법주의'를 수긍하는 정신상태인 것이다."19) 환언하면, 인간이 도덕성을 더 이상 믿지 않고, 자신들의 창의성을 버리며 스스로의 충동에 굴복한다.

그들은 또한 나태, 즉 현실도피 심리에 굴복하여 자신들만의 향락과 오락의 세계로 도망해 들어감으로써 문제의 회피를 꾀하였다.20)

자신들이 표류하는 존재라는 느낌을 가지면서 무의미한 결정론에 굴복하고, 마치 자기의 노력은 중요치 않고, 어차피 자기들 인생에 대한 아무 조절 능력도 없다는 듯이 생각했다.21)

그들은 도덕을 포기함으로써 나타나는 자기혐오의 자포자기식 죄의식이 있었다.22) 그들이 행하는 혼음을 토인비는 성적 감각이라기보다 무차별적으로 받아들이고 초점도 없이 타협하고, 무비판적으로 관용하는

처음 인용되었던 것은 1956년 Toynbee가 쓴 An Historian's Approach to Religion에서 이다. 다음 장(章)들 속에서는 좀 더 상세하게 Toynbee를 인용할 것이다. Toynbee는, 여러 문명 속에서 종교가 하는 역할에 대해 초점을 두고 있는데, 기독교에 대해서 자주 옹호하고 있다. 그러나 그는 세계의 모든 "고등 종교들" 속에서 추정 된 일반성들을 기초로 한 보편 주의적 입장에서, 기독교를 배타주의자적 주장으로 생각하여 거리를 두기도 했다. *An Historian's Conscience: The correspondence of Arnold J. Toynbee and columba cary Elwes, Monk of ampleforth*, ed. christian B. Peper (Boston: Press, 1986)를 보라.
19) Arnold J. Toynbee, *A Study of History* (London: Oxford University Press, 1948), 5:399.
20) *Ibid.*, pp. 404-11.
21) *Ibid.*, pp. 412-31
22) *bid.*, pp. 432-39

의미로 보고 있다. 토인비는 이러한 혼음을 "예절이나 관습 뿐만 아니라, 종교, 문학, 언어, 예술을 뒤섞어 넣고 녹이는 용광로 속에, 자포자기로 끌려들어가는" 대중심리의 승리라고 한다.23)

이미 오래 전에 죽은 문명들을 마지막 산고의 힘든 과정을 겪으면서 다시 탄생시킨 토인비의 분석 속에서 사그러들 줄 모르는 인식 충격을 경험해보려고 그의 기념비적인 역사서에 반드시 공감할 필요까진 없을 지도 모른다. 그러나 그가 자기시대, 2차 세계대전, 냉전의 시초에 대해 눈을 돌렸을 때, 토인비는 포스트모더니즘의 출현을 예견하면서 그 용어를 사용했을 뿐만 아니라 그것이 갖게 될 의미까지도 묘사를 해 두었다. 패트리시아 워프(Patricia Waugh)가 그의 예언을 아래와 같이 요약한다.

> 토인비에게는, 포스트모던 시대가 넷째 단계가 될 것이며 이는 서구역사의 최후 국면이고, 고뇌와 불합리, 망연자실에 싸인 국면이 될 것이다. 그러한 세계 속에서, 인간 의식은 표류하게 될 것이며, 지난날 모더니즘적인 이상들이 세워졌던 것과 같은 정의, 진리, 이성의 어떤 보편적 기반 위에도 다가설 수 없게 될 것이다. 의식자체가 "중심을 잃게"되고, 이미 더 이상 세계속의 행동의 대변자가 되지 못할 것이며, 비인간적인 힘들이 서로 통하며 교차하는 기능의 역할만 하게 될 뿐이다. 예술은 인간 정신의 표출이 아닌, 또 다른 종류의 상품이 될 뿐이다. 따라서 지식이 행하는 비평의 역할을 더 이상 못하고, 예술은 그 기능만 지니게 될 것이다. 더구나, 우리는 포스트모던의 상황 속에 있고, 그 문화 속에서 모든 지식은 설교를 통해서 형성될 것이며, 우리는 초월성에 대해 더 이상 추구할 수 없을 것이다. 문화를 바라볼 수 있는 객관이 사라져버릴 것이다. 관념으로 이겨서 얻기를 애쓰는 대상 범주 속에는 이미 개념적 공간이라는 알맹이가 빠져 버렸다. 즉 칸트가 말하는 "신의 관점"은 아예 없어져버린 것이다. 오직 내면으로부터의 붕괴, 즉 소인정치, 언어유희들, 장난 같은 싸움들, 이율배반, 분열 등만이 존재 할 수 있을 것이다.24)

---

23) *ibid.*, pp. 439-40

다음 장에서는 좀더 상세하게 이 관념들을 탐구할 것이며, 이 "의식의 표류"가 많은 동시대 이론가들의 주장대로 "해방"인지, 아니면 토인비가 믿는 대로 서구 문명이 "막을 내린다"는 신호인지에 대해 고려해 볼 것이다. 혹은, 더러 일어나기도 하는 것으로, 토인비도 인정했듯이, 종교적 각성의 수단에 의해 서구 문명이 과연 회춘이라도 하게 될지?

---

24) Patricia Waugh, *Postmodernism: a Reader* (London: Edward Arnold, 1992), p. 5.

제3장
진리의 정립, 그리고 해체

월터 트루엣 앤더슨(Walter Truet Anderson)은, <과거와 달라진 현실: 정치 광대들, 언제라도 싸우려는 종교, 세상을 어지럽히는 신화들, 원시의 멋, 포스트모던 세계의 또 다른 경이(驚異)들>이란 책에서, 인류 역사상 그 어느 것 못지않게 깊은 관념적 변동이 시작하고 있다고 말하고 있다.

앤더슨에 따르면, 우리는 곧 사상 변동의 과도기에 놓이게 될 것이다. 그는, 이런 변동을 형성하는 3가지 과정을 인용한다. (1)믿음의 파괴, 오늘날엔 '옳은 것'에 대한 지구적(地球的) 동의 사항이 없다. 그는 우리는 "모든 신념체계의 방식이 대중소비를 위해 주어지는 원칙 없는 현실이라는 장터에 와 있다"고 말한다. (2)지구적 문화의 탄생, "모든 신념 체계는 다른 신념 체계에 대해서도 모두 알고 있다."고 말하고, 그 결과로 그들 중에서 어느 것을 절대 참된 것으로 받아들이기가 어렵게 된다고 한다. (3)새로운 극단화, 사회적 진리의 본질에 관한 투쟁들로 사회는 분열될 것이다. 우리는 "문화 전쟁들", 특히 교육과 도덕 지도에 관한 문제들을 놓고 투쟁을 벌일 것이다.[1]

---

1) Walter Truett Anderson, *Reality Isn't what It Used to Be: Theatrical Ploitics, ready-to-Wear Religion, global Myths, Primitive Chic, and Other*

앤더슨은, "객관주의자들"(진리는 객관이며 알 수 있는 것이라고 믿는 이들)과 "구성파들" (인간은 스스로의 현실을 구성한다고 믿는 자들) 사이를 구분하며 다음과 같이 말한다.

구성파들(나의 생각과 아주 가까운 자들로써)은 "우리는 현실에 대한 비인격적 관점, 즉 '신의 눈'을 가지지 못했으며 과거에도 그랬고, 미래에도 마찬가지일 것"이라고 하며 "우리는 상징적 세계에 살고 있으며 많은 사람들이 함께 구성하면서도 '현실세계'로써 객관적 체험을 하는 사회적 현실이란 바로 그런 것"이라고 한다. 그들은 또한, 지구는 하나의 상징적 세상만은 아니고, "복수(複數)현실들"의 광대한 우주라고 한다. 그 이유는 다양한 인간 그 그룹이 여러 가지 내용들을 구성하고 갖가지 언어가 수많은 방식으로 구체적 삶을 경험하게 하기 때문이다.2)

앤더슨은 주장하기를 포스트모던 시대에는 구성론자들이 승리할 것이며 삶의 모든 면에 대하여 심오한 해방을 주게 될 것이라고 한다.

이 포스트모더니스트 이데올로기는 단순한 상대주의에 불과한 것은 아니다. 모더니즘적 실존주의자들은 주장하기를 의미는 개개인이 만드는 것이라고 가르치는 반면 포스트모던 실존주의는 의미가 사회적 집단과 그 언어에 의해 창조된다고 설명한다. 그런 견해로 보면 개인의 정체성이나 인간사고의 모든 내용들은 모두 사회적인 구조들인 셈이다. 옛 실존주의는 분리된 개인을 강조하고 개별성과 비 획일성 속에서의 인간 존엄성을 이야기했다. 그런데, 포스트모던 실존주의는 사회 속에서의 정체성, 단체적 사고, 유행 감각을 강조한다. 포스트모던 실존주의의, 의지 뿐만 아니라 힘에 대한 강조는 니체로 거슬러 올라간다. "지식"과 "진리"라는 억압된 관념을 포함하여 모든 힘의 구조적 존재에 거부하여 반동함으로써 해방을 얻을 수 있다고 한 것이다.

Wonders of the Postmodern world (San Francisco: Harper & row, 1990), p. 6.
2) *Ibid,.* pp. x-xi.

반 기초주의

과거의 위대한 지적 체계들(예를 들어 플라토니즘, 기독교, 마르크시즘, 과학)등은 늘 뚜렷한(합리적 이상, 하나님, 경제학, 경험론적 관찰 등의) 근본을 가지고 있는 것들이다. 반면에 포스트모더니즘은 반 근본적이다. 그것은 그와 같은 모든 객관적 기반을 파괴해버리고 아무 근본도 남겨두지 않으려 한다.

패트리시아 워프(Patricia Waugh)는 반 기초주의를 이렇게 요약 한다:

「그러므로, 포스트 모던적 핵심에 접근해보면, "거대한 설화(說話)들" 특히 계몽으로 이루어진 근대적인 것이 어떻게 허물어져 버렸는지를 재인식 시켜주는 것이 그 속에 놓여 있다는 걸 알 수 있다.」

포스트모더니스트들 사이에 관습처럼 되어 있는 것과 같이, 워프(Waugh)는 사고의 객관적 체계를 "설화(說話)", 즉 이야기라고 표현한다. 진리의 주장을 소설 같은 허구라고 정의한다. 이러한 수사학적 손재주는 사람이 자기가 증명해 보이려고 애쓰는 부분을 주장하는 행위의 한 예(例) 라고만 생각할 수는 없으며 모든 진리가 언어의 구성물에 불과하다는 포스트모던 적인 금언의 표본 이라는 것이다. 그녀는 계속해서:

> 반(反)계몽주의는 물론, 본래의 계몽주의와 다름없이 낡은 것이다. 그러나 과거에(예를 들어, 낭만주의 사상의 경우) 이성에 대한 비판을 가하면서 가상적인 기초주의라도 내세워서 이성의 자리를 대체하려고 했었던 반면, 포스트모더니즘은 진리를 합법 화 하는 모든 형이상학적 설화(說話)를 포기한다는 주장을 내세우는 경향이 있다. 게다가 그들이 주장하기를 "우리는 그런 설화들이 필요치도 않으며 그런 것들은 더 이상 바람직한 것이 아니라"고 한다.3)

---

3) Patricia Waugh, ed,. *Postmodernism: A Reader* (London: Edward Arnold, 1992), p. 5

과거에는 지식을 위한 어떤 틀이 맞지 않다는 생각이 들면, 다른 지식의 틀로 대신했다. 포스트모더니즘의 목표는 모든 지식을 위한 틀을 없애는 것이다. 포스트모더니스트의 특수용어에서 "형이상학적 설화(說話)들"은 "이야기들을 가지고 떠드는 이야기들"이요, "보편적 적용이라고 알려진 것을, 거대하게 이론적으로 해석해 놓은 것",4) 즉 소위 세계관이라는 것들이라고 한다.

형이상학적 설화들은 "통괄적 교훈들"로 간주되는데, 교훈이란 것은 속박의 관념을 주게 되어 있다.5) 신(新)마르크스주의의 내용 속에서 테리 이글레톤(Terry Eagleton)은 이렇게 말한다 :

> 포스트모더니즘은 "보편적" 인류 역사라는 허상을 은밀하게 합법화하고 기초로 삼으려는 "테러적 기능"을 가진 "형이상학적 설화(說話)"의 사망을 예고하고 있다. 우리는 지금, 이성(理性)이라는 속임수와 혼합성이라는 물신(物神)이 지어내는 모더니즘의 악몽으로부터 일깨워 통합화하고 합법화하려는 순례자적 강요의 잘못을 파악하는 한편, 이성질적(異性質的)인 열린 영역으로 삶의 형태나 말싸움을 이끌어 가는 포스트모던의 심사(心思)가 편한 혼합주의의 길 한복판에 있다. 과학과 철학은 그들의 과장된 형이상학적주장들을 포기해야만 하며 그들 자신을 또 다른 한 묶음의 설화로써 볼 줄도 아는 겸손함을 더욱 가져야 한다.6)

보편적 인간성이 있다는 믿음은 대개 인간평등과 존엄의 고상한 시각으로 간주되지만, "은근히 테러적인" 음모성 언어라고 묘사하고 있다. 모더니티는 그 결점들에도 불구하고 최소한 일상생활을 조금은 더 맘 편케 해 주는가 싶었는데, 끝내 "악몽"이요, 물신(物神)에 매달리는 원시적 미신이 되고 말았다. 심지어 과학까지도 "또 하나의 설화(說話)묶음"이

---

4) David Harvey, *The Condition of Postmodernity* (cambridge, Ma: Basil Blackwell, 1989), p. 9.
5) See Waugh, *Postmodernism*, p. 6.
6) Quoted in Harvey, *Condition of Postmodernity*, p. 9.

라며 버려졌다. 그 대안(代案)은 "속편한 혼합주의", 즉 "언어유희"로 재미보고 있는 우주적인 캘리포니아이다(계몽적 묘사의 한 예-인구, 지역, 경제규모가 크면서도 온갖 것이 없는 것이 없는 곳이라는 비유; 역자 주).

포스트모더니즘은 지식이 곧 진리의 반영이라고 주장하며 하나님과 역사 및 이성으로부터 안정된 근본을 찾을 수 있다는 사상으로 정의된 "근본주의"를 배제한다.7) 하나님은 계몽주의 시대처럼 일찌감치 화면에서 제거되었다. 이것은 모더니즘이 이런 종류의 공격 앞에 맥없이 힘을 잃었다는데 대한 문책으로 배제 당하게 된 것이었다. 이젠 이성까지도 거부된다.

포스트모더니스트들은 역사도 분해하려 한다. 그들은 역사마저도 사실들(facts)의 객관적 기록이 아니라 "우리가 견강부회(牽强附會)격으로 사용하려고 제도적으로 지어 놓은 언어라는 것과 맞물려 돌아가는 은유의 연속"으로 간주한다. 패트리시아 워프(Patricia Waugh)는 결국 우리는 진리와 소설을 구분할 수가 없다고 말한다. "역사란 성공의 기준을 진리가 아니고 성취로 따지는 고뇌에 찬 언어 싸움의 연결이다."8)

객관적 진리가 없으니, 특정 그룹의 필요에 따라 역사는 재구성될 수도 있을 것이다. 만일 역사가 "(싸움과 주장의)고뇌에 찬 언어게임의 연결"이라면 제도적 힘에 맞서서 "성공"을 충족시키고 특정의 의제(議題)를 진행시키는 어떠한 대안적(代案的) "언어 게임"의 경우엔 합법적 역사로 인정될 수 있다는 얘기다. "진리가 아니라 성취"가 기준일 뿐이라는 것이다. 학문은 수사학적 속임수다. 진리는 아무런 지장도 주지 않는다.

편들기식 학문이라며 역사의 객관성을 부인하는 것이 지식세계 전반에 걸쳐서 현재 유행하고 있다.

소위 "재조명파 학자들"은 크리스토퍼 콜롬보스나 기타 미국의 역사의 영웅들을 악한 인물들로 변모시키고 있다. 그러면서 미국이 상속시킨 것은 자유가 아니라 속박이라고 주장한다. 그들은 "유럽 중심"의 학문과

---

7) Waugh, *Postmodernism*, p. 6.
8) *Ibid*.

연구 분야를 반대한다고 외치며, "아프리카 중심"의 학문을 공격적으로 내세운다. 역사들이 재 작성되고, 모든 원리들이 여성해방론자나 게이(gay)들의 의제에 맞추어 다시 만들어지고 있다.

포스트모더니스트들의 신조가 학문적인 것처럼 보이고 뭔가 탐구해봄직 하게 보일 수도 있다면서, 남의 일처럼 생각하고 있을지 모르나, 현재 모든 대학교들이 그것을 가르치고 있다는 사실을 알아야 한다.

대학을 졸업하는 신세대들은 이런 종류의 사조에 물들어왔다. 우리의 새 선생님, 기자, 변호사, 판사, 정치지도자들은 그렇게 주입되어져 왔다. 그들 중 많은 수의 사람들은 "의미의 객관성은 없는 것이며, 진리라고 하는 것은 힘의 작용일 뿐"이라는 확신을 얻고 배출되는 상황이다.

진리가 없다고 믿는 사람들이 거짓말을 할 가능성이 더 크다고 밖에 볼 수가 없다. 도덕적 기준들이 다름 아닌 힘으로 부여해 놓은 것이라고 믿는 자들은 자신들의 반대파를 억압하기 위해 힘을 사용할 가능성이 더 많을 것이다. 그런 일은 정치적으로 확실한 입장을 취하도록 학자들에게 강요할 때라든지, 정치권력을 지닌 경우라면, 학정(虐政)을 행하는 일에 있어서든지 모두 일어날 것이다.

언어의 파괴

포스트모더니스트들은, 모든 의미는 언어의 특정 관점 위에 사회적인 작용으로 건조된 것이라는 견해 등의 신 상대주의를 그들의 기초로 세우고 있다. 이러한 부류의 이론은 그들이 자신들을 위해 쓸 수 있게 만든 분석적 방법과 함께 일종의 "파괴"라고 볼 수 있다.[9] 과거의 지식운동이

---

[9] 기독교인의 견지에서 본 해체에 대한 추가적인 설명, 즉 Jacques Derrida와 다른 두드러진 이론가들의 사상에 대한 알기 쉬운 해설을 보려면, Alan Jacob,"Deconstruction,' in *Contemporary Literary Theory: a Christian Appraisal*, ed. Clarence Walhout and Leland Ryken (Grand rapids, MI: Eerdmans, 1991), pp. 172-98를 보라. 또한 roger Lundin, *The Culture of Interpretation: Christian Faith and the Postmodern World* (Grand Rapeds, MI: Eerdmans, 1993)을 보라. 해체와 그에 관련된 학문적 쟁점들에 관해 더 깊이 연구하는데 필요한 서적이다.

형이상학과 과학의 분야에서 이루어져온 반면, 포스트모더니즘이 지적 원칙으로써 일관되게 주장하는 것은 모든 것을 문자적으로 비판해야 한다는 것이었으며, 또 그렇게 발달해 왔다. 문학작품들이 객관적 의미를 가질 수 없다는 것을 내보이려고 의도하는 것과 동일한 분석이 과학, 이성, 신학 등, 다른 모든 부분에도 적용될 수 있게 되었다.

포스트모더니스트들의 이론은 언어는 객관적 방법으로 세상의 진리를 전달할 수 없다는 주장에서부터 출발한다. 언어는 그 성질상 우리가 생각하고 있는 것을 구성한다. 언어가 문화적 발생물이므로 의미는(그들의 관점에서 재차 말하자면) 결국 사회적 구성물이다.

동시대 학자들은 "의미 단위"(The words)와 "의미하는 것"(The meaning) 사이의 구분을 언제나 강조해 왔던 구조언어학자의 학설에 눈을 모은다. 그 두 가지 사이의 연관은 제멋대로 인데, 영어에서는 dog을 사용해서 카페트에 오줌을 싸는 개를 말하지만, 스페인에서는 perro라는 소리로 그 뜻을 낸다. 이 두 특정의 언어음들과 실제 뜻한 동물과는 아무 관계도 없다는 것을 보여준다. 이것이 바로 다른 언어들이 존재하는 이유이며 각기 언어는 자체적 구조 속에서 저마다의 상징들을 사용한다.

포스트모더니즘 언어학자들은 한 술 더 뜬다. 단어들이 갖는 바로 그 의미는 자체의 내재적 구조의 부분이다. 사전에서 한 단어의 뜻을 찾아보면 뜻이 여러 다른 단어들로 나와 있다. 단어들은 결국 다른 언어들을 말해준다. 우리 언어의 매우 많은 부분이 볼 수 있는 사물을 말하는 게 아니라, 순전히 정신적 개념(그래서 언어학적이라고 하지만)만을 전해주는 추상(抽象)들로 이루어져 있다. (바로 앞에 있는 문장만 해도, 그 전달하고자하는 뜻을 위해, "많은", "이루다", "추상들", "순전히", "정신", 그리고 "개념"등의 추상적 단어들과, "~의", "~이", "~로" 같은 문법적 기능들로 구성되어 있다).

분명히 말해서 어떤 단어들은 보통 물건들을 가리킨다. 그러나 보통 물건들도 "상징들"로 쓰일 때가 있어서, 단어가 본래 가리키는 물건만큼 확실하게 문화적 의미를 전달할 수가 있는 것이다. "개"와 "늑대"의 차이가 무엇인가? 우리 문화에서 개는 집에서 기르는 것이고, 늑대는 야생 동물이다. 그런데 "개"의 연상 의미들은 어린 시절의 애완동물, 또는 인간과 가장 친한 짐승들을 나타낸다. "늑대"는 어릴 때 제일 무서웠던 대상, 마구 물어뜯는 괴물, 그리고 인간의 통제 밖에 있는 자연의 세계에 대해서 우리가 갖고 있는 매력과 두려움의 복잡한 조화를 연상으로 준다.

동시대 비평가들은 "옷", "빌딩", "유행" 및 기타 "비 동사적 소통 어"의 의미를 고전 비평가들이 문학작품들을 분석하던 것과 똑같은 방법으로 연구하고 해석한다. "성공을 위한 의상"이란 책은 넥타이 착용방법이 남자들의 사회적 지위를 나타낸다는 것을 보여준다. 사무실 가구는 권위를 전달한다(벙커와 같이 육중한 책상 너머에 앉은 관리(官吏)와 그 앞에 딱딱한 의자에 앉아 바닥에 닿을 듯이 굽실거리는 다른 사람의 모습). 그런가하면, 사무실 가구가 격의 없는 동료감을 전달하는 경우도 있는 것이다(원형으로 놓인 소파에 둘러앉은 모습들). 자동차는 운전자의 개성을 전해주고 "사교적 발언"을 해주기도 한다. 캐딜락은 중산층임을 의미해 주고, BMW는 세밀하고 완벽한 면을, 픽업은 시골 고향마을의 애호심을, 콜 벤은 모험의 취향을, 스테이션 왜건은 가족에 대한 애정어린 배려 등을 각각 보여준다. 우리가 구입하는 상표에서부터 즐기는 오락에 이르기까지 일상적 사회의 가공물(加功物)들은 모두 의사전달과 표현, 설득의 수단이다.

모든 문화적 소산(文化的 所産)은 "함의물(函意物)"이라고 파악될 수 있다. 즉 인간으로부터 비롯된 모든 소산(所産)은 언어의 역할과 유사한 성질을 지닌다. 포스트모던적 언어를 빌리자면 세상은 하나의 함의물(函意物)이다. "정부, 세계관, 기술(技術), 역사, 과학이론, 사회관습, 그리고 종교" 모두가 본질상 언어적 구성체들이다.

포스트모던 이론가들은 "의미적 상호 영향성"에 대해 거론한다. 문화와 지적 생활들이 다름 아닌 함의물들이고 이들이 다른 <u>함의물</u>과 서로 작용하여 더 많은 <u>함의물</u>들을 이루어 낸다는 것이다.

인간존재인 우리는 우리의 언어라는 영역 밖으로는 벗어날 수가 없다. 언어의 한계와 언어의 요구에서 탈출 할 수는 없다. 언어가 우리 문화와 연관되어 있기 때문에 대개 언어는 우리의 통제를 상회(上廻)하게 되어있고, 인간은 인간의 힘 자체만으론 사고(思考)조차 못한다. 다분히 언어가 인간을 위해 사고(思考)한다.10) "초월적 로고스"란 없으며 객관적 의미도 없고, 인간 언어의 경계를 뛰어넘어 존재하는 절대 진리의 영역이란 없다. 또 다른 포스트모던의 슬로건을 사용자하자면 우리는 "언어의 감옥" 속에 갇혀 있는 것이다.

 언어가 감옥이라는 주장이 나왔을 때, 해체주의자들은 그 벽들을 허물고 탈출하기를 추구했다. 해체주의적 언어학자들은 언어란 본질적으로 고정적인 것이 아님을 주장한다. 의미는 유동적이고 가변적이다. 그래서 우리 언어의 의미구조는 어설픈 것이며 벽들이 너무 많고, 자기 모순적이다.

 그들은 주장하기를 언어적 의미는 서로 반대되는 의미와 구별적 배타성에 의존하는 것이다. "남성"은 "여성"의 반대 의미로 정의된다. "자유"는 "노예"를 배제한다. 그러나 한 단어는 그것이 배제하는 것에 대한 관점으로 정의되므로, 각 단어는 그 단어의 반대의 "흔적"을 함께 지니게 되는 것이다. 우리가 "남자"란 단어를 사용할 때마다 우리는 "여자"를 배제하게 된다. "자유"라는 의미를 위해서는 "노예제도"란 개념을 의존하고, 그러한 차원에서, "완전한 자유사회"란 개념의 단어는 아마도 없을 것이다. 의존할 반대 개념이 존재하지 않기 때문이다. 선천적 자유(freedom)는 당연하게 인식되고 있는 것일지도 모른다. "미국인들은 자유롭다"고 말하는 것은 마음속에(해체주의자들에게는) "미국인들도 노예가 되어있었던 거로구나"라는 식으로 떠오르게 된다.

 해체주의자들은 의미가 사회적 구성물이라는 데 동의한다. 사회는 언어를 통해서 의미를 구성한다. 해체주의자들은 한 발 더 나아가, 사회들은 본래부터 억압적인 것이라는 주장을 한다. 이 사상가들은 인간의 삶과 문화란, 권력에 대한 내재된 의지의 표출이라고 주장하는 니이체

---

10) See Harvey, *Condition of Postmodernity*, PP. 50-51.

(Nietzsche)에 근접한다. 그들은 또한 마르크스(Marx)와도 인접해 있는데, 마르크스는 문화를 계급투쟁과 경제적 착취라고 격하시켰다. 그리고 그들은 프로이드(Freud)의 혼령을 불러와서는, 문화를 억압된 성적 본능이라고 주문을 외우기도 했다. 이러한 주장은, 문화를 성별 사이의 투쟁이나 여성에 대한 억압의 관점에서 보는 여성해방주의자의 이론과 같은, 비 프로이드적 변이들과, 문화를 동성애자들에 대한 탄압으로 보는 "기행(奇行)이론" 등을 지니고 있다.

이러한 이론들은 모두 제각각(해체주의적 운동가들 사이에조차도 넓은 다양성이 있다)이지만, 공통적인 주장은 문화의 참 의미는 표면 아래에 숨어있고, 제도들이야말로 불길한 음모(무의식적인 상황에서 이루어질 수도 있겠지만)들이 쓰고 있는 "가면"이라고 하는 것이다.

이러한 접근들 중, 어느 것도 그 자체적 관점에서 종교를 수긍하거나 거부하지는 않는다. 그들은 종교를 다른 어떤 것을 위한 포장으로 분석한다. 프로이드는 종교를 성적 본능에 대한 억제의 제도로 간주하고, 여성해방론자들은 문화를 여성을 종속시키려는 수단으로 간주한다. 마르크스가 보는 종교는 인민의 아편이며, 부자들이 가난한 사람들을 하늘만 바라보게 해서 이 땅에서 고분고분히 자신들의 착취당함을 허용하도록 만들기 위한 희롱이다.

니이체는 마르크스를 거꾸로 세워 놓았다. 기독교는 부자들에 의한 사회조정 수단이 아니라, "노예들의 반란"이요, 빈곤하고 연약한 자들의 음모인데, 이들은 부유하고 강한 자들에게 죄책감을 느끼게 만들고, 적자생존의 원리를 방해하는 동정과 사랑의 윤리를 강요해서 그 부강한 자들을 조종하려는 자들이라고 했다.

이들의 상호모순적인 주장을 종합 정리하여, 해체주의자들은 "의혹해석학"을 발전시켰다. 그들은 하나의 텍스트를 그것이 객관적으로 의미하는 것을 알기 위해서가 아니라, 그것이 숨기고 있는 것을 벗겨내기 위해서 그 텍스트에 접근한다.11) 언어가 모든 힘들의 각축장이라는 주장 하에 해체주의자들은 언어의 권위를 박탈함으로써 이 힘의 영향으로부터

의 해방을 추구한다.12)

　해체주의자들은, 그들의 이른바 "전복(顚覆)시키는 내용"을 가르친다. 언어는 의미(객관적, 초월적 진리의 영역이 있다고 해줄지도 모르는)를 "드러내는" 것이 아니라, 언어가 의미를 "만든다". 인위적인 언어학적 구성노력이 진리라는 허상(虛像)을 실상화(實像化)해 보려는 의도로 이루어질지는 모르나, 그것들은 사실인즉 문화를 이루고 있는 권력 간의 관계들을 덮는 포장일 뿐이다. 해체주의적 비평가들은 이 의미 형성과정들을 면밀히 살피고 언어적 모순점들을 파헤친 다음, 그 텍스트의 이면에 숨겨진 힘의 알력들을 드러낸다. 의미 형성 과정이 분리된다. 그래서 텍스트가 "해체되는" 것이다.

　해체는 종종 언어학적, 문자적 모순을 찾아내는 일에 그치는 경우가 흔하지만, 급진적인 정치 성향의 인식을 곧잘 주고 있다. 의혹해석학은 모든 텍스트를 정치적인 발생물로 간주하며 텍스트가 언제나 정치적 입지 강화의 광고수단으로 꾸며지고 있다고 생각한다. 이런 일은 특히, 최고의 권위를 가진 텍스트들, 즉 "위대한 문학 작품들", 또는, 학교교육에서 권장되거나 문명의 "원칙"이 되고 있는 "고전명작들"의 경우에 해당되고 있다. 이들 텍스트들은 "특권"이 부여되고 있다. 그 이유는 그것들이 인종차별, 여성차별, 동성애 혐오, 제국주의, 경제적 억압, 성적제약(상황 따라 경우의 차이가 있겠지만)등, 문화의 뒷전에 숨겨진 거대한 구조를 합법화 내지는 정당화해 주고 있기 때문이라는 것이다.

---

11) Thomas C. Oden은 Two Worlds라는 저서에서 그것을 잘 묘사하고 있다.: *Notes on the Death of Modernity in America and Russia* (Downers grove, IL: Inter Varsity Press, 1992), p. 79, "해체라는 말에 의해서, 우리는 주어진 어느 Text에 대해서든지 의혹을 해석하겠다는 식의 방법을 고집스럽게 적용하고자 하는 의도를 뜻한다, 이런 방법에서는, 해체하고자하는 자는 언제나 그 Text에 대하여 거부하는 입장으로 바라보고 있음을 발견하게 된다, 또한 그 Text에 대해 항상 회의적인 반문을 하게 되며, 동시에 어떤 자기기만적인 것이나 나쁜 신념이 부자불식간에 특정의 관념성을 주입하고 있지는 않은가를 의심한다."

12) Steven Connor, *Postmodernist Culture: An Introduction to Theories of the Contemporary* (Oxford: Basil Blackwell, 1989), pp. 217-18.

미국독립선언을 예를 들어보자, "우리는, 모든 인간은 평등하게 태어나며, 인간은 조물주에 의해 일정한 양도 불가결한 권리들을 부여 받는다. 여기에, 생명, 자유, 행복 추구권이 있다.13)는 진리를 자명하게 생각한다." 이 내용을 해체하면, 그 텍스트가 평등을 말하고 있지만 그 언어는 여성을 배제하고 있다("모든 인간(men)은 평등하게 태어난다"). 또한 자유를 말하지만 그 초안자, 토머스 제퍼슨(Thomas Jeperson)은 노예를 부리고 있었다. 평등, 자유가 갖는 표의(表意)는 심의(深意)와 모순된다. 즉, 속뜻에는 여성과 소수의 자유, 평등이 부인되고 있는 것이다. 그 문장은 그 선언서의 서류에 서명하고, 그들의 특권적 지위를 하나님께서 친히 보장해 주는 것으로 만든 부유한 백인 남성들의 권리를 잘 보존시키고 있다. 독립선언문은 따라서, 또 다른 형태의 권력 행위로, 표의(表意)에 심의(深意)를 의미한다고 해체될 수 있다.

독립선언문의 전통적 내용은 민주적 이상과 18세기 식민지 미국의 실제적 형편을 함께 강조하고 있는 것일 수도 있다. 그럼에도 불구하고 선언문을 보는 자는 천부인권설을 객관적 진리로 간주할 것이다. 사람들은 하나님으로부터 근원이 주어진 객관적, 초월적 권리들을 실제로 지니고 있다. 모든 사람들이 다 이런 권리들을 누려보지는 못했다거나, 그런 내용(천부인권설)을 쓴 사람들도 그 이상에 맞게 살아보지는 못했다고 해서, 그런 권리들이 없는 것이라고 증명할 수 있는 건 아니다. 만일, 독립선언문에 묘사된 도덕적 절대 진리들이 객관적으로 유효하다면, 사회는 마땅히 이 절대도덕률에 가까이 갈 수 있게 개혁되어야 할 것이다.

결국은 독립선언의 이상들이, 실제로, 노예제도의 폐지와, 여성의 투표권, 그리고 지금도 커져가고 있는 민주적 자유를 초래한 사실을 알아야한다. 해체주의의 회의론(懷疑論)이 그와 걸 맞는 영향을 끼친 게 얼마나 되는지는 찾아보기 힘들다. 이런 이유는 그들에게는 생명을 바쳐 투

---

13) Quoted from *American State Papers, Great Books of the Western World,* ed. Robert Maynard Hutchins (Chicago: Encyclopaedia Britannica, 1952), 43:1.

쟁할 만한 절대 가치기준이 없고 어떤 대안적 가치기준이 있다 해도, 그것 역시 마찬가지로 해체될 대상의 것일 터이기 때문이다.

문학적 텍스트들도, 마찬가지의 역발상(逆發想)에 좌우된다. 셰익스피어(Shakespeare)의 리어왕(King Lear)은 아버지의 학대를 딸들을 통해 나타낸 것으로 여성차별론자의 가부장적인 선전이라는 내용으로 해체(解體)될 수 있다는 것이다. 그 텍스트는 딸들이 아버지에게 거역하게 되는 이유는 그가 먼저 딸들을 학대했기 때문에 그렇다는 암시가 들어있다. 셰익스피어는 그 딸들을 악당으로 나타내는데 그렇게 하면서도 무심코 하는 말들을 통해 딸들이 억압하는 가부장적 가족구조에 반대하는 여성해방론자로 나타난다는 것이다.

해체주의자들은 심지어 과학적 언어에 깃들어 있는 은유들까지도 분해한다. "자연법칙들"을 말하는 것은 정치적 은유의 사용이다: "법칙들"을 세우는 과학자들은 자연 질서의 기반 위에 인간의 정치적인 힘을 얹어 놓으려고 획책하는 것이다. 더 나아가 "DNA 기능상의 주분자(主分子)이론"에서, 주분자-master molecule-의 master는 남성적 용어이기 때문에 성차별을 포함하는 말이라고 한다. 과학자들이 "바다의 신비를 벗긴다"고 하거나, "자연의 비밀을 파고든다"고 할 때, 성적 은유를 사용하는데, 자연 질서의 옷을 벗기고 껍질을 벗긴다는 언어는 항상 여성적 용어로 감지된다는 것이다. 소위 과학적 객관성이나 서구과학의 모든 기술적 업적들은 "대자연(大自然)"의 존재(存在)들을 복종시키고, 착취하고, 성적으로 남용하려는 남성적 욕망에 가면을 씌워주는 "텍스트들"이라는 것이다.

해체주의자들은 감추어진 정치적, 성적 비망록을 밝혀내기 위해 "텍스트를 심문(審問)"한다고 말한다. 앞 문장의 "- -" 속에 있는 그 문구는 절묘한 정확성을 가지며, KGB가 작가들의 정치적 죄상을 뒤져내기 위해 심문하던 방법을 연상시킨다. 마르크스는 예술이 현존하는 정치질서를 정당화하기 위해 존재하는데, 그러므로 구 자본주의 예술은 파괴되어야 하고 신예술이 새 사회주의 질서를 정당화해야 한다고 주장했다. 공산주의 하에서 구질서를 대표하고 사회주의자의 실존주의 법령을 거부하는 예술가들, 순수한 의미의 미적 작품들을 창조하려고 노력하는 자들은 검열을 받고 강제노동 수용소로 송치되었다. 이와 비슷하게 해체주의 하에서는 서구문명의 "법전"을 지배해왔던 유럽의 죽은 백인 남성들이 의심받고 추방당하게 된다.

진리 없는 행동

해체주의자들에게는, 모든 진리의 주장들은 의혹의 대상이며 권력행위를 위한 눈가리개로 취급된다. 이성, 객관적 진리, 과학, 그리고 모든 "명쾌하게 자연히 알 수 있는 합리성에 대한 서구적 주장들"이 도전 받았다.14) 패트리시아 워프(Patricia Waugh)는 "진리가 포기되었을 뿐 아니라, 진리의 결과물을 보유하려는 욕망까지도 내던져졌다."15)고 말했다.

해체주의는 신종 상대주의를 표방한다. 그것은 지적으로 치밀하게 다듬어지고 이론적 배경을 지니고, 방법론적으로 엄격한 상대주의다. 절대진리의 정 개념을 부식시키면서 해체주의는 포스트모던 사회에 맹렬히 번지는 상대주의를 위한 지적 배경을 제공해준다.

오늘날의 대학교들이 겉으로는 진리를 가르치는데 전념하는 것 같지만, 지금은 진리의 부재를 논하고들 있다. 대학들이 문을 닫았다는 뜻이 아니라, 학문이 존재하는 이유를 다시 정의하고 있는 중이다.

지식이 더 이상 절대 진리로 간주되지 않고, 오히려 정보를 새 패러다임 속으로 재정리하는 관점에서 지식이 취급되고 있다.16) 인류는 그들의 경험을 해명할 모델들을 구성하고 있다. 이 모델들이 세계관이든 과학이론이든 간에 "텍스트"일 뿐이며 끊임없이 수정되고 있다. 이 패러다임들은 유용한 픽션들, 즉 "이야기를 전하는 일"인 것이다. "그러나 그

---

14) Connor, *Postmodernist Culture*, pp. 233-34.
15) Waugh, *Postmodernism*, p. 4.
16) Connor, *Postmodernist Culture*, p. 33.

이야기들은 한 때, 윤리학, 법, 역사 등, 과학적 진리로 주장되던 것과 구별할 수가 없는 것들이다."17)

동시대 학자들은 과거 패러다임들의 껍질을 벗기고 "외곽을 중앙으로 들여오기"를 추구한다. 그들은 역사를 한때, 권력으로부터 배제되었던 여성들, 동성애자들, 흑인들, 미국원주민-인디언들 및 억압의 희생자들을 위해서 재 작성하는 중이다.18) 학자들은 과거에는 인정을 받았지만 이제는 약해져가는 회의론을 가진 사상들을 공격하고 대안(代案)으로 새 모델들을 조성하는 중이다. 서구문명의 성취를 축하했던 사람들은 편협한 "유럽 중심주의자"라고 고발되고 있다. 즉 이 관념은 아프리카를 문명의 정상으로 높이 올리는 "아프리카 중심주의"에 의해 도전 받는다. 남성지배사상은 여성해방론자의 기준으로 바뀌지고 있다. 유대교와 기독교 같은 "가부장적 종교들"은 모계 중심적 종교로 바뀌거나 그것에 의해 도전 받고 있다. 성경의 영향은 "여신 숭배"의 영향에 의해 저지되고 있다. 동성애는 더 이상 심리문제로 간주되면 안 된다. 오히려 동성애에 대한 혐오관념을 정신문제로 보아야한다.

이러한 새로운 형태들은, 전통적 학문에서 요구되던 엄격한 증거의 필요성이 제기되지 않고 수용되는 경향이 있다. 만일 유럽 중심주의가 잘못된 것이라면 아프리카 중심사상도 마찬가지로 편협한 것이 아닌가. 만일 가부장적 질서가 그릇된 것이면, 모계 중심적 질서가 더 나은 이유가 있는가? 그러나 이런 독설들은 포스트모더니스트 학문의 요체를 놓치고 있는 것이다. 즉, 진리는 논쟁거리가 아니라는 사실을 논쟁거리가 있다면 그것은 권력에 대한 것임을 잊고 있는 것이다. 그런 새로운 모델들은, 이전에 배제대상이던 그룹들에게 "힘을 부여해 주고 있다." 학자의 토론이 합리적 논쟁이나 객관적 증거의 축적에 의해서보다는 수사학(어떤 방법이 가장 진보적 이상들을 진전시키는가?), 또는 세력의 관철(어느 방법이 특정개인이 소속된 이익단체의 입장을 더 진전시키는지, 더 핵심을

---

17) Waugh, *Postmodernism*, p. 1.
18) Connor, *Postmodernist Culture*, pp. 232-34.

말하면, 어느 것이 본인에게 연구보조비를 가장 잘 따내게 해줄지, 경력의 성취나 보유에 도움이 될지?)에 의해, 이루어지고 있다.

한 포스트모더니스트가 인정한 대로, 그들의 학문 목표는:

"더 이상 진리를 위한 것이 아니고 수행능력을 위한 학문이다"-어떠한 연구가, 증명 가능한 사실들(facts)을 이끌어 내느냐가 아니라, 어떻게 연구해야 가장 잘 들어 먹히는지이며, 거기에서 "최고로 먹혀드는 것"이란 동일계통 분야에 더 많은 관심과 연구를 파생시키는 것을 의미한다. 대학교나 학문기관이 이러한 환경에서는 지식 그 자체의 전달에 관심을 갖게 될 수 없고, 오로지 수행 능력의 원칙에 더욱 얽매이게 된다. 그러니 교사나 학생, 정부가 하는 질문은 이제 "그것이 옳은가?"가 아니고 "쓸모가 있나?", "얼마나 가치 있는 것인가?"에 대한 물음이다.19)

고전학문이 진, 선, 미를 추구한 반면, 포스트모더니스트의 학문은 "무슨 효과를 줄까"를 추구한다. 이성, 연구, 조사로 행해지던 전통 학문세계와 달리, 포스트모더니스트의 학문들은 이데올로기적 의제와 정치적 일치감, 또는 권력투쟁에 의해 지배된다.

지식세계가 진리를 포기함으로써 문화에 영향을 주었는지(교사, 언론인, 기타 의견 형성자들을 동요시켜서), 또는 그 지적 기반이 단순히, 문화의 가치기준을 합리화했는지는 분명치 않다. 어쨌든, 그 희한한 학문토론은 진리의 상실과 포스트모던 문화를 특징짓는 절대 진리에 대한 거부를 내비쳐 준다.

추상적 사상들만이 유일한 사고(事故)가 아니다. 객관적 영역이 주관의 힘 속에 함몰되었을 때 도덕원리는 증발되어 버렸다. 타인들, 심지어 부부간이나 아이들까지도 나의 만족도에 기여할 수 있는지 여부에 의해 가치가 매겨진다. 더 나아가 외부 사물들은 모두 주관의 블랙홀 속으로

---

19) *Ibid.*. pp. 32-33. 19. Conor은 포스트모던 과학 이론가 Jean-François Lyotard를 인용하면서 의역하고 있다.

빨려 들어간다. 구시대 유물론은 귀중한 사물들을 모아서 정리하고자 노력했으나 신유물론은 사물 그 자체에 관심이 있는 것이 아니라, 그것들이 나타내주는 경험에 흥미를 둔다. 스티븐 코놀(Steven Connor)은 지적하기를 "록 음악에서부터 여행, 텔레비전, 교육에 이르기까지, 그리고 광고문안들과 소비자 요구는 상품을 위한 것이 아니고 경험을 위한 것들이 되어버렸다."20)

이러한 신지식 풍토에서는 정치가들이 정직한 공약을 세우고 나서 일단 당선되면, 기막힌 속도로 거의 모순의식이 전혀 없다는 듯 그 약속을 깨버린다. 물론, 원래부터 정치가들은 언제나 약속을 어겨왔다. 그러나 그처럼 파렴치하게 하지는 않았다. 판사들은 교묘하게 "해석학적 전략"을 발휘하여 수세기간 다듬어져 온 법을 내어 던지며, 현재의 유행을 반영하는 새로 도입된 법적 원리를 세운다. 기자들은 객관성은 불가능한 것이라고 배운 나머지, 편향된 뉴스기사를 작성하고 그들만의 이데올로기적 의제들을 진행시킨다. 교사들도 객관적 진리로 배울 것은 없다고 확신하고, 그 대신 "방법적 과정들(processes)"을 가르치며 제자들에게 가치기준의 존재에 대해 질문하거나 자신들의 가치기준을 정립 할 수 있게 격려하고, 지식을 전수하지 않고 "경험들"을 제시해 준다.

많은 이들이 이러한 진리의 손실이 자유롭게 이루어지고 있음을 본다. 우리가 제각각 자신만의 실존원리를 구성한다면, 우리의 본원적 자유를 지키는 한계마저 없어진다. 펑크 록 밴드(Punk Rock Band) 가수 쟈니 로튼(Johnny Rotten)과 섹스 피스톨(Sex Pistol)의 가사를 고쳐 쓴 어느 작가의 내용 속에서, "아무것도 옳지 않으니, 무슨 짓이든 할 수 있네."21) 라는 말을 볼 수 있다.

인간이 형이상학적 기준들이 없이도 살 수 있을까? 데이빗 하비(David Harvey)는 가능한 네 가지 경우를 인용한다. (1) 무의미성을 받아들여

---

20) *Ibid,*. p. 154.
21) Quoted in anderson, p. 50. Compare Dostoevsky: 21. "신(하나님)이 죽었다면, 무슨 일을 해도 아무 상관없다는 말이 된다."

라.—모든 존재계는 무슨 일에 대해서든지 열려 있음을 놓치지 말고, 진리는 없으니 그냥 살아라. 그러다보면, 체코의 작가 밀란 쿤데라(Milan Kundera)의 말대로 "견딜 수 없을 만큼 홀가분한 존재감"을 얻게 될 것이다.22) (2) 복잡성을 부인하라.—단순 중심적 표어와 바탕 없는 인식들 속으로 피난하라. 이것이 바로 앤디 와홀(Andy Warhol)과 유행과 피상적 사고에 스스로를 내맡긴 자들이 취한 선택이다. 그래서 그들은 제 역할을 하면서도 행복한 시간을 갖고 있다. (3) 행동을 제한시켜라.—우주적인 진리는 없으니, 너만의 작은 세계에 마음을 집중하라. 너와 한 무리가 될 수 있는 일치점을 가진 자 들을 찾아라. 세상을 바꿀 수 없다면 다른 이웃이 있는 데로 가면 된다. (4) 너만의 언어를 구성하여, 그것을 써라.—모든 형이상학적 기준들은 만들어진 것 일 뿐이니, 원칙은 너 자신이 정하라. 너만의 "구애받지 않는 수사학"을 사용하여 너 자신의 힘을 주장하는 방법으로 삼아라.

하비(Harvey)는 이것이 정신분열증과 테러로 가는 가장 위험한 방법이라고 말한다.23)

도구에 대한 의혹

특정이론이 그토록 무익한데도 불구하고, 그렇게 영향력이 있어야 한다는 점은 기이한 일이다. "진리가 없다"고 하는 자들이 그 말(진리부정)은 옳다고 내세우고 있는 것이다. 그러한 사고의 흐름은 본질부터가 모순된 것이다.

포스트모던 이론가들은 이 역설을 인정한다. 스티븐 코놀(Steven

---

22) 이것은 그가 쓴 소설 중 한 개의 제목이다. 나의 저서 Reading Between the Lines에서 그 소설에 관해 논한 내용을 참고하라.(Wheaton, IL: Crossway Books, 1990), pp. 209-10. 별도의, "존재의 홀가분함(lightnees of being)"에 대한 더 깊은 파악과 그것을 옹호하는 내용을 보려면 Henry S. Kariel, *The Desperate Politics of Postmodernism* (Amherst: University of Massachusetts Press, 1989)를 보라.
23) Harvey, *The Condition of Postmodernity*, pp. 351-52.

Connor)는 다음과 같은 모순점들에 주목 한다. 즉 여론의 일치는 불가능하다는데도 여론의 일치가 새로 이루어졌고, 권위가 소멸 됐다는 권위적인 발표가 있으며, 얼마나 이해 가능한 화법이냐는 것을 생각할 수는 없다는 주장에 대해, 이해 가능한 화법으로 학자들이 설명하고 있다는 것 등이 그렇다.24) 한 포스트모던 철학자는 오늘날의 철학자의 유일한 역할은 "견해를 가지고 있다는 점에 대하여 무슨 견해를 지니는 것을 피하는 한편, 견해를 가지고 있다는 관념을 비난하는 것"이라고 말한다.25)

C. S. Lewis는 사고와 진리 사이의 연관을 부정하는 어느 이론이고 오류가 있다는 사실을 지적했다. "지식이라 할 수 있는 모든 것은 인간의 이성으로 추론이 가능한가의 여부에 달려 있다."

> 우주에 대한 어떠한 설명도 그것이 우리의 사고로써 진정한 통찰이 가능하도록 해주지 못한다면 올바른 것이 될 수 없다. 전체우주의 다른 모든 것을 설명하는 어느 이론이 있는데, 그것이 인간의 사고가 유효하다는 것을 믿을 수 있도록 해주지 못하면 전혀 고려의 대상이 될 수 없을 것이다. 이론이라는 것은 그 자체가 생각에 의해 도달된 것이기 때문에 만일 인간의 사고가 유효치 못하면 그 이론은 존재 원천이 없어지고 마는 것이다. 결국, 스스로의 신용증명서를 파괴시키는 일이다. 그것은 – 어떠한 논쟁도 건전치 못하다고 외치면서 여전히 논쟁하는 격이며 – 증명 따윈 없다는 사실을 증명하려 드는 격이니, 어불성설이 된다.26)

루이스가 글을 쓴 것은 1940년대였지만, 그가 "스스로의 신용증명서를 파괴 한다"는 사고(思考)에 관한 그의 묘사를 한 것은 해체주의를 내다보고서 했던 말이 된 셈이다. 루이스는 그러한 논쟁들이 자기모순이라고 믿지만, 해체주의자들은 그런 모순에 의해 조금도 힘을 잃지 않고 있다.

---

24) Connor, *Postmodernist Culture*, pp. 9-10.
25) R. Rorty, quoted in Harvey, *The Condition of Postmodernity*, p. 56.
26) C. S. Lewis, *Miracles* (New York: Macmillan, 1947), pp. 19-21.

나중엔, 그들은 모순이란 것이 모든 진리의 주장이나 언어 자체 속에 내재되는 것이라고 주장한다. 해체주의자들은 모순이라는 술에 취해 있다.

일부 학자들은 그들 자신의 객관성과 권위에 대한 가식을 우려하여, 새로운 항목의 조약들을 출판하고 있다. 해체주의자들은 언어의 명확성이 환상이라고 믿기 때문에, 그들 자신의 글은 짙은 안개와 같은 횡설수설로 채워져서 모호하며 독자 편에서 "알아서 읽어 주길"바라고 있다. 또 어떤 이들은 연관성 없고, 감정 호소적이며, 논리적 맥락이 결여된, 신종학설 서적을 내놓고 그것으로 실험중인 경우도 있다. 이렇게 "열린" 학설서의 형식을 "민주적으로 의미를 담은 설교"라고 강요하면서, 그 내용 속에서 의미를 만들어 내는데 능동적 역할을 하면서 읽어 달라고 요구한다.27)

실예로, 한학자는 새로 제작하는 미키마우스의 광고와 그림 설명과 함께, "형식의 정치학"이라고 하는 뜻 모를 말투성이인 토론을 그의 중요한 책임이라면서 마구 발표하며 정신을 어지럽게 하는 경우도 있다. 그 자신이 말하는 목적은 우리가 텔레비전을 볼 때의 상태라 할 수 있는, 얼빠지고 멍청한 정신을 독자들에게 가져다주는 것"이라고 한다.28)

그래서 정신생활에 새로운 모델이 생겨났다. — 그것은 장터에서 대화를 통해 진리를 추구하는 소크라테스가 아니요, 성경에 비추어 자기의 인생에 대해 깊이 묵상하는 어거스틴도 아니요, 수학적 열정으로 자연을 유심히 살펴보는 뉴튼도, 실험실에서 연구하는 과학자도, 귀중한 문서에서 면밀히 증거를 가려내는 역사학자도 아니다. 지적 성취의 신(新) 모델은 바로 소파에 앉아 TV를 보고 있는 얼빠진 감자와 같은 존재이다.29)

---

27) See connor, *Postmodernist Culture*, pp. 204-11.
28) Dick Hebdige, "A Report on the Western Front: Postmodernism and the 'Politics' of Style," *Block*, 12 (1986/7), pp. 4-26. Cited and discussed in Connor, *Postmodernist Culture*, p. 210.
29) See also Kenneth Myers, *All God's Children and Blue Suede Shoes: Christians and Popular Culture* (Wheaton, IL: Crossway Books, 1989), 29, 그는, 텔레비젼식 정신구조가 우리 문화의 모든 계층, 심지어는 예술세계와 대학교 등의 "고등 문화"에 까지 어떻게 번져가고 있는가를 보여준다.

아마도, 가상현실 헬멧이 한결 더 나은 모델일지도 모른다. TV와 컴퓨터, 비디오 게임의 앞선 기술의 결합은, 우리로 하여금 컴퓨터가 만드는 세계 속에 있는 것 같은 환상을 창조해 줄 헬멧을 쓸 수 있게 해줄 것이다. 이 기술이 완성되면, 우리가 과학 공상 영화의 주인공인 것처럼 멀티센서의 환상 속에 직접 들어갈 수 있을 것이다. 어떤 이들은 사전에 프로그램이 갖추어져 있어서 온갖 성적환상들을 제공할 가상현실로 전신 콘돔까지도 나올 거라고 기대한다.[30]

 포스트모더니스트에 따르면, 모든 현실은 가상현실이다. 인간은 모두 자기 자신만의 별도의 소세계를 투영시켜 주는 헬멧을 쓰고 있는 셈이다. 우리는 모두 이러한 세상을 경험할 수 있고 그 속에서 자신의 존재를 잃어가고 있다. 그러나 그것은 실제세상이 아니며, 한 사람의 세상이 정확히 다른 사람의 것과 같지도 않다. 우리는 자기의 현실을 창조하고 있는 것이 아니다.

 오히려 다른 누군가에 의해 만들어진 현실을 받아들이고 있다. 가상현실 기술을 제조하는 회사가 그 환상을 프로그램화 하는 것과 똑같이 우리가 겪는 소위 객관적 세계도, 인간이 아닌 거대한 사회제도들에 의해 실제로 프로그램이 만들어 지는 것이다. 우주의 외계인들을 무찌르고, 컴퓨터로 그려진 공주님을 구출하는 환상의 섬나라 속에 우리의 영웅적 의거들이 있지만, 사실 우린 겨우 오락을 하고 있을 뿐이다. 우리는 실제로 우리의 프로그래머들에 따라 좌우되는 수동적 존재들이다.

 지식세계 엘리트들이 무엇을 말하든 간에 물론 진리는 존재한다. 포스트모더니즘 이론가들은 새 과학 개념들을 인용한다. 즉 하이젠베르그(Heisenberg)의 불확실성이론, 상대성이론(아인슈타인과 다른), 신 물리학, 그리고 혼돈이론(카오스이론) 등을 동원해 그들의 상대주의를 재차 떠받치려 하고 있다. 그럼에도 불구하고 진정한 과학자들은 상대주의자가 아니다. 형이상학적 설화가 없는 거라면, 신 물리학자들은 왜 통합

---

30) See Philip Elmer-Dewitt, "Cyberpunk!" *Time*, 8 February 1993, pp. 59-65.

기반 이론(하나의 거대한 구도의 관점에서 중력, 전기 및 기타 자연력들을 설명하려는 시도)에 대해 연구하고 있는가?

외부적 세계로부터의 어떤 객관적 자료도 있을 수가 없다면, 무엇하러 신 물리학자들이 그 비싼 입자가속기를 만들고 싶어 하겠는가?31) 대학교의 많은 부분이 회의론 속으로 주저앉았지만, 과학자, 기술자들은 연이어 새로운 발견들을 계속하고 있지 않은가.

그렇지만, 만일 포스트모더니즘이, 계몽주의와 그 객관적 진리에 대한 거부반응이라고 한다면, 희생된 것들 중 하나는 과학 그 자체일지도 모른다. 그것은 마치 C. S. Lewis가 경고한 바와 같다.

> 인간은 대자연 속에 있는 법칙을 기대했기 때문에 과학적인 탐구자들이 된 것이다. 또한 인간이 자연법칙을 기대하는 것은 자연법칙을 세우는 "입법자"가 있다는 사실을 믿기 때문이다. 대부분 모던시대 과학자들에게는 이 믿음이 사라져 버렸다. 재미있는 것은 통일성에 대한 그들의 믿음이 얼마나 오래 버틸지 눈여겨 보는 일이다. 두 가지 의미심장한 발전이 이미 출현했다 — 하나는, 자연의 저변에는 법칙이 없다는 가설이고, 또 하나는 과학이 진리라는 주장의 굴복이다. 우리는 어쩌면 우리가 추측하는 것 보다 과학시대의 종말에 더 가까이에서 살고 있는지도 모른다.32)

과학, 기술의 현란한 업적들은 모던시대의 산물인데, 계속 살아서 진행될 수 없을지도 모른다.

포스트모더니스트들이 아무리 빈번하게 도덕률을 회피하려는 시도를 해도, 그들의 회피 노력 못지않게 도덕적 판단기준들도 그 주장을 굽히지 않고 있다. 특정의 어떤 권력구조들이 억압적이라는 주장은 포스트모더니스트의 학문에 끊임없이 반복되어 왔는데, 이것은 그 주장 속에 사람들을 억압하는 것이 옳지 못하다는 도덕 원칙이 깃들어 있음을 부인할

---

31) Connor이 그 의문점들을 제기하고 있다. pp. 35-36.
32) Lewis, *Miracles*, p. 109.

수 없다. C. S. Lewis가 관찰한 바와 같이 "실제로 선악이 있음을 믿지 않는다고 말하는 사람을 만날 때마다, 조금만 지나면, 자기가 한 그 말을 취소하는 걸 보게 될 것이다. 이를테면, 그가 당신에게 했던 약속을 어겨서, 당신도 그와의 약속을 어길 경우 그는 거기에 대해서는 옳지 못하다고 불평한다."33) 포스트모더니스트들은 매우 여러 가지 권력 구조들이 부당하다고 보통사람들보다 더 불평하면서 언제나 세심한 배려와 아량 그리고 공정을 요구한다. 정작 자기네들이 초월적이고 권위적인 도덕적 절대 진리에 호소하고 있다는 사실을 깨닫지 못하고 있는가? 그들은 정말로 자신들이 하는 말의 뜻을 의식하며 자신들의 이론의 의미를 정직하게 고수하려는 것인지, 아니면 다른 의제를 내세우기 위한 위장술이라도 쓰는 것인가? 다른 말로 얘기해서, 우리는 해체주의를 해체할 수 있는가?

해체와 기독교

그래서 지금까지 해체주의를 비판해 오고 있는 것이다. 이제, 포스트모던의 역설 속에서 나는 기독교를 어느 정도 까지는 방어하고자 한다.

많은 기독교 학자들은 모더니즘시대가 와해되고 포스트모던 시대가 출현함으로써 정통 기독교로 복귀하려는 조짐이 잘 나타나고 있다는 주장을 하기도 한다. 지식문화는 그 자체 속에 진리에 대한 기반이 전혀 없다고 인정한다. 이것은 진리 기반을 지니고 있는 기독교인들에게는 참으로 좋은 기회일 수도 있다. 새로운 지식풍토는 기독교에 반대하던 전통적 공격들을 무력하게 하고, 기독교인의 변론에 새로운 가능성을 제시한다.

현재 유행하는 마르크스, 프로이드, 니체 등의 주장들을 거부하고, 기독교인들은 이번엔 기독교인이 사용할 "의혹해석학"을 체계화 할 수도 있을 것이다. 기독교인들은 돈이나, 섹스, 권력보다도 더 불길하고 더 전체를 지배하고자 하는 무엇인가가 인간 의식의 좀 더 깊은 곳에 숨어 있다고 믿는다. 바로, 우리가 죄라고 일컫는 것이다. 기독교인들은, 최초의

---

33) C. S. Lewis, *Mere Christianity* (New York: Macmillan, 1960), p. 19.

하나님에 대한 반역으로 인해 인간이 타락하고 무능해졌다고 믿는다.

그들은 인간이 스스로의 능력으로 모든 철학, 종교, 사상 및 합리화라는 의미들을 지어내고, 하나님의 진리를 벗어나려는 헛된 노력을 하고 있다는 사실에 동의할 수 있을 것이다. 살아 계신 하나님을 인정하지 않고, 자기 자신의 신들을 만들고, 저만의 의미를 구성하는 일이 우상숭배라고 일컬어지는 것이다. "너희는 너희를 위해 어떤 우상이든지 만들지 말고, 위로 하늘에 있는 것이나, 아래로 땅에 있는 것의 어떠한 형상이든지 짓지 말지니"(출20:4) 우상숭배는 진리를 거부하고 하나님을 다른 것으로 교체하려는 시도이다. "그들은 하나님의 진리를 거짓말과 맞바꾸었으며, 창조주보다는 피조물을 숭배하고 제사하였다"(롬 1:25, 사 44:9-19 참조).

우상들은 발 아래로 던져버려야 한다. 손으로 만든 형상들뿐만 아니라, 지적인 구성물들도 그래야 된다. 바울이 말하듯이 "모든 이론을 파(破)하며 하나님 아는 것을 대적하여 높아진 것을 다 파하고 모든 생각을 사로잡아 그리스도에게 복종케 하니"(고후 10:5). 바로 이러한 일을 위해 일종의 해체가 요구된다.

모더니즘 시대는 지금 막 시들어가는 여러 비평 앞에 기독교를 내 맡겼다. 모두, 계몽된 합리주의와 과학적 객관성이라는 명목에서였다. 포스트모던의 지적 풍토 속에서 이런 다수의 반대 세력이 그 힘을 잃었다. 포스트모던의 분석은 겉으로 내보이는 객관적 진술들의 배후에 숨어 있는 주장들과 세계관들의 탈을 벗겨 놓기도 했다. 기독교인들도 이 게임을 할 수가 있다.

게임을 실례로 시작해 보자, 다윈의 진화론이 과학으로 입증된 사실(fact)인가, 아니면 꾸며낸 것인가? 그가 살던 시대의 컨텍스트(상황)로 비추어보거나, 그의 어투들을 면밀히 들여다보면, 그의 이론은 해체될 수 있음을 알 수 있다. 그의 진화론에 따르면, 발전은 자유경쟁과 적자생존의 원리로부터 이루어진다. 이것이 생물학인가, 아니면 19세기 레세페어(laissez faire : 자유방임주의)에서 나온 묘사인가? 이것이 객관적 과학인가, 또 다른 형태의 권력주장으로-영국의 제국주의를 합리화하고 부자들이 빈자를 억압하기 위해 사회적 착취행위를 자연법칙으로 이입해서 형태만 다르게 나타낸 것은 아닌가? 그래서, 동시대 포스트모더니스트들은 마음만 먹으면, 그들의 행위를 이해할 순 없지만 다윈도 해체할 수 있지 않는가. 아마 기독교인들은 이런 공격내용에 당연히 동의할 것이다.

그러나 거기에 그치지 않고, 기독교인들은 더 깊게 들어가, 다윈의 신학적, 도덕적 회피에 눈길을 모을 것이다. 다윈이 추구한 핵심은, 창조주가 없이도 생명들의 제(諸) 존재가 가능하다"는 것을 설명하려는 것이었다. 그러느라고, 그는 성서적 자비의 도덕성을 이기심과 폭력의 반 윤리와 뒤바꿔놓게 되었다. 그 모두는 죄로 귀결된다.

프랜시스 쉐퍼(Francis Schaeffer)의 "세계관비평", 즉 문화, 철학, 그리고 예술 속에 내재하는 세계관들을 실제로 벗겨보려는 그의 실천은 매우 포스트모던식 접근 방법이다. 쉐퍼에 의해서 일반에게 알려지고, 다른 기독교 학자들에 의해서 적절한 말로 자리 잡히게 된 세계관들에 대한 관심은 포스트모더니스트들이 그들의 주장을 이어가기 위해 표방한 "형이상학적 대화들"이나 "패러다임들"에 대하여 관심을 기울이는 것이나 비슷한 것이다. 세속적으로 주장되는 진리들이 얼마나 복잡하게 철학, 종교라는 가면을 쓰고 있는지를 보여주려는 방법 면에서, 쉐퍼는 매우 탁월하게 포스트모던의 형식을 사용해 주고 있다. 그는 불신자들의 삶과 신념 속에 들어있는 모순들을 밝히는 그의 방법에서도 그 형식을 써서 "덮개를 걷어치우고", 죄인을 절망의 낭떠러지 위로 데려 오지만, 하나님의 은총으로 들어가는 문을 활짝 열 수 있도록 도와준다. 쉐퍼가 텍스트들을 해체한 건 아니다. 그가 해체 한 것은 죄인들이다.34) 쉐퍼를 보고 포스트모더니스트라고는 전혀 할 수 없고 포스트모던 시대의 걸출한 신학자라 할 수 있을 뿐이다.

---

34) See my discussion of Schaeffer in " The Fragmentation and Integration of truth," in *Francis A. Schaeffer: Portraits of the Man and His Work*, ed. Lane T. Dennis (Wheaton, IL: Crossway Books, 1986), p.48.

인간의 언어와 하나님의 언어

의미가 언어로 구성된다는 점에서는 크리스챤이나 포스트모더니스트 모두 동의한다. 그러나 세속의 이론가들은 언어가 인간만의 현상이라고 주장하는 반면에 기독교인들은 그보다 훨씬 더 깊이 있게 짚고 나간다.

> 태초에 말씀이 계시니라 이 말씀이 하나님과 함께 계셨으니 이 말씀은 곧 하나님이시니라. 그가 태초에 하나님과 함께 계셨고, 만물이 그로 말미암아 지은바 되었으니 지은 것이 하나도 그가 없이는 된 것이 없느니라. 그 안에 생명이 있었으니 이 생명은 사람들의 빛이라. 빛이 어두움에 비취되 어두움이 깨닫지 못하더라.... 말씀이 육신이 되어 우리 가운데 거하시매 우리가 그 영광을 보니 아버지의 독생자의 영광이요 은혜와 진리가 충만하더라.(요 1:1-5, 14)

언어, 즉 하나님의 언어가 인간 이전에, 육의 세상 이전에 존재했었던 것이다. 언어는 사고와 인격성 그 자체의 참다운 본질이다. 하나님의 말씀은 보이지 않는 하나님의 본연적 실체이다.

더구나, 하나님의 말씀이 세상을 지으셨다. 우주가 일련의 언어 행위에 의해 창조되었음이 창세기에 나와 있다("하나님이 '빛이 있으라,' 하시매 빛이 있었고" 등-창 1:3). 하나님이 말씀하시는 대로 모든 것이 존재하게 되었다. "하나님의 말씀으로 궁창이 있게 되니.... 그가 있으라 명하심 일세"(시 33:6, 9). 하나님이 말씀하시기 전에, "세상은 혼돈하고 공허하였으니"(창1:2) 하나님의 말씀은 모양을 이루고 만물을 완성시키셨다. 우주의 질서 과학법칙의 현실, DNA의 언어적 명령체계, 물리계의 수학적 구조 등, 이 모두는 하나님의 말씀에 근원을 갖고 있다.

하나님을 닮은 인간에게도 언어가 있다. 하나님은 인격적인 분이시며, 생각을 하시며, 관계를 이루실줄 아는 분이다. 이것은 언어를 통해서 깊이 이해된다. 아담과 이브는 하나님의 형상으로 창조되었기 때문에 말을 할 줄 알았던 것이다. 그들의 인격 원천은 언어의 능력과 함께 하나님의 인격과 언어였다. 그러나 창세기는 하나님과 인간의 언어 사이에 분명히 차이가 있음을 말해준다. 그것은 타락 이전에도 그랬다.

> 여호와 하나님이 흙으로 각종 들짐승과 공중의 각종 새를 지으시고 아담이 어떻게 이름을 짓나 보시려고 그것들을 그에게로 이끌어 이르시니 아담이 각 생물을 일컫는 바가 곧 그 이름이라. 아담이 모든 육축과 공중의 새와 들의 모든 짐승에게 이름을 주니라 아담이 돕는 배필이 없으므로(창 2:19-20)

하나님이 인간에게 일정한 재량권을 주신 것은 매우 의미심장한 일이다. 아담은 하나님이 창조하신 것들에 대해 알아서 말을 구성하도록 허락받았다. "사람이 생물들을 부르는 대로 그것들의 이름이 된지라."

하나님의 전능하고 초월적인 말씀과 인간의 임의성 있는 말들의 차이는 인간 언어가 하나님의 것처럼 신성한 것은 아님을 의미한다. 그것은 변할 수 있고 한계가 있어서 웬만큼은 온전치 못한 성질이 있다. 무한하신 하나님과, 죄가 없지만 유한한 존재와의 사이에 큰 차이가 있을 수밖에 없는 것처럼, 인간과 하나님의 언어에는 본래부터 격차가 있는 것이다. 인간 언어의 격차와 한계는 타락으로 인하여 더욱 깊고 복합적인 성질을 띠게 되었다.

악마가 아담과 이브를 유혹하여 죄에 빠트린 수단은 말(words)이었다. 그는 거짓말을 지어냈고 언어를 진리와 단절시켜 놓았다. 악마(뱀)는 하나님의 말씀에 의심을 던졌다("하나님이 정녕 동산의 '모든' 실과를 먹지 말라고 하시더냐?"-창3:1). 이브는 죄를 지었다. 그리고 나서 그녀가 아담을 설득해서 죄를 짓게 했다. 그때 그들은 언어를 자신들의 행위를 변명하고 서로를 헐뜯는데 사용했다. 그들은 하나님의 음성으로부터 몸을 숨겼다("그때 아담과 그의 아내는 창조주 하나님의 소리를 들었다... 그리고 몸을 숨겼다"-창 3:8).

인간 언어의 죄성(罪性)은 인류 역사를 통해 계속 이루어졌고, 마침내 하나님께서는 언어 자체에 대한 특별한 심판을 내리셨다. "온 땅의 구음이 하나이요 언어가 하나이었더라"(창11:1). 인류의 단일성과 모든 인간이 서로의 말을 알아들을 수 있는 능력은 실로 낙원의 이상(理想)인 듯하다. 그러나 고상하기만한 그 소리들은 인간 죄의 실상을 잊고 있는 말이다. 인류의 단일성은, 잔학성, 우상숭배 및 온갖 죄악이, 그 작태가 거대화되도록 하는 역할만 했음을 의미하게 됐다. 이 하나 된 인간들이 하늘에 닿는 탑을 쌓고, 자신들을 위한 거대도시를 지으려하자, 하나님이 막으신 것이다.

> 여호와께서 가라사대 이 무리가 한 족속이요, 언어도 하나이므로 이같이 시작하였으니 그 이후로는 그 경영하는 일을 금지할 수 없으리로다. 자, 우리가 내려가서 거기서 그들의 언어를 혼잡케 하여 그들로 서로 알아듣지 못하게 하자 하시고(창 11:6-7).

바벨탑 사건 이후에 인류의 언어에 혼란이 오게 됐다. 더 이상 서로를 제대로 알아들을 수 없게 됐다. 우리가 언어 구조물로 하늘에 닿는 바벨탑을 세운다고 가상을 하고들 있지만, 실은 하나님의 말씀에 거역하는 말을 늘어놓고 있는 것이다.

하나님의 말씀은, 창조도 하시고 처벌하기도 하시지만, 회복도 이루어 주신다. 하나님은 아담과 이브를 찾아 부르시고, 모든 족장들에게 언약의 말씀을 주셨다. 하나님은 예언을 통해, 그리고 영감으로 된 성경의 내용 속에서 스스로를 나타내신다. 하나님의 언어는 인간 언어보다 훨씬 고귀하실 뿐만 아니라, 완전히 다른 체계를 갖고 계신다. 하나님의 말씀은, 곧 예수 그리스도이시다. 그는 삼위일체 중 2위이신 분이다. 하나님의 말씀은 단지 의미 있는 소리나, 페이지 위에 있는 글자일 뿐 아니라, 하나님의 마음이요, 그의 몸이요, 친히 말씀이 육신이 되셔서 이 세상에 오신 독생자이시기도 하다. "말씀이 육신이 되어 우리 중에 거하셨도다"(요 1:4). 성육신 하신 그 말씀이 십자가 위에 돌아가셔서 인간의 모든 죄를 사하셨다. 오순절은 보혜사 성령께서 사도들에게 각기 다른 언어를 사용하는 사람들로 하여금 알아들을 수 있게 설교 할 수 있도록 역사하심으로 바벨탑의 저주를 취소하였던 것이다(행 2:1-12).

하나님은 말씀을 통해 크신 역사를 계속하신다. 우리가 성경을 읽을 때나, 혹은 목사가 성경 본문을 놓고 설교하고 우리가 누군가에게 복음을 설명할 때마다, 성령님이 일하고 계신다. 하나님의 말씀은 살아 운동력이 있기 때문에 "양쪽에 날 선 어떤 검보다도 예리하여, 심령과 골수를 꿰뚫어 쪼개기까지 하며 우리의 생각이나 정신(자세)까지도 감찰하신다"(히 4:12). 하나님의 말씀이 공허함 속에 우주를 명하여 존재케 하신 것과 마찬가지로, 그의 말씀은 텅 빈 죄인의 마음에 믿음을 만들어 주실 수도 있다. "믿음은 (말씀을) 들음에서 나며, 말씀은 예수님의(아들의) 가르침을 통해 들음이라"(롬 10:17)

포스트모던 이론가들이 언어를 사물의 중심으로 보고 거기에 집중한 것은 옳다. 그러나 그들에게 언어는 감옥이며 문화의 소산이다. 그들은 초월적 로고스(logos:말씀)는 없으며, 언어를 벗어난 어떤 의미도 존재치 않는다고 말한다. 하나님은 없다. 하나님을 믿고, 성육신하신 초월적 로고스를 믿는다고 하는 자들에게 언어는 의미 전달을 해주기는 고사하고, 더 혼란에 빠져버리기 때문이라는 것이다.

그렇다. 인간의 언어는 벽이 있고, 유한하며, 받아들일 나름인 것도 있는 게 사실이다. 우리의 언어는 온전한 것이 아니다. 뜻하는 바를 위해 단어를 사용한다는 것은 장갑을 낀 채 바늘에 실을 꿰려고 노력하는 것과 같다. 그러나 인간의 언어는 상징이요, 하나님언어의 흔적이다. 언어가 오히려 방해물이 될 때도 있지만, 그럴 때에도 언어는 여전히 의미 전달자로 있다.

의미가 주관적인 면만 있지는 않다. 외부세계는 그 자체가 하나님의 말씀에 기반을 둔 것으로, 그 말씀이 형태를 만드시고, 객관적 의미를 부여하셨다. 과학을 통해 살펴보면, 그 속에서 우리가 정신적 모델들만을 세울 수 있는 것이 아니라, 어떤 의미에서는 우주 내면에 새겨진 하나님의 언어도 읽을 수 있다. 우리가 언어 속에 갇혀만 있는 것이 아니며, 하나님의 말씀은 밖으로부터도 어디든지 뚫고 들어와 우리를 자유케 하실 수 있는 것이다.

이성(理性)의 한계(限界)

기독교 신학자들은 늘 이성은 한계가 있는 거라고 강조해왔다. 어거스틴, 아퀴나스, 루터, 칼빈 - 이들 모두는 우리의 지식은 타락했다고 말했으며, 그렇다고 기독교인들이 이성을 전적으로 부인하는 것은 아니다. 이성은 영역에서 유효한 것이다. 아퀴나스는 이성이 하나님의 계심을 증명할 수 있다고까지 믿었다. 그러나 그는 이성으로는 하나님이 어떤 분이고 그분이 우리의 구원을 위해서 어떤 일을 하셨는지 알 수 없다고 강조했다. 하나님이 삼위일체이시고, 그분이 예수로 이 땅에 오셨고 우리를 사랑하신다는 등의 사실을 알려면 우리가 하나님의 계시에 의존할 수밖엔 없다. 루터와 칼빈은 이성이 정녕 우리를 하나님 앞으로 이끌어 줄 수가 있는지 의심한다고 했다. 우리가 하나님에 대해서, 또는 다른 영적 실체들에 대해서 아는 유일한 점이 있다면, 그것은 하나님이 우리에게 말씀해 주시려고 택하신 것에 대한 것 뿐이라는 사실이 중요하다. 우리는 완전히 하나님의 말씀에 의존해 있는 것이다.

포스트모더니스트들이 계몽주의의 주장과 교만, 즉 인간 이성이 모든 걸 설명할 수 있고 해결할 수 있다는 말을 의심하는 것은 옳은 일이다. 그러나 그들이 그릇된 부분은 이성까지도 전적으로 부인한 점이다. 그들이 모더니즘 시대의 진리들을 정확성이란 측면에서 회의한 것은 옳다. 그러나 그들이 지적 상대주의를 찬성한 나머지 진리의 개념을 거부한 일은 잘못한 것이다.

그러나 하나님을 믿지 않으면 포스트모더니스트의 결론을 쉽게 외면하기 어려울지도 모른다. 초월적인 로고스가 없다면 절대 진리도 있을 수 없고, 인간의 문화와 별도의 의미도 없을 것이며 언어의 감옥에서 벗어날 길이 아주 없을 것이다. 그러한 포스트모던 이론들은 다시 되돌아가는 회의론, 스스로의 무능력을 발견하는 인간의 재량권 등, 세속적 사고가 갈 데까지 갔다는 것을 나타내주고 있는지도 모르겠다. 포스트모더니즘은 하나님을 폐지하려는 인간의 행태가 이제 더 이상 갈 곳이 없음을 보여주는 파괴요 붕괴이다.

 인간이 툭하면 미혹돼서 그런 것이고, 또한 진리를 확실하게 잡지 못한 것 뿐이지 진리는 존재한다. 크리스챤은 언제나 이 사실을 알고 지내 온 것이다. 하나님이 그의 말씀 속에서 계시하신 것은 모두 절대 진리인 것이다.

 이 진리들은 이성으로도 판단될 수 있고, 다른 진리들과 상충되지 않으며 더불어 적용 될 수 있는 것이다. 더구나, 하나님이 우주를 창조하셨다는 그 계시는 우리가 다른 종류의 객관적 진리들을 믿는데 있어 근거가 되어준다.

 이런 사실이, 인간에게 하나님의 광대무비한 계시를 지적으로 이해 할 수 있도록 해 준다는 뜻은 아니다. 옛날에 어떤 신학자가 해변을 거닐면서 삼위일체를 이해하려고 해봤다는 이야기가 있다. 그는 한 소년이 모래에 구멍을 파고, 거기에 바닷물을 채워 놓으려고 하는 것을 보게 되었다. 신학자는 자기가 그 소년이 하는 짓과 똑같은 행동을 하고 있었다는 걸 깨달았다. 인간의 손으로 움켜 판 조그만 구멍 안에 바다와도 비할 수 없이 무한 광대한 하나님의 존재를 집어넣어 보겠다고 하고 있었다는 것을 알게 된 것이다.

 프랜시스 쉐퍼가 지적한대로, 성경의 계시는 진리이지만, 계시의 끝에 닿을 수는 없다.35) 성경이, 하나님과 세상에 대한, 모든 것을 말씀해 주고 있는 것은 아니기 때문이다. 성경은 고갈되지 않는 진리의 보고이며, 영적 실존의 복잡성을 펼쳐주고 있다. 하나님의 선택과 인간의 책무, 온 세상의 죄악을 죄 없는 예수님의 몸으로 떠안으신 그 방법, 십자가상의 구속사역, - 이 모든 역설적 진리의 사실들은 유한한 인간의 마음을 쉽게 다가서지 못하게 한다. 그러한 신비들을 깊이 생각해 본 사람이면, 지적으로 그 사실들을 충분히 이해 할 수 있을 거라고는 생각지 않는다. 오히려 구원의 신비를 깊이 묵상하는 이들은 할 수 있는 것이 오직 찬양 뿐

---

35) See Francis Schaeffer, *The God Who Is There*, in *The Complete Works of Francis A. Schaeffer* (Wheaton, IL: crossway Books, 1984), 1:103-05.

임을 느끼게 한다.(롬 11:33-36)

더구나, 하나님과 성경에 계시된 모든 역사에 대한 사실들은 주해가 필요하다. 그러다 보니, 심지어 성경의 권위나 무오류성에 동의하는 자들 중에서도 다양한 신학자들이 나오게 된다.

포스트모던 학자들은 해석의 과정을 통하여, 하나의 텍스트에 들어있는 의미 분석에서 나타나는 난제들과 복잡성들이 있다고 내보이면서, 그것을 "해석학"이라고 연구하고 있다.36) 이런 부류의 연구는 가치가 있다. 그리고 인간 이성의 어설픔을 재확인하기도 하며, 사람의 이해력이 단순한 것도 모자라 거기에 주관과 편견까지 개입되고 있음을 보여주는 역할을 한다. 많은 해석학의 전문가들은 어떤 텍스트를 이해하려면 "해석 공동체"가 필요하며, 참여자들의 공통주장과 언어가 해석을 가능케 해준다고 강조한다.

하나님의 말씀을 이해하는 것은 오직 말씀을 통해 역사 하시며 예수님의 몸 된 교회의 성도들에게 내주 하시는 성령의 조명으로써만이 이루어진다는 사실을 성경 스스로가 분명히 해주고 있다(고전 2:9-16).

이로써 성경해석에 있어서 주관성이나 임의성이 차단되는 것이다(벧후 1:20). 성령은 성경의 영감으로 된 말씀을 사용하여 독자들에게 죄를 분명히 알 수 있게 하고 예수님의 사역을 증거 하게 하신다(요 16:8-15). 결국, 교회는 일종의 번역공동체가 되는 것이다.37)

그러나 성경해석의 어려움을 지나치게 강조하는 일이 생기기 쉽다. 사실, 성경의 의미 대부분은 명료하다. 문제의 중심은 성경을 해석하는데 있는 것이 아니라, 그 권위를 인정하는 데 있으며, 특히 우리가 바라는 대로 되어 있지 않은 내용을 볼 때 더 그렇고, 성경의 가르침에 순종하기

---

36) 기독교인들의 관점에서 본, 해석학에 대한 신중한 해설을 보려면, Roger Lundin,"Hermeneutics,"in Walhout and Ryken, eds,. *Contemporary Literary Theory*, pp. 149-71를 보라.

37) 이점에 대해서, 나는 Concordia Seminary 대학의 James W. Voelz에게 고마움을 표한다. 그는 그의 논문 "Multiple Signs, Levels of Meaning and Self as Text; Elements of Intertextuality,"에서 그것을 전개 시켰다. 그 논문은 1992년 11월 샌프란시프코에서 열린 성서 문학학회(the Society of Biblical Literature Convention)에서 배부 된 것이다.

가 힘든 다는데 있다.

　우리의 타락으로 인해, 우리의 지적 능력에는 한계가 있고 또한 미혹 당하기 쉽다(롬 1:21-28). 우리의 죄성(罪性) 때문에 인간은 모든 진리의 근원을 등지려는 성질을 갖고 있다. 하나님을 의심하고, 인간 스스로에게 최고 권위를 둔다. 측은 하리만큼 어설픈 이성으로 죄를 합리화 하려들고, 하나님 없이 살아도 될 수 있도록 해 보려고 여러 가지 시스템을 조작하고 있는 것이다.

　이런 의미에서, 기독교인들이 "그 도구를 회의하는 것"은 올바른 일이다. 기독교인들은 성경의 "텍스트"속에 인간의 언어로 주어진 바대로 하나님의 계시에만 온전히 의존해야 한다. 포스트모더니스트들은 언어의 본질적 모호성을 지적한다. 그리고 인간 언어에 대한 부정확성과 변덕스러운 성질에 대한 그들의 지적 중 많은 부분이 옳기도 하다. 그러나 기독교인들은 언어의 계시성도 주장해야만 한다. 모든 진리가 인간의 정신으로 접근 할 수 있는 것은 아니지만, 그럼에도 불구하고 절대 진리는 있는 것이다.

　모든 기독교인들은 환원주의적(Reductionistic)인 과학의 힘으로 진리를 포착하기라도 한 것처럼 꾸며대는 포스트모더니스트와 계몽주의의 주장들이 헛된 일이라는 사실에 동의 할 수 있다. 그렇지만 기독교인들은 포스트모더니즘을 뛰어 넘고, 인위적 구조물들이 말끔히 치워지고 나면 거기에 엄연히 남아있을 의미의 핵심을 발견할 수 있다. 인류와, 그 인류가 만든 모든 것들이 불안하고 나약하여 포스트모더니스트들이 내세우는 바대로, 끝없이 변전 변화되도록 벌을 받았다고 하지만, 그래도 거기에는 초월적 진리와 언어가 있는 것이다.

　　　모든 인간은 들풀과 같아서, 그들의 영광들도 들꽃과 같이 덧없다.
　　　－ 들의 풀과 꽃은 시드나, 주의 말씀은 세세 무궁토록 영원하시도다
　　　　(벧전 1:24-25, 사 40:6-8).－

제4장
인간에 대한 비판

　지난 2세기동안 근대사조는 이성과 인문주의라는 이름으로 기독교에 대하여 맹공을 퍼부었다. 기독교 신학은 합리적인 지식인에겐 무가치한 미신이라며 버려지게 되었다. 기독교 도덕 역시 억압적인데다가 죄와 공포를 끌어들여 세워 놓은 것이라고 배척당했다. 종교적 독단이 인간 이성의 독단에 의해 밀려났듯이 종교적 가치관도 인위적 가치관에 의해 자리를 빼앗겼던 것이다. 이들 인본주의적 가치관에 따르면 하나님이 아닌 인간이 인류의 자유, 성장, 그리고 발전에 기여해야만 선(善)이 될 수 있다. 하나님 중심으로 할 것이 아니라 인간 중심으로 하여야 한다. 그리스에서 태동하여 르네상스를 거쳐 현대 세속적 인문주의에 의해 신격화된 이러한 인본주의로의 충동은 성서적 기독교의 무서운 대결자가 되었다.
　포스트모던사조는 계몽주의의 이성의 허울을 벗긴 것처럼 인문주의의 가면도 떼어 내었다. 기독교인들은 이제 인문주의가 버림받고 몰락하니 안도의 한숨을 쉴 수 있을 것이다. 그러나 아직은 포스트모던의 이성에 대한 비판이 계속해서 모든 성경적 학문의 주장들을 포함한 절대 진리의 주장들을 허물고 있듯이 포스트모던의 반(反)—인문주의는 인간의 의미를 축소하며 사람의 인격과 인간 개인에 대한 의미에 대해서 조차도 공격을 그치지 않고 있다. 영혼불멸과 하나님의 형상을 지니고 하나님의 사랑을 받는 존재로써 개개인의 소중함을 믿는 자들로써의 기독교인들은 그것을 반대해야 한다.

기독교인들은 최근의 세속적 이데올로기가 그들의 옛날의 적을 파괴하고 그 새로운 승자가 이번에는 기독교에게도 공격을 감행해오는 볼만한 구경거리가 생겼다. 20세기 동안 기독교는 합리주의와 인문주의란 이름으로 공격 받아왔다. 그런데 이제는 합리주의와 인문주의가 모두 격한 공격을 받게 되니 기독교인들은 이성의 가치와 인간 존재의 가치 중에서 승자를 가려야하는 희한한 위치에 서게 되었다. 기독교인들이 모더니즘의 남은 잔재들을 걷어치우기 위해 포스트모던적 인문주의에 대한 비판을 사용할 수 있겠지만 새로 생긴 적(敵)은 훨씬 더 위험하다는 것이 밝혀질지도 모른다.

오늘날의 인간의 조건이라고 한다면 젊은 여성 그리고 펑크 록 (punk-rocker)족으로 요약 된다:

> 나는 공허한 세대에 속해있다. 나는 믿음 같은 것은 모른다. 나는 어떤 공동체나 전통 같은 것들을 가지고 있지 않다. 나는 넓고, 끝모를 세상 어딘가에 상실당한 존재이다. 나는 절대적인 것도 없으며 정체성도 없는 몸이다.[1]

그녀가 표현하고 있는 것은 많은 포스트모더니스트들에게 적극적 신조로 받아들여지고 있으며 그들에겐 고정된 정체성 없는 방임적 표류가 궁극적 자유로 보이는 것이다. 그러나 그녀의 말들은 기독교인들이 볼 땐, 가슴 아프고 비참한 것들이 아닐 수 없다. 믿음도, 공동체도, 전통이나 정체성도 없이 그녀는 공허할 뿐 아니라 스스로 인정하듯이 떠돌이인 것이다.

---

1) Quoted in Walter Truett Anderson, *Reality Isn't What It Used to Be: Theatrical Politics, Ready-to-wear Religion, Global Myths, Primitive Chic, and Other Wonders of the Postmodern World* (San Francisco: Harper & Row, 1990), p. 51.

포스트모던의 정신적 틀은 인간의 성품에 황폐한 영향을 남기게 될 수 있다. 절대 진리가 없고 진리가 상대적이라면, 안정, 그리고 생의 의미는 어디서 찾는가. 현실이 사회가 만든 구성물일 뿐이라면 도덕의 기준들은 권력으로 억압하기 위한 허울일 뿐이며 인간 개인의 정체성은 환상에 불과하다.

포스트모던 사상들은 현시대 사회의 압력체들 속에서 비취어 나오고 있다. 텔레비전, 컴퓨터 그리고 기타 전자기술 등이 참 인간미가 깃든 것들을 변조시키도록 위협함에 따라서 사상이나 압박이 모두 전자기술에 의해 확대 과장되고 있는 것이다. 신사조들은 신기술에 의해 문이 열렸고 그들은 인간으로 하여금 여하한 통일된 의식(意識)을 가지고 그 밖의 것과 연관된 사고를 하지 못하게 위협하고 있다. 대중문화가 갈수록 개인에 대한 의미를 버리게 됨에 따라, 인간 개개인은 대중의 생각 속에, 또는 고도로 집단화된 무리들 속에서 스스로의 존재 의미를 잃어가고 있다. 인류는 미아가 되어 버렸다. 개인적 인성상실(人性喪失)이야말로 매우 좋은 것이라고 다수의 포스트모더니스트들이 생각하고 있지만 인간의 조건들을 하나하나 주워 담아야 할 위치에 있는 것은 기독교인들이다.

인간에 대한 비판들

데이빗 하비(David Harvey)는 "포스트모더니즘에 대한 가장 놀라운 사실은 덧없음, 단편성, 단절, 그리고 혼란을 무조건 수용한다는 점"이라고 말한다.2) 모더니즘도 단편성과 혼란을 인식하긴 했지만 무질서와 무의미를 배제하고 혼란 속에 질서를 부여하려 하였다. 그런데 포스트모더니즘은 혼란을 수용하고, 동의하고, 오히려 소중하게 여긴다. 하비가 이야기하듯이 포스트모더니즘은 "혼란을 초월하거나, 대처하거나, 심지어 그 속에 놓여 있을지도 모르는 '영원하고 불변의' 요소들을 규명

---

2) David Harvey, *The Condition of Postmodernity* (cambridge, MA: Basil Blackwell, 1989), p. 44.

해 보려는 시도조차 하지 않는다. 포스트모더니즘은 변화의 혼탁한 흐름들과 단편적 자유 속에서 마치 그것들 이외에 더 이상의 것은 없다는 듯이 헤엄치며 뒹굴고 있다."3)

못견디게 홀가분한 존재(The unbearable Lightness of Being)에 나오는 사비나(Sabina), 즉 천박하게 배워먹은 앤디 와홀(Andy Warhol)이 기분 좋게 유행의 물결 위에서 파도놀이를 하고 있는 모습이나 그들의 컴퓨터와 비디오 세계 속에서 사는 사이버 펑크족들(cyber punks),-거처 제공을 마다하고 도시의 넓게 트인 위험한 거리에서 살기를 더 좋아하는 집 없는 사이 버펑크족들(homeless cyber punks)-이들 모두는 포스트모던적인 인간성의 주요한 모델들이다.

현시대 학문세계는 인간자체를 허물어뜨리기 바쁘다. 모더니즘은 신의 사망을 그 본역(本役)으로 삼았다. 데이빗 레빈(David Levin)은 포스트모더니즘이 그 다음 단계를 어떻게 내딛는지 보여준다. 신의 사망을 유지하면서 포스트모더니즘은 자아(自我)의 사망을 그 본역(本役)으로 삼고 있다.4)

독일 실존주의 철학자 마르틴 하이덱커(Martin Heidegger)는 인간존재에 관한 신(新) 사고에 핵심적 기여를 한 바이다. 하이덱커는 "우리가 근대라 부르는 시대는 인간이 만물의 중심이 된다는 사실로 정의된다."5) 고 했다. 하이덱커는 인문주의와 모더니즘의 상관관계를 옳게 강조하고 있는 것이다. 이런 관계로 볼 때, 모더니즘에 대한 포스트모더니즘의 비판들은 결국 인문주의를 대상으로 둔 비판으로도 볼 수 있는 것이다.

포스트모더니스트의 이론 중 많은 부분이 하이덱커의 복잡한 철학으로부터 유입되었다. 하이덱커는 신인문주의를 세우려 노력했는데 그것은 논평가들이 지적한 대로 사실상 반 휴머니즘이다. 데이빗 레빈이 설

---

3) *Ibid.*
4) See Daved Michael Levin, *The Opening of Vision: Nihilism and the Postmodern Situation* (New Yor: Routledge, 1988), pp. 405-08.
5) From Heidegger's essay on Nietzsche, quoted in Levin, p. 3.

명한 대로 "하이덱커의 인문주의는 급진적 개방이다. 그것은 급진적 탈피를 가져다주는 존재에로의 개방을 통해 인간을 제자리에 놓아줌으로써 해방시켜준다."6)

모더니즘의 실존주의자들이 의미가 인간에 의해 능동적으로 만들어지는 것이라고 주장한 반면 하이덱커는 다가오는 경험에 대해 수동적으로 "열려있을 뿐"이라고 설명하면서 의미는 객관성이 없고 존재에 대하여 단순히 "받아들일" 뿐임을 옹호했다. "존재"에 대한 진정한 경험이란, 삶 속에 형성하는 어떤 목적으로부터 오는 것이 아니라 고정관념을 버리는 경험으로부터 즉 우리 속에 자리 잡은 믿음을 흩어놓는 경험으로부터 온다는 것이다.

게다가 하이덱커는 보편적 인간성이라는 관념을 공격하며 그것이 "인류"로 하여금 자연이나 특정부류(자기들이 세워 놓은 그 보편성에 미치지 못하는)의 인간들과 문화에 대해 우월감을 갖게 한다고 비판했다. 레빈은 말한다. "하나의 '인간'이라고 해서 무엇에 대해서든지 판단의 유일한 주체나 기준이 되어 버티고 있으면서 그릇된 자부심과 자기와의 차이점에 대한 불용(不容), 지구 생태계에 대한 무시, 그리고 전체주의(Totalitarianism) 등을 용인(容認)하는 존재로 있을 수는 없다."7) 하이덱커에 의하면 인간이 더 이상 중심에 있지 않으며 중심적 존재가 있다고 하는 생각이 그릇된 것이다.

패트리시아 워프(Patricia Waugh)에 따르면 포스트모더니즘이란 용어는 미국 시인 챨스 올슨(Charles Olsen)이 신(新), 비(非)-인간 중심의 시에 대해 문학비평을 서술하기 위해 처음 사용했다. "올슨의 하이덱커적인 반 인문주의는 '인간'을 지상에 있는 모든 사물과 마찬가지로 갑자기 놓여 있게 된 존재로 보는 관점으로 가닥이 잡혀있다."8) 인간이

---

6) *Ibid,*. p. 24.
7) *Ibid.*
8) Patricia Waugh, *Postmodernism: A Reader* (London: Edward Arnold, 1992), p. 1.

"여타사물"과 크게 다를 것 없는 존재라는 주장은 "환경론과 정치적 급진주의"라는 두 가지 면에서 포스트모던의 주된 사상적 움직임과 연관성을 갖고 있다.

모더니즘에서는 인간이 자연을 지배하고자 했던 반면, 포스트모더니즘은 인간보다 자연을 더 가치 있게 보았다. 자연 사랑, 환경 중시는 칭찬 받아 마땅하지만 많은 환경론자들은 반-인간사상의 극단으로 치닫는다. 시에라 클럽(Sierra Club)의 전임회장 데이빗 브라운(David Brown)은 야생의 파괴가 비극이 아니라면 인간 생의 파괴도 비극이 아니라고 말했다. 그는 또, "청년이 전쟁에서 죽는 것은 불행이지만 인간이 야생지역이나 산을 건드리는 것만큼은 심각한 것이 아니라"고까지 말했다.9) 핀란드 녹색당 행동대원, 펜티 링콜라(Pentti Linkola)는 인간은 잘못 진화된 존재이며 지구의 암(癌)적 존재라고 주장한다. 그는 아프리카에서 기아로 죽어 가는 어린아이들보다 생명을 위협받는 곤충류에 더 마음이 아프다고까지 말한다.10)

환경극단주의는 동물권리운동(The Animal Rights Movement)도 태동시켰다. 절대 진리가 없으면 이 세상에서 사람이 다른 종류의 생물들보다 더 귀중하다는 말을 할 근거조차도 없어지는 것이다.

자기 종족이 다른 것보다 어느 정도 우월하다고 생각하는 것이 도덕적으로 인종차별에 버금가는 "종족 우월주의"라는 명칭이 붙었다. 잉그리드 뉴커크(Ingrid Newkirk) 동물을 윤리적으로 상대하기 위한 모임의 대표에 따르면 "쥐나 돼지나 고양이나 소년이 다를 게 없다"고 한다.11) 요컨대, 개, 고양이, 돼지가 본래부터 어린아이보다 더 나은 존재가 아니고, 더 높은 특권을 가져서는 안 되듯이, 사람의 아이도 그것들보다 더

---

9) Quoted in Charles Colson, *The Body* (Dallas: Word, 1992), p. 175.
10) Simopekka Virkkula, "One Man's War," *Books from Finland*, 24 (1990): 45-50. The article is a review of Pentti Linkola's book *Johdatus 1990-luvun a jatteluun [Introduction to the thought of the 1990s]* (Heisinki: WSOY, 1989).
11) Quoted in Colson, p. 176.

높은 특권을 갖거나, 우월할 수 없다는 것이다.

인간의 아이들이 포스트모던의 정책에 특별한 목표물이 되어온 것은 놀라운 일이 아니다. 환경론적인 주장들은 신생아의 수를 억제함으로써 세계 인구를 제한하자는 노력을 부채질 하였다. 신(新) 반(反)-인문주의는 불가피하게 반(反)-아동적인 것이 되었는데, 그것은 새로 태어나는 생명은 지구를 고갈시켜서 그 부모의 자원을 소모시키게 된다는 것이 그들의 주장이기 때문이다. 우리는 어린아이는 그 자체가 새 자원이며 인류에게 소중한 힘이 더해진 것이라는 고전적 견해를 이제는 들을 수 없다.12)

그래서, 우리는 "임신중절의 권리", 즉 정치적 세 규합의 싹이 되고 있는 어린아이들을 아예 없애는 방법을 찾아야 한다. "낙태의 권리"를 믿는다는 것은 포스트모더니스트를 이해할 수 있는 여지를 사실상 제한하고 있는 것이다. 신(新) 반(反)-인문주의는 신 급진정책 속에서 그 표현이 나타난다.

포스트모더니즘 사상가들에게는 휴머니즘과 모더니즘이 억압이라는 결과를 낳았다고 한다. "우리는 이성의 휴머니즘이 해방적이기는 하나, 어떻게 억압과 배척의 상태를 만들어 내고 또 재생하고 있으며, 심지어 그것을 합법화하고 있음을 알 수 있을 만큼 모더니즘적 신기원을 충분히 목도하고 있었다."고 데이빗 레빈은 말한다. 더러는 지식에 대한 회의를 의미하기도 하는 포스트모던의 상황 속에서는 구시대적 이성의 관점과 그 인문주의에서의 "인간"에게서는 신뢰라는 것이 불가능하다"고도 그는 말한다.13)

심술궂게도 포스트모던 이론가들은 마르크시즘(비평가들이 볼 땐 오히려 합리적으로 적응할 수 있다고 생각했던)에서 보다도 서구자본주의와 민주주의에서 휴머니즘이 더 억압적이었다고 생각한다. 많은 서구학

---

12) 인구과밀에 대한 공포와 환경논쟁에 대한 기독교인의 반응을 비평한 내용을 알려면, E. Calvin Besner, *Prospects for Growth: A Biblical View of Population, Resources, and the Future* (wheaton, IL: Crossway, 1990).
13) Levin, *Opening of Vision*, pp. 4-5를 보라.

자들이 사회구성론자였고 사회들이 납득이 가는 실존을 창조한다고 그들은 믿고 있었다는 것을 기억하라. 이것은 마르크스의 집산주의 이론과 잘 맞아떨어지는데, 사회구성론자들이 마르크스에게서 많은 것을 얻어 온 것이 사실이다. 만일 고전적 마르크스주의가 모더니즘적인 경제, 사회이론이라고 불신 받는다면 서구의 지식인들은 가만히 있지 않을 것이다.

데이빗 호로윗쯔는 설명하기를 아무도 플로레타리아의 국제적 혁명신화를 더 이상 믿지 않는다. 그러나 불신 받은 마르크스의 패러다임이 미국 학계의 그의 후계자들에게서 부활되고 있다.

이 부활의 지렛대가 바로 포스트마르크시즘으로 발전하였는데 포스트마르크시즘은 흑인, 여성, 그리고 동성애자들 등의 "억압받는" 그룹의 이름을 사용하여 사라져 가는 혁명용어를 대신하고 있다. 이러한 이론들마다 그 뒷전에는 구성주의 사상적 형태가 놓여 있다: 즉 인종, 계급, 성(gender)의 사회적 구성은 사회적으로 "억압받는" 부류가 있다는 전제조건을 만들어준다는 것이다. 그래서 여성들은, 현대 의학기술이 개발되기 전에 있었던, 출산의 위험 같은 생물학적 현실의 결과 때문이 아니라, "가부장적 사회"가 남성의 여성에 대한 우위를 위해 여성의 역할을 제한함으로 역사 속의 특정 역할에서 배제되어왔다고 한다.

급진적 이론은, 실제로 정상적 인간에 대한 인간성과 존엄을 급진적으로 쇠퇴케 한다는 점을 명백히 할 필요가 있다.... 급진적 안목으로 보면, 사회는 자연도 역사도 반영하지 않는다. 또한 인간 개개인은 그들의 역사속 운명에 있어서 어떠한 원인 제공도 갖고 있지 않다. 그저 사회에 의해서 만들어진 존재들일 뿐이다.14)

소련을 지배했던 마르크스주의자들은 인간의 개체성 자체를 브르조아식 관념으로 간주하고 중산층의 독립이나 사유재산, 그리고 자유경제에 대한 욕구를 명백히 보여 주는 것으로 간주했다. 공산주의는 집단적, 공

---

14) Daved Horowitz, "The Queer Fellows," *American Spectator*, January 1993, p. 43.

동체적 의식을 위해 모든 개인적 정체성에 대한 표현들을 물갈이하기 시작했다. 학교는 개인의 경쟁보다 집단 경쟁을 장려했다. 예술 분야에서 사회주의적 실존주의는 구별된 개인으로써가 아닌 사회 계층적 관점에서 사람들을 그렸다. 어느 곳이든 단체성과 그룹의 단결이 독려되었고 개별성은 말살되었다.

포스트-마르크시스트들은 같은 방식으로 개인의 정체성을 해체하려 든다. N.P. 리찌(Ricci)는 개인의 정체성에 대한 비판을 요약하면서, 롤랜드 바르츠(Roland Barthes), 마이클 포우컬트(Micheal Foucault), 그리고 쟉크 데리다(Jacques Derrida)등을 인용했다. "현재의 이론에서 정체성, 즉 개인성이나 개인 신분은 하나의 구성물이다.... 또한 근본적인 면보다는 효과적인 면을 의식한 세력들이 서로 연결되어 구조된 것이다."15) 우리는 자신의 생각과 경험을 통해 우리 자신을 뚜렷이 구별되는 존재로써 경험하며 살고는 있다. 그렇긴해도 우리의 삶은 문화에 의해서 정해지고, 또 우리의 사고는 우리 언어에 의해 형성되기 때문에 이러한 개인성은 오직 환상에 불과하다는 것이다.

도덕적 책임성과 개인적 자유에 대한 그러한 개념들은 그렇게 우리들 서구 브르조아 문화를 빚어진 환상일 뿐일 것이다. 포우컬트는 심지어 "자유라는 개념은 지배계층들이 만들어낸 발명품"이라고까지 주장했다.16) 민주주의 체제들은 자기네들을 경호하기 위해서 시민들을 훈련시킨다. 자유롭다고 생각하는 사람들은 감시체제에서 사는 자들보다 실상은 더 효율적인 통제를 받고 있는 것이다.

---

15) N. P. Ricci, "The End/s of Woman," in Arthur Kroker, ed. *Ideology of Power in the Age of Lenin in Ruins* (New York: St. Martin's Press, 1981), p. 302. 이 책은 공산주의의 몰락과 함께 항복할 수밖에 없게 된 그 교수에 의한 시도 노력이라는 점에서 매우 눈길을 끈다. 그 다양한 논문들은, 미국의 마르크스주의 자들이 피투성이가 되어있으면서도 굴복하지 않았으며, 공산주의의 실패에 대해 당황하고 있지만, 여전히 그들의 혁명적 이데올로기를 지니고 반항하고 있다고 강조하고 있다.
16) Michel Foucault, "Nietzsche, Genealogy, History," in *Foucault Reader*, ed. Paul Rabinow (New York: Pantheon, 1984), pp. 78-79.

"의혹해석학"을 추종하는 포스트모던 이론가들은 모든 사회관계는 권력을 위한 허울 일 뿐이라고 믿는다는 사실을 기억하라. 그러므로 억압이라는 것은 모든 사회제도와 그 제도에게 목소리를 주는 언어에 있어서 본질이라는 것이다. 그러므로 개인의 정체성은 해체되어야만 한다.

N.P. 리찌가 말하기로는 "종속된다는 의미는, 또한 종속시킨다는 것을 뜻하는 것이며 정체성, 권위, 그리고 소유권에 우선순위를 둔다는 것은, 또한 서로 다르거나 내 생각과 맞지 않는 모든 것을 배제하면서 의식을 진리의 근원에 놓아둔다는 것을 의미하는 것이다."17)

해체의 많은 부분이 단어를 다루는 일로 이루어지는데-여기에서 리찌는 <주관성>을 의미하는 단어인 <Subject>를, 동사의 뜻으로 <종속시킨다>, 즉 <억압한다>는 의미와 같은 것으로 취급한다. 리찌는 <정체성>(심리학적 용어로)이란 단어를, 포스트모더니스트들에게는 악담이 될 수 있는 다른 개념들 즉, <소유권>(자본주의 경제학 용어로)이나 <권위>(문학비평에서 쓰는)라는 말에 연관시킨다. (포스트모더니스트 문학비평은 "작가의 권위"를 폄하하려는 경향이 있다. 셰익스피어의 의도는 그의 작품의 의미와는 별개의 문제다. 셰익스피어는 사실, 통일된 인격을 지닌 창조적 천재가 아니다. 오히려 그는 그의 작품 속에서 목소리를 높이는 넓은 범위의 사회세력들을 위한 운송수단이다. 그의 작품들 속에서 여성을 종속시키고 경제적 착취를 합법화해주는 문화적 가치기준들이 최고의 목소리를 내고 있다. 그 사실이 바로 서구세계가 그의 작품들을 정전(正典)으로 삼고, 그토록 높이 떠받드는 이유인 것이다.)

포스트모더니스트들은 휴머니즘을 두 가지 측면에서 공격한다. 그들 개인의 정체성 개념을 해체하려 할 뿐더러 보편적 인간성의 개념까지 무너트리려하고 있다. 그런 맥락으로 한 해체주의자는 '우리'(We)라는 단어는 "문법적 폭력의 한 형태"라고 주장한다.

---

17) Ricci, "*End/s of Woman*," p. 303.

이 문법적 폭력은 보편인격의 밀실에서 이루어지는 담합의 그릇된 약속을 통해 다른 문화 속의 "그녀"란 단어나 "당신"이란 말의 구체적 인식을 말살하거나 부인하려는 데 목적이 있다. 그러니, 우리는 "우리"라는 단어로부터 우리 스스로를 떼어놓아야 한다. 그것은 문법 정책적 범주에 드는 말로써 억압의 문화에 적응시키도록 조력자 역할을 하는 신화를 합법화해주는 것으로써가 아니고는 존재할 수 없는 범주이다. 그런 말은 버리고, 우리는 보편원리들에 대한 근원을 찾으려 헛수고 할 것 없이 다양한 모든 형태의 문화를 증진시키고 소중히 해야 한다.[18]

똑바로 살펴보라! 우리(We)라는 단어를 쓰지 말자는 바로 이 주장을 하느라고, 정작 우리(we)라는 말을 얼마나 사용하고 있는가! 바로 문법 정책적 폭력이 독자들에게 가해지고 있다는 점에 대해 이의가 없을 것이다.―"우리"라는 말로부터 "우리 자신들"을 떼어내야만 하는 "우리"는 그럼 과연 누구를 두고서 한 말인가? 다양한 문화의 모든 형태를 증진시키고 그것을 소중히 해야 하는 "우리"는 누구란 애긴가? 이 비평가는, 스스로도 인정하고 있지만, 독자들을 밀어붙여 자신이 만든 억압적 문화에 들어가게 하려고 애쓰고 있는 것이 틀림없다.

조리가 닿지 않는 논리이지만, 그는 보편적 인간성은 없다는 주장을 하고 싶은 것이다. 우리는 인간이 무엇이든 공통으로 지니는 것이 있다고 절대주장해서는 안 된다. 그걸 주장한다는 것 자체가 본질적으로 억압하는 일이며, 타인들로 하여금 우리 자신이 만든 틀 속에 들어가도록 강요하는 것이다. 그런데도 그는 "우리는 다양한 모든 형태의 문화를 증진시키고 소중히 해야 한다"고 말한다. 물론, 그는 "우리(We)"라는 단어도 없이 어떤 문화라는 것이 과연 어떻게 존재할 수 있는지는 신경도 안 쓰고 있다. 그는 또한, 보편인격의 개념이 없다면서 어떻게 있지도 않은

---

[18] Jean-Francoise Lyotard, as summarized by Steven Connor, *Postmodernist Culture: An Introduction to Theories of the Contemporary* (Oxford: Basil Blackwell, 1989), p. 37.

감정이나, 공통 이해, 또는 도덕 행위의 근거는 말살한다고 말해왔을까.
　한 미국인이 어느 뉴기니아 사람을 만나면 엄청난 문화장벽이 있다. 그렇지만 둘 다 인간이므로 커다란 공통점이 그들에겐 있는 것이다. 둘 다 가족들을 사랑하고 기쁨과 아픔을 알며, 고마운 심정을 경험하며, 도덕적 책임감을 알고 있다. 서로의 인간적 공통점 위에서 그들은 친구가 될 수 있는 것이다. 서로 언어도 일러 줄 수 있다(언어가 문화적 감옥이라면 불가능해 보일 수 있는 일이지만). 포스트모더니스트들은 문화의 다양성을 찬미한다지만, 만약 보편인간성이 없다면 다른 문화들로부터 온 사람들을 존중할 무슨 이유가 있는가? 그 종족인은 그 서양인과 전체적으로 다르고 이방인이며 완전한 "남"일 텐데, 그 종족인은 "기타의 모든 사물"과 같을지도 모르는데 만일 보편원칙들이 없다면, 그에게 왜 도덕적으로 행동하는가, 아니면 우리의 습관적인 말대로 그를 인간적으로 상대하는 이유가 뭔가?, 쥐나, 돼지 또는 개처럼 취급하면 안 되는 이유가 있는가? 그가 나와 완전히 다르고, 상호관계의 열쇠가 그를 지배할 나의 권력여부에 있다면, 그를 나의 노예로 삼으면 안 되는 이유라도 말할 수 있겠는가? 노예제도에 반대하는 기독교인들은 반면에, 사람은 공통 인성을 갖고 하나님 앞에서 모든 인종의 인류가 동등하다는 이유에서 노예제도와 맞서 싸웠던 것이다. 포스트모더니스트의 반(反)—인문주의는 이른바 "인간의 가치들" 가운데 그 어느 것도 지탱할 수 없다. 자유, 개별성, 자기사랑, 존엄—이러한 것들은 사회적 구성물이다. 감정이입, 친절, 이타심(利他心), 사랑—등은 모두 억압을 하기 위해 꾸민 허울이다. 개인으로써의 인간은 문화에 의해 삼켜져버리며 문화는 자연에 의해 지배당한다.
　포스트모던 학자들은 상황화시키는 일이 중요하다고 강조하고 작가나 그 사상을 그 시대의 상황 속에 대입하며, 그 문화를 형성하는 나머지 모든 "텍스트들"과 작가(사상)의 상호관련성을 드러내준다. 하이덱커를 상황화 하는 것은 폭로적이라 볼 수 있는데, 그는 학문이론가들이나 환경운동가 모두에게 반 휴머니즘을 발생시킨 사람이다. 일찍이 우리는 데이빗 레빈에 대해 인용한 바 있는데, 그는 하이덱커가 인문주의를 전체주의에 대해 관대하다는 이유로 비판했다고 말했다. 레빈은 순수한 상태에 있지 못했던 것이다. 요는 하이덱커가 나치당원 이었다는 사실이다.19)

하이덱커가 나치당에 적극 개입하고, 나치의 이데올로기를 열성적으로 떠받들게 되면서 개인성에 대한 그의 거부, 전통적 인간가치들에 대한 그의 반발, 자연과 문화에 대한 그의 찬미 등에 다소 이질적 빛이 띠워지기 시작했다. 이 모든 포스트모던의 관념들이 바로 나치주의의 신조들이었던 것이다. 해체주의 비평가 폴드망(Paul de Man)이 나치즘의 대변자 역할까지 했었다는 사실이 그렇게 놀라운 일이 아니었음을 나중에서야 알게 되었던 것이다.

포스트모더니스트와 파시시트 지식인들이 1930년대에 경제에 토대를 두지 않고 문화에 바탕을 둔 급진주의를 중시하였다. 그들 양 편 모두는 문화 결정론을 찬성하며 개인의 정체성을 배척하였다. 그들은 비합리적인 감정의 해방을 위해 이성을 버렸다. 또한 그들은 비인격적, 신비의 자연을 찬성하고 초월적 하나님을 거부하였다.

나의 저서 「근대파시즘 : 유대 기독교적 세계관을 흐려 놓다」에서 나는 파시시트 사상과 그것이 성경에 대해 본질적으로 거역된다는 것, 현시대 문화와 포스트모더니스트의 사고 속에서 그 사상이 살아남을 것인가에 대해 더욱 상세하게 토론하고 있다.20) 지금으로써는 불합리주의, 문화적 쇠퇴주의, 포스트모더니스트의 인간적 가치에의 반발 등이 이미 한차례 시도된바, 오직 대재앙으로 결말이 난 것을 강조하는 것만으로도 족하다. 파시즘이 살아나고 있다. 공산주의는 몰락했다. 그러나 옛 소련

---

19) See Victor Farias, *Heidegger and Nazism*, tr. Paul Burrell (Philadlphia: temple University Press, 1989), p. 253. For the Connection Between Heidegger's Nazi ideology and his philosophy, see Tom Rockmore, *On Heidegger's Nazism and Philsophy* (Berkeley: University of California Press, 1992).
20) Gene Edward Veith, *Modern Fascism: Liquidating the Judeo-Christian* (St. Louis: concordia Publishing House, 1993).

제국 시절 내내 민주주의는 민족적 사회주의를 강화하려는 국수주의자들과 전 마르크스주의자들의 신 동맹에 의해 공격받았다. 미국학자들은 자신들을 후기 마르크스주의자라고 자칭한다.

그러나 정부 통제경제나 그들이 교육받은 불합리주의, 그리고 문화와 민족에 대한 물음들로 빚어지는 사회적 논란거리들을 그들이 축소하려는 등에 대한 욕망은 마르크스보다는 무솔리니에 더 가깝다. 마르크시즘이 모더니즘적이라면 파시즘은 포스트 모더니즘적이라고 볼 수 있다.

억압받은 자들과 그들의 정치적인 정확한 판단들이 자기들의 진정한 승리를 이룩하기 위해서 포스트모더니즘의 지식인들은 자신들도 미처 모르는 사이에 사실상 인류에게 세계대전과 대학살을 몰고 왔던 사고방식들을 다시 살려놓으려 하고 있는 것이다. 아마도, 포스트모더니스트들은 자신들의 의도가 선하니까 그들의 말로 표현되는 어감이 웬만큼은 누그러져 전달될 거라고 생각하는 것 같다. 그러나 데이빗 헐스취(David Hirsch)가 경고한다. "포스트모던 이데올로기를 선전하는 자들은 개개인의 삶을 실제 현실세계 속에서 무가치하게 만들어 놓는 일을 동시에 하지 않고서는 이론상으로만 인간의 존재를 축소시키려는 것이 정말로 가능한지에 대해 깊이 생각해 봐야한다."21)

정체성 없는 삶

개인의 정체성과 인간의 보편가치에 대한 포스트모더니스트의 공격은 단지 학문적으로만 펼쳐보는 연습이 아니다. 그 지적인 설정이 인간존재를 보는 시각 여하에 따라, 같은 시대 상황 속에서 일반인들이 받는 영향의 여부가 달라진다.

포스트모더니스트의 이데올로기와 마찬가지로 포스트모던 사회도 모

---

21) David H. Hirsch, *The Deconstruction fo Literature: Criticism after Auschwitz* (Hanover, NH: Brown University Press, 1991), p. 165. 그의 저서 전반에 걸쳐, 포스트모더니즘의 파시즘에 대한 연광성의 관점에서 포스트모더니즘을 비평하고 있다.

더니즘의 실패 속에서 자라 나온 것이다. 모더니즘의 유혹은 인간의 삶에 언제나 안정을 주는 동시에 과거의 전통과 지혜에 대한 불신을 불러오게 했다. 전통을 아예 경험 못 해보고 공동체 사회 내에 아무 연고도 없으며 안정된 가정에 대해서 알지 못하는 자들이 절대불변의 사상을 믿기란 참으로 어려울 거라는 사실은 자명하다.

모더니즘적인 가치 기준들의 영향으로 핵가족화 되고 있다. 모더니즘의 특징이 되는 과장된 개인주의는 가정들을 쪼개 놓았고, 부모들은 자식을 무시하고 남편과 아내가 제각각 별도의 정체성을 추구하는가하면 자식들은 그들대로의 제 기준으로 산다. 모순 되게도, 그런 극단적 개인방임(放任)은 견고한 가정을 부양함으로써 형성되는 강한 정체성을 이루도록 허용치 않는다. 알아서 꾸려나가도록 놓아둔 세대가 개인주의적 관념을 싫어하고 반발한다는 사실이 어쩌면 당연할지도 모른다.

포스트모더니즘적인 정신 형성의 주요 세력은 현시대 기술의 영향이다. 모더니스트적 합리주의가 만든 전자매체들이 합리주의를 불가능케 한 것은 당연하다. 닐 포스트맨(Neil Postman)은 사회정보매체들이 사람들의 사고방식에 어떻게 영향을 미치는가를 보여준 바 있다. 300쪽 분량의 서적을 읽는 데는 연속적 사고가 요구된다. 활발한 정신집중과 관심이 유지되는 시간의 양도 필요하다. 독서는 또한 특별한 자아의식을 북돋게 한다.─독서는 혼자서 하며 혼자 생각하면서 한다. 텔레비젼을 보는 것은 그와 반대로 최소의 노력으로 빠른 정보를 얻게 해준다. 시청자는 대중적 공동심리의 한 일부가 된다. 화면의 영상들은 빠른 불빛들로 이루어지고 상황이나 상관성의 느낌 같은 것은 전혀 주지 않고 지나가 버린다.22)

실감하고 싶으면 텔레비젼을 틀면 된다. 나는 해봤다. CNN 방송을 5분 보는데, 나는 고래잡이, 선거, 성 추문 그리고 왕의 결혼 등의 단편적 사실들을 보았다. 그 뒤를 이어 테마공원과 냄새탈취제, 샴푸, 그리고 효

---

22) See Neil Postman, *Teaching as a Conserving Activity* (New York: delacorte Press, 1979), pp. 47-70.

모성분의 전염병약 등의 광고방송이 나왔다. 뉴스 프로그램에서는 주요 정치행사에 대한 머리기사와 최신 영화의 홍보 내용이 나란히 나온다. 아프리카의 굶는 어린이들에 관한 장면 다음으로 마돈나의 최근의 모습이 그 뒤를 잇는다.

케이블 텔레비젼은 새로운 시청방식을 만들어냈다. 그리고 우리의 관념들을 더욱 잘게 나누어 놓는다. 채널이 많아서 얼마든지 고를 수 있기 때문에 보는 사람이 하나의 채널에만 만족을 느끼지 않아도 된다. 프로그램을 끝까지 보지 않고 대개 그들의 리모콘을 사용해서 "채널의 파도타기"를 하면서 53개 채널을 넘나들며 옛날 전통적 서구채널과 Sci-Fi, 그리고 CNN이나 MTV에서 흥미 있는 영상들을 모으기도 하고, 몇 초 동안 프레드 애스테일(Fred Astaire) 흑백영화를 보고, 앤디 그리피쓰(Andy Griffith) 재방송에서 농담도 배우고, 그 주일의 전체 영화들에 대한 광고를 살펴보기도 한다.

개별 텔레비젼 드라마는 간간히 광고로 중단되는 일들은 있지만, 전통적인 플롯의 맥락에 일관성이 있다. 그러나 뉴스나, 토크쇼, 다큐드라마 방송에서 사실들을 내보내는 방법은 포스트모더니즘의 신조들을 돋보이게 하고 있는 것이다.

텔레비젼은 진실과 오락 사이의 한계선을 구분할 수 없게 만든다.23) 영화와 비디오는 가장 요란한 공상물(空想 物)들을 사실처럼 인식시켜주고 있다. 실제사건들도 동일한 상징을 써서 공상처럼 보이게 한다. 텔레비젼 세대가 진리와 픽션의 구분에 어려움을 갖으며 TV와 함께 자란 지식인들이 진실과 허구에 대한 본질적 차이가 없다는 주장을 해도 말릴 방도가 없다.

니일 포스트맨은 오늘날 우리의 전자 환경은 우리를 정보과중(過重)에 짓눌리게 하고 너무나 많은 정보의 폭발이 일어나다 보니 그 중에 어느 것도 의미가 없어 보인다고 우려한다.24) 데이빗 하비는 텔레비젼이 서

---

23) see Neil Postman, *Amusing Ourselves to Death: Public Discourse in the Age of Show Business* (New York: Viking, 1985).

로 무관한 영상들과 비슷한 사건들을 어떻게 짜맞추기 하는가에 대해 지적해 준 바 있다.25) 텔레비젼이 지배하게 되니, 그 결과로 한 아이디어가 다른 아이디어와 같아 보인다. 오락이나 기분 맞춰주기, 그리고 감각적 자극이, 이성, 도덕, 진리를 대신한다.

비디오 화면은 사실상, 인간을 묘사하는 새 메타퍼(은유)가 되어가고 있다. 진 보드릴라드(Jean Baudrillard)는 "인간의 정신은 '순수 백색화면'인데, 모든 네트워크의 영향 여하에 따라 중심이 바뀌진다"26)고 말한다. 더욱 정확한 은유라 한다면 컴퓨터 화면일지 모른다. 개인용 컴퓨터들은 드넓은 "사이버 공간"속에 깊이 목을 들이밀고 있다. 이미 "사이버 펑크족들"로 알려진 이질적인 컴퓨터 문화가 등장했다. 그들의 목표는 자신들의 가상현실, 가상섹스, 그리고 가상의 공동체들로 된 전자세계 속에 존재하는 것이다. 한 관찰자의 말에서 본 바대로, 그들은 인간과 기계의 혼합을 성취하고자 하고 있다.27) 앞으로는 뚜렷한 인간의 정체성이 없고, 다만 신경조직 위에 전자 충동신호들만이 껌뻑이며 흘러 다닐지도 모른다.

아더 크록커(Arthur Kroker)는 본인이 포스트모더니스트임을 인정하면서 포스트모던 시대 문화의 핵심적인 심리분위기는 공포와 "대중의 외적 행동원칙이 사라지면서" 나타나는 "방임적 타락"...., 그리고 "정체성의 내면적 기반들이 무너지는 것"이라고 말한다. "사회자체가 냉소적인 세력들의 지배장(支配場) 이라는 것이 훤히 들여다보이는 데도" 사람들은 더 이상 제도의 권위나 자신들의 사회적 의무 따위는 인정치 않는다. 사회의 외적기준들에 대한 이런 냉소주의는 사람의 내적 판단 기준의 상실과 함께 나타난다. 크로커는 말하기를 "자아(the self)의 사라짐

---

24) Neil Postman, *Technolopoly: The Surrender of Culture to Technology* (New York: Vintage Books, 1993), pp. 73-82.
25) Harvey, *Condition of Postmodernity*, p. 61.
26) Quoted on Connor, p. 171.
27) Rudy Rucker, quoted in Philip Elmer-Dewitt, "Cyberpunk!" *Time*, 8 February 1993, p. 59, an article exploring Cyberpunk ideology.

은 포스트모더니즘의 승리를 보여주는 것"이라고 했다. 포스트모더니스트들은 자기 자신들을 그러한 문화를 담는 수동적 그릇이라고 간주한다. "자아는 고갈되긴 했지만, 초기술 문화의 하얀 스크린(은유를 보라)으로 바뀌어 버렸다"28) 외적 판단 기준도 내적 판단 기준도 없이 오직 냉소주의와 공포, 그리고 "방임 속에서의 타락"이 있을 뿐이다.

또 다른 포스트모더니스트는 고백한다. "포스트모더니즘의 가장 문제되는 면은 개성과 동기(動機), 그리고 행동적인 면을 존중한다는 심리적 전제(前提)들이 있다는 사실이다." 언어를 단편적 그룹으로 쪼갠다는 것은 정신분열증을 일으키게 만드는 일이다. 겉으로 볼 때는 언급할 만한 형태는 없지만, 경험이란, "순수하고 상관없는 것들이 시간 속에서 서로 연결되어 나타난 것일 뿐"이라고 축소하고 있으며 인간의 자아가 존재의 중심일 수는 없다고 한다.29)

객관의 영역에 절대 진리가 없다면 주관의 영역에도 있을 수 없다. 고정된 정체성은 없게 되며 자아의식도, 또 인간 영혼의 공통점도 없다. 모더니즘은 행동주의요, 낙관주의며 자신감에 차 있었다. 포스트모더니즘은 수동적이며, 냉소적이며, 불안정한 성질을 가진다.

데이빗 하비는 절대 진리가 없는 삶의 결말에 대해 솔직하게 직시한다. 만일 이 세상에 통일성이 나타나 있지 않다면 인간이 어떻게 일관된 행동을 할 수 있겠는가?

> 거기에 대한 포스트모더니스트의 그 간단한 대답인, 즉 — 표출되는 일관성과 행동은 억압적인 것이거나 환상이기 때문에(또한 그렇게 생각하기 때문에 스스로 와해되고 패퇴되긴 하지만), 세계 전체적인 계획으로 받아들이려고 노력조차도 해서는 안 된다. 그래서 실용주의(Pragmatism : 듀이-Dewey-등이 주장한)만이 유일하게 행동철학이 될 수 있다는 것이다.30)

---

28) Kroker, *Ideology of Power*, p. 16.
29) Harvey, *Condition of Postmodernity*, p. 53.
30) *Ibid.*, p. 52.

요즘 사람들은 체계적 사고나 추상적 사상들을 참을성 있게 대하지를 못한다. 단편적 질문들(뭐가 들어 먹히나? 뭐가 이로운가?)이 현대 토론 형태들을 지배하고 있으며 국회의 회의는 본래부터가 그렇고, 교회의 당회들도 그렇다. 그러나 실용주의마저도 "일관성의 제시"가 없으면 난처한 형편에 놓이게 될 것이다. 사물을 실용적 안목에서 판단하는 일들은 그 자체가 목적의식(우리가 무엇을 하려고 하는가?), 그리고 가치기준들(이것이 제대로 작용하고 있는가?)이 있어야 하는데, 그것이 없으면 행동을 계획하고 평가 할 수 없기 때문이다. 이 사실을 거슬러 올라가면 결국 절대 진리의 존재에 닿게 된다. 포스트모더니스트들은 그들이 내세우는 철학 속에서 적극적 도덕과 정치행위의 토대를 찾아내려고 애쓰지만, 그게 될 리가 없다. 세상을 개선하려는 일을 놓고 볼 때 그들이 주장하는 전제 사항들을 염두에 둔다면, "우리는 시도조차도 해서는 안 된다."

다른 유일한 대안이라 한다면 여타 사회적 행태들과 똑같은 게임을 행하는 일이다. 만일 사회의 쟁점들을 파악했을 때, "냉소주의 세력들의 활동무대일 뿐이라는 것이 훤히 보인다"면, 우리에게 가능한 일이라고는 냉소적 세력을 발휘하는 것 밖에 없다는 결론이 된다. 모든 사회관계들을, 권력이 가면을 쓰고 있는 것이라고만 믿는 자들은 효과적으로 그들의 힘을 행사하게 될지도 모른다. 진리에의 믿음과 개인의 통전성(統全性), 그리고 객관적 도덕성과 같이─권력을 제한하는 전통사상들에 대한 의혹을 해소한다는 미명하에 포스트모더니스트들은 하나의 무자비한 정치적 행태를 저지를지도 모른다.

포스트모던 정치가들은 자기들의 정치적 원칙을 세워놓고 진리를 멋대로 주무르려고 덤비는 것이 당연하다(원래 진리란 없으니까). 또한 그들의 청중의 입장에 맞도록 말을 바꾸고(각 그룹마다 그것만의 실존이 다르니까), 그들의 의제를 진행시키고, 반대자들을 부술 수 있다면 못할 일이 없을 것이다.

(마키아벨리의 실용주의보다 나은 것은 없고, 권력을 초월한 가치관은 없으니까), 이것은 보수적인 권력자들의 "전횡"에서 나타나듯이 대학정

책의 사악함과 국가정책적 구조들 속에서 이미 명백히 드러나는 것이라고 볼 수도 있다. 그런 정치철학과 파시즘과의 재 결탁은 우리의 우려사항에 대한 분명한 원인으로 생각되는 것이 마땅하다.

일반시민들은 새로운 정신적 체계가 형성되는 와중에 희생물이 되기 쉽다. 그들은 잘 속고 미혹되기 쉽기 때문이다. 정체성 의식이 없기 때문에 포스트모던적인 상황에서 일반인들은 무슨 역할이라도 맡게 되면 매우 고무되기 쉽다. 포스트모던 예술가, 신디 셔먼(Cindy sherman)은 다양한 삶의 분야에서 나온 여성들을 보여주는 일련의 사진들을 가지고 있다. 10대 여성의 사진은 가정주부나 핸드백을 든 숙녀와는 판이한 모습을 보이고 있다. 그런데 그 사진들은 모두 그 예술가가 자기 자신 한 사람을 찍은 것들이라는 사실이 밝혀졌다. 그녀는 말쑥하게 차려입고 다양한 역할의 행동을 한다. 그녀 자신의 다양한 사진들은 신디 셔먼 한 사람을 묘사해 주는 게 아니다. 즉 거기에서는 그녀가 행하는 역할에 따라서 그녀 자신의 존재가 결정될 뿐이지, 별도로 존재하며 그녀가 본래 지니고 있는 고유의 정체성이란 없다는 것을 보여주고 있다는 뜻이다.

우리는 사실상 교회, 집, 일터에서의 행동을 다르게 하는 경향이 있다. 어떤 무리의 친구들이 있을 땐, 지적으로 행동하고; 또 다른 경우엔 "집에서 하는 행동"을 하기도 한다. 포스트모던 이론가들은 우리가 다양한 "언어 게임들"과 "해석적 공동체들"속에서 어떻게 처신하는지를 지적한다. 우리는 동료들에게 또는 윗사람들에게 좋은 인상을 주기 위해 전문용어를 사용하고 교회에서는 경건하게 보이려고 종교적인 말들을 쓴다.31)

고전적 기독교인과 모더니스트의 사고는 늘 이러한 역할 행위에 대해 인식했지만, 우리가 하는 다양한 게임들은 모두 단 한 가지-즉, 권위적 정체성에 허울을 만들어줄 뿐이라고 주장해왔다. 고전적 기독교인과 모더니스트(진영의 도덕주의자)들은 그들이 갖는 많은 차이점들에도 불구

---

31) See *Ibid.*, p. 46.

하고 정직성을 권고하고 위선을 비난했다. 그들은 모두, 삶의 다양한 차원 속에서도 일관성 있는 삶이 중요하다는 것과 자기 자신에게 진실 될 것을 늘 강조해 왔다. 포스트모더니스트들은 반면에, 사회 속에서 우리의 역할과 분리되어 따로 존재하는 정체성은 없다고 주장한다. 그러니까 우리는 집에서 다르고 직장에서, 그리고 교회에서 경우마다 서로 다른 정체성을 갖는 존재들이다.

포스트모더니스트들은 본체보다 외부 형태를 중시한다. 절대 진리가 없으니 불변의 정체성에 대한 관념도 포함해서 어떤 형태의 객관적 의미든지 그것은 따져봐야 할 대상이 되는 것이다. 표면에 대한 것이 내면보다 더 진지한 대상이다. 이것은 우리가 보게 되듯이 예술에서만 그런 것이 아니고 사회생활에서도 마찬가지다. 죠나단 래번(Jonathan Raban)은 "도시생활이란 오직 역할 행위로만 이루어져 있다"고 말한다.[32] 모든 인간이 연기를 한다는 것이다. 모든 사람이 형식(style)에 영향을 미치고 있는 것이다. 사무원은 그의 제복을 입고 협력적인 입장에서 역할을 담당하고 있다. 일을 끝내면, 그는 친구들과 다른 역을 행한다. 그가 가는 술집이 나무 의자이건, 가죽 소파이건, 그가 자유 정신의 소유자라고 내세우건, 염세적 냉소자로 행동하건, 그것은 모두 연기일 뿐이다. 그리고 하루를 지내는 동안 그는 여러 가지 배역들을 담당한다.

외면들과 형식, 그룹의 정체성 등이 현시대의 삶에 매우 중요하기 때문에 포스트모던 사회는 유행과 매우 연관이 강하다. 포스트모던 사회는 지금 막 새로 시작되는 것과 막 사라지고 있는 것, 두 가지에만 몰두한다. 첨단에 서 있으려는 망상에 사로 잡혀 있는 것이다. 유행이 끊임없이 변하고 있는 것은 물론 틀림없는 사실이다. 그렇지 않다면, 유행은 첨단의 유행을 과시하는 자들과 유행에 뒤쳐진 자들을 분류해주는 기능을 다 할 수 없을 것이다. 고전시대에는 사회적인 자리[통치자, 가장(家長), 장관직 등]에 의해 지위가 구분되었고 모더니즘 시대에는 성취(재산가, 자

---

32) Cited in *Ibid.*, pp. 5-8.

수성가 한 재벌, 스포츠스타)로 지위를 정했었으나, 포스트모던 사회는 스타일의 관점(맞는 옷을 입었는지, 맞는 행동이나 태도를 제 때에 하는지)으로 지위를 정한다.

그러므로 현시대의 십대(十代)들은, 그들이 듣는 음악이나 입는 옷으로 자신들을 구분한다. 그러다보면 나중에 어느 무리(group)의 일원이 된다. 한 10代가 나에게 고교 때에는 사람들이 그들이 청취하는 라디오 방송이 뭐냐에 따라 정체성이 좌우되고 파벌이 분류된다고 말했다. 차량에 고출력 스피커를 달고 거칠게 운전하는 자들은 헤비메탈을 좋아하고 흑인들이나 "욕구 불만자들"은 랩을 즐겨 들으며 일반대중은 팝을 좋아하고 FFA 반문화 그룹은 컨트리 음악을 듣는다. 정체성이 형성 되어가는 10代들은 자연히 소속감을 갈망한다. 자신의 개인에 대한 강한 정체성의 부재로, 그들은 그룹 정체성 쪽에 맞추어 보려 하는 것이다.

어른들은 10代들 못지않게 계층 소속감에 대한 정신적 욕구를 떨치지 못한다. 여피족들은(Yuppies:산업시대 미국 대도시의 상류 엘리트들) 정품들을 지니려 신경 쓰고 최고급 요리를 먹으며 최신의 사조(思潮)에 영향을 미치려한다. 유행에 발맞추는 것은 지위의 상징인 동시에 그 흐름을 주도하는 그룹과 신분을 같이 하는 길이다. 포스트모던 시대에는 사람들이 점점 더 인종과 민족성, 성, 또는 "성적 취향"으로 자신들을 구분하고 있다. 다른 시점들은 환경주의, 신체건강, 동물의 권리, 천연식품 등에 대한 관심이다. "집단에 대한 유익성"에의 가담 여부로 구분하기도 한다. 파시즘과 버금가는 또 하나의 불길한 사조에서는 개인들이 그들 자신을 단체에 들여놓아야만 비로소 사람이 된 것처럼 생각하기도 한다.

그러나 그룹 정체성 속에서도 안정감은 없다. 전통적 사회-가정, 마을, 교회-가 소속감과 성취감 두 가지를 모두 주는 반면, 현시대 사회모습은 비 성취적 특징을 보인다. 유행은 계속 변한다. 소속자들이 어느 날 이탈자로 되어버린다. 친구들이 각자 흩어지고, 관심이 변하고, 심지어 가족도 버리고, 바꾸기도 한다. 그런 의미에서 현시대 사회 상황 속에서 살고 있는 자들이 지속적인 공포상태에 있음은 놀랄 일이 아닌 것이다.

남들이 나를 싫어하면 어쩌나? 마음 붙일 상대를 어디서 찾나? 그들이 사랑의 대상을 찾는다 해도 스스로의 안정된 내적 정체성이 없고, 변화의 힘에 영향 받기 쉬운 포스트모던 시대 연인들은 변치 않는 사랑을 나누기가 어렵다. 조금 지나면 서로 포기하고 마는 것이다.

연구에서 지적된 이런 무(無) 근본성과 성취에 대한 거부의 결과로, 광범위한 모순투성이의 충동들이 나타났다. 아더 크록커(Arthur Kroker)가 지적한 대로 "포스트모더니즘은 온통 모호한 상태에 있으며 지배와 자유에 반대하는 흐름들, 즉 급진적 비관론과 거칠은 낙관론으로 채워져 있다."33) 자아는 없어졌다고 주장하면서도 포스트모더니즘은 실제로 자아를 분리시키려 한다. 각자는 서로 접근불가한 자기 세계 속에서 감금되어 있다는 것이다.34) 포스트모더니즘은 개인성은 부인하면서 이기심은 부추기고, 정체성은 없다고 하면서 주관을 권장하며 자유가 없다면서 자격을 논한다. 문화에 대하여 많은 말들을 하고 있지만 포스트모더니즘은 문화가 없다. 왜냐하면 문화를 정의하는 전통, 신앙, 도덕률 등이 모두 온전치 못한 잣대(척도)들이기 때문이다. 포스트모더니즘이 아량과 복수주의, 혼합문화 등을 강조하지만 원론적으로는 모든 믿음을 폐기하면서 모든 문화를 경시하고 아무에게도 용서를 베풀지 않는다. 포스트모더니즘이 지닌 모순은 그들이 추구하는 "참 인간의 삶"을 줄 수 있는 분이 하나님 밖에 안 계시는데도 하나님 없이 살겠다고 시도하는 것이다.

기독교의 두 가지 자아

기독교인들은 모던 시대의 자신만만했던 휴머니즘이 사라짐에 대해 반가워하는 것도 무리가 없을 것이다. 모더니스트가 자아에 의지한 것은 분명히 잘못 짚은 것이다. 그러나 포스트모더니스트들은 다른 쪽으로 극

---

33) Arthur Kroker, *Panic Ebcyclopedia: The Eefinitive Guied to the Postmodern Scene* (New York: St. Martin's Press, 1989), p. 73.
34) See Harvey, *Condition of Postmodernity*, pp. 113-14, 117.

단을 치닫는다. 즉 반(反)-인간이 그것이다. 그들이 자아를 붕괴시키는 것은 옳았다. 그러나 이성을 거부하면서 그런 일을 함으로써 그들은 가야할 곳을 지나쳐서 엉뚱한 곳에 있는 것이다.

성경은 중생하지 않은 자아는 죄가 있다고 가르친다. 믿음 없는 자들은 흔들리기 쉽고 "두 마음을 품은 자들"로 표시되어있다(약1:8). 인간이 이기적인 경향은 있지만 우리의 정체성은 매우 혼동되어 있어서 위선을 보이기도 쉽다. 위선이란 단어는 글자 그대로 "역할을 행하는 일"로써 위선자란, 그리스에서는 무대에서 연기하는 배우라는 뜻을 지닌 단어였다. 포스트모더니즘에 따르면, 우리는 모두 위선자들이고 우리 자신의 진정한 정체성 없이 다양한 대본에 따라 여러 가지 배역을 연기하는 자들이다.

그러나 예수님은 위선을 심히 야단치셨다(마 23장). 그는 우리네 위선자들은 믿음과 행동이 서로 일치되지 않는 자들이라고 분명히 말씀 하셨다. 즉 포스트모더니스트들처럼 지나치게 외부적인 것에 신경 쓰고 내적 삶에는 충분한 관심을 두지 못하는 자들을 가리키는 것이다. 예수께서 말씀하시기를 "너희는 회게 단장된 무덤과 같이 겉으로는 아름다우나 속에는 죽은 자들의 뼈가 가득 하도다…. 마찬가지로, 겉은 의롭게 보이나 속은 위선과 악으로 가득하다"(마 23:27-28). 포스트모더니스트의 말에도 불구하고 예수님은 인간에게 "내면세계"가 있다고 강조하신다.

기독교에 따르면, 인간의 정체성은 문화나, 그룹, 자연, 또는 스스로의 다스림에 달려 있지 않다. 모든 사람은 불멸의 영혼이 있다. 육신은 죽어도 살아서 영벌이나 낙원에 영원히 거하는 인간의 정체가 있는 것이다. 당신의 영혼이 있어 당신을 한 개의 통일체가 되게 해준다. 그래서 몸의 모든 세포, 원자들은 다 바뀌었는데도 10년 전의 당신과 동일한 존재가 되는 것이다. 영혼을 갖는다는 것은 당신이 생활 속에서 여러 배역들을 맡고, 다른 생각들과 느낌을 이어간다 해도 당신은 여전히 원래의 한 인간인 것이다.

그런데, 딱하게도 우리는 타락하며 부패한 채, 길을 잃고 있다. 죄로 가득한 자아는 죽을 수밖에 없다. 포스트모더니스트들과 마찬가지로, 성경도 자아가 죽는 다는 사실을 찬성한다. 그러나 성경은 자아의 회복과 부활을 약속하기 때문에 포스트모더니스트들과 다른 것이다.

> 우리가 알거니와, 우리의 옛사람은 주와 함께 십자가에 못 박혀서 죄는 사라지고 이제 더 이상 죄의 노예가 아니라...... 우리가 그리스도와 함께 죽었으니, 그와 함께 살 것도 또한 믿느니라(롬 6:6,8).

우리가 세례를 받을 때, 바울이 서술한대로 그리스도의 죽음과 부활에 함께 연합한 것이다(롬 6:3-5). 십자가에서 주님은 그의 육신에 우리 죄를 짊어지시고 우리의 "옛사람"을 죽인 것이다. 예수께서 죽은자 가운데서 살아나셨으므로 우리도 죽음에서 살아나는 것이다. 우리는 새롭게 부활된 자아를 갖게 된 것이다.

예수 그리스도의 죽음과 부활(우리가 믿음으로 아는 바와 같이)로 인해 이 자아는 성령의 역사로 중생한다.—이것은 칭의론에 자세히 설명되어 있다. 옛사람과 새로운 자아 사이의 관계는 성화론에서 연구하기로 한다. 승리가 십자가상에서 단번에 모두 이루어졌지만, 기독교인들은 옛사람과 여전히 싸워야 한다. 성화(聖化)는 칭의(稱義)와 같이 본질적으로 하나님께서 하시는 일이다. 그것은 우리가 죽어야 만이 완성되는데, 그 때에 우리의 죄 된 본성이 먼지처럼 사라지고 새로운 자아가 승자로써 영원히 하나님 앞에 있게 된다.

사도 바울이 말한 두 가지 자아를 주목하면, "썩어질 구습을 벗어버리고 새 사람이 되었으니, 하나님의 지식과 그분의 형상 안에서 새로워지는 것이다"(골 3:9-10). 옛사람은 두고두고 "새로워져간다", 하나님을 아는 지식과 더불어 하나님의 말씀으로 양육된다. 한편으로는 성령께서 새사람으로 하여금 더욱 하나님의 형상을 이루도록 인도하신다. 깊이 있게 의미를 살펴보면 두 번째 절(verse, 節)은 모든 부류의 문화적 정체성으로부터 새 자아를 예리하게 구별해 준다. "여기에는 헬라인이나 유대인이나 할례자나 무할례자나 야만인이나 지식인이나 매인 자나 자유한 자나 예수그리스도는 전부이시며 모두 그 속에 있느니라"(골3:11). 분명히 말해서 옛 자아는 그 자신을 문화적 관점들 속에서 생각하려 했을 것이다. 그러나 새로운 자아는 그리스도 안에서 그 온전한 정체성을 찾게 된다. 바울은 그 점을 강조한다. "세례 받고 예수 그리스도와 한 몸이 된 너희 모두는 예수 안에서 모두 한 몸이 되었으니, 유대인이나 헬라인이나, 노예나 자유인이나, 남성이나 여성이나 차별이 없다"(갈 3:27-28).

이것은 기독교인들이 사회적 지위나, 문화나, 인종, 성별 어느 것으로도 자신들을 구분해서는 안 된다는 뜻이다. 그런 사회적 실상들은 세상 속에서 기독교인의 삶의 한 부분으로 취급되어야 한다. 그렇지만 기독교인의 참다운 자기 정체성은 예수 안에서 발견되어야 한다. 더구나 기독교인들은 "예수 안에서 모두가 하나"인 것이다. 예수 안에서 모든 문화나 지위의 사람들은 예수 그리스도와 모두 같은 관계를 이루고 있기 때문에 서로 연합한다. 포스트모더니스트들이 다문화주의에 대해 여러 가지 말들을 하고 있지만, 세계의 교회는 엄연하게 역사 속에서 이 지구 위에 널리 전파되어왔고 하나의 진정한 다문화적 제도인 것이다.

그러나 교회가 하나의 통일성 속에 있다고 해서 교회 내 구성원 개개인의 다양성을 훼손하진 않는다. 오히려, 교인들은 한 몸을 이루는 다양한 지체로써 서로 구별되는 것이다. 통일성과 다양성을 지닌 교회에서 공동체와 개인은 상호간 균형을 알게 된다. 교회를 그리스도의 몸이라 한 그(Paul)의 위대한 주해(註解)에서 우리는 인간의 문화적 정체성을 초월하여 세례를 통해 우리에게 역사하게 되는 방법과 함께 그가 어떻게 설명을 시작하는지 한번 더 눈여겨보는 것이 마땅하다:

> 몸은 하나인데 많은 지체가 있고, 몸의 지체가 많으나 한 몸임과 같이 그리스도도 그러하니라. 우리가 유대인이나 헬라인이나 종이나 자유자나 다 한 성령으로 세례를 받아 한 몸이 되었고 또 다 한 성령을 마시게 하였느니라. 몸은 한 지체 뿐 아니요 여럿이니 만일

발이 이르되 나는 손이 아니니 몸에 붙지 아니하였다 할지라도 이로
인하여 몸에 붙지 아니한 것이 아니요...... 그러나 이제 하나님이 그
원하시는 대로 지체를 각각 몸에 두셨으니 만일 다 한 지체면 몸은
어디뇨 이제 지체는 많으나 몸은 하나라...... 너희는 그리스도의 몸
이요 지체의 각 부분이라 (고전12:12-15, 18-20, 27)

일치될 것을 요구한 나머지 세상에 대한 통제를 발휘했던 단일화된 문화들과는 달리, 교회는 뚜렷하고 다양한 인격체들이 모여 하나를 이루는 것이다.

기독교적 안목으로 보면, 어느 집단과 견고한 일체감을 이루려는 욕망이 있다고 해서 그것이 개인성을 훼손할 이유는 될 수가 없는 것이다. 마찬가지로 개성이나 개별적 가치를 원한다고 해서, 그것이 공동체를 파괴하는 의미가 될 수도 없다. 세속적으로 본다 해도, 그 이상(理想)은 대중적 사회의 틀에 갖다 맞춘 것이 될 수도 없고, 그렇다고 무질서한 개인주의에 맞춘 것도 아니며, 개인이 모여 모두가 합해 하나를 이룬 것이다. 즉, '다수로 이루어진 하나'(Epluribus Unum)이다. 좀더 심오한 수준으로 보면, 각각의 개인들이 모여 하나의 절대적 통일체를 이룬다는 이상은, 곧 삼위일체 하나님의 존재하심에서 근거가 될 수 있는데, 한 분 하나님 안에서 삼위(三位)이신 성부, 성자, 성령께서 하나가 되어 완전한 통일을 이루신다. 그러면서도 삼위 각각의 뚜렷한 인격들은 엄연히 구별되어 계신다.35)

기독교인들은 자아의 나약성과 불안에 대해 포스트모더니스트들과 동의할 수 있다. 자아는 모순과 다툼의 충동으로 가득하다. 기독교인들은 휴머니즘의 무용성에 대하여 포스트모더니스트들과 생각이 다르지 않다.

---

35) See the theology of Charles Williams (C. S. Lewis's friend). 그는, 사회의 여러 질서로부터 시작하여 인간의 사랑에 이르기까지의 광범위한 논쟁사항들에 관련지어 삼위일체의 단일성과 다양성을 언급하고 있다. See Mary Mc-Eermott Shideler, *The theology of Romantic Love: A study in the Writings of Charles Williams* (Grand Rapeds, MI: Eerdmans, 1962).

그런데, 매우 진리에 대해 엄격한 것 같으면서도 기독교인들이 믿는 것은 비디오 화면보다는 인간이 더 중요하다고 생각하는 정도이다. 인간의 생(生)의 가치는 문화나 개인의 선택에서 오는 것이 아니라, 모든 사람의 불멸의 영혼 속에 내주 하시는 하나님의 형상으로부터 온다. 자아에 관한 문제는 곧 죄의 문제이다. 포스트모더니즘은 모더니즘이 숨기려고 했던 문제점들을 드러내 주긴 했지만, 어느 하나도 해결하지 못한 채 남아있다. 공허한 세대(the Blank Generation)를 위해 예수그리스도의 복음은 정녕 좋은 소식이 될 것이다.

제2부
포스트모던의 예술

제5장
전통·인습에 대한 희롱
예술과 예술행위

예술은 언제나 이 땅에 추상적 철학들을 가져다 세워준다. 예술가들은 그들의 믿음을 구체적 형태로 표현하며, 그들의 세계관이 갖는 의미를 분명히 보여주고, 그것이 인간의 삶에 대하여 뜻하는 것을 드라마틱하게 표한다. 포스트모더니스트의 예술은 포스트모던적 사고의 결과들을 생생하게 보여준다.

더욱 중요한 것은 문화를 총괄하여 여러 세계관들을 전달해 주는 일을 주로 예술이 한다는 점이다. 이점은 특히 포스트모던 예술에 해당되는데, 그 예술은 "고상한 교양"의 틀을 부수고 대중심리의 "일반 교양"속으로 들어가고자 한다. 작크 데리다(Jackues Derrida)의 책을 읽는 사람은 많지 않지만 실제로 오늘날 모든 사람들이 텔레비젼을 보고 영화를 보며, 로큰롤을 듣는다.

포스트모던 시대의 모든 예술이 포스트모더니즘을 반영하고 있진 않다. 다시 말하거니와 "포스트모던"이란 말은 우리가 사는 시대를 언급하는 것이다. 또한 "포스트모더니즘"은 모더니즘과 기독교인의 현실관(觀)에 대한 반발로 등장한 이데올로기를 두고 일컫는 말이다. 포스트모던 예술가들은, 흔히 현시대 사상과 문화의 경직된 면들에 반대하여 투쟁을 벌인다. 많은 포스트모던 예술가들은 과거의 형식을 되살리고 상징적 예술형태로 돌아가서 미와 인간의 가치들을 회복시킴으로써 모더니스트적인 예술에 반발을 보인다. 이 예술적 사실들은 포스트모던 예술가들로 하여금 포스트모더니즘 사상가들과 차이점을 드러내주기도 한다.

우리가 계속 보는 바와 같이, 모더니즘에 대한 반발심은 기독교인들이 함께 지니며 환호 해줄만한 많은 양상들을 가진다. 포스트모던 사상들은 예술에 활력을 넣어 주며, 일반 사람들에게 과거로의 통로를 열어 주고 있다. 이런 사조들은 특별히, 문학과 건축에 소중한 영향을 끼쳐왔다. 그러나 현시대 사조의 "～주의들(isms)"은 프라이팬 속에서 튀는 기름처럼 혼란스러울 때가 너무 많다.

예술에 나타난 모더니즘과 포스트모더니즘

우리들 가운데 매우 많은 수가 포스트모던 예술은 물론이요, 모더니즘의 예술도 아직 소화하지 못했다. 20세기동안 줄곧 예술가들은 외부세계에 대한 전통적 묘사를 탈피하고 오직 그들의 개별적인 상상으로부터 작품을 창조해 왔다. 추상화(抽象化)가 나타나서 객관적 세계를 상상하고 새로운 질서로 재편하고, 소설은 인간 심리 속으로 깊숙이 들어가서 그곳에 놓인 현실주의를 발견했으며 건물은 순수한 형식을 추구하게 되었다. 고전주의자들은 묘사적 구상주의 예술이, 그 본래의 관념, 즉 외부세계가 이상적 미와 객관적 의미를 나타내준다는 의식과 함께 사멸되는 것을 보고 통탄하였다.

포스트모던 예술의 모더니즘에 대한 반발은 그 전성기를 지난 지 아주 오래다. 그러나 그 반응은 아직도 다양한 방향으로 표출되고 있다. 비록 모더니즘이 과거의 모든 것을 거부하며 등을 돌리긴 했어도 절대 진리를 부정하진 않았다. 오히려 모더니즘은 절대 진리에 도달하려고 노력했다 -순수형태, 형체 없는 영혼의 미, 인간경험에서 오는 "진리"-등을 예술을 통해 이룩하려한 것이다. 그런데 모더니즘은 실패했고, 하나님 없이 살아보려는 인간적 노력들이 그 원인이었다. 이런 실패가 아마도 진정한 기독교적 심미학을 쳐다 볼 수 있는 창을 들어올려서 열어주었는지도 모른다. 그러나 대개의 포스트모더니즘은-절대 진리에 해당하는 것은 무엇이든지 거부함으로써 모더니즘의 실패에 대한 그들의 반발을 강하게 나타내왔다.

앞 장(章)들 속에서 묘사된 바 있는 지적(知的), 영적 흐름은 그 완전한 표현의 길을 예술세계에서 찾아냈다. "고상한 교양"의 순수 예술은 시대를 앞서가는 경향이 있기 때문에 우리 문화가 가고 있는 방향에 대하여 중요한 실마리를 제공해 준다. 오락 산업이 발달하면서 포스트모더니즘의 이데올로기가 텔레비젼을 통해 모든 집의 안방으로 들어간다.

테리 이글레톤(Terry Eagleton)은 포스트모던의 예술을 간단명료하게 묘사한다.

아마도 어느 만큼은 여론이 일치 되어-전형적인 포스트모던 예술품이 뜻이 강하고 자기 모순적이다 못해 정신분열증까지 보이고 있다는 점에 동의하는 것 같다. 그리고 무모하게 상업적 언어와 상품 용어를 중시하면서 높은 수준의 모더니즘이 스스로에게 엄격성을 유지해 왔던 점에 대해서도 반발을 보이고 있다. 문화적 전통에 대한 포스트모더니즘의 자세는 무례(無禮)의 뒤범벅이다. 또한 궁리하고 골몰한 끝에 천박한 결과를 이루어 놓음으로써 그것으로 말미암아 모든 형이상학적인 장엄한 업적들을 허물어 놓으며, 때로는 비열한 충격을 주는 야만적인, 미술양식들을 사용하여 장엄한 업적들마저 훼손시키고 있다.[1]

바꿔 말하자면, 포스트모더니스트 예술은 그들의 예술 자체를 그리 진지하게 취급하지 않는다. 모더니스트들이 예술가와 그의 작품이 지니는

---

1) Terry Eagleton, "Awakening from Modernity," *Times Literary Supplement*, 20 February 1987. Quoted in David Harvey, *The Conditions of Postmodernity* (Cambridge, MA: Basil Blackwell, 1989,), p. 9.

일관성에 대한 고상한 목적에 영향을 주고, 그들 나름대로의 진리에 대한 관점들을 추구한 반면 포스트모더니스트의 예술에 대한 형태를 보면 뻔뻔할 정도로 상업적인 동시에 진리를 자칭하는 일도 있다.

한 권의 근대 소설이 역사적, 심리적 현실주의의 최고 수준을 이룰 수도 있다. 그러나 포스트모더니스트들에 의하면, 이야기의 진실은 환상일 뿐더러 그 이야기를 실감나게 만드는 특정 기술이나 인습을 조작함으로써 창출되는 효과에 불과하다고 꼬집는다. 아무리 사실처럼 보인다고 해도, 소설의 모든 것은 지어낸 것이다. 사실, 포스트모더니스트의 이데올로기에 따르면 소설 아닌 것은 하나도 없다: 모든 진리는 사회적인 인습에 의해서 창조되는 환상일 뿐이다. 포스트모던 예술가들은 진리와 소설사이의 경계선을 무너트려서 이러한 인습에 대한 지식을 높이려든다. 그들은 예술의 인습들을 가지고 희롱함으로 그런 의도를 이루는 것이다.

프레드릭 제임슨(Fredric Jameson)은 모더니즘과 포스트모던적인 감각들을 서로 대조해 본 바 있다. 모더니즘 예술가들이 예술가도 모든 인간들과 마찬가지로 하나의 인격적 통일체라고 주장하는데 반해, 포스트모더니스트는 자아 정체성 자체가 하나의 허구일 뿐이라는 주장으로부터 출발한다. 모더니스트는 예술가란 독특한 개성적 존재라고 믿기 때문에 독특한 형태를 이루어내기 위해 노력한다. 포스트모더니스트들은 다양성을 추구하고 대개 재생시킨 것이며, 대량 생산된 일반 제품들 중에서 이것저것 갖다 붙여놓아서 작품을 만든다. 모더니스트들은 "깊이"가 있으며 내면적 실존과 복잡한 진리들이 관련되어 있다. 포스트모더니스트들은 "천박"하며, 겉모습과 피상적 외형에 의해 지배된다.2)

모더니스트들은 예술의 독특한 작품을 창조하려 힘을 쏟는 예술가 개인을 이상적으로 생각했다. 스티븐 캐놀(Steven Cannor)이 말한 대로, 그들의 가치기준은 "독특함, 영구성, 그리고 초월성"이었다. 예술작품은

---

2) Jameson's analysis is discussed in Steven Connor, *Postmodernist Culture: An Introduction to Theories of the Contemporary* (Oxford: Basil Blackwll, 1989, p.44.

그 자체로써 존재의미를 갖고 소중하며, 세속과는 거리가 있는 것이었다. 반면에, 포스트모더니스트들은 예술가의 독특함이나 예술작품의 높아진 위상 모두를 뚝 잘라내 버렸다. 그들의 가치기준은 "혼합성이고 덧없으며, 또한 익명성"이다.3)

모더니스트들은 예술작품을 그 자체가 갖는 의미로써 존중하였고 그 의미는 거의 신성한 대상에 관한 것들이었다. 그들은 매우 의도적으로, 예술작품을 외부세계, 즉 자연, 역사, 인생의 어떤 것과도 관련짓지 않으려 하였다. 자연미나 인간정서를 반영하는 예술은 "저질"이라고 혹평하였다.

예술은 예술을 위해 존재한다는 것이다. 예술 작품의 의미는 그 자체에 대해서만 언급해 주는 것이고 외부세계의 어떤 것도 언급하지 않는다. 예술은 오로지 심미적 의미에만 관심이 있지, 도덕이나, 정치, 철학, 또는 종교적인 것과는 아무 관련이 없었다. 추상예술에서는 예술을 순수 미학적 형식으로 축소시키기 위해서 색채의 범위나 기하학적 형태들이 조작되기도 하였다.

근대 학문은 "신(新)비평주의(New Criticism)"를 강화하였는데, 그것은 작품을 자체적 의미가 실린 예술형식으로 보고 오직 내면구조의 관점에서만 분석하고자 하는 것이었다. 종교적 시(詩)들은 극화된 종교적 체험 때문이 아니라, 인식상의 문제와 이율배반적이란 이유로 차별되었다. 기독교적 그림들은 그들의 깊은 신학적 의미를 전달해 주지는 못한 채, 색깔과 빛들을 한데 모아 놓은 것에 불과하다는 식으로 평론되었다.

포스트모던 학문은 그 명성에 어울리도록, 외부세계에 대해서 그들이 언급하는 사항들과 맞아 떨어질 수 있는 방향으로 예술을 복원시키려는 일을 시도하고 있다. 텍스트들은 각기 그 상황(context)과 분리해서는 아무 의미가 없다고 믿으므로 포스트모던 비평가들은 예술작품이 삶의 실상과 분리된 별개의 대상이라는 관념을 거부한다. 그 대신에 작품이

---

3) *Ibid.*, p. 158.

사회와 자연, 그리고 인생과 관련된 것이라고 강조한다. 예술을 예술이 외의 현실에 연결짓는다 함은 도덕적, 영적 논쟁을 가득 담고 있는 예술에 대한 여러 가능성들을 약속하고 문을 열어주는 일이다. 포스트모던의 심미적 이론들은 여러 가지 측면에서 기독교 예술가들과 비평가들을 옹호하는 것이 많다.

그러나 포스트모더니스트들은 미의 절대기준에 대해서처럼, 도덕과 종교의 절대 진리에 대해 부정한다. 그들은 예술작품을 인생과 관련지으려한다. 그러나 그들이 하는 방법은 그들이 만든 인생관에 의해 형성되고 있는 것이다. 상징적 예술은 퇴조했지만 예술이 찬사보다는 비판적 성질을 띠게 됐고, 자연미와 신의 질서 쪽 보다는 매섭고 충격적 이미지들을 강조하는 것이 되었다. 포스트모더니스트들이 실존은 사회가 만든 구성물이라고 믿기 때문에 그들의 예술은 도덕·철학적이기보다는 정치성을 띠기 쉬운 성질을 가지고 있다.

일부 현시대 예술가들은 작품 환경이 그 예술의 한 부분임을 인식시켜서 그들의 예술을 외부 세계와 연결시킨다. 그들은 예술을 박물관에서 끌고 나와 자연 환경 속이나 길거리에 세워 놓으려고 한다. 그래서 우리는 킹콩모형풍선을 고안하거나 그것들을 엠파이어 스테이트 빌딩에 달아 주는, 그리고 사막에 불도저로 쓰레기를 쌓아 놓거나, 도시의 표지판을 천으로 싸고 아코디언을 연주하려고 우아한 식당에 뛰어 들어가는 예술가들을 주변에 두게 되었고, 심혈을 기울인 "사건들"을 무대에 올리는 예술가 등을 갖게 된 것이다.

포스트모더니스트들이 예술작품이 취하는 별도의 지위에 대해 거부하는 또 하나의 방식은 예술과 비예술의 경계를 허물어버리는 것이다.4) 일반 물건들-몇 개의 콜라병, 썰매, 또는 화장실 등-이 마치 예술품처럼 전시된다. 역(逆)으로 예술가들이, 콜라병, 썰매, 화장실 등을 꼼꼼하게 사실적인 그림으로 그릴 수는 있을 것이다. 어떤 미술가는 그의 내장(창

---

4) *Ibid.*, p. 239.

자)의 움직임들을 전시하기도 한다. 아름답고 즐거운 예술을 이루려 하지 않고 일부 예술가들은 고의적으로 추하고, 분노를 일으키는 미술을 가지고 실험을 하는 경우도 있다.

　모더니스트들은 예술가가 창조적으로 작품의 구성을 조정하며 예술가의 의도가 작품이 갖는 의미의 열쇠라고 주장했다. 포스트 모더니스트는 작가의 의미를 축소시켰다. 개인의 자아에 대해 신 이데올로기가 비평한 내용에서 포스트모더니스트들은 기계적 진보에 대한 창의적인 천재성, 사회적 역할 담당, 교육된 비개인화라고 모더니스트들이 주장했던 것에 대한 의미를 축소하고 있다. 예술가들은 기계를 의존하고 스스로를 아무 힘 앞에서나 굴복시키며 자의적으로 상업주의나 대중 의식에 복종함으로써 일부러 스스로 자신의 존재를 지워 버리려한다.

　예술가의 역할을 최소화하고 청중에게 더 큰 강조를 둔다. 신(新) 이데올로기에 따르면 예술가를 막론하고 어느 누구든지 어떤 예술 작품에 대해 그 작품만이 지닌 독자적 권위의 의미를 부여할 수도 없을 뿐더러, 작품 자체가 그러한 의미를 지니고 있지도 않다. "절대 진리란 없기" 때문에 의미는 주관적이고 상대적이다. 독자가 책의 의미를 결정짓는다. 그림의 의미도 감상자(感想者)가 결정한다. 작품이 지니는 객관적 의미를 찾는 전통적 비평과 작품 그 자체가 지니는 의미를 찾는 신비평 모두 "독자반응비평"에 의해 밀려났는데, 이런 사실은 작품의 의미를 그 작품을 보는 자가 받는 주관적 영향에 맡겨두므로 그 의미를 축소시켰다. 청중에 대한 집중은 전통적인 평론 식 비평에서 비평가가 작품의 질을 판단하던 때와 같이 관람자의 판단에 대해 아첨한다는 뜻은 아니다. 절대 진리가 없으니 미적 기준이란 있을 수 없다. 한 비평가가 말하기를 "포스트모더니즘은 그 구경거리를 판단하되, 오직 그것이 얼마나 구경할만 하냐의 관점이 있을 뿐이라"고 한다.5)

　모더니스트들은 예술을 일반인이 쉽게 닿을 수 없는 수준까지 올려놓

---

5) Harvey, *Conditions of Postmodernity*, p.7.

았다. 예술가들은 엘리트 수도사(修道師) 계층이었다. 오로지 고도로 훈련된 전문가들 또는 "그에 관한 지식을 가진" 다른 사람들만이 그 예술가들이 하려는 것에 대해 이해를 할 수 있었다. 반면에 포스트모더니스트들은 그들의 급진적 정치사상과 같은 맥락으로 고차원 문화의 제도적 엘리트주의를 거부한다. 그들이 실제로는 여전히 일반 사람들을 냉소하지만 그들은 일종의 포퓰리즘(populism; 러시아 혁명 이전의 이론적으로 건전성을 내세웠던 무력과 강압이 동원되기 이전의 공산주의)적 영향을 주고 있는 것이다. 그들은 예술 세계의 인습들을 비웃고 공개적으로(좀 모순 되긴 하지만) 대중문화, 소비자 중심, 저질 작품 등을 신봉한다.6)

오늘날, 포스트모더니스트들은 잘 꾸며진 전시장을 비웃고 싫어하며 거기에다 그들은 엘비스를 그린 그림들이나 껌 종이를 붙여 만든 꼴라쥬, 그리고 의도적으로 속되고 천박한 그림들을 전시해 놓는다.

모더니즘은 통일성을 강조하는데 포스트모더니즘은 다양성을 찬성한다. 포스트모더니즘은 "다문화주의(多文化主義)"를 신봉하며 "복수주의(pluralism)"를 위한 주문을 계속 외우고 있다. 가치관을 다루기 위해 내세운 다양성의 원리는 역시 누가 봐도 그럴싸하게 보이도록 하고 있다.

포스트모더니즘의 예술은 원래 단독적 형식을 쓰지 않고 여러 형식들을 한데 짜 맞춘다. 텔레비젼은 형상의 꼴라쥬만 보여 주는 것이 아니고, 사상이나 형식의 꼴라쥬도 보여주며 "스타 트렉(star trek)"이라는 미래파 영화와 나란히, "향수어린 영화" "비버 맘 대로지 뭐(Leave it to Beaver)"가 재방송된다. 이 둘은 음란한 섹스와 공포를 일으키는 폭력 영상들이 함께 뒤섞여 있으면서 따스한 가정의 모습을 보여주는 영상들이다. 상징적으로 같은 것이지만 포스트모더니스트의 그림은 모나리자(르네상스형식), 희랍 신(神, 고전 형식), 그리고 도날드 덕(대중예술)이 뒤섞인 반죽이라 할 수 있으며 이는 모두 초현실주의라는 토양 위에서 장난치는 일이기도 하다. 포스트모던 사무실 건물은 중세의 건축 양식에

---

6) For the postmodernist embrace of kitsch, see Connor, p. 238.

있는 처마 끝의 이무기장식이나 빅토리아 시대의 싸구려로 꾸며진 모더니스트적인 유리나 강철의 모양을 하고 있는 경우도 있다.

쟉크 데리다는 포스트모더니스트적 표현의 원초적 형태도 꼴라주라고 말한 바 있다. 현시대의 예술은 서로 별개의 영상과 상호 모순적 의미들을 조합하여 "통합적인 것도, 그렇다고 안정감을 주는 것도 아닌 의미"를 만들어 낸다고 그는 말한다.7) 환언하면, 포스트모던의 예술은 불안정하도록 디자인되고 단일 의미를 배척하는 예술이다.

제임슨(Jameson)은 포스트모던 예술에서의 형식적 복합성은 현 사회생활의 모습을 흉내 낸 것이라고 말한다.8) 오늘날 인식 언어의 통일된 규격들은 더 이상 없다. 각 집단들은 자기네들만의 가치 기준과 언어와 형식을 가지고 있다. 복수주의적 사회 속에서 많은 형식들이 한꺼번에 모두 제 모습들을 내보이고 있다. 이거나 저거나 다 좋은 것이다. 다원적 형식들은 또한 독특한 역사관을 부추기고 있다. 코놀(Connor)은 제임슨(Jameson)의 논점을 이렇게 하고 있다.

> 포스트모던 사회의 주도적 모습들,-즉 무엇보다도 유행과 스타일의 빠른 순환, 광고와 전자매체들의 커지는 힘, 보편 기준과 신 식민주의, 그리고 녹색혁명의 출현 등을 포스트모더니스트 문화의 정신분열적인 혼합성에 연결 지어주는 핵심 요소가 바로 역사의식의 쇠퇴이다. 우리의 현시대 사회구조는 자신의 과거를 알 수 있는 능력마저 상실해버렸으며 깊이도, 정의도, 확실한 정체성도 없이 "영원한 현재"속에 살기 시작했다.9)

이 "영원한 현재"는 과거를 포함하는 모순을 지닌다.

모더니스트들이 과거를 현재에 적합하지 않는다는 이유로 버리는 반면, 포스트모더니스트들은 마음대로 과거를 필요한 곳에 갖다 붙인다.

---

7) See Harvey, *Conditions of Postmodernity*, p. 51.
8) See Connor, *Postmodernist Culture*, p. 44.
9) *Ibid.*, pp. 44-45. He quotes Jameson.

겉만 번지르르한 싸구려로 되어있는 새로운 사무실 건물은 중세 시대와 빅토리아 시대를 현시 속으로 불러다 주고 있다. 텔레비젼은 역사의 다양한 시대상들을 나란히 내 보낸다.- 즉 19세기 미국을 다시 불러오는 서부극, 만화 형식의 동화들, 에드워드 시대 잉글랜드의 "명작극장", 오락 등이 그것이다.

새로운 텔레비전 기술은 아이러니하게도 텔레비전의 역사를 보존해 준다. 공중파 텔레비전 방송은 매년 프로그램 개편 시즌을 포함하고 있어서, 시청자들은 언제나 새로운 쇼들을 구경하고 있었던 것이다(산업에 있어서의 모더니스트적 국면과 잘 들어맞는다). 반면에 케이블 TV는 그 프로그램들 중의 많은 부분을 지난 몇 십년간의 쇼들을 재방송하는 것에 기대고 있다. 여러 방송 채널들을 계속 넘나드는 사람은 1950년대의 잭키 글리슨(Jackie Gleason)이 재방송되는 것을 볼 수 있고, 또는 드래그넷(Dragnet)에 나오는 Jack webb이 1960년대의 문화전쟁을 다시 행하는 것도 보게 되며, 1990년대 Bob Newhart가 넓은 넥타이 차림으로 나오는 모습도 다시 볼 수 있다.

포스트모더니즘이 이와 같이 과거로 통하도록 문을 열어 놓는 것은 좋은 일이며 희망이 보인다. 그러나 대개는 그런 식으로 역사의 수준을 바로 잡으려하다 보면 "정신착란적 혼돈"에 빠지고 만다. 텔레비젼은 모든 역사를 "영원한 현재"로 전락시켰으며, 우리의 텔레비전 화면에 동시에 비춰지는 상황도 의미도 없는 역사로 만들어 놓았다. 우리 시대를 역사를 기준으로 해석할 일도 아니라는 것이다. 그보다는 역사가 "형식"이 되고 있다. 모더니스트 문화가 새로운 유행을 따라 잡으려고 노력을 그치지 않았던 반면, 포스트모더니스트 문화는-유행에 사로잡힌 것은 마찬가지지만-옛 것을 재생하는 일을 계속했다. 그와 함께 40년대, 60년대, 심지어(하늘이 도우셔서) 70년대에 있던 것들을 향수 어린 재생을 통해 다시 보게 했다. 이는 모두 최신 형식에 맞춘 "추억 더듬기"의 유행 속에서 표현되었다.

역사의 이런 접근은 과거를 현재와 동시대화 하는 작용을 한다. 수정론(修正論)적 사가(史家)들은 현시대에 존재하는 관련 사실들과 맞추어서 과거의 사건들을 재해석한다. 여성해방주의나 다문화주의, 또는 후기 마르크스주의적 정책들의 관점에서 역사를 보는 것이다. 그 시대의 정신적 틀을 오늘날 다시 만들어내는 것이 아니라, 현시대의 해석들은 과거를 우리 시대의 거울로 놓아준다. 영화 로빈후드, 즉 도둑들의 왕자는 십자군전쟁으로 말미암아 정신 충격적인 스트레스의 후유증으로 나타난 중세 무법자의 모습을 보여준다.

다문화사상에 물들어 희생된 떠돌이들이 모여 이루어진 일단의 무리를 이끌고, 그 로빈 후드와 여성해방론자 메이드 마리안(Maid Marian)은 노팅햄의 다국적 회사에 있는 청원경찰에게 대항하면서 셔우드 숲(Sherwood Forest)의 환경을 구한다. 그런 식으로 포스트모더니즘은 역사를 혼합시킨다. 그러나 그것은 "역사의식"이 아니다. 모든 역사적 순간들은 현시대적인 것에 의해 작아졌거나, 흡수되었거나, 아니면 상대적인 것이 되어버렸기 때문이다.

제임슨(Jameson)이 포스트모던 예술은 "깊이가 없다"고 언급한 것은 예술의 또 다른 형식주의적 양상을 지적해준다. 모더니즘과 대조적으로, 하비(Harvey)에 따르면 포스트모더니즘은 "외형, 표면, 그리고 지속성 없는 즉각적 효과 등으로 굳어진 인상을 준다."[10] 즉각적인 만족에만 정신을 쏟고 정보매개체들의 신속성과 즉흥적 즐거움으로 인한 도덕적 억제력의 결여에 의해 조성된 사회는 그 예술과 오락에서도 즉각적인 만족을 요구하게 되어있다. 서적들이 내면적 성찰(省察)을 권장해 주는 반면, 비디오에 나오는 형상들은 겉모습들만 비쳐준다. 믿음이 없는 사람들은 개인의 정체성이나 내면적 삶에 대한 의식(意識)이 결여 되어있다. 그들은 그래서, 모든 의미의 관점에서 볼 때 피상적이다.

이러한 피상성은 제임슨이 "애써서 얻은 경박함"이란 용어로 표현한 것처럼 예술에서 잘 나타난다.[11] 초상화는 내면의 삶이 들어있지 않은

---

10) Harvey, *Conditions of Postmodernity*, p. 58.
11) *Ibid.*

무표정한 얼굴들을 보여주고 풍경화는 만화가 돼버렸다. 한 비평가의 말에서처럼 현시대의 소설들은 "최대한 경박한 용어로 이루어진 최대한 천박한 풍경들 속에 최대한 경솔한 인물들"을 묘사하고 있다.12) 이런 경박함은 모순되게도 현시대 사회의 지금까지의 모습을 풍자하는 수단으로 사용되기도 한다. 때로 경박함이 적극적인 미술가치로서 칭송받기도 한다.

퍼포먼스

미셸 베나몬(Michel Benamon)은 "포스트모던의 통합된 양식이 곧 예술행위(performance)"라고 말한다.13) 현시대 사회가 다양한 역할을 수행하는 사람들로 구성된 것처럼 예술은 다양한 종류의 수행행위라고 이해될 수 있을 것이다.

모더니스트들이 예술작품을 시대를 초월하는 것으로 간주한 반면, 포스트모더니스트들은 시간 속에서만 작품이 존재할 수 있는 것으로 보았다. 전통주의자 뿐만 아니라 모더니스트도 영원(永遠)을 중요시했다. 포스트모더니스트는 순간성을 중시한다. 그래서 포스트모던의 예술은 뻔뻔스러우리만큼 유행을 의식하며 예술(다른 어느 것에도 마찬가지만)에는 영원한 것이 없다고 철저하게 생각한다.

영원한 가공물을 만들어 내려고 애쓰지 않고 포스트모더니스트들은 덧없는 예술을 창출하며, 그것은 순간의 존재로 그치고 만다. 어떤 예술인들은 하나의 대상을 구성하고 곧 그것을 헤쳐 놓는다. 그리고는 그러한 것이 한 때 존재했었다는 역사의 자료만 남기고 만다. 동시대의 다른 작가들은 예술의 대상물을 모두 제거하고 오직 상상적 행위라고 생각되는 것만 몸으로 표현한다.

뉴욕시에서, 한 예술가는 하나의 구조를 이루도록 엮어진 설치물이,

---

12) Charles Newman in a review of the state of the contemporary novel in *The New York Times,* 17 July 1987, quoted in Harvey, p. 58.
13) Quoted in Connor, p. 134.

곧 저절로 파괴되도록 하였다. 크리스토(Christo)는 포스트모던적 방식 속에서 예술과 비예술 사이의 경계를 탐구하는 일환으로 유서 깃든 건물을 직물로 포장하고 광장을 가로질러 천으로 울타리를 세웠다. 그가 소문이 요란했던 그 행사를 공연한 다음, 천 조각들을 내리고 나면, 그 예술 작품은 사라지고 마는 것이었다.

요즘은, 미술전시장에 가는 사람이 벽에 그림이 전시된 게 아니고 글씨가 찍힌 종이나 폴라로이드 사진들을 걸어 놓은 걸 보는 경우는 흔한 일이다. 이것이 "개념 예술(Conceptual art)"의 상징이다. 그 예술인은 "기록된 자료", 즉 그의 사상을 글로 쓴 것과 그의 예술행사를 찍은 사진을 전시하고 있는 것이다. 어떤 때는 예술 작품이 아예 없는 경우도 있다. 한 예술가가 해안에 늘어져있는 조약돌들 위에 SEA라고 썼다. 그는 파도가 그 조약돌들을 씻어내려 가면서, 그 작품을 파괴할 때 연속된 사진을 찍었다. 그 예술가는 단순히 그의 "개념"을 묘사하자는 것이다.

예술 작품의 의미가 흔히 작품 자체에 내재하는 것이 아니고, 그 예술가의 뻔뻔스러운 넉살 속에 들어 있는 것이다. 셰리 레빈(Sherrie Levine)은 유명한 실제 사진 자체를 다시 사진으로 찍어서, 그녀 자신이 찍은 사진작품이라고 내 놓는다. 물론, 그것들은 유명한 작가들이 찍은 거와 아주 똑같은 사진들일 수밖에 없다. 한 비평가는 말하기를, 그녀의 목적은 "권위적인 인격에 대한 동경심에 폭력을 가하려는 것"이라고 한다. 그녀는 인간미와 개성에 대한 포스트모던적인 혐오를 표현할 뿐만 아니라, "소유권과 재산에 대한 자본주의적인 개념"을 공격하는 것이다. 그녀는 마르크시즘을 후기 마르크스주의자적인 여성 해방론으로 잘 순화시켜서 "가부장적 신분의 권위와 자기 충족적인 남성다움의 주장"을 연상시키고 있다.14) 남들은 그것을 표절이라고 부를지도 모른다.

아마도, 예술세계 속에서 포스트모더니즘의 가장 특색 있는 표현은 "행위예술(performance art)"이란 용어의 개발일 것이다. 그 예술형

---

14) *Ibid.*, pp. 98-99.

식의 선구자는 독일 예술가 죠셉 비위스(Joseph Beuys)다. 한 비평가가 비위스의 전형적인 작품 중 하나를 장엄하게 묘사하고 있다.

> 비위스가 보여주는 기름 매장(賣場)(Fat corner)이라는 명칭으로 알려진 한 의식의 행위예술 속에서 한덩이 기름, 대개는 마가린이 한 매장에서 포장용지에 싸여진다. 그 의식은 하루하루가 지나가는 과정 속에서 그 기름이 아래로 스며들면서 악취가 나고 서서히 번지도록 그대로 방치한다는 것을 나타내려는 의미가 들어 있다. 그 소극(小 劇)은 기름과 느리게 진행되는 기름의 번짐, 그리고 관객의 반응 등을 가지고 구성한다.15)

관객의 반응이 예술 작품의 한 부분임을 주목하라. 분노, 구역질, 당황 등 어느 반응이든 그것이 바로 예술 작품을 이루게 되는 요소이다!

비위스는 또한 보통사물과 종이조각에 자기이름을 서명함으로써 "폐기의 예술과 복제" 예술의 선구자가 되기도 했다. 그러한 행위들은 한 가지 종류 내에서만 소중한 예술품을 거래하는 수집가와 박물관들이 이루고 있는 전통적 예술의 제도들을 무너뜨리는 것이다. 비위스는 제조되거나 판매되는 제품에 서명을 함으로써 "모든 것이 예술"이라는 포스트모더니스트적 선언을 암시하기도 하였다. 이것은 또한 개인의 자아와 예술가의 위상에 대한 포스트모더니스트의 폭력이기도 했다. 비위스는 주제와 기법, 노동, 창의성을 지배하는 예술가의 모든 인습들을 폐기하였다. 그리고 오직 한 가지 예술가의 인습을 유지시켰는데, 작품에 서명하고 판매하는 일만은 버리지 않았다. 그가 만들지 않은 사물에 서명을 할 때, 비위스는 예술가의 역할을 해체시킨 것이다.

나중에 비위스는 예술행사에 직접 자신을 더욱 많이 투입했다. "또 다른 의식에서 비위스는 그의 얼굴에 꿀과 금을 뒤범벅 시켜 바르고, 그런 자기 자신을 박물관 속에 넣고 잠그게 하고는, 그 안에서 죽은 산토끼를 두 팔로 들고서 토끼에게 자기 그림들을 설명하며 서성이는 행위를 보였

---

15) *Ibid.*, p. 138

다."16) "나는 미국을 사랑해, 미국도 나를 사랑해"라는 제목의 작품에서 비위스는 자기 몸을 펠트 천으로 싸게 한 다음 비행기에 태우게 했다. 뉴욕에 도착하자마자, 그는 공항에서 여전히 그 천에 싸인 채로 차에 실려 곧장 박물관으로 수송되었다. 그는 살아있는 코요테와 함께 같은 방에 넣어져서 미국 원주민을 상징하는 자들과 다른 "미국적인 억압의 희생자들"에게 말을 건네는 행위를 했다. 펠트 천에 싸인 그 예술가는 코요테에게 허리 굽혀 절을 하곤 했다. 규칙적으로, 그는 그 동물 주의를 천천히 돌면서 막대기로 한번씩 건드리고는 짚으로 된 침대에 눕곤 했다. 코요테는 무슨 영문인지 몰라 멍한 표정을 보이곤 했다.17)

행위예술은 예술세계에서 최신 유행의 형식이다. 비디오 모니터와 록음악, 레이저 광선 등의 도움을 받아 예술가들은 예술대상물을 만들 필요를 없애버렸으며 예술가들 자신이 중심무대에 나서면 된다. 밀워키에서는 한 행위예술가가 청중들에게 악을 쓰면서 욕을 하는 예술을 보였다. 그리고 나서 자기 살갗에 낚시 바늘을 꿰고 여러 개의 면도날을 가지고 자기 몸을 여기 저기 자르는 행위를 보이기도 했다. 그가 극화(劇化)한 점은 예술가들이 그들의 부유한 청중들을 즐겁게 해주려고 어떠한 고통을 겪고 있나 하는 것이었다.

캐런 핀리(Karen Finley)는 그녀의 여성해방주의를 표현하기 위해 옷을 벗어 던지고 젤라틴(아교)을 가슴 위에 부어서 브라자 밑으로 뚝뚝 떨어져 내리게 하거나, 온 몸에 쵸코렛을 듬뿍 바르기도 하고, 막 싹이 돋아난 콩들(정자;精子를 상징)을 온 몸에 붙이는 행위를 하였다. 국가 예술 육성 모금회를 통해 납세자들이 낸 돈이 이 예술 행위를 위한 기금이 되었고 그 후에 그 일이 상당한 논란거리가 되기도 했다. 그러나 핀리의 행위들은 전(前) 포르노스타요, 현재 행위 예술가인, 앤니 스프링클(Annie Sprinkle)의 행위에 비하면 아무 것도 아니다. 스프링클은 그

---

16) *Ibid.*
17) See Heiner Stachelhaus, *Joseph Beuys*, tr. David Britt (New York: Abbeville Press, 1991), for a description and photographs of the performance.

녀 자신을 "포스트-포르노 모더니스트"라 칭하고, 무대 위에서 자위행위를 하는 중에 청중들 가운데서 몇 사람을 무대로 올라오게 해서 후래쉬 불빛을 비추면서 그녀의 생식기를 들여다보도록 시키는 행위를 하였다.

이런 예술가들이 실제로 행하는 역할은 문화적인 게릴라로써의 예술가적 역할이라 할 수 있다.18) 충격과 분노를 자아내게 하고 청중들을 불안감에 빠지게 하며 일반대중에게 격한 분노를 발하게 함으로써 그들의 예술적 역할을 수행하는 것이다. 그들은 이러한 행위들과 그들이 불러일으키는 논란들에 대해 모든 것을 정치적으로 뒤집어 엎어 놓는 일이라고 간주하고 있다. 아방가르드 예술가들은 인습을 따라 행하기도 할 뿐만 아니라 전통의 면전에 온 몸으로 부딪쳐 보기도 한다.

인간성 부재의 예술

행위예술가들이 스스로 너무 과장하는 면모가 뻔히 느껴지긴 하지만, 포스트모던의 예술은 의도적으로 인간미에 대해 폭거를 행하려고 골몰한다. 포스트모더니스트들은 기술로 이루어진 예술을 좋아한다. 대량으로 쏟아져 나오는 예술을 보면, 예술가와 작품 모두 인간성의 부재를 나타내고 있다. 앤디 와르홀은 그의 스튜디오 이름을 "공장(The Factory)"이라고 맨 처음 부르기 시작한 사람이며 노동자들을 고용해서 마릴린 몬로와 기타 대중의 우상들을 대량으로 찍어내기 시작한 장본인이다. "작품들이 제각기 독특하지 않다는 것이 뭐가 잘못 되었나요?", 한 비평가의 반문이다. "아니면, 와르홀 자신이 직접 만든 작품이 아니라고 해서 무슨 문제라도 됩니까?"19) 포스트모던 예술세계에서 그것은 아무 문제가 되지 않는다.

대량복사는 추측컨대, 부유한 사람들이 만들어 놓은 제도로부터 예술

---

18) See Connor, *Postmodernist Culture*, p. 240.
19) Alastair Mackintosh, "Warhol," in *Contemporary Artists*, 3rd ed. (chicago: St. James Press, 1989), p. 1013.

을 해방시키고 예술의 형성 과정을 대중에게 개방해 보여 주는 일을 한다. 와롤은 대중문화와 영화배우들, 광고, 소비상품들을 묘사하고, 그의 공산주의적인 발언을 강화시켜주는 미술을 대량으로 만들어냈다. 물론, 일반인들이 와르홀의 브릴로(Brillo) 상자라든지, 캠벨(Campbel) 비누 캔 따위를 높이 평가 할리는 없다.

이런 것이 예술이라면 사람들이 볼 때, 식품점에서 구하면 되겠다는 생각을 한다. 그런데도 그의 작품은 그의 비웃음의 대상인 박물관이나 수집가들에 의해 열성적으로 구매되었던 것이다.

와르홀은 사소한 것들과 심오한 것들을 같은 수준으로 만드는 방식도 알고 있었다. 그가 기념품 표면에 복사한 인물들-엘비스, 리즈 테일러, 잭키 케네디-등은 결과적으로 세속적인 성인(聖人)들의 초상화였던 셈이다. 그는 소비재 상품에 영화배우의 모습을 함께 인쇄하고 전기고문의 자나 자동차 충돌의 모양들을 나타내는 인쇄물을 공장에서 만들어내기 시작했다. 와르홀은 등골이 오싹해지는 사건들, 이를테면 자동차 사고로 짖이겨진 몸뚱아리들, 전봇대에 몸이 꿰뚫려 죽어있는 사람을 실크스크린에 처리해 놓았다. 그는 이 끔찍한 모습들을 대중문화 인쇄물과 똑같은 태연하고 밝은 색의 형태로 보여 주었다. 처참함과 일반성이 다함께 시시하고 평범한 수준의 것으로 낮추어진 것이다. 와르홀은 이 끔찍한 영상들을 자꾸 만들어 냄으로써 그것들이 주는 충격을 없앨 수 있다는 사실을 알아냈다. 텔레비젼과 영화의 폭력성이 우리로 하여금 폭력에 대하여 무감각하게 만들어 주는 것과 다를 바 없이 와르홀은 인간의 감각능력을 의도적으로 사멸시키기 위해 노력을 기울였다. 와르홀과 기타 포스트모더니스트들에게는 인격이라는 것은 뭔가 벗어나고 싶은 대상이었다. 즉, 인간이란 자체가 그 고뇌와 불완전성에서부터도 그렇지만 벗어나고 싶은 굴레였던 것이다. "앤디는 그의 예술에서 인간을 배제하고 싶었다. 그렇게 하기 위해서 그는 실크스크린에 의존해야 했고, 스탠슬 본 뜨기 또는 다른 부류의 자동재생산 같은 수단에 호소해야 했다. 그렇게 해봐도, 여전히 예술성이라는 것이 어느 통로를 타고서라도 깃들게 마련이었다. 이곳저곳을 더럽히고 실크스크린으로 나쁜 영상을 남발하고 하다보니 의도하지 않은 수확도 생겼다. 앤디는 언제나 더럽히는 일을 반대했다. 더러움을 만드는 것은 늘 인간이었으니까"20) 라고 그의 한 친구가 전했다.

와홀은 교육된 태연함의 분위기를 조성함으로써 그의 생애 속에서 개인의 인격성에 대한 거부(拒否)를 성취하였다. 그러느라고 그는 자신이 저명인사가 되는 모순을 낳게 되기도 하였다. "그의 성품은 진공, 즉 공허의 수준이었다. 그는 결코 자신의 작품에 대한 진지한 언급을 한 일이 없다. 대부분의 예술가들은 그렇지 않다. 그리고 그는 뚜렷하게 사소한 것들에 대해서만 대화를 했다. 그는 아무 것도 비난하는 일이 없었고 어떠한 인간행위의 특이한 표출에서도 매력을 느끼게 못했다"21)고 그의 한 추종자가 말한다. 와홀 자신도 다음과 같이 말하고 있다. "내가 이렇게 그리는 이유는 기계처럼 되고 싶기 때문이다."22)라고 말이다.

대량재생산은 또 다른 결과를 낳는다. 즉 예술의 상업화가 그것이다. 와홀은 전형적인 아방가르드 예술가들이 오직 자기 예술적인 꿈의 일관성을 보유한 채, 다락방에서 세월을 소비하는 것과는 달리 많은 부(富)를 얻었다. 예술가적 일관성의 관념을 거부함으로써 예술가들은 정치적으로 정확한 발언을 할 수도 있고 많은 돈을 벌 수도 있는 것이었다. 레오나르도 다빈치의 그림은 이 세상에 열일곱 개 밖에 없다. 반면에 지구상의 거의 모든 미술 박물관들은 와홀의 "원작품"을 하나씩 다 갖고 있는 것이다.

기술을 사용한 대량재생산과 그로 인해 나타나는 비인간화는 예술세계의 괴팍성과는 전혀 다른 면이 있다. 와홀은 새로운 인쇄기술 때문에 그의 칼라프린트를 만들 수 있었다. 그는 나중에 영화를 위한 그림을 그

---

20) Gerard Malanga, quoted in David Bourdon, *Warhol* (New York: Harry N. Abrams, 1989), p. 138.
21) Mackintosh, *Contemporary Artists*, p. 1013.
22) Bourbon, *Warhol*, p. 140.

리는 일을 포기했다. 새로운 기술적 환경은, 그가 하던 미술에 대해 중대한 의미를 주었다. 사진술, 영화, 저장기술, 그리고 텔레비젼이 지배적인 예술의 형태가 되어가고 있는 것이다.

예를 들어, 록 음악은 포스트모더니스트들에 의해 환영받는다. "그 이유는 일면 모든 것을 용납하는 성질과 어우러져서 지구적 규모와 영향력을 하나로 만들어 주는 면과 또 한편으로 이교도적 스타일과 미디어의 복합성을 부여하는 록 음악의 특성 때문이다."23) 록 음악은 복합문화적이다. 아프리카와 미국적 뿌리를 함께 가지며 전 지구적으로 인기가 있다. 모든 것을 용납할 뿐더러 도덕적인 개방성을 가지고 있으며 권위에 대해 거부하는 특성을 지녔다. 새로운 형식들이 계속해서 나타나고 있지만 지나간 형식들도 "구식들의 보관소"에서 살아 유지되고 있다. 어느 비평가의 말대로 전자 예술형태는 원래가 일시적인 성질이 있어서 지나간 예술형식보다는 더 포스트모던적이다.24)

록 음악은 기술을 통한 재생산과 예술행위에 의존함으로써 역시 포스트모던적인 기준에 들어맞는다. 진정한 다중예술의 형태로 록 음악은 스테레오, 라디오, 그리고 M TV에서 울려나온다. 록 콘서트도 있다. 한 비평가의 지적대로 콘서트는 그 그룹의 히트곡이 없으면 대체로 성공 못한다. 라이브 콘서트의 짜릿한 부분은 가수들의 실물을 보면서 그들의 노래를 듣는 것인데, 그 노래 또한 대중매체에서 관객이 들어 본 노래일 때 더 전율을 느끼게 해주는 것이다. 아이러니하게도 오늘날의 콘서트는 거대한 비디오 스크린을 설치해서 보여줌으로써 팬들이 TV라는 수단을 통해서 현장공연을 더 크게 가까이에서 볼 수 있게 된다는 것이다. 그래서 현실과 재생은 포스트모더니스트적 방법에 있어서, 더 이상 손 댈 수 없을 만큼 혼합이 되어 있다. 그 혼합은 연주자들이 "립-싱크"로 연기할 때 더욱 혼합 된다. 또는 콘서트 그 자체가 앨범으로 만들어 질 때, "라이브 레코딩(실황녹음; 라이브와 레코딩의 두 어의가 상호 모순 된다)"

---

23) Connor, *Postmodernist Culture*, p. 186.
24) *Ibid.*, p. 132.

이라는 이상한 역설을 빚어낸다.25)

그 신기술은 저작권에 대한 전통적 이상을 무너트리게 되어서-한편의 영화는 많은 예술가들, 즉 작가로부터 감독, 배우, 촬영기사, 그리고 그 이외의 관련자들에 의한 합작품인 것이다. 사진복사기들이 나옴으로써 저작권법 등을 아울러 황폐화시키고 있다. 비디오 테이프 레코더, 테이프 재생기, 프로그램을 깔아주는 콤팩트 디스크 등등이, 소비자들에게 영화를 다시 볼 수 있게 하고 TV쇼나 음악 등을 개인용도로 재생시킬 수 있게 해주고 있다. 합법적인 재생산과 불법적 저작권 침해 양쪽 모두의 결과로 말미암아 예술가들은 자신들의 작품에 대한 주권을 지니지 못하고 있다. 예술품들의 이러한 대량생산은 인간성을 없애는 일로써-예술가에게, 또 작품에 대해서도, 그리고 전체적인 문화에 있어서 인간성 말살행위인 것이다.

인간성 말살행위를 비난하는 사람이 있는가하면, 높이 평가하는 부류도 있다. 와홀과 같은 일부 포스트모더니스트들은 대중사회가 아무 조건 없이 문을 활짝 열어 제껴야 한다는 심리가 확산되도록 영향을 주고 있다. 그들에게 믿음을 지니고 있는 일이란 없으며 와홀에 대한 말에서 나온 바처럼 "아무 것도 비난할 것 없다." 다른 포스트모더니스트들은 심할 정도로 정치적이다. 그들은 기존의 권력구조를 붕괴시키고자 한다. 위의 두 진영에서, 그러나 똑같은 입장을 보이는 것은 예술가의 역할을 축소하고자 하는 일과 예술이 사회의 질을 높이기 위해 존재한다는 관념을 비웃는 일이다.

예술의 정치

모든 사람들에게 예술가들은 반(反)예술적인 사람이 되어야 한다는 주장은 이상한 얘기로 들린다. 그러한 주장을 하는 한 가지 이유는 "의혹 해석학"이라 할 수 있는데, 이는 문화적 가치가 있는 모든 표현은 권력

---

25) See *Ibid.*, pp. 149-153.

과 억압이 두르고 있는 허울이라고 믿는 해석학이다. 포스트모던적인 비판은 "예술가의 전설"이라는 말을 붙이는데 예술가들, 특히 사회적으로 최고의 예술가라고 간주되는 사람들은 지배적 특권층의 입장을 정당화하려고 만든 가치관들만을 수동적으로 전달하고 있을 뿐이며 그것은 당연한 일이라는 주장이다. 셰익스피어는 당시 가부장적 사회의 이용물이었다. 미켈란젤로는 그 당시 메디치가(家)와 카톨릭 교회를 위한 홍보 역(役)이었으며, 인상파 작가들의 경우는 배부른 중산층에게 부드럽게 모욕을 주는 자들이었던 것이다. 이것은 포스트모던 예술가들의 자기-선서의 공식이기도하다.

와홀과 그 추종자들이 속절없이 상업주의를 중시하는 한편, 많은 후기 마르크스주의자들은 예술계에서의 "상업화"에 대해 우려하고 있는데, 이는 자본주의의 세력에 의해서 예술이 또 다른 형태의 상품으로 변모하고 있기 때문이라는 것이다. 그들은 그들의 작품이 박물관의 기금을 대거나 수집가들이 예술품을 돈으로 구입할 수 있는 자금을 창출하는 "다국적 기업자들"에 의해 잠식되는 것을 보면 죄책감을 느낀다.26) 예술가들은 분명히 돈을 필요로 한다. 그러나 동시에 정치적으로도 떳떳하다는 의식을 갖고 싶어 한다.

그렇게 되는 방법 중 한 가지는 이율배반이 되는 일이다. 예술가들은 자의적으로 문화놀이를 하면서도 한편으로는 동시에 그것을 비웃기도 할 수 있는 것이다. 어느 포스트모던 비평가가 말한다, "만일 예술이 미술전시장이나 극장, TV 네트워크, 또는 대학들에 의한 상업화의 위협으로부터 스스로 보호하는 것처럼 보여야 한다면, 이러한 논리적 극단의 자세로 말미암아 예술이 전혀 예술이기를 거부하는 일이 있어야할 것이다."27) 현시대 예술의 괴상망칙한 것들 중 많은 것이, 즉, 페인트를 멋대로 마구 칠하기, 테두리만 있고 화폭은 없는 것, 폭력과 약탈의 잔인한

---

26) See my article, "Patronkizing he Patrons," in *Philanthropy, Culture, ???? Society*, April 1993, pp. 1-8
27) Connor, *Postmodernist Culture*. p. 148.

장면들, 예술가의 창자 움직임 모습의 전시 등등이, 바로 면전에서 딴소리하기, 보여도 안 보인다고 말하고, 있는 것도 없다고 하는 식의 방법으로만 이해될 수 있는 것들이다. 예술품들의 해체는 예술이 예술을 거부할 때, 즉 예술계 스스로가 예술계에 배반할 때 일어나는 일이다.

후기 마르크스주의 비평가들은 불온적이고 파괴적인 예술을 존경하는데, 이는 억압받은 계층에서 나온 예술을 가리킨다. 다수의 포스트모던 예술가들은 그런 맥락에서 자신들을 피압제 계층의 일원(즉, 여성, 소수민족, 동성애자들, 아동학대의 희생자들, 일부는 아예 예술가들을 억압받은 소수라고 간주하기도 하지만)으로 생각하고 있다. 이 예술가들은 그들의 작품을 형성하기 위해 집단적 의제(議題)를 사용한다. 미(美)와 형태 같은 예술의 전통적 가치기준을 포기함으로 예술에의 이러한 접근법은 정치에 대한 미적 가치들을 줄이게 된다는 것이다. 예술이 광고가 되고 있다.(1993년에 미국 뉴욕의 휘트니박물관에서 개최된 비엔날레 전시회에 출품된 미국 예술은 로드니 킹(Rodney King)의 비디오를 설치하고 "남성의 지배를 꼬치구이 하는, 만평식 천박한 그림들"과 동성애를 축하하며 AIDS를 탄식하는 다양한 영상들을 반복해서 내보냈다. 이 쇼를 찾는 사람들은 "나는 백인이 되기를 바란다는 것을 상상조차 할 수 없어요"라고 쓰인 입장표를 부착해야만 했다.28)

포스트모더니스트들은 부수적(附隨的)인 미의 문제들에 대해 관심을 갖는다. 그러나 그들의 초점은 도덕이 아니다(도덕은 객관적 윤리의 원칙들을 기반으로 한 개혁을 추구할 것이기 때문이다). 그렇다고 철학이 그 초점도 아니다(철학은 모든 논란의 근본원인을 이해하려고 할 것이기 때문이다). 오히려 그들의 초점은 정치이다. 도덕이나 철학적 논제들이 권력과 억압의 문제들로 비하된다. 예술가들은 원래 나타나고 있는 문제들에 대한 반응을 보이는 것이기도 하지만, 이 경우는 합리적 의문점 제시가 아니라 순화되지 않은 분노의 표출로 이루어진다.

---

28) Roberta Smith, "At the Whtney, a Biennial with a social conscience," *New York times*, S March 1993, p. C27。

포스트모더니스트의 정치예술은 주로 풍자와 모욕으로 구성되어 있다. 주제들이 사회적 구성주의와 집단의 정체성에 맞추어 천박해져서 사회적 이중구조의 틀 속에 맞아 들어가게 된다. 이런 것들이 포스트모던의 신화에 맞추어 세속화된 마귀들(즉, 부유한 백인 남성들; 다국적 기업들; 끈끈하게 달라붙어 있는 중산층 등)과 성자들(즉, 여성들, 동성애자들, 가난한자들, 소수 민족들, 모든 그 밖의 희생자들, 고생하는 예술가들) 등으로 배열된다. 예술가들은 그들 나름의 권력경쟁으로 권력에 대응한다. 즉 그들의 부르주아 계층의 관객들에게 충격을 주고, 모멸감을 주는 것이다.

예술가들은 관객 중심의 비평이론을 가지고 있으면서도 그들의 관객을 약올리려고 열심히 노력하고 있는 것이다. 오늘날, 많은 예술가들이 미적인 것에 관심을 가지고 아름다운 작품을 창조하는 게 아니라, 수사학적 관심 하에 관객에게서 원하는 반응을 표출할 목적으로 관객을 조작한다.

안드레 세라노(Andre Serano)가 그의 오줌 속에 예수의 십자가상을 담갔을 때, 대중의 충격과 비명소리는 정확히 그가 원했던 바로 그것이었다.

포스트모더니스트들은 원칙적으로 권위에 대한 반발을 보이는 경향이 있다. 여기에는 객관적 권위(즉, 하나님, 부모, 국가) 뿐만 아니라 텍스트 자체의 권위(본래부터 지니는 의미는 없는 것이라고 봄), 그리고 예술가의 권위(권위-authority라는 말이 본래, 작가-author라는 말에 바탕이 있기 때문이라면서)까지 포함한다. 이러한 예술가의 질식할듯한 전통적 역할은 정치적인 이유 때문에 정당화되고 있는 것이다. 데이빗 하비는 "문화 창출자"의 권위를 최소화하므로 대중의 참여기회를 높이고 문화적 가치 기준의 민주적 결정력을 강화하게 되는데, 그러나 그러한 일은 특정의 또 다른 모순점을 허용하거나 대중시장의 조작에 대한 무기력한 수용세력이 존재하게 되거나, 또는 더 큰 문제 거리들을 안게 되는 대가로만이 이루어질 수 있는 것이라고 본다.[29] 소위 "문화 창출자", 즉 예

---

29) Harvey, *conditions of Postmodernity*, p. 51.

술가나 작가 부류는 줄어들어야 하며 그래야 일반 대중 집단이 증가할 수 있다. 그 이론에 따르면 예술가의 역할은 소비자들에게 원(原) 재료를 제공하여 그들이 하고 싶은 대로 재조합 하고 해석하게 해주는 것이다. 예술에 있어서의 이러한 해방운동은 버나드 돌트(Bernard Dort)의 드라마에 관한 대중 선동적 이론에서 그 예를 잘 보여준다. 그는 감독이 압제적 권력의 대리인으로써 "극장에 있는 다른 모든 작업자들에 대한 권위를 획득했을 뿐 아니라 그들을 무기력하고 절망적으로 놓아두었으며 어떤 경우에는 그들을 노예의 입장으로 낮추어 놓기도 하였다"고 믿는다.30) 대부분의 사람들은 브로드웨이와 헐리웃을 땀을 파는 가게로 간주하지 않으며 옛 남부지역의 목화 생산 공장에 대해서는 더더욱 땀과 관련된 것으로 볼 줄 모른다. 좋은 대가를 받고 충분한 만족을 지닌 배우들의 불안감을 흑인노예의 진짜 고난을 연기하도록 지시하는 감독에게 복종할 수밖에 없기 때문에 불평하는 영화배우들의 불안심리와 비교하는 것은 말할 필요도 없이 몹시 천박한 짓이다. 마르크시스트의 전체적 해석법의 수사학 속에 내재된 의미를 놓쳐서는 안 된다. 즉, 배우들은 "노동자들"이고 품삯의 노예들이다. 예술가들은 모두가 "문화의 창출자"이다. 감독은 타인들에게 권위를 휘두르는 자이다. 또한 모든 권위는 본질적으로 억압이라고 단정한다.

포스트모더니스트 극작가들은, 작가의 권위에 대해서까지도 반발한다(극작가가 무슨 권리를 가지고 나에게 행동을 지시 할 수 있는가?). 그 대신 그들은 대본이란 단체적 저작권에 의해 구성되어야 한다고 생각한다. 모든 사람이 힘을 합쳐 일을 하는 것이다. 극작가들은 또한 텍스트(원본)의 권위에 대해서도 반발한다(내가 왜 원고대로 따라야 하는가?). 대본을 외우지 않고 배우들은 즉흥연기를 한다.31)

궁극적으로 극(劇)은 관객에게 넘겨져야 한다. 극작가들은 관객을 공동작업자로 끌어들이기 위해 갖은 방법을 써서 실험해 봤다. 특별히 무

---

30) quoted in connor, p. 136.
31) See *Ibid.*

해(無害)한 실험의 한 예는 전국의 디너쇼장(場)에서 채택하여본 바가 있는데 미스터리 극의 구성을 청중들에게 막간을 이용해서 "누가 범인인지" 투표하게 함으로써 결정하는 식이었다.

그 연극은 그래서 관객이 원하는 방향으로 끝이 나게 된다. 이것은 물론 극의 구성을 무의미하게 하며 극의 해결을 위한 어떠한 실마리도 무의미하게 하고 질이 좋은 미스터리극(劇)이 제공하는 지적 추리를 송두리째 망쳐 놓는 것이다. 그러면서도 청중이 "힘을 부여받는다." 또 다른 예는, 최근에 개발된 "상호작용"오락의 기술인데, 여기에서는 영화가 여러 시점에서 중단되어 청중이 버튼을 눌러서 결정을 할 수 있게 해서, 그런 작용으로 그 다음 장면을 결정하게 된다.

"예술의 통합된 작업에 대한 모더니스트적 이상이, 작가─감독의 구상에 집중되었던 반면에 포스트모던의 극장은 이러한 통일성을 분해한다. 전원(全員)통합적 제작의 관념이 단일 감독의 권위를 뛰어넘어 간다."고 코놀(Connor)은 관찰하고 있다.[32] 드라마를 위해 옳은 것은 모든 예술을 위해서도 옳은 것이다. 모더니즘의 신(新) 비평(批評)은 예술작품의 통일성을 주장하고 모든 각각의 부분들이 어떻게 전체(全體) 속에 집약되는지를 보여 주었다. 포스트모던적 비평은 반(反) 통합을 주장하고 형식과 주제의 복수적(複數的) 성질에 초점을 두며 작품의 언어적 사상적 모순들을 드러내려고 한다. 포스트모던 예술가들은 그런 점을 마음에 새기고 의도적으로 반 통일을 성취하는 작품을 생산해 낸다. 즉, 다양하고 모순되는 관념을 담고 있는 소설들, 모순되는 형식들을 한데 어우러지게 만든 그림들, 그리고 자의식적으로 자체모순을 담고 있는 비소설 논쟁 등이 그것이다.

의미를 포기하는 예술 즉, 창조성에 대한 뜻을 체념하는 예술가들, 그러한 것들이 포스트모더니스트적 문화에 나타나는 예술적 자포자기이다.

---

32) *Ibid.*, p. 143.

제6장
바벨의 탑들:건축술의 경우

　상류지식층의 전시관들이나 아방가르드 전람회장들로만 국한시키지 않고, 포스트모던 예술은 텔레비전이나 영화들 속에, 그리고 록 음악과 컴퓨터 게임 속으로 흘러 넘쳐서 들어갔다. 포스트모더니즘은 문학 뿐 아니라 건축술에서도 그 주력을 둔다. 즉 사람들이 일하는 사무실 건물들, 물건을 사는 몰(mall)들, 그들이 살고 있는 가정들이 그 대상이다.
　박물관의 미술 그 이상으로, 우리가 살고 일하는 장소들은 그 시대의 풍토를 증언하는 것들이다. 건축술은 그 디자인에 대한 대가를 지불하고서 그 건물에서 살 사람들의 마음에 들어야 되기 때문에 "순수미술"보다도 더 정확하게 대중의 취향과 가치관을 반영하는 경향이 있다.
　현시대 건축술은 모더니즘에 대한 반발로, 어느 면에서는 적극적인 포스트모던의 미적 기준을 나타내는 모델로써의 역할을 줄 수 있을 것이다. 비록 포스트모더니즘이 건축술에서도 역시, 그 특성을 잘 드러내고 있지만 현시대의 건물 디자인은 기독교인들이 찬사를 보낼 만큼 매우 멋들어진 비약적 발전을 이루었다.

현대 건축술

유리와 철골구조의 고층건물은 모더니스트의 건축술에 대한 최고의 대변자다. 나지막한 돌 벽과 빅토리아 시대의 고물들로 이루어진 도시의 낡은 건물들 위로 우뚝 솟아 어른거리며 나타나는 웅장한 기념비적 고층 유리 탑들은 과거 시대를 왜소하게 만들어버리고, 옛날엔 저런 곳에서 어떻게 살 수 있었을까 하는 생각을 하게 했다. 그 신구조(新構造)들은 그 완전한 사이즈와 그 기적 같은 구조에 있어서 경외감을 불러일으켰으며 "현대인"이 할 수 있는 일에 대하여 그 한계를 알 수 없게 했던 것이다. 이런 면에서, 그 새로운 건물 구조들은 먼 옛날의 고층건물, 즉 바벨 탑을 상기시켜 주었다.

새 재료와 기술을 사용하여, 모더니스트 건축가들은 20세기를 위한 새로운 미적 기준을 옹호하고 나서기도 하였다. 모더니스트 건축가들은 지난 세기의 장식기법을 고루하다고 거부했다. 이전엔, 건물들이 과거에 대한 것을 나타내거나 건물 외적인 의미를 보여 주도록 디자인되었었다. 정부의 건물들은 그리스양식의 기둥들, 로마식 둥근 도움지붕들로 지어졌고 고전적인 공화정 형식에 뿌리를 둔 미국적 민주주의를 연상케 한다. 교회는 뾰족탑과 스테인드글라스(간유리) 창들을 가진 모습으로 위대한 신앙시대의 고딕 성당들처럼 지어졌다. 모더니스트 건축가들은 이런 부류의 "어느 것과의 상관성"을 거부하였다. 건물이라는 것은 자체적 의미를 지녀야 하며, 또한 오직 건물 그 자체에 대해서만 말해주는 것이어야 한다는 주장이다.1)

모더니스트의 미적 기준은 "용도가 모양을 결정 한다"는 원리에 기초를 두고 있었다. 기존의 의미나 형태에 관련하여 설계하지 않고, 빌딩의 기능이 우선 고려되어야 한다는 것이다.

실제로, 교회는 십자가 형식으로 설계되는 것이 전통이었다. 교회 건

---

1) See Steven connor, *Postmodernist Culture: An Introduction to Theories of the Contemporary* (Oxford: Basil Blackwell, 1989), pp. 66-70.

물은 기다란 "본당"을 가지고 있는데, 십자형 중심부에서 이어나간 "날개부분"들이 중심을 향해 네 방향에서 중심부로(십자형) 합쳐지면서 생기는 교차점에 해당되는 부분이다. 위의 설명으로 보아, 그 건물은 위에서 보면 십자가 형태일 것이다. 예배자들은 말 그대로 십자가 안에서 만나는 것이 되므로 심오한 신학적 의미를 전해주는 것이다. 전통적 교회 설계는 다른 신학적 원리에 의해 좌우되었다. 본당 옆의 넓은 홀, 그리고 성역 및 제단, 이 부분들은 성경적 교회가 세부분으로 이루어진다는 것을 암시해 주는 것이다. 건물의 설계 및 형식과 의미에 대한 그러한 접근 방법에 있어서 신학이 최우선인 것이다.

교회설계에 대한 모더니스트적 접근은 건물이 충족시켜야할 실용적 기능이 우선되어야 한다. 예를 들자면, 교회는 일정한 사람들의 수를 받아들일 수 있어야만 했으며, 그래야 그 사람들이 목사를 바라보면서 설교를 들을 수가 있다는 것이다. 강당을 지을 때도 그런 기준에 맞추게 되었다. 필요하다면, 주일학교를 위한 교실들, 부엌이나 친교실 등이 딸리게 되었던 것이다. 이러한 접근으로, 건물사용자들의 편리와 실용적인 면들이 우선 고려대상인 것이다.

나는 현대 교회 건물을 비판할 의도는 없다. 그 형식들은 성경에 의해서 규제 되는 것이 아니며 상관없는 문제들이다. 분명히 현대식 건물에서 예배드리기가 더 좋을 것이다. 이것은 사람들이 교회이외의 것에서도 현대식 형태와 편리한 점들을 이용할 수 있다.

그러나 신학적인 지식으로 이루어졌던 형식으로부터 철저하게 기능적이며 인간중심의 형식으로의 이동이라는 점은 그 의미가 중대한 것이다. "용도가 모양을 결정 한다"는 말은 모더니스트들이 형식에 무신경하다는 뜻이 아니다. 그들은 기능에 관심을 기울이다 보면 형식도 마음에 들도록 만들어지는 것이라고 믿는다. 오직 물리적 법칙과 수학적 정확성, 기술상의 요건들에 대해서만 집중하면서, 건축가들은 미(美)라는 것은 자연의 질서에 대해 과학적으로 충실하다 보면 생기게 되는 부산물임을 발견하게 되었다. 그들의 생각은 대단 하리 만큼 옳았다. 시카고의 스카이라인을 이루고 있는 사무실 건물들은 거대하다. 그러면서도 날씬하고 우아하다. 그 건물들은 통일과 단순미의 모델들이다. 미(美)적요소가 객관적 자연법에 관심을 기울이는 데서 비롯될 수 있다는 사실은 하나님의 경이로운 창조질서에 대한 증언이기도 하다.2) 모더니스트 건축가들은, 그러나 인간의 이성과 자연의 정연한 질서, 그리고 실용주의적 가치 체계로부터 출발한 작업을 하고 있었던 것이다.

건축술에 있어서의 모더니즘은 고층 건물에 있어서만 그 위세를 드러낸 것이 아니고, 대량생산된 주택들을 통해서도 그 특징을 보였다. 건설업자들은 시 외곽의 넓은 지역에 주택을 지었는데, 그 집들이 하나 하나가 서로 똑같아 보이는 모양으로 지어 놓았다. 지금은 "국화빵"식 주택들을 비판하는 것이 흐름이라 하겠지만, 이 대단지의 주택들은 표준화된 설계에 따라 지어졌기 때문에, 절약적인 건축이 가능했고, 예전에는 꿈도 꿀 수 없었던 주택 소유의 길을 일반 미국인들에게 열어 주었던 것이다.

그러한 표준식 주택은 인간미가 빠져있고, 이것은 드높은 빌딩들이 사람의 정감을 모조리 압도해 버리고 있는 상황이나 별 차이가 없다. 인간이란 존재는 단지 기능상의 능률만으로는 살 수가 없는 것이다. 유리와 강철로 이루어진 단조로운 회색 고층건물들은 밝은 색채와 장식의 솜씨가 깃들어 있지 않으며 똑같이 생긴 조그만 상자들을 차례대로 줄지어서 쌓아 놓은 모습으로 인간미보다는 기능이나 기술을 중시한 것으로써 사람들에게 숨 막힐 정도의 기분을 주게 되었다.

도시계획자들의 유토피아적인 꿈에도 불구하고 인간들은 전체의 모더니스트적 환경에서는 더 오래 버틸 수 없게 되고 말았다.

도시 문제들을 해결한 것이 아니고, 모더니즘은 오히려 그것들을 더 악화시켜 놓았다. 도시재개발계획을 한다는 것이 가깝던 이웃들 간의 관

---

2) Francis Schaeffer는, "그렇다면 우리는 어떻게 살 것인가(How Sall We Then Live?" 라는 저서에서 Concorde 항공기의 아름다움과 관련하여 그 점에 관해 토론한다.: *The Rise and Decline of Western thought and Culture* (Old Tappan, NJ: Fleming H. revell, 1976), pp. 196-97.

계를 끊어 놓았다. 중산층들이 주(state)와 주를 연결하는 고속도로를 따라 외곽의 신개발 주거지역으로 이주해 갔다. 지역적 특성들이나 공동체들이 가졌던 개성이 패스트푸드의 프랜차이즈나 조립식 건물 속에서 다 녹아 버렸던 것이다.

소도시들은 섬유유리의 겉모습으로 빅토리아 시대의 낡은 건물들을 대신했다.

세인트루이스에서 쁘루뜨-이고에(pruitt-Igoe) 주택사업계획을 세운 자들은 도시의 빈곤층을 위한 주거문제 해결에 초점을 두고, 기능에 따른 형식으로 설계를 하였던 것이다. 불행히도, 위대한 사회를 부르짖고 사회 기술계획을 수립했던 다른 경우에서처럼 그 계획은 뜻대로 따라주질 않았다. 하나부터 열까지 모더니스트적 원리에 입각하여 설계가 되었지만 그 계획은 사람이 살 만한 것을 이루어 줄 수 없는 것으로 판명되었다. 1972년에 시(市) 당국은 쁘루뜨-이고에를 폭파시켜버렸다. 그것이 모더니즘 건축술의 종말이 되었던 것이다.3)

포스트모던 건축술

현실이 언제나 제일이라는 모더니스트적 독단에서 깨어나 건축가들과 건축가들이 돕던 대중들은 과거 시대의 미적 가치를 다시 발견하게 되었다. 그들은 옛날의 건축양식을 회복하기 시작하였다. 그들이 새 건물을 짓고자 할 땐, 지난 시대의 형식들을 혼합하였다. 새 주택개발사업이 시작되었고 모든 주택은 구별된 특색을 갖도록 요건을 만들게 되었다. 사무실 건물들도 더욱 인간미 깃든 규모로 설계되기 시작했다. 신 지역주의는 공동체들의 독특한 개성을 회복하고자 하였다.

모더니즘 건축술이 추상적이었던 반면에, 포스트모던 건축술은 의미

---

3) See David Harvey, *The Condition of Postmodernity* (Cambridge, MA: Basil Blackwell, 1989), p. 39; charles Jencks, *The Language of Postmodern Architecture* (London: Academy Editions, 1984).

제시적이다. 모더니즘의 건물들이 자체 의미적이라면, 포스트모던의 것은 주변 환경에 대해 의미 연결이 되어 있다. 모더니즘이 현세(現世)를 찬미했다면 포스트모던은 과거로 통하는 문을 열어 두고 있다. 모더니즘의 설계가 통일성의 성취에 대하여 작용한다면, 포스트모던의 것은 역사적인 면과 형식적인 면에서 혼합주의적이다.4)

모더니즘 시대 건물들은 전형적으로 콘크리트와 철골 구조로 된 우중충한 것들이다. 포스트모던 시대의 초고층건물들은 화사한 색채를 뿜내며 풍부하고도 세밀한 장식을 과시한다. 장식기법은 기능성은 없이 우아한데, 주로 지난 시대의 형식들을 유입한 것이다. 현시대의 건물에는 1920년대의 것이 유입된 아르 데코(Art Deco)의 솜씨도 깃들어 있으며 시대에 맞게 개량한 고전적 기둥이나 빅토리아 시대의 고물을 단순화시킨 것도 들어 있다.

포스트모던 건축가들은 '라스베가스에서 배우라'라는 이름의 책을 그들의 주 교과서로 삼았다.5) 모더니스트적 건축술에 깃든 소수 상류층 의식에 반대하면서, 그 책의 작가 로버트 벤츄리(Robert Venturi)는 라스베가스 지역, 또는 다른 상업적 빌딩들의 겉만 번지르르하고 대중 인기 영합적이며 인간 중심적인 건축술을 앞장서서 감싸고 나섰다. 모더니스트적 건축술의 콘크리트 지붕 대신 벤추리는 일반인들의 잦은 변덕과 공상에 대해 솔직하게 대비하는 건물의 형태를 칭찬하고 있다. 즉, 겉모습만 야하고 화려한 라스베가스의 호텔들을 말이다.

모더니스트들이 말한 것과는 반대로, 빌딩은 그 자체만을 나타낼 수는 없는 것이며, 하나의 "텍스트"로써, 언어의 형태와 같은 것이다. 그러므로 빌딩들은 빌딩 이외의 사물들과 관련된 의미가 있어야 한다는 것이다. 벤츄리는 설계 속에 언어적 요소를 가미한 건물에 대해 매력을 느낀다(라스베가스 일대의 거대한 네온사인 같은 것). 또한, 그 구조자체 속

---

4) See Connor, *Postmodernist culture*, pp. 70-75.
5) Robert venturi, et al, *Learning from Las Vegas* (Cambridge, MA: MIT Press, 1977).

에서 의미가 드러나도록 한 건물에도 매혹된다(거대한 핫도그처럼 생긴, 핫도그 판매대 같은 것). 벤츄리는 장난기 있고, 웃기게 생긴 건물들이나 또는 전통적으로 나쁜 취향에 따라 지어진 건물에 대해서도 문제가 될 것이 전혀 없다고 본다.

역사가 깃든 스타일들을 회복하고, 철저한 미적 처리를 존중하며 사람들을 기죽게 하는 구조들을 만들지 않고, 사람들이 즐길 수 있는 건물을 설계하는 동시에 형식에서 기능으로 돌아감으로써-건축기술에 있어서 포스트모던 운동은, 되살리는 방향으로 의미의 변화를 가져왔다.

해체주의적인 건축술

그러나 다른 건축가들은 더 심하게 나가서, 포스트모더니즘의 신조를 건축설계에 적용한다. 그들은 모더니스트적 통합을 거부하고 분리의 원칙으로 새로운 미적 기준을 창안하였다. 단순히 건물들을 짓지 않고, 일부 건축가들은 건물들을 해체하고 있다. 거의 모든 수준에서 그렇게 해왔던 바와 같이 포스트모던 시대는 건축술에 있어서도 신 보수주의와 신 급진주의를 모두 가능케 했다.

필립 요한슨(Philip Johnson)은 1978년 뉴욕시(市)에 AT&T 건물을 설계하고 시공했는데, 37층짜리 고층건물에 바로크식의 아취형으로 입구를 만든 것이었다. 옆에 있는 모더니스트적인 고층건물들이 대개 평평한 지붕을 가지고 있는 반면, AT&T 건물은 고전적인 양쪽 경사 지붕에 구멍이 있는 화단 안쪽 벽의 형태를 가지고 있다. 이 디자인은 치펜데일 가구(Chipendale)를 본 뜬 것이다. 그 결과는 할아버지의 골동품 시계와 모더니스트적인 고층건물의 혼합이었다.6)

많은 포스트모던의 건축술은 진정으로 과거를 회복하고 역사가 깃든

---

6) O. B. Hardison, Jr, Disappearing through the Skylight: culture and Technology in the Twentieth Century (New York: Viking, 1989), pp. 113-15; Connor, Postmodernist Culture, p. 74.

건물들을 되살리며 옛날의 미적 가치를 이끌어내는 새 빌딩들을 지으려고 노력해 왔다. 그러나 많은 포스트모던의 건축술은 AT&T 빌딩과 같다. 그것은 여러 역사적 형식들을 슬쩍 훔쳐서 섞어 씀으로써 잡종으로 만들어 놓은 것이다(특징적인 포스트모던의 형식이다). 이것은 의미나 중심이 될 만한 기준이 결여되어 있다. 일치점 없는 형식들(모더니즘, 바로크, 고전주의 등)의 조합이나, 서로 일치하지 않는 스케일들(초고층 건물이 가구로 변모되는)은 우스개 거리일 뿐이다. 이렇게 모순되는 형식들을 역사에서 들어 올려서, 함께 붙여 놓음으로써, 형식들이 그 의미를 상실케 된다.

역사가 형식(styles)을 알기 위한 전채(前菜)요리로 전락해 버렸으며 사람의 취향에 따라 역사의 표본이 정리되게 되었다. 그 결과 형식을 해체하게 되었고 역사를 상대주의화 하게 된 것이다.

AT&T는 혼합주의를 위한 혼합주의를 내보이고 있다. 포스트모더니스트들은 도시가 지역에 따라 들쭉날쭉 보기 흉하게 넓어지면서, 다양한 형식들이 실제로 나란히 공존하고 있다고 오래 전부터 지적해 오고 있다.7) 모더니스트적 고층건물이 고딕식 성당 옆에 서 있고, 그 성당 옆 건물에는 맥도날드의 골든 아취가 세워져 있다. 바로 길 건너편에는 빅토리아 시대의 오페라하우스가 널 판지로 사이를 서로 막은 채, 허름한 외형을 하고 벽에 낙서로 긁힌 모습을 한 가옥에 닿아 있다. 모든 예술에 있어서 포스트모더니스트들은 그런 다양성을 미덕으로 간주한다. 그리고 단편적 작품에까지도 여러 형식들을 사용한다.

포스트모더니스트들의 표면적인 것과 역할 행위 주장에 대한 집착은 그들이 겉모습을 조작하는 것을 보면, 잘 드러난다. 워싱턴 D. C의 붉은 사자 구역 개발계획(The Red Lion Row development)은 역사성 있게 복구된 주택들로 형성된 열(列)과 열(列)에 의해 구성되어 있는 것처럼 보인다. 실제로, 이 고풍스런 19세기의 유적들은 겉모습일 뿐이다—

---

7) See Connor, Postmodernist Culture, pp. 73-74.

즉 무대의 배경에 불과한 것이다. 그 뒤편에는 뻔히 보이는 곳에 여러 건축물들이 주변을 둘러싸고 있는 진짜 빌딩의 모습, 거대하고 유리와 철골로 된 비인간적 구조가 어른거리며 서 있다.8)

일부 포스트모더니스트 건축가들은 공공연히 그들 자신의 설계들을 해체하는 일에 착수하였다. 건축술의 전통을 풍자함으로써 그들이 만든 형식과 기능들을 조롱하고 그들 스스로에게도 모순 되는 건물을 만들고 있다. 제임스 와인스(James Wines)는 베스트 스토어(Best stores)시리즈를 설계했는데, 기다란 쇼핑센터지역을 운전하고 지나가는 사람들이 양쪽에서 물건을 골라서 집을 수 있도록 해 놓은 것이었다.9) 그는 차를 반쯤 땅에 묻어 늘어놓고, 비행기의 수직안전 판들을 큰 대못위에 꿰어 놓거나 아스팔트에 묻어 세움으로써 주차장을 장식했다. 밀워키에 있는 그의 한 상점은 마치 산산이 부서지고 있는 매장을 보는 듯한 모습을 하고 있다. 앞면의 벽은 벽돌더미 속에서 뚜렷이 보이게 껍질이 벗겨진 모습이고, 램프나 토우스터, 또는 복제된 석고 작품들, 그리고 바비 인형들을 올려놓은 선반들이 훤히 드러나 있다. 고객들이 이러한 형상의 전면을 지나 걸어가서, 복제된 석고 작품들을 지나고, 진짜 램프나 토우스터, 바비 인형들이 놓인 상점으로 들어가게 되어 있었다. 그 상점은 상점 자체를 풍자해서 설계되었다. 그리고, 좁고 긴 백화점식 매장의 전통을 사용하는가 하면, 그것들을 조롱하는 모습을 동시에 나타낸다. 그 상점은 모조 암석조각과 그 구조 속에 딱 벌어진 구멍의 형태 등등이 건축구조라기보다는 해체의 형태였던 것이다(다른 회사가 그 상점을 구입했을 때, 그 회사는 와인스가 만든 독특한 모습들을 떼어내 버렸다. 지금은 그 건물의 구조가 그 매장(買場) 일대의 단조롭고 형식미 없는 다른 것들과 별 차이 없어 보인다).

---

8) See the discussion in Hardison, *Disappearing Through the Skylight*, pp 115-16.
9) See *Ibid.*, p. 116.

몰(malls)과 테마파크

현시대 건축술은 희한한 양상을 보인다. 내부와 외부가 서로 뒤바뀌는 것이다.10) 길에서부터 새 사무실 건물로 걸어 들어가 보면, 안쪽에서 맨 먼저 보게 되는 것은 나무들인데, 요즘에는 그것이 당연하게 생각된다. 오늘날, 많은 빌딩들은 나무들과 자연숲길, 그리고 밝은 햇빛까지 완전하게 갖춘 중앙홀이 있다. 외부가 내부로 들어온 것이다. 환경적으로 정확한 방식 속에서 자연의 상태를 이상화하면서도, 에어컨과 같은 기술적 편의 시설들은 없애지 않으려 하다보니, 포스트모더니스트들은 공원을 실내에 두게 된 것이다.

중앙 홀에 외부를 내부로 들여다 놓은 것처럼 많은 포스트모던 건물들은 구조상의 골격들이 모든 사람이 볼 수 있는 겉면에 나와 있다. 극단적인 경우가 폼피두 센타(Pompideau Center)로써 1977년에 건조되었다. 강철빔, 천정의 가로축들, 그리고 배관이 건물의 밖에 나타나있는데, 밝고 야한 색으로 칠해져있다. 빌딩의 내부 구조들이 투명한 유리 겉면을 통하여 들여다보인다. 에스컬레이터는 건물의 외곽을 따라 오르내리고 이동하도록 연결되어 있다. 마치 건물의 내부와 외부가 바뀐 것과 같아 보인다. 그것은 불안정한 효과를 주며 마치 어떤 사람을 쳐다보는데, 폐와 핏줄, 창자들만 보이는 것과 같다.

아마도, 가장 특징적이고 널리 퍼진 포스트모던의 건축술의 예(例)와 현시대 사회에 대한 그것과의 관계는 쇼핑몰을 보면 아주 잘 나타나는 것 같다. 외부에서 보면, 특색도 없고 창문마저 없는 콘크리트로 된 대형 은신처가 엄청나게 넓은 지대를 차지하며 연결되어 지어져 있고, 바다처럼 넓은 무료주차장으로 에워싸여져 있는 모습이다. 그러나 내부로 가보면 구매고객은 옛날의 마을 광장 같은 것을 만나게 되며, 그곳은 나무들과 샘물, 공터, 그리고 길옆의 찻집들 등으로 완전하게 꾸며져 있다. 가게마다 제 나름의 장식을 하고 출입문은 없이 진열장들이 유리 창문 속

---

10) See Harvey, *The Condition of Postmodernity*, p. 83.

에 꾸며져 있다. 음악은 중앙 방송실에서 보내져서 어디든지 흘러나오며 공기는 시절에 맞춰 시원하거나 따뜻하다. 전체 공간이 고객의 욕망과 변덕에 맞추어서 매력적으로 전하는 것은 다름 아닌 "돈을 마구 쓰세요!"라는 메시지이다. 몰들은 마치 소비제일주의와 그 가치 기준들, 즉 편안함, 풍요, 손쉬움, 유행 등의 수도원인 것처럼 자세를 취하고 있다. 중세에는 성당이 있었고, 모더니즘 시대에는 공장이 있었다면, 포스트모던 시대에는 쇼핑몰이 있다.

포스트모던 시대의 건축을 대표하는 것 중에 둘째가라면 서러워 할 것이 바로 테마파크이다. 여러 종류의 역사적 시기와 문화적 환경을 본 딴 모형들로 공원의 다양한 부분들을 이루고 있는 곳이다.

상점과 식당들, 그리고 각 부분에서 "주제"를 나타내고 있다. 즉, 구시대의 서구, 카리브해의 해적들, 유럽의 마을들, 미국 중심가 등이 그것이다. 각 시대와 문화의 독특한 스타일들이(일반인의 상상력 속에 들어 있는 대로이며 역사적으로 정확한 기준을 가져보려는 노력 따윈 필요도 없는) 그 주제(theme)를 이루어 내고 있는 것이다. 이 공원들은 일종의 "가상현실"을 제공해 준다. 이것은 무대처럼 꾸민 곳에서 주인공이 되어, 대리적 경험을 갖게 해주는 환상의 세계라 할 수 있다. 모든 것은 고객을 환상 속에 흠뻑 젖을 수 있도록 만들기 위해 존재하는 것이다. 테마파크의 진정한 테마는 종합오락이다.

포스트모더니스트적 건물 구조의 최종편은 미국 미네소타의 몰일지도 모르는데, 이것은 몰과 테마파크를 하나로 합쳐 놓은 것이다. 내 자신도 이따금 몰에도 가고 테마파크에도 가는 사람으로서 그것들을 비하할 생각은 없다. 그렇게 한다면 아마도, 속물근성이 배인 모더니스트가 될지도 모른다. 그것들은 미국 문화와 자유기업의 경이(驚異)라 할 수 있다. 몰이나 디즈니랜드로의 나들이는 본질적으로 순수한 활동이다. 그러나 몰이나 테마파크는 소비제일주의와 위락을 제일의 가치기준으로 떠받드는 행위를 하는데, 그것은 만일 그들이 하고 싶은 대로 해도 된다고 하면, 기독교인의 관점으로 볼 때, 매우 심각한 문제점이 될 수 있는 자세인 것이다.

　때로는, 오늘날의 교회들이 몰이나 테마파크를 닮았다. 그것은 건축기법에서 뿐만 아니라 사람들이 교회를 생각하는 방식에서도 닮았다. 초대형교회들이 어떨 때 보면 몰을 닮았는데, 주차장과 중앙홀, 또는 안내실, 기독교인들의 상품을 파는 곳 등을 보면 그렇다. 시장 조사를 하기 위해 조사팀을 고용하고 지역의 몰에서 제공되는 다양한 선택사항에 익숙한 사람들에게 서신연락을 하여 초청하기도하는 등, 이들 초대형 교회들은 모든 취향에 맞춰서 준비해주는 이익단체의 영역이나 활동분야까지 제공해 준다. 로버트 슐러(Robert Schuller)의 크리스탈 성당(Crystal Cathedral)은 어떤 면에서 보면 종교적인 테마파크와도 같으며 거기에는 졸졸 흐르는 개울도 있고 멋들어진 나무들(빌딩 내부에)이 어우러져 있는가 하면, 멀티미디어적 신경망이 과중하게 설비되어 있다.

　복음이 전통적인 성역에서 뿐만 아니라 모더니스트의 강당에서도 선포될 수 있듯이, 포스트모더니스트의 건축구조 내에서도 예수는 분명히 전해질 수 있다. 다만 문제가 되는 것은 몰이나 테마파크의 정신상태가 기독교와 뒤섞이게 될 때라는 것이다.

　기독교인들도 오늘날의 경제구조 속에 있는 다른 모든 사람들과 마찬가지로 소비자일 수밖에 없다. 그러나 그들이 소비자로써의 선택과 가치기준을 하나님에 대한 믿음을 생각하는 데에도 적용할 수는 없는 것이다. "교회 고르기(church shopping)"라는 어구가 의미하는 바들에 대해 주목하라. 우리가 주요 생필품을 사는 것과 똑같은 방식으로 교회를 쇼핑(골라서 선택하기)한다는 것은 분명히 위험천만한 일이다. 하나님의 말씀을 가르치는 교회를 찾는 것이 아니고, 우리는 더러 "우리의 욕구를 채워주는" 교회를 찾는 경우가 있다. 교회는 구성원들에게 "여러 가지 서비스"를 제공하려고 존재하는 것이 아니라, 오히려 그들에게 하나님과 주변 사람들에 대한 "서비스"에 몰두하도록 도전의식을 심어주어야 한다. 우리가 소비자처럼 생각한다면, 우리는 우리 자신을 우선시 하게 되고 우리의 욕망에 가장 잘 들어맞는 것을 고르고 선택하게 되는 것이다.

기독교는 진리의 문제이며 거룩하고 의로운 하나님에 대한 복종의 문제이다. 우리에 대한 하나님의 권세는 절대적인 것이고, 그분은 결코 우리의 소비자적 선택 사항에 딸려 있는 분이 아닌 것이다. 기독교가 소비자제일주의로 인해 더러움을 타서는 안 될 일이다.

교회는 테마파크도 아니다. 포스트모던 시대에 우리가 갖는 심리적 경향은, 위락의 관점에서 모든 것을 평가하려드는 것이다. 그것이 얼마나 재미있을 것인가에 따라서 예배를 판단하는 것은 핵심을 빗나간 일이다. 음악을 좋아한다거나 설교자가 우스운 죠크들을 얘기해준다는 이유로 교회를 선택하는 것은 위험하다. 경배는 위락이 아니다. 거룩하신 하나님의 임재 속에 드는 것이다. 예수님과의 관계는 우리가 얼마나 기분 좋게 느끼느냐에 따른 조건부적인 것이 아니다. 전통의 교회에서 경배하는 사람들에게 늘 상기 시켜지듯이 예수님과의 관계는 그의 십자가 안에서 함께 하고자 하는 문제인 것이다.

다시 가 본 바벨탑

그간 건축분야에서 일어났던 일들을 보면 모더니즘의 붕괴 이후에 예술과 문화의 전 부문에서 일어나고 있는 것들을 잘 보여 준다. 기독교인들은 어떤 흐름에는 박수를 보내지만, 다른 것들에 대해서는 회의(懷疑)를 한다. 포스트모던적 표현의 철저한 다양성으로 말미암아 교회를 위한 새로운 길이 열렸다. 그러나 우리가 부딪치는 유혹은 다름 아닌 "올바른 정신자세를 회복하려는 일 대신, 새로 나온 정신자세에 무조건 항복해야 되는가"이다.

그 거짓된 자부심에 빠져 있는 모더니즘이 바벨탑을 회고하게 해 주는 것이라면 복수주의와 혼합의 포스트모더니즘은 바벨의 저주를 나타내주고 있는 것이다. 바벨탑을 세운자들에게 언어의 혼란이 적절했던 것처럼, 포스트모더니즘은 여러 면에서 모더니즘에 대한 이로운 수정(修正)이다.

포스트모던 시대는 모더니즘이 행하지 못했던 방식으로 기독교에 대한 여지(余地)를 남겨 두긴 했다. 과거에 대한 용인(容認)과 편협한 이성주의에 대한 거부, 그리고 예술은 그 자체가 갖는 것 이상의 의미와 컨텍스트(상황에 비추어 본 내용)를 이야기해 주는 것이라는 주장 등 이러한 통찰력들은 모두 기독교 세계관의 회복에 유용한 것들이다.

그러나 포스트모더니스트의 절대적인 것(가치기준, 진리)에 대한 거부와 그 상대주의 및 절대 진리에 대한 경시성, 자기만족에의 강한 성향 등은 기독교를 훼손시키는 것들이다. 모더니즘의 막다른 골목길을 넘어서서 이제는 포스트모더니즘의 혼돈을 해결해 보려고 함에 있어서, 현 세계는 오순절 성령운동, 즉 모두에게 뜻이 통하는 언어의 선물, 그리고 성령님을 절실하게 필요로 하는 처지에 놓여 있다. 오직 성령님만이 바벨의 저주를 취소할 수 있기 때문이다.

제7장
메타픽션 TV, 영화, 그리고 문학

　문능(文能)의 시대(文盲의 反意)가 끝났다고 말하는 사람들이 있다. 독서가 구시대적인 것이 되어 버렸다. 글이 전자 영상에게 길을 내주고 있다. 독서는 추상적 사고가 요구되고 아이디어의 연속적인 연결과 정신 세계가 동원될 필요가 있다. 일단 독서가 사라지면 반(反)지식주의, 상대주의, 천박성 등 이미 포스트모던사회의 특징을 이루고 있는 요소들이 걷잡을 수 없이 가속화 될 것이다.1) 어느 정도는 이미 벌어지고 있는 상황이다. 전자 매체는 극단적 포스트모던의 예술형태로 미적 기준으로도 그렇지만 전체 보급(普級)적 영향력에서도 극단을 보인다.

　반면에, 텔레비전에 나오는 글자들도 쓰이지 않으면 나올 수가 없다. 아직도 글을 읽고, 쓰는 사람들이 후기문능(後期文能) 시대(post literate age)에도 여전히 문화 창출자로 남게 될 것이다. 문학이 드라마의 밑바탕을 이루듯이 전자 매체의 바탕이 되기도 한다. 사람들은 여전히 읽고, 쓴다. 그리고 문학은 포스트모던 문화의 덮개를 회의(懷疑)하고 열어 제

---

1) 나의 저서 Reading Between the Lines에서 이 쟁점에 관해 토론한 것을 참고하라.: *A Christian Guide o Literature* (Wheaton, IL: crossway Books, 1990), pp. 17-25.

켜 보기도 한다. 기독교인들은 이들 분야에서의 발전을 인식할 필요가 있다. 부정적인 영향들에 대해 경계하기 위해서 만이 아니라, 현시대의 사조 속에서 적극적인 참여를 하기 위해서 필요한 것이다. 결국, 기독교인들은 "독서하고 글을 쓰는 사람들"이기 때문에, 읽고 쓰기를 결코 포기할 수 없다. 그래서, 기독교인들은 문화의 창출자가 될 수 있는 독특한 입장에 있는 것인지도 모른다.

텔레비젼

텔레비젼이 바로 포스트모던 문화의 진짜 세계라는 말이 전부터 나오고 있다. 텔레비젼에 나오지 않는다면 그 어느 것도 중요하지 않다.2) 오로지 텔레비젼에 방송되는 것만이 국민의 의식 속에 깃들게 되어, 정치 쟁점들이 관심을 기울일 가치가 생기고, 특정 행사들이 중대하게 인식되고, 나라 전체를 휩쓸 유행이나 새 상품이 나타나는 것처럼 보이게 되며, 심지어는(모순적이지만) 베스트셀러가 될 책들도 방영의 여부에 따라 좌우 된다.

포스트모더니즘의 신조에 맞게, TV문화에는 다양한 스타일과 역사의 뒤섞임이 들어 있다.3) 전자영상을 애호하고 문자를 거부하며 정서적 자기만족으로 이성(理性)을 대신한다든지, 위락을 좋아한 나머지 의미(意味)를 포기하는 등의 포스트모던적 행태는 모두가 다 그 장르에 내재되어 있는 것이다. TV를 보는 사람은 서로 무관한 영상들을 짜 맞춘 것이나 겉모양, 허세 등-간단히 말해서, 포스트모더니즘의 모든 특성-에 대해 고분고분히 순종하고 있다.

포스트모더니스트 철학자들은 모든 진리는 픽션이라는 주장을 한다.

---

2) See Arthur Kroker and Daved Cook, *The Postmodern Scene: Excremental culture and Hyper-Aesthetics* (New York: St. Martin's Press, 1986), p. 268.
3) Steven Connor, *Postmodernist Culture: An Introduction to Theories of The Contemporary* (Oxford: Basil Blackwell, 1989), p. 176.

또한 포스트모더니스트 예술가들은 예술과 현실 사이의 구분을 허물어 놓으려는 시도를 하고 있다. 그런 이론들이 자못 심오한 것처럼 느껴질 수도 있겠으나, 사실은 텔레비젼의 기초양식과도 같은 관념이다.

픽션과 현실과의 경계는 매일의 뉴스보도에서 허물어지고 있는데, 이곳에서는 실제로 일어난 일들이 "방송에서 나온 행사(media events)"를 보는 듯이 인식상의 변모가 이루어진다. 다시 말하면, "텔레비젼에 나오지 않은 것이면 사실이 아니다" 한 사건이나 행사가 방송 네트워크나 CNN에 나오지 않으면 나라의 관심을 끌지 못한다는 얘기다. 거꾸로 말해서 어떤 일이 아무리 하찮은 것이라도 텔레비젼에 방송되면 그 일의 비중여하를 떠나서 중대한 것이 되 버린다는 것이다. 뉴스로써의 가치가 있느냐 없느냐 하는 판단 기준이 필수적으로 청중이 그 이야기에 자극적 반응을 보일까의 여하에 따라 이루어진다. 텔레비젼에서는 삶(生)이 오락으로 변모한다.

진실과 허구의 경계선은 다큐드라마에서 더 흐려진다. 이 드라마는 실제사항을 카메라를 위해서 허구화시키는 작업을 한다. 이 경우에 역사극의 경우 보다 전형적으로 더 극화가 이루어진다. 이야기들이 오락적인 맛을 더 키우기 위해 왜곡되기 일쑤다. 시청자들은 그들이 '진실을 보았다'는 인상을 지니고 있게 된다. 마릴린 몬로의 생애 마지막 순간들에 관한 한편의 다큐드라마(그에 관해서는 많은 드라마가 있으며, 모두가 새 애인들에 관한 스토리와 구성을 보여준다)에서는 그녀가 로버트 케네디와 정사하는 내용을 보여주는데, 거기에 대한 증거는 도무지 제시되는 것이 없다. 다큐드라마는 큰 물의를 빚는 범죄를 선호하며 섬뜩할 정도의 섹스 스캔들을 좋아한다. 그리고 '이것이 실제 세상'이라는 인상을 주려한다.

또 하나의 좋아하는 장르는 "금주의 질병"이라는 부류인데, TV용 영화로 만들어지는 것이며 사랑하는 가정 내의 한 식구가 무서운 병에 걸린다는 내용이다. 또 하나의 잠재적 장르로 "금주의 도덕적 곤경(moral dilemma of the week)"을 꼽을 수 있겠다. 주인공이 난처한 결정을 맞닥트리게 된다. 대개는 의료행위에 대한 윤리가 포함된 내용이다. 사랑하는 한 가정에 무서운 기형을 한 아기가 있다; 그들의 사랑의 방식으로 그 아기에게 삽입 됐던 식물주입용 튜브를 제거하기로 한다. 그러나 극우파 종교인들이 법정에 이를 제소하여 그 가족의 결정을 방해하고 아기의 고통을 연장시킨다.

그런 주제들을 취급하는 TV 쇼들은-정직과 신중을 표방하지만-철저하리만치 그 흐름에 대한 예측이 가능하다. 그들은 언제나 낙태를 찬성하며 "플러그를 뽑아버리는"안락사라든지, 또는 자살 등을 눈물어린 바이올린 선율과 함께 내 보내는데, 그 일들이 마땅한 동정적인 행위로써 탓할 수 없는 일들이라는 인식이 들게 한다.

우리는 또한 "사실에 근거한" 텔레비젼 프로그램도 있다. 토크쇼들은 "자해자(自害子)들"이나 "형제자매에게 성적(性的)인 문제로 결부되게 된 입양아들"(1주간의 머리 포비치-Maury Pobich-쇼에 나온 실제 목록임)과 같은 흥미 있는 사람들과 대담을 나눈다. 텔레비젼에서는 이런 사람들이 소수의 매력 없는 "심판자들"을 제외하고 사회자와 방청객들에게 따뜻한 환대를 받는다. 초청된 인사들은 모두다 더 이상 평범할 수가 없을 정도다.4)

또 다른 부류의 "현실에 기초한" TV 프로그램에서는 카메라가 경찰관이나 준(準)의료인들(조산원, 검사원 등)이 야간 순찰을 도는 것을 동행 취재한다. 이 경우는 진실을 TV쇼로 직접 전환시키는 형식이 더욱 두드러진다. 경찰의 순찰과정을, 물론 시간의 한계상 다 찍어서 그대로 보여 줄 수는 없다. 우리는 경찰차 내부의 몇 시간을 보고서 작성하는 업무모습, 증거수집에 관한 것, 경찰업무의 실상을 이루는 도보 순찰에 이르기까지, 모두 다 쳐다보고 있는 것은 아니다. 우리가 보는 것은 현장을

---

4) 이런 부류의 프로그램들을, 명백하게 기독교적인 관점으로 야단스럽고도 파괴적으로 풍자한 내용을 보려면, see Walker Percy's "The Last Donahue Show," *in Lost in the Cosmos: The Last Self-Help Book* (New York: Washington Square Press, 1983), pp. 48-59.

급습하는 장면, 체포의 동작, 그리고 프로그램을 맡은 PD가 아주 운이 좋을 경우, 그 혐의자가 매우 험악하게 행동하는 모습 등이 전부다. 다른 말로 "현실"이 편집의 대상이 되면서 텔레비젼 범죄극의 형식을 따르도록 되어있는 것이다.

"현실에 기초한"프로그램이 배우들의 연기로 실연(實演)케 함으로 진실과 허구가 어쩔 수 없이 뒤섞인다. 무엇이 실제이고, 무엇이 특수효과로 된 내용인가? 그 차이를 구별하기 힘들어진다. NBC 방송이 GM산 트럭이 안정 문제에 의심이 간다는 내용을 폭로하면서 찍은 프로에서, 그들은 트럭 위에 점화기를 장치해서 폭발을 일으키도록 했다. 진실 된 광고를 위해 투쟁하고 부패한 다국적 기업에 반대하여 소비자의 권리를 지지한다고 하면서, 그들은 자기들이 폭로한다고 주장하는 그 안전문제 마저도 각색했던 것이다.

시청자들은 그들이 TV에서 보는 것을 진실로 받아들이는 경향이 있다. 결국, 그들은 자신들의 눈으로, 그 트럭이 폭발해 버리는 실상을 봤다는 것이다. 그들은 범죄가 자행되는 현장을 본 것이다. 비록 "극적 효과를 위한 재연(再演)"이라고 쓴 부제(副題)가 화면에 떠오르는데도, 그들이 본 것은 실제인 것이다. 그 여배우는 흡사 마리린 몬로처럼 보인다. 또한 당신도 그런 식으로 만들어진 여러 명의 케네디들을 (다른 다큐드라마를 통해)알고 있을 것이다. CIA가 그녀의 죽음을 계획했었다는 내용을 시청하면, 그들이 그녀의 죽음에 관련이 있을지도 모른다고 생각하지 않을 도리가 없는 것이다. 결국, "보는 것이 믿는 것"이라고 하지만 TV에서 만큼은 그렇지 않다. 포스트모던의 방식으로, 텔레비젼은 우리에게 속 내용이 아닌 겉모습만을 보여 주고 있는 것이다.

마치, 그 정도로는 충분히 포스트모던적인 것이 될 수가 없다는 듯이, 현시대의 텔레비젼은 포스트모던 작가들의 최신실험들을 자의적으로 모방하고 있는 실정이다. 사실은 가장 알아보기 쉽고 접근이 용이한 포스트모던의 특색을 뚜렷이 지닌 문학의 견본들 가운데 일부를 텔레비젼이 제공해 주고 있다.

당신은 AIDS로 죽어 가는 젊은이에 대해서, 텔레비전용(用)으로 만든 영화를 시청하고 있다. 그의 가족이 흘리는 눈물을 흐린 화면으로 처리하는가 했더니, 상업방송이 나온다. 고조되는 음악에 맞추어 타월로 전신을 감싼 여인이 막 샤워장으로 걸음을 내딛는다. 그 영상은 당신의 마음에 기록 된다. 비누광고, 그런데, 장난감토끼가 드럼을 치면서 욕실 안으로 들어온다. 이때 장면과 겹쳐 나오는 소리는 "아직도 ㄲ떡없어요!"

잠시 당신의 생각이 멎는다. 전통적 비누광고의 모든 형식을 따르기에 당신은 그것이 비누광고려니 생각했던 것이다. 그러나 당신이 보고 있었던 것은 다름 아닌 조크였음을 알게 되며, 비누광고에 대한 풍자라는 것도 느끼게 된다. 그렇다고 해도, 그것은 결국 광고이다(다른 제품에 대한 것일 뿐이다). 그것은 광고마다 "아직도 ㄲ떡없어요!"라고 방영하면서, 다른 제품을 위한 고조된 분위기를 중도에 멈춘 다음, 결코 약기운이 닳지 않는 배터리의 힘으로 작동하는 장난감토끼를 보여줌으로써 에버레디(Eveready) 건전지를 추켜세우고 있다.

이러한 그들의 전통적 행위로 허구성의 다양한 수준을 창출하고 진짜와 가짜 사이의 경계를 허물어 버리는 것이 포스트모던적 형식의 특성이다. 에버레디 토끼가 힘이 빠져 가는 동안, 이런 종류의 포스트모던 적 광고가 얼마나 더 나올지 지켜보자. 예를 들어, 어떤 잡지 광고들은 잡지 광고의 전통을 따르고 있긴 한데, 결국에 가서는 그 잡지광고들을 부정하고 있다. 화려하고 매혹적인 사진이 회사의 로고와 함께 찍혀 나온다. 그러나 그것이 그 회사의 제품과는 아무 상관이 없다. 어쩌면 제품은 아예 보여주지 않는 경우도 허다하다. 일부 포스트모던의 광고는 특별히 오락성을 띠는데, 그 한 예로, 스내풀(Snapple) 광고는 실제 소비자가 거짓말 탐지기 속에 묶여 있으면서, 그가 진짜 그 제품을 좋아하는지를 조사 받는 장면이 나온다.

예술을 질식 상태로 몰고 갔던 삭막한 모더니즘의 상황에서 포스트모더니즘의 일부 요소들은 그러한 상업방송이 기존에 우리에게 익숙하던 것들 보다는 좀더 재치 있다는 느낌을 주는 것만큼의 크기로 한 모금의 신선한 바람을 불어 준다. 포스트모더니즘은 정작 자기들이 내보이는 것 자체에 대해서도 장난스럽게 취급하는 경향이 있어서, 그들은 속생각 없는 오락의 형태로써, 아니면 풍자의 면모로써 나타날 때가 가장 잘 어울리는 것 같기도 하다.

 진지하게 받아들여야 하는 것까지 장난스럽게 다루고 오로지 그들의 인습에 합치되려는 의도로 내용과 정서가 결핍된 상태로 계속 간다면, 그것은 곧 무기력해지고 말게 될 뿐이다. 최근의 한 영화에서 마틴 쉰(Martin Sheen)의 람보 풍자극이 에버레디 토끼에 의해 중단되었을 때, 그는 기관총을 꺼내 그것을 아주 박살내 버렸다. 모든 사람이 흥겨워했다.

 현대 상황코미디(situation comedy; sit-com)물들은 그 등장인물들을 자기만의 세상에서 살아가는 사람처럼 나타낸다. 시청자들이 재키 글래슨(Jakie Gleason)의 아파트나 롭(Rob)이나 로라(Laura)의 거실 상황을 엿듣는 형식으로 꾸며 가는 것이다. 포스트모던의 시트콤(상황코미디)에서는 개리 샌들링(Garry Shandling)이 극중의 자기 역할에서 벗어나 카메라와 우리 시청자들에게 직접 연설을 한다. 즉, 연기를 중단한 다음, 그가 초청한 스타와 함께 역할을 해보는 것이 얼마나 멋지겠느냐고 묻는다든지, 또는 면도용 거품을 카메라 렌즈에 바르고 우리에게 면도를 해주는 행동을 보인다. 샌들링의 새 프로그램에서 그는 허구적인 토크쇼의 사회자 역을 맡는다. 우리가 보는 것은 토크쇼이고 어느 토크쇼와도 별 다름없는 모양이다<"개리 샌들링 쇼"는 그 이후부터 다른 시트콤에 영향을 주어서, "세인펠드(Seinfeld)"라는 시트콤에서는 코미디언 제리 세인펠드(Jerry Seinfeld)자신이, 제리 세인펠드라는 코미디언에 관한 TV쇼에서 일하는 제리 세인펠드라는 역할의 코미디언 역을 맡고 있다!>. "파커루이스는 패배할 리가 없어(Parker Lews Can't Lose)"라는 다층구조의 십대세상, 데이빗 레터맨(David Letterman)의 현실 편향적인 유머, 단면(短命)의 미스터리 시리즈, 즉 구경꾼이 카메라를 통하여 탐정의 조수 역할을 했던 이들 모두는 포스트모던 TV에서 보여준 자의식적인 실험들이다.

영화

모더니스트적 영화의 좋은 예는 시민 케인(Citizen Kane)일지도 모르겠다. 그 영화는 작품의 중심 인물의 삶을 파고든다. 어떤 질문으로 따지고 들면서 그의 인격의 신비를 풀어보려고 노력하는 내용의 작품이다. 즉 숨을 거두면서 했던 그의 마지막 말 "장미 싹(Rosebud)"의 의미는 무엇인가? 그 영화는 그의 과거와 그의 정신 속으로 몰두해 들어가면서 전개된다. 케인을 여러 가지 관점에서 접근함으로써 그렇게 하는데, 그의 보호자의 눈을 통해, 즉 그의 가장 좋은 친구, 정이 멀어진 아내 등을 통해서 그가 어떤 사람이었는지 객관적 인식의 규명을 해보려는 시도이다. 이것은 피카소의 그림과 폴크너(Faulkner)의 소설에서 사용된 동일한 방법인데, 의식을 고정시키는 수단이 되는 수많은 서로 다른 관점으로부터 본 실상을 제시해 주는 것이다. 모더니즘은 하비(Harvey)가 관찰한 바와 같이 객관적 현실(실존)을 포착하기 위한 방법으로 다각도의 관점을 사용하는 것이다.5)

포스트모더니스트의 영화는 그 반면에, 하비가 설명하는 것과 같이 다양한 세계를 설정한다. 그리고 그 세계들은 모두 동일한 공간에서 벌어진다.

등장 인물은 자기가 속한 것이 어느 세계인지 알아내려고 노력해야만 한다. 데이빗 린치(David Linch)의 푸른 벨벳(Blue Velvet)에서는 1950년대의 소도시가 악몽 같은 변태의 지하 세계와 공존한다. 한 인물은 다른 어느 누군가의 겉모습이다. 또한 그 두 성격들이 동시에 그 두 사람에게 들어가 있다.6)

코놀(Connor)은 프랭크 카프라(Frank Capra)의 소도시 영화의 스타일과 외설스러운 의식(儀式)을 그린 영화와의 두 가지 스타일을 푸른

---

5) Daved Harvey, *The Condition of Postmodernity* (Cambridge, Mass.: Basil Blackwell, 1989), p. 48.
6) *Ibid.*

벨벳(Blue Velvet)이 어떻게 결합시켰는지를 지적하면서 공통장소(흰 판으로 된 울타리와 화사한 매니큐어 색의 잔디)를 눈뜨고 보기 끔찍한 것(잔디밭 속에서 썩어가고 있는 사람의 귀)과 나란히 놓아둔 모습을 보여 준다.7)

다른 포스트모더니스트 영화들은 로져의 토끼(Roger Rabbit)도 포함시키고 싶어 한다. 만화의 세계와 실제 세계 사이에서 상호 연결점을 주는 비교적 가벼운 형식을 띈 극의 범주에 (두 경우가 결국은 영화라는 부류 자체의 좀 더 넓은 가상세계 속에서 통합 되어 버리지만). 블레이드 런너(Blade Runner)는 도시의 더럽고 천박한 것을 따라 궤도를 도는 첨단 기술의 우주정거장으로 미래 세계를 설정한다. 남자 주인공이 변절한 인조인간을 추적해서 잡아내야 하는데, 인간이 기계처럼 행동하고 기계가 인간처럼 행동하는 세계에서 누가 인간이고 누가 기계인지 도저히 알 수가 없다. 브라질(Brazil)은 또 다른 포스트모던의 공상과학영화인데, 미래주의적인 무대를 설정하고 있다. 그러나 등장인물들이 1930년대의 옷을 입고 있다. 이러한 용감한 신세계는 유토피아인 동시에 살지 못할 곳이기도 하다. 이 내용의 이야기는 풍자와 모험, 그리고 희극과 비극을 몽타쥬(짜맞추기)한 것이다.8)

카이로의 붉은 장미(The Purple Rose of Cairo)에서는 한 여인이 영화 속에 나오는 어떤 인물을 좋아하게 되는데, 그 영화 속의 인물은 마침내 스크린에서 걸어 나와 그녀의 인생 속으로 들어간다는 내용이 나온다. 비슷하게 마지막 액션영웅(The Last Action Hero)에서 한 소년이 영화를 보고 있다가 스크린 속으로 들어가서 자기가 좋아하는 영웅과 모험을 함께 한다. 그 다음엔 그 영웅이 반대로 그 소년의 세상으로, 즉 유리창을 주먹으로 내리치면 정말로 손을 다치게 되고, 악당들이 이기기도 하는 영화가 아닌 현실세상으로 들어간다. 올리버 스톤(Oliver Stone)의 JFK는 그의 광란의 좌익분자 적인 음모이론을 허구적으로 드

---

7) Connor, *Postmodernist Culture*, p. 179.
8) *Ibid.*, pp. 176-77.

라마화 하면서 대조적으로 화면에 자객의 실제 자세한 움직임을 삽입시켰는데, 너무 터무니없이 진실과 허구를 혼동시킨 나머지, 그의 영화가 나온 후 미국 의회가 설득되다시피 하여 케네디의 죽음을 다시 조사해야 한다는 주장까지 나오게 됐다.

그들 모두가 공통적으로 가지고 있는 것은 영화제작과 영화 관람의 전통을 가지고 희롱하고 있다는 것이다. 허구화된 세계를 설정하고 그 허구와 현실사이의 경계를 혼동시키면서, 이 영화들은 우리가 생각하는 사실과 허구사이에 우리가 세워 놓은 잡다한 경계(境界)의 벽에 대하여 회의(懷疑) 하였던 것이다. 우리의 낭만적인 꿈과 상상적인 환상들이 비록 헐리웃에 의해서 만들어진 내용들이지만, 우리의 "실제"삶의 중요한 부분이 아닌가에 대하여 생각해 볼일이다. 평범한 소도시적 삶의 겉모습의 이면에는 흔히 '귀신들이 숨어 있다'는 얘기가 옳은 의미를 우리에게 던져주고 있는지도 모른다.

형이상학 소설

대중적 포스트모더니즘의 대부분이 "형이상학적 소설"의 형식이다. 포스트모더니스트의 비평에 따르면, 그 용어는 소설에 관해서 쓴 소설을 두고 하는 말이라고 한다. 개리 샌들링(Garry Shandling)은 시트콤에 관해서 만든 시트콤을 설정하고 토크쇼에 관한 토크쇼를 만들어 놓는다. 움베르토 에코(Umbert Eco)의 관찰에 의하면, 우리는 이제 TV프로그램에 관한 TV프로그램을 보게 된 것이며, TV의 내용이 모두 TV에 관한 것만 있는 것, 즉 인기상 시상에 관한 쇼나 토크쇼들(여기에 나오는 사람들은 명성에 관한 유일한 요건이 TV에 나오는 것뿐이라고 대답하는 자들이다)을 보게 된 것이다.[9]

문학에서, 형이상학 소설은 "문화적 텍스트들의 소설로써의 본질과 지위를 문학적 텍스트들에 의해서 파헤치는 것"이라고 정의되고 있

---

9) Cited in *Ibid.*, p. 168.

다.10) 비평가들은 오랫동안, 하나의 소설 작품이 어떻게 그 자체의 세계를 창조하고 지탱하는지에 대해 주목해왔는데,11) 즉 우리가 읽어가면서 상상력으로 뻔히 보는 듯한 환상을 일으켜서, 현실로 느끼는 것 같은 세계에 대해서 눈여겨 보아온 것이 포스트모던 작가들은 이 가상적인 세계의 경계들을 밀어내려고 한다. 또한 그 틀을 깨트리지 않고, 때로는 일부러 그 틀을 깨트리기도 하면서 외계를 끌어들이는 방법으로, 그들의 한계에 대한 실험을 해보기 위해서 그것을 조사한다.

요한 바르트(John Barth)의 "라이프 스토리(Life Story)"는 이야기를 쓰는 작가에 관한 것으로, 그 작가가 쓴 이야기를 실제로 우리가 읽고 있는 작가에 관한 것이다. "그가 이미 썼던 것을 버리지 않고, 그는 어느 정도 다른 방법으로 새롭게 그의 이야기를 시작해 나갔다"라는 말로 그는 이야기를 시작한다. "그가, 직업상 소설이나 이야기의 작가이기 때문에 어쩔 수 없이 드는 생각일지 모르지만, 어느 날 오후에 그 자신의 삶이 행여 소설일지도 모른다는 내용이 그 작가에게 떠올랐고, 그 소설 속에서 그가 주인공인지 부수적인 존재인지, 어쨌든 무슨 역할을 하기는 하는 것 같이 생각 됐다". 그는 계속 이어나간다. 그러면서 그의 생각을 발전시켜나가고, 때때로, 그가 썼던 것에 대하여 논평을 하느라고 자기 스스로를 중단시키기도 하였다. "그의 장황한 소개의 말을 다시 읽어본 순간, 이야기 하나를 시작하기 위해 얼마나 따분한 방법으로, 혼자 말을 하고 있었는지를 알 수 있었다"라는 식의 얘기가 들어가게 된다.

끝부분에 이르러, 그는 "당신", 즉 그의 이야기를 읽는 그 글속에 있는 독자에게 연설 한다:

> 독자라는 분! 당신, 고집불통인데도 내가 막 볼 수 없는, 그러면서도 인쇄된 글에 더 비중을 두는 인간[어휴!], 바로 당신한테 연설하

---

10) *Ibid.*, p. 123. 포스트모더니스트들은 또한 "metahistory"(역사의 연구를 역사적으로 연구하는 것)와 "metanarratives"(하나의 문화가 말해주는 모든 이야기들을 포괄하는 이야기들)에 관해서 이야기하기도 한다.
11) *Ibid.*, pp. 123-25.*Ibid.*,

고 있는 거라구, 아니면 다른 사람이 누가 있겠소. 이 괴상한 소설 속에서 찾아보란 말이요. 그런데도, 내 글을 이만큼이나 읽어 들어 왔단 얘기요? …… 영화도 안보고, TV 구경도 않고, 하여간 벽을 쳐다보고 있지는 않겠다는 인간이니…… 좀 묻겠오, 다른 사람 말고 당신, 바로 당신에게 말이요!

그가 왜 그리도 당신을 즐겁게 하기를 계속해서 무지막지하게 거절한다고 보시오?…… 왜 그가, 사실은 그리도 인정머리 없이, 처음부터 당신을 이야기로 압도하려고 시작하지 않고, 당신을 외면하려는 식으로 시작 했겠느냐 말이요? 당신(글 속에 나오는 독자) 자신을 지은 작가가 축복도 하고 저주도 하니까, 그의(작가의) 인생은 독자인 당신이 좌우해야 되는 거 아니겠소? 그는 자신이 글을 쓰기도 하고 읽기도 하지요. 그러니 당신은 누가 그(작가)의 창조물들에게 살게도 하고 죽게도 하는지를 그는 알고 있다고 생각하지 않느냔 말이요! 그가, 또는 타인들이 그들의 얘기를 읽어 주지 않는다면 과연 그들이 존재할거라고 보시오?

소설의 세계는 오직 독자들이 그것을 상상해주고 있기 때문에 존재하는 것이다. 거기에 나오는 등장인물들은-또한 작가 스스로도 하나의 등장인물이 되어서-우리들 중에서 이 글들을 읽는 사람들에게 완전히 의존하는 것이다.

이야기 속에서, 그 작가, 즉 그 글의 등장인물이 죽기를 갈망한다는 것이 밝혀진다.

그는 죽기를 바라면서도 당신의 도움 없이는 그럴 수 없으니, 당신이 그에게 죽으라고 강요하고 계속 밀어 붙여주시오. 당신은 이 문장을 읽은 사실을 부인 할 셈이요? 이 내용을 말이요?…… 마치, 당신이 그를 죽였다는 사실을 그가 알기라도 하듯이 부담 가질 거 없소. 자, 보시오. 그는 당신에게 주저 없이, 하고 싶은 대로 행하지 않소!

그는 독자에게 읽기를 멈춤으로써 자기를 죽도록 해달라고 간청하고 있다. 그는 이 사실이 바로 그가 우리를 즐겁게 하려고 하지 않고, 오히려 그렇지 않은 비전통적인 글을 쓰고 있는 이유라고 말하고 있다. 만일, 우리가 진짜 읽기를 멈춘다면(이만큼이라도 이해를 해 놓지 않았으면), 물론 우리는 그가 요청하는 것을 들어주는 것이다. 우리가 읽기를 계속한다면, 우리는 그의 의지에 반대되는 방향으로 그의 생명을 유지시켜 주는 것이다.

그 이야기의 말미에, 작가는 자기가 현실적이어야 한다는 것을 깨닫는다. 왜냐하면, 이야기의 등장인물 스스로 자기가 소설작품이 아닐까를 의심해 보는 내용의 소설을 자기 것 말고는 찾아볼 수가 없기 때문이다. 마침내, 읽는 자가 이런 내용의 글도 출판이 된 것이구나 하는 생각을 하게 된다. 작가는 그가 세운 모든 전제(前提)가 틀린 일임에 분명하다는 것을 깨닫게 된다. 그러다 보니, 그때까지, 그가 써온 모든 내용과 모순된다는 것을 알게 되고, 또 그것을 해체하고 마는 것이다. 그의 아내가 그의 서재로 들어와 입을 맞추며 그를 중단시킨다. "그는 마침내, 그가 쓴 가상의 인물이 행한 것처럼 했다. 그의 끝나가는 얘기의 끝을 종결 없이 마치고 펜의 뚜껑을 닫은 것이다."12)

나는 이런 부류의 것을 즐긴다. 숨기고 싶지 않다. 또한, 자기 반추(의식의 흐름)적인 이러한 소설이 아주 처음인 것도 아니다. 쵸오서(Chaucer)는 자기를 켄터베리(Canterbury) 이야기의 등장인물 가운데 한 사람으로 집어넣었다. 그가 얘기할 차례가 되자, 그 작가들 중 이 거장(巨狀)이 노력을 해본다. 그러나 그 이야기가 너무 형편없어서 나머지 등장인물들이 그로 하여금 얘기를 끝내지 못하게 하려는 일이 벌어진다. 초기의 소설들은 그런 형식들을 사용해서 전개한다. 돈키호테(Don Quixote)는 자기 모험에 관한 책을 읽는다, 아마도 "제1부", 즉 그 책에서 우리가 바로 읽어 나가는 그 앞부분과 그 내용의 어설픈 점들에 대한 논평에 대해

---

12) John Barth, "Life-Story," in *the Norton Anthology of American Literature*, 3rd ed., ed. Nina Baym et al. (New York: W. W. Norton, 1989), 2:2144-45, 2151-52.

서 읽은 내용이 나온다. 리챠드슨(Richardson)의 파멜라(Pamela)에서는 그 악당이 그 여주인공의 글들을 읽는다. 그 부분이 바로 우리와 같은 독자들이 그 책에서 읽어오고 있는 내용인 것이다.

이 등장인물이 자기가 악당으로 나오는 소설을 읽으면서 너무 창피한 나머지, 성품이 달라지고 파멜라에게 결혼을 신청한다. 허구성의 수준 이상의 수준이 아라비안 나이트와 같은 옛날 이야기들 속에서도 발견되는데, 그 작품의 경우에도 이야기 속에 나오는 등장인물들을 통해서 이야기를 하는 내용이 나온다. 르네상스의 드라마에서는 연극 속에서 주인공들이 연극을 만드는 내용이 나온다. 이러한 허구적 전개의 효과는 독자로 하여금 짜증을 내면서 현실과 비현실의 수준들 사이의 구분을 해보도록 하는가 하면, 이야기의 세계와 "실제의 삶"사이의 경계를 무너트리게 하기도 하는 것이다.

기독교인들에게 삶이 한편의 이야기라는 데는 아무 문제가 없다. 기독교인들은 하나님이 말씀으로 모든 존재를 창조하시고, 지탱하시고, 주권적으로 다스리신다고 믿는다. 이것은 소설 쓰는 사람들이 그들의 소설 속의 세계를 창조하고, 주관하는 것과 흡사하다. 사실, 성경의 영어 번역본은 예수 그리스도를 믿음과 구원의 "주관자(the author:작가라는 뜻)"로 묘사하는 것이 흔한 일이다. "생의 주관자(the author of life)"(행 3:15). 그러나 기독교인의 상상력과 삶의 주관자는 없다고 믿는 포스트모더니스트의 상상력 사이엔 결정적 차이가 있다. 죤 바르트(John Barth)는 우리가 방금 토론한 이야기 속에서처럼, 다음과 같이 말한다.

> 작가와 하나님, 소설과 세계 사이에 대한 옛날식 유추를 잘못된 것임을 알고서도 일부러 사용하는 것이 아닌 한, 더 이상 사용할 수가 없다 보니, 다음의 특정 사항이 뒤 따른다: 1)소설은 그 허구성과 비유의 무효 성을 인정해야 한다. 2)그 문제점을 무시하던지, 적합성을 부인하는 쪽을 택해야 한다. 3)소설과, 작가와 독자의 관계에 대한 몇 가지 다른 수긍할만한 사항을 설정하라.13)

그의 이야기에서 바르트는 전통적인 은유를 뒤집었다. 작가가 하나님이 아니고, 그의 형식에서는 독자(讀者)가 하나님이며, 읽는 과정 속에서 가상의 세계를 지탱해나가는 것은 독자의 책임이다. 이것은 예술작품의 의미는 청중에 의해서 결정되고 전체의 의미는 원래 주관적이며 상대적이라는 포스트모더니스트의 금언에 잘 들어맞는 것이다. 그러나 하나님에 대한 논쟁을 제기하게 되면서부터 바르트는 문제의 본질을 손상시키고 있는 것이다.

기독교인 작가들(쵸오서, 세르반테스, 셰익스피어, 리챠드슨 등)이 형이상학적 소설과 삶의 은유를 이야기로써 다룰 때, 그들은 "삶의 작가(주관자)"가 있는 게 사실이라는 가정 하에서 그렇게 한 것이다. 바르트 자신은 그가 그의 독자들에게 "너 자신의 작가(주관자)가 너를 축복하고 저주도 한다"고 말할 때 똑같은 주장을 하고 있는 것이다. 삶이 한편의 이야기라고 말하는 것은 기독교인들에게 두 가지를 의미한다: 첫째, 삶은 의미를 가지며, 여러 가지 모순으로 완성되는 구성(즉, 죄와의 전쟁)을 가지고 있고, 전환점(그리스도를 영접하거나 거부하거나 하는)이 있으며, 비극적 종말(즉, 지옥의 길), 또는 즐거운 종말(죄인이 천국에서 "영원히 행복한" 삶을 살도록 회복되는)이 있다. 둘째, 소설적 이야기는 인생살이에 대한 이야기를 반영한다는 면에서 어떤 의미에서는 사실일 수도 있다.

포스트모더니스트들은 우리가 보아온 바가 있듯이, 삶이 객관적 의미를 지닌다는 것을 거부하는 관념으로부터 시작한다. 그들은 "삶의 의미도 없다"거나 운율이나 이성 따위는 없다든지, 인간이 존재하는 데에는 아무런 플롯이나 결정도 없다고 주장하는 실존주의자의 관념에 동의한다. 포스트모더니스트들은 그들이 "형이상학적인 이야기"에 대한 궁극적인 진리를 부인할 때, 존재계가 일관된 이야기를 형성하고 있는 것이라는 사실을 명백하게 거부한 것이다. 포스트모더니스트들이 삶이 한편

---

13) *Ibid.*, p. 2152.

의 이야기라고 말할 때, 그들은 기독교인들이 하듯이 그 이야기가 사실일 수 있다는 것을 의하는 것이 아니라, 진리란 한편의 이야기일 뿐이라는 뜻이다.

바르트의 "소설은 반드시 그 허구성과 비유적 무가치성을 인정해야 한다"는 말 속에서, 포스트모더니스트들은 소설은 사실이 아니고, 사실일 필요도 없다는 사항을 매우 반기며, 작가에게는 제한 없는 가능성을 열어두고 있다. 그들은 실제 세계도 역시 "소설"에 의해서 구성되는 것이고 인간의 상상력의 소산임에는 조금도 다를 바 없다는 패러다임이라든지 "형이상학적 이야기들"에 의해 구성된다고 믿고 있다. 포스트모더니스트들은 문학비평의 기술을 사용하여 그들이 소설의 구조와 전통을 분석하는 것처럼, 도덕적 전통, 그리고 법이나 제도들을 분석한다. 그들은 좋은 책 한권을 평가하듯이, 위와 같은 제도들을 평가하려는 것인지도 모른다. 그러나 그러한 제도들이 뭔가 객관적 실상을 투영해 줄 수 있을 거라는 환상은 그 자체가 허구적인 생각이다. 포스트모더니스트 작가들이 "허구성을 인정하는 소설"을 쓰느라고 바쁜 한편, 포스트모더니스트 비평가들은 소설의 "무가치함"을 인정하고 예술적인 이야기나 삶에 질서를 부여하는 여타의 이야기들을 해체해 놓기에 분주하다.

바르트는 그 쟁점을 회피하지 않고 정직하게 직시한다. 그리고 "작가(주관자)와 하나님의 사이의 인식상의 옛 비유는 더 이상 사용될 수 없다"는 주장을 내놓았던 것이다. 그러나 왜 안 되는가? 하나님은 더 이상 인간의 삶에 있어서 영향을 주는 요인이 될 수 없으며, 그 이유는 우리가 지금 살고 있는 시대를 보아도 그렇다는 주장은 모더니스트적인 부류의 말이 아닌가? 바르트에게는 실제 세계도 역시 소설과 상상력에 의해서 구성된다고 주장하는 그 말의 허구성을 인정하던지, 아니면 텍스트와 작가 그리고 독자 사이에는 어떤 다른 관계가 있을 수 있다는 것을 파악할 가능성을 인정하던지, 둘 중 하나를 택하는 일만 남아 있다. 포스트모더니스트들이 자기 스스로의 이론에 의해 이루어진 모순과 투쟁하고 있기 때문에, 그들은 인생이 실제로 이야기이고 그 이야기를 지어내는 작가가 정말로 있는지를 놓고 실험하고 있는 것인지도 모른다.

요술적 현실주의

포스트모더니스트 작가들은 형이상학적 소설을 쓸 뿐더러 현실과 비현실 사이의 경계선들을 다른 방식으로 다루며 양쪽 모두를 회의(懷疑)한다.

모더니스트 소설은 매우 현실주의적인 경향이 있었다. 스타인벡(Steinbeck), 헤밍웨이(Hemingway), 그리고 폴크너(Faulkner) 등은 경험에서 오는 "진리"의 전달과 자연의 질서를 부여할 뿐만 아니라 등장인물들의 심리적 차원과 사회적인 조건들을 충실하게 포착하기 위해 노력했다. 포스트모더니스트들은 모더니스트의 이러한 진리에 대한 집념을 의심한다.

명백한 사실주의에도 불구하고 스타인벡의 분노의 포도(Grapes of Wrath)는 여전히 소설작품이다. 실제로, 스타인벡이 유랑농민(Okies)에 대하여 묘사한 것을 보면 역사적, 지리적, 또한 경제적인 부정확한 점들로 가득하다. 평원지대(Dust Bowl)에 대한 객관적인 설명을 하기는 고사하고 그 소설은 스타인벡의 정치사상과 철학사상들을 보여주며 매우 강화된 상징주의가 배경을 이루고 있다(그런 것들 중 많은 부분은 출애굽기에서 나온 것이다). 우리가 이 책을 읽으면서 경험하는 사실주의의 느낌은 문학적 관습에 정통한 스타인벡에 의해 창조된 환상(幻想)이다. 그의 묘사, 세부적 선택, 대화를 위한 그의 역량, 이야기 구성의 방법 등이 모두 그럴싸하게 완성하기 위한 기술로써 우리가 읽어가면서 우리의 상상력 속에서 펼치는 것이 실제와 같아 보이고 "우리의 불신을 정지시키도록" 해주며 풍부한 상상력으로 이런 허구의 세계를 사실처럼 받아들일 수 있도록 해준다.

포스트모더니스트들은 긴박감을 성취하기 위한 이런 똑같은 기술들이 분명히 비현실의 내용들에 대하여 실제 현실처럼 생각하게 하는 환상까지도 창조할 수 있다는 것을 발견하고 있다. 포스트모더니스트 작가들은 그들의 작품이 허구적이라는 사실에 대하여 한껏 즐기고 있다. 더 이상 환상이 열등한 장르가 아니라고 인식되고 있고, 어쩌면 소설의 가장 순수한 형태로 간주되고 있는지도 모른다(이 견해는 J. R. R Tolkien과 George MacDonald와 같은 기독교인 환상주의자들이 그동안 비평에 대한 명성을 얻는데 도움을 주었다).

몇 사람의 포스트모더니스트들은 "요술적 사실주의(magical realism)"라 불리는 형식으로 작품 활동을 하고 있다. 가브리엘 가르시아 마르퀘즈(Gabriel Garcia Marquez)와 같은 라틴 아메리카 작가들에 의해서 처음 시작되긴 했으나, 이런 형식은 환상과 사실주의의 잡종이다. 마르퀘즈는 천사의 불시착으로 말미암아 갑자기 중단을 맞게 된 평상적인 마을의 삶에 대해서 쓰고 있는데, 그 천사는 거대한 날개가 있고 날개의 깃털 속에는 이가 득실거리는 늙어 처진 노인의 모습으로 그려져 있다.

또 다른 한 등장인물은 빨래를 하는 도중에 예기치 않게 하늘로 올라간다. 종이조각들이 나비로 변한다. 큰 마을이 밤사이에 기억을 다 상실해 버린다. 마르퀘즈의 소설 속에는 기적 같은 일들이 많이 있지만, 소설 속의 등장인물들은 도무지 거기에 관심을 안보이고 원래 그렇게 사는 거라는 식으로 자기들의 삶을 대하며 주변에서 벌어지고 있는 온갖 경이로운 일들에 대해서 무신경하고 덤덤하다.

라틴 아메리카의 구교주의(舊敎主義)의 대중적 영성(靈性)에 크게 힘입은 이런 스타일은 마르퀘즈 같은 달관한 이야기꾼의 손에 들어가면, 매우 유쾌한 이야기가 될 수 있다. 그것은 당연히 영적인 논란을 불러일으키는 방법이 되기도 한다. 그러나 그 결과는 진리와 허구 사이의 구분을 흐려 놓았던 것이다. 이러한 이유로, 그것은 포스트모더니즘의 상징적 스타일이 되어 왔으며 심지어 대중문화 속에서도 그러하다. 뜨거운 사막의 모래벌판에 있는 한 여성을 보여주는 맥주 광고들을 생각해 보라. 그녀가 고개를 쳐들고 바라보자, 남자 하나가 나타난다. 그러나 그의 얼굴은 전혀 잡히지 않는다. 그 남자가 맥주병 마개를 열자, 곧 눈이 내

제7장 메타픽션 TV, 영화, 그리고 문학 179

리기 시작한다. 그리고 나서, 그는 자기의 장화에서 물을 쏟아 부으며 원형의 회전이 일어나면서 열대의 섬으로 휘감겨 들어가거나 그 두 사람이 빈 벽 속으로 사라진다. 아니면 주제에 맞게 다양한 내용을 연출한다. 이런 것이 요술적인 사실주의이며 심슨 가족에서부터 MTV에 이르기까지 그들이 후원하는 프로그램에서는 말할 것도 없고 광고마다 안나오는 곳이 없다.

오늘날 얼마나 많은 인기영화들이 불가사의한 환상을 보여주고 있는지 생각해 보라. 그것들은 또한 근엄한 사실주의적인 모습으로 표출되고 있음을 볼 수 있다. 성촉절(聖燭節:Groundhog Day)날, 한 남자가 동일한 하루의 날을 계속해서 다시 살고 있다. 모더니스트 영화가 어떤 부류의 이성 같은 것을 줄지는 모르나 아무리 역설적이라 해도 모순은 모순인데(어떤 타임머신이나 요술부적이 어긋나게 작동해버렸다는 등), 이런 영화는 그 내용에 대해서 설명 비슷한 것조차도 해주지 않는다. 그 환상에 대하여 어떤 전제(前提)가 있어야 한다는 점이 관중에 의해서 제기되지 않은 채 있는 그대로 받아들여진다. 그런 다음에는 정교한 세부사항까지도 작동시켜진다. 베트맨(Batman) 같은 영화는 불결하게 썩는 도시의 모습을 만화책과 같은 기행과 함께 결합시킨다. L. A. Story에서 스티브 마틴(Steve Martin)은 지혜롭고 민감성이 강한 광고판으로부터 충고를 얻는다. 꿈의 넓은 들판(Field of Dreams)(포스트모던 소설가, W. P. Kinsella가 쓴 소설에 기초를 둔)에서는 케빈 코스트너(Kevin Costner)가 죽은 맨발의 죠 잭슨(Shoeless Joe Jackson)을 위해 옥수수 밭에 야구 베이스를 만든다.

이 모든 것이 요술적 리얼리즘이다. 관습적인 환상이 아니며, 다른 세계로 뛰어 든 것도 아니요. 중세 중심사상이나 가벼운 꿈의 세계 속으로 날아 들어간 것은 더구나 아니다. 이 환상은 세속에 집착하며 기하학적으로 그린 추상화, 심지어 억압적이기까지 한 풍경에 기초를 둔 것인데도, 그 속에서 거칠고, 불합리하거나 아니면 경이로운 일들까지도 일어난다.

인기가 있다는 것

소설의 관습과 더불어 포스트모더니스트의 매력으로 인하여 "공식"적인 소설이 되살아나게 되었다. 즉 미스터리, 로맨스, 중세의 환타지, 공상과학 소설, 그리고 서부극과 같은 장르들이다. 모더니스트적인 사상이 강하게 배인 사람들은 그러한 작품들을 경멸하였지만, 그 작품들은 일반 독자들에게 항상 애호되어 왔다. 그런 장르들은 예측 가능한 패턴을 지니는 경향이 실제로 많다. 미스터리에서는 한 무리의 사람들이 모인다 (시골의 어떤 구역에, 아니면 어느 업소에, 또는 만찬 파티장에). 그런데 그들 중 한 사람이 살해된다. 탐정이 사건의 실마리를 수집하고 살인자의 정체가 드러나도록 이끌어 가는 것이다.

이러한 구조는 예측이 가능한 내용이 나오지만, 그것을 또한 변화무쌍한 내용으로 만들 수가 있다. 미스터리를 좋아하는 사람에게는 그 장르가 지닌 관습들이 곧 그 장르를 신나게 만들어 주는 요인이기도 하다. 이 관습들은 제한적인 것이 없는데, 이는 소네트(sonnet)의 형식이 시를 제한하지 않고, 운동경기의 규칙들이 운동선수의 길을 방해하는 것이 아님과 마찬가지다. 로맨스도 여러 관습이 있다(한 여인이 두 사람의 애인 중에서 하나를 택해야 하는); 중세 판타지도 예외가 아닌데, 기사가 공주를 구출해서 탐사선에 싣고 떠나는 내용이 그것이다. 공상과학 소설은 예측이 가능한 우주여행과 지구를 대신 할 수 있는 세상이 나온다. 서부극은 어느 마을에 오는 낯선 자들이 썩은 관료들과 정객들을 일소하고 소외됐던 변방에 문명을 갖다 준다(한편, 그 남자주인공은 자기 자신이 그 변방의 존재 덕택임에도 불구하고, 그가 도와서 창조케 된 그 문명을 뒤로하고 다른 곳으로 떠나가야 한다).

비록 학문적으로는 경멸 섞인 비판을 받지만, 이런 형식들이 인기가 있는 이유가 있다. 그들은 기본적인 주제를 형상화한다. 즉, 선악의 갈등이나, 선악을 구별하는 방법, 그 중에 어느 하나를 택하는 것 등이다. 그들은 상상력이나 지능을 복잡 난해하게 사용한다. 이런 장르들을 존중해서 다루고 문학의 지류로부터 그들을 끌어 들여 본류에 넣어야 할 때가 됐다.

잊지 말 것은, 포스트모더니스트들은 자기 의식적 방법으로 대중문화를 중시함으로써 높은 교육 수준의 모더니스트적인 엘리트주의에 거부 반응을 보이고 있다는 점이다. 유명한 문학적 예술가들이 지금은 미스터리나, 공상과학 소설, 역사를 담은 로맨스 등을 저술하고, 다른 인기 있는 공식의 글들을 다루고 있다. 이러한 일은 "진지한" 소설까지도 다시금 재미있게 만들어주는 상호작용까지 보이고 있다. 모더니스트적 소설은 진정한 사실주의와 미적 순수성과 더불어, 약간은 따분한 것이 되어버렸다. 최근의 모더니스트 명작을 읽는 사람은 즐거워서라기보다는 의무감에서 읽는 것일 수 있다고 본다.

요즘에는 재능 있는 작가들이 인기 있는 형식에 눈을 돌리고 있는데, 그로 말미암아 진지한 문학을 좀더 흥미 있게 만들고 대중문학을 잘 써서 그 가치를 높임으로써, 양편 모두를 이롭게 하고 있다.

그래서 포스트모더니스트 이론가 움베르토 에코(Umberto Eco)가 중세의 미스터리, 장미의 이름(The Name of the Rose)을 내놓게 된다. 래리 맥머트리(Larry McMurtry)는 외로운 비둘기(Lonesome Dove)를 내놓음으로써 흥미본위로 물 타기 되어 있는 서부극을 능가하게 된다. W. P. 킨젤라(Kinsella)는 야구소설을 발표했다. 워커 퍼시(Walker Percy)는, 상당히 존경받는 카톨릭 소설가로써 낙태반대 공포물인 사신(死神)증후군(Thanatos Syndrome)을 쓰기도 했다.

이러한 장르들은 곧바로 극화(劇化)되는 경우도 있다. 다른 경우에는 그것들이 "형이상학적 소설"의 방식도 함께 도입하여 상연되기도 한다. 예를 들어, 나는 이탈리아 사람들인 카를로 푸르테로(Carlo Furttero)와 프랑코 루첸티니(Franco Lucentini)가 쓴 미스터리 소설을 읽은지 얼마 되지 않았다.[14] 그것은 역사의 사실에 관련지어서 쓴 글이다. 챨스

---

[14] Carlo Fruttero and Franco Lucentini, with charles Dickens, *The D. Case, or the Truth About the Mystery of Edwin Drood*, tr. Gregory Dowling

디킨즈(Charles Dickens)의 마지막 작품은 미스터리 소설 에드윈 드루드의 미스터리(The Mystery of Edwin Drood)이었다. 그는 원고를 마무리 하지 못하고 죽었는데, 구성이 아주 잘 된 미스터리 소설을 범인이 누군지에 대한 끝맺음을 해놓지 못한 채 중단하고 말았다. 그 후 디킨즈 학파의 학자들과 미스터리 애호가들이 자기들의 힘으로 여러 가지 실마리를 연결해 맞추어서 광범위한 해결방법을 제안하기도 하였다. 이 이탈리아 소설은 세계에서 가장 대단한 탐정들, 즉 셜록 호움즈(Sherlock Homes), 마플(Marple)여사, 필립 말로웨(Philip Marlowe), 브라운 신부(Father Brown) 및 그 외 다수의 관습을 모아서 그 미스터리를 해결한다. 그 소설은 실제로 디킨즈의 원고를 한 장(章) 한 장 펼쳐내면서 군데군데 사이에 그 위대한 탐정들이 사건의 분석을 하는 내용을 한 장(章)씩 집어넣는다. 이야기 단계들 사이에 이루어지는 중간 극(디킨즈의 원고와 역시 허구적으로 만들어진 등장인물들에 의한 논평)은 갈수록 복잡하게 얽혀나간다. 디킨즈의 다른 소설들 속에서 등장하는 탐정을 하나 내세워 에드윈 드루드에 가도록하여 몇 가지 증언들을 하게 만든다. 사건의 실마리들은 디킨즈의 실생활에서 끌어 온 것이다. 또 다른 미스터리의 구성이 세계에서 가장 위대한 탐정들에게 나타난다. 마침내, 읽고 있는 당신이 그 사건 해결을 위한 아이디어를 얻게 된다.

  숨 막힐 듯한 모더니즘으로부터 좀더 재미가 있는 문학의 부류로의 전격적인 이동은 건전한 느낌마저 주고 있다. 그러나 이러한 추세에도 그것을 포스트모더니스트적인 컨텍스트(脈絡)에서 볼 때 문제점들이 수두룩하다.

  문학을 그 관습의 문제로 전락시키는 일은 포스트모더니스트의 비인간화 문화의 계획 중 일환이다. 지금까지 보아온 바와 같이 포스트모더니스트들은 예술가를 독특한 창조적 상상력의 힘을 가지고 독창적인 이야기를 만드는 예술가라는 인식으로 보는 관념을 거부하고 있다. 예술가

(New York: Harcourt, Brace, Jovanovich, 1992).

에 대한 이런 기존의 관념은 너무나 개인주의적이며 인간 존재의 능력에 대해서 지나치게 신뢰를 부여하는 일이라는 주장이다.

포스트모더니스트 비평가들은 "작가의 신화"를 버리고 문학을 문화적 압력 또는 그 문화가 상징하는 권력의 패러다임이라고 격하시키고 있다.

포스트모더니스트 작가들은 마치 KGB요원처럼 비평가들이 파악해 보려고 하는 정치적인 의문에 대해서는 웬만하면 회피하는데, 예술가로서의 전통적인 역할도 그와 비슷한 입장으로 포기하고 있다. 이 작가들은 새로운 어떤 것을 창조하고 있는 듯한 자세를 보이지 않고 잘 형성된 공식들을 따르고 있다. 그들이 추종하는 관습들은 심지어 선행(先行) 작가들이 만들어 놓은 것으로조차도 보이지 않고 오히려 신화나 전설처럼 원래 문화로부터 나와 있었던 것처럼 보이는 것이다. 현시대 작가들이 아무리 교묘하게 관습들을 다룬다고 해도 그들이 하는 것은 다만 기존의 주제들을 바탕으로 다양성만을 만들어 보이고 있을 뿐이다. 그들은 포스트모더니스트의 정통성에 맥을 같이하여 글을 쓰는 일을 근본적으로 비인간적인 과정으로 변모시키고 있다.

포스트모더니스트의 이론에 따르면, 작품에 대한 그러한 접근은 역시 청중을 중심으로 한 것이다. 그러니까 인기 있는 공식들을 추종한다는 것은, 청중에게 그들이 원하는 것을 주는 방법인 것이다. 예술가들이 자신들을 표현하려고 노력했던 것이 과거의 습관이었고, 흔히 잘 알아듣지 못하는 세상 사람들에게 작가들이 그들의 독특한 통찰력을 전달하는데 있어서 그들의 일관성을 조금도 양보하려 들지 않았었다. 그런 예술가가 근자에 들어서면서 세상이 듣고 싶어 하는 것이 무엇인지 파악하려고 시장조사를 다하고 거기에 맞추어서 작품을 쓴다. 밀턴(Milton)이 "소수이지만 격조에 맞는 청중"을 위해 글을 쓴 것과는 달리 현시대 작가들은 다수의 청중을 추구한다. 이것은 예술가가 아닌 청중이 작품의 면모를 결정짓고, 쓰여지는 작품에 대해 사실상 책임이 있다는 뜻이 된다.

포스트모더니스트들이 예술가에 대한 의미를 축소하는 방법은 한 가지만 있는 것이 아니라 여러 대용(代用)방식이 있다. 고전작품을 저술하기 위하여 다락방에 틀어박혀 애를 쓰는 가난에 찌든 천재 대신에 현시대 작가들은 수백만 달러의 판매행진을 기록하는 베스트셀러 작가로써의 출세를 즐긴다. 그 대신 예술가적인 일관성을 유지하려면 그만한 대가와 희생이 따르는 것이다.

그것 역시 그만한 비용이 따르게 된다. 작가가 독자들에게 그들이 원하는 것을 딱 맞게 채워줄 경우에도 독자들은 더 성장하거나 풍부한 정신을 갖게 될 가능성이 희박하다. 그들은 자기들이 이미 알고 있는 것만 귀에 들리기 때문이다. 그러다 보니 그들의 편견만 확인되는 꼴이 되고, 또 그들의 약점들을 더 부추기는 것이 되어 버리는 것이다. 청중은 즐겁긴 한데 발전적 도전을 받거나 지식을 함양하는 일은 없다. 이것이 포스트모더니스트 소설의 약점이다. 그런 소설은 전기불이 번쩍 켜지듯이 머리에 기발한 느낌을 줄지는 모르지만 결국에 가서는 알맹이 없이 보잘것 없는 것이다.

아무리 재능이 있어도 과거에 작가들이 당연하게 생각하며 탐구했었던 진지한 주제의 부류들을 채택하여 작품을 쓰고자하는 오늘날의 작가는 찾아보기 힘들다. 밀턴은 영원한 섭리를 주장했고 하나님이 인간들에게 뜻을 행하시는 방법들을 정당한 것으로 옮겼다. 키이츠(Keats)는 진리와 미(美) 사이의 관계를 밝혔다. 휘트먼(Whitman)은 민주주의를 축하하는 작품을 남겼다. 그런데 오늘날, 그러한 주제들은 자기 의식적 모순처럼 취급될 뿐이며 풍자나 웃기는 농담이 되고 있다. 대개의 현시대 작가들은 어떤 주장을 하는데 있어서 적지 않은 애로를 지니게 된다. 분명히 말해서 많은 포스트모더니스트 작가들은 중요한 논쟁사항에 그야말로 열정을 가지고 몰두하여 흔히 사회, 정치적인 이슈들을 다루는 것으로 파악되고는 있으나 그들의 작품이 갖는 힘은 현시대 사상에 대한 철학적 빈곤 때문에 무력하다. 전통적 절대 진리들(眞, 善, 美)이 없는 상황 속에서 예술을 위한 위대한 주제들이 사라지고 마는 것이다. 작가들은 속 빈 조개껍데기만 가지고 실체는 없이 관습만 있는 작품 활동을 하는 것이다.

신 저널리즘

문학을 관습에 불과한 것으로 전락시키고 허구와 진리 사이의 구분 점들을 흐려놓는 행위는 또 다른 결과를 낳게 되어, 실존도 별다른 것이 아니고 다만 관습의 문제라는 주장을 태생케 한 것이다. 포스트모더니스트의 정통적 신조는 형이상학 소설과 신 환타지(the new fantasy)에 있어서 뿐만 아니라 "신 저널리즘(new journalism)"과 "초현실주의(super realism)"에 있어서도 그 존재를 뚜렷이 나타내고 있다.

포스트모던 문학은 역사나 그 밖의 외부세계에 대해서도 문을 열어 두고 있다. 그래서 역사소설이 다시 유행이다. 이것은 모더니스트 문학으로부터의 신선한 변화라 할 수 있고, 또한 작품의 역사적 관점을 최소화하고 20세기식 배경을 더 좋아하는 경향도 보이고 있다. 불행히도, 진리를 조명하기 위해서 소설을 사용하지 않고 많은 포스트모더니스트 작가들이 진리의 대용품으로써 소설을 이용하고 있다.

오늘날 가장 인기 있는 작품형태들 가운데 하나라 할 수 있는 "신 저널리즘"을 한번 생각해 보자. 얼마나 많은 베스트셀러들이 섬뜩한 범죄와 추문(scandals)의 내막, 선정적인 전기(轉記), 사건 파헤치기 등의 "실제"사건들을 취급하고 있는지 주목할 필요가 있다. 이런 것들을 흔히 "논픽션 소설(nonfiction novels)"이라 한다.

"신 저널리스트들"은 실제 사건을 가지고 글을 쓰지만, 소설적 기법을 사용한다. 그들은 사건에 개입된 "인물"들의 관점에서 사건들을 제시한다. 그들의 관점으로 묘사도 하고 대화도 하며 심지어 등장하는 다양한 사람들의 사상들까지도 전한다. 그런 책들은 대개 분명하게 정해진 구성을 가지는데 영웅들과 악당들로 완결되어져 있다. 물론 두 사람이 말하는 것을 정확하게 안다거나 그들이 생각하고 있는 내용을 훤히 들여다보는 작가는 하나도 없다. 또한 실제의 삶에서는 우리가 소설의 멜로드라마나 의혹사건, 그리고 음모 등에서 익숙해 있는 앞뒤가 꼭 맞아 떨어지는 구성이 있는 것도 아니다.

신 저널리스트들은 소설가들이 하는 것과 똑같은 방법으로 자신들만의 의도에 맞추어 소재를 꾸미는데 대해 부담이 없다.

이 새로운 기법이 역사 사건들을 "되살아나게" 하기도 하지만 전개과정에서 진실을 왜곡하지 않을 도리가 없다. 진실이 허구화된다는 뜻이다. 텔레비젼의 다큐드라마나 올리버 스톤(Oliver Stone)의 가짜 다큐멘터리들처럼 사실과 허구가 서로 빠져나올 수 없게 얽혀 있다. 독자와 시청자들은 이것이 모두 사실이라는 인상을 갖게 되는데, 그것을 읽는 동안에 그 사건을 대리 경험하는 수준으로 생생하게 느끼기 때문이다. 영화나 텔레비젼 쇼의 경우에는 사람들이 자기의 눈으로 직접 그것을 처음부터 끝까지 목도하게 되는 것이다. 그들은 예술작품을 근거로 한 그들의 의견을 자주 바꾸는 습성이 있다. 그러나 그들이 근거로 삼고 있는 그 작품 자체가 거의 상상력으로 이루어진 내용임을 잊고서 그렇게 하는 것이다.

포스트모더니스트들은 "우리의 진리관은 항상 상상으로 구성된 이런 저런 종류의 '허구들(fictions)'"이라는 말로 그들의 왜곡행위를 정당화 시키고 있다. 신 저널리스트들은 자기들이 하고 있는 일을 정확하게 알고 있다. 그리고 객관성의 부재와 자기들의 편향(片向)에 대한 아무런 꼬투리도 남겨 두질 않는다. 포스트모더니스트들이 진실과 허구 사이의 경계를 의식하지 않다 보니 자기들이 "사실주의적"일 때조차도 그들은 객관성을 거부하며 구태여 진리는 상대적이라는 입장을 유지하려고 한다. 마빈 올래스키(Marvin Olasky)는 저널리즘의 본연의 의도가 객관성을 위한 모더니스트적인 노력[첫째"정확한 사실을 제시하고 그 다음에 폴크너주의(Faulknerian)적인 다각도의 관점과 견해를 주도록 하라는]으로 부터 포스트모더니스트적인 객관성에의 거부와 오늘날의 저널리즘의 부차적인 편향 쪽으로 어떻게 기울어 버리게 되었는지를 보여준 바가 있다.15) 실존을 환상으로 만듦으로써 독자를 즐겁게 할 수는 있지만 그러나 그것 역시 그들에게 거짓말을 하는 것이다.

---

15) Marvin Olasky, Prodigal Press: The Anti-Christian Bias of the American News Media (Westchester, IL: crossway Books, 1988), pp. 59-71.

초현실주의(Super Realism)

　모더니즘은 추상적인 예술을 증진시켰다. 예술작품은 그 자체에 의미가 들어있는 가공물이었으며 어떤 설명이나 그 자체 이외의 여하한 의미에 의해서도 고유의 작품성이 더럽혀져서는 안 되는 것으로 되어있다. 가장 특징적인 그림들이란 바로 비 상징성, 즉 "무엇인가에 대한" 그림이 아닌 것이었다. 그런 그림들을 보면 색깔과 형태를 어떤 심미적 디자인으로 묘사하고 있는 작품들이었다.

　오늘날 상징적 예술이 다시 등장하고 있다. 그러나 항상 아름다운 경치나 전통 예술의 초상(肖像)만은 아니다. 당신이 미술 박물관에 들어가면 여러 화랑(전시관)들 중 어느 한 곳에서 수위가 무언가를 걸레로 닦고 있는 것을 목격하게 된다. 한참 후에 그 수위가 움직이지 않고 있음을 알아차린다. 가까이 다가서서 보면 전신에 옷을 갖춰 입고 모자를 쓴 이 모습이 진짜 사람이 아니라는 것을 알게 된다.

　그것은 미술작품이다. 당신은 놀라며 얼마나 진짜 사람과 똑같은지 감탄을 한다. 그 옷이나, 색채, 자세, 머리며 얼굴 등, 모든 것이 정확하다. 피부에 있는 털구멍까지 영락없는 사람이다. 그것은 불안정성을 효과로 나타내고자 하는 작품이다. 이것은 정확한 인간의 모습이다. 그러나 거기에는 생명이 없다. 마치 시체를 바라보는 것과 같다. 그러나 그 효과는 이상스럽게 재미가 있다. 그런 종류의 예술을 볼 때, 대부분의 사람들은 웃는다.

　이런 부류의 조각 작품이 전국에 걸쳐 전시관들마다 인기가 있다. 추상미술의 전시관들을 둘러 본 다음에 사람들은 자기네들이 알아 볼 수 있는 무언가를 가서 감상하기를 즐긴다. 과도하게 사실주의적인 이러한 밀랍모형들에게서는 겸손을 지난 비하와 풍자의 분위기가 스며 나온다. 그들은 추한 모습을 내보이려는 경향이 있으며 우둥퉁한 여인들이라든지, 육체노동자들, 또는 초라한 행색의 여행객들을 주로 그린다. 그들을 보고서 웃음이 나오는 이유는 그들을 만든 미술가가 그것들을 놀림감으로 생각하면서 만들고 있기 때문이다. 그 형상들은 이중적이다. 생명만 없는 것이 아니라 존엄도 없이 그려진다는 것이다. 분명히 말해서 그것들은 사실주의적이다. 그러나 사실이기엔 뭔가가 빠져있다는 사실이 있다.

육체적으로 정확한 이러한 마네킹들 중 하나를 램브란트(Rembrandt)가 그린 초상화 한 점과 비교해 보라. 그는 인간이라는 존재를 하나님의 형상으로 창조된 자로 간주한 사람이다. 그의 초상화가 그다지 사실주의적이지 않고, 미세한 부분까지 그렇게 집착하지는 않았을지 모르나 생명의 빛만큼은 밝게 빛나고 있을 것이다. 램브란트의 초상화는 소중한 영적 고귀함을 부여받은 인간 영혼의 깊이들을 잘 살펴 보이고 있다. 현시대의 사실주의는 세부적인 겉모습에 집착한, 그러나 내면적인 것은 하나도 드러나지 않는 표층만을 나타내고 있다.

"초현실주의"라고 알려져 있는 포스트모더니스트의 형식 속에서 예술가들은 흔히 사진을 놓고 작품을 만들며 흐릿한 영사기로 그림이나 사진을 캔버스에 투영시킨 다음 그대로 페인트를 칠한다. 이런 미술행위의 결과 완전히 무표정한 평면으로 이루어져 있으면서 사실주의적인 면을 강렬하게 띤 이미지가 나오게 된다. 그 주제들은 전형적으로 문화적 인공물(人工物)의 표현인데 대체로 도시나 도시변두리의 지저분한 장면들, 즉, 녹슨 괴물 같은, 또는 찌그러지고 비틀린 자동차들, 네온사인, 패스트푸드 식당, 고가도로 포장길, 바닥재 리놀륨, 뚱뚱한 여인네들이 초라한 옷을 입고 있는 모습 등이다.

동시대 문학에서 초현실주의는 싸구려 셋방에 사는 육체 노동계급의 인간들에 관한 별도로 적힌 이야기 속에서 두드러지게 나타난다. 이 작가들이 자꾸만 상표 이름들을 되뇌이기 때문에 그런 스타일을 "K-Mart 사실주의"라 불러오게 되었다. 바비 앤 메이슨(Bobbie Ann Mason)의 글에서 옮긴 다음의 내용은 미술을 통한 초현실주의의 특징을 말해주는, 형식과 색깔의 그 느낌을 잘 나타내고 있다.

그들은 페니(Penny)의 향수 판매점에 간다. 거기가면 그녀는 늘

샹띨리(Chantilly)나 샤를리에(Charlie) 등, 강력한 코롱제품의 향수 샘플을 달라고 한다. 오늘 그녀는 샘플 병 두세 개를 얻은 다음 꽃밭처럼 향내 나는 페니의 상점을 나선다…… 돈을 지불하고 쟝네뜨(Jeannette)는 로드니(Rodney)에게 선물을 하나 사준다. 그것은 소형 트램폴린(천의 탄력으로 점프하여 공중에 뛰어 올라 회전 동작 등을 하는 도구)으로 그들이 텔레비젼에서 광고하는 것을 본 물건이다. 그 물건은 '미스터 뜀틀'이라고 이름이 붙어 있다. 로드니는 트램폴린을 받고 몸에 전율이 생겼고 위에 올라가서 얼굴이 벌겋게 상기될 때까지 껑충 껑충 뛰어 본다. 쟝네뜨는 자기가 봐도 즐겁다는 생각을 한다. 그 뜀틀을 잔디밭에 놓고는 교대로 올라서서 뛰어본다. 그날 밤에 그녀는 뜀틀에 대한 악몽을 꾼다. 꿈에 그녀는 부드러운 이끼 위에서 뜀뛰기하는데, 조금 있다가 보니, 그녀는 이끼가 아닌 용수철과 같은 기능을 하는 죽은 시체들의 더미 위에서 뛰고 있는 것이다.16)

그 짧고 단조로운 문장들을 눈 여겨 보라, 그리고 지루한 음조, 정서와 영적인 삭막함, 그 속에 내재된 보통사람들에 대한 경멸 등을 주시하라. "최대한의 단조로운 경치 속에서 더할 나위 없이 단조로운 등장인물들이 최고의 단조로운 어법으로 묘사되고 있다."17)

묘사적 집착을 가지고 외부세계를 모방한다는 것은 예술에의 또 다른 비인간화의 방법이다. 예술가가 이미 더 이상 자체적 본연의 시각을 "창조"한다거나 "표현"할 수 없게 되어버리기 때문이다. 그보다는 그런 사람은 노예처럼 외부형상을 그대로 모방하는 것이며 대개는 진실한 성의가 없는 상업문화의 소산들을 모방한다. 예술적인 기술이라는 것은 비인간적인 처리가 이루어지는 곳에 뒤따르게 되어 있는 것이다. 예술가나

---

16) Bobbie Ann Mason, "Big Bertha stories," in *Literature: An Introduction to Fiction, Poetry, and Drama*, 5th ed., ed. X. J. Kennedy (New York: Harper Collins, 1991), pp. 428-429.
17) Quoted in Harvey, p. 58.

주제 모두가 인격이 고갈되어 버린 것이다. 초현실주의는 예술에 대한 "인간미 넘치는" 관점을 포스트모더니스트의 사상에 맞게 뒤바꾸는 일을 한다.

전통예술은 상징적인 것이긴 하지만, 그 예술이 지닌 관심은 외부로 드러나는 형상만의 의미를 초월한다. 예술가들은 그들이 묘사하고 있는 것의 의미를 고려해야 했다. 그리스의 동상이 실제와 똑같은 근육을 가진 운동선수를 묘사한다는 느낌이 우선할지는 모르나 작품의 의도는 완전함의 이미지를 전달하려고 노력한 것이라는 점이다. 그리스인들은 예술 속에 그들의 이상(理想)의 매력을 표현했다. 실제 그리스의 어떤 운동선수도 동상처럼 생긴 경우는 없었다. 고전의 풍경화들은 전형적인 자연의 완전함을 전달하려는 노력이다. 반면, 로맨스 시대의 풍경화는 자연의 거친 모습과 장엄함을 묘사하고 있다. 초상화는 그 주제의 모양뿐만 아니라, 그 인간의 성품까지 드러나게 그려진다. 각각의 경우에 예술가는 그림의 전형적인 구성에 역시 관심이 있을지도 모른다. 즉 색채와 형태의 균형을 볼 것이다. 요컨대 전통예술은 항상 외부세계와 예술가의 표현, 즉 외형과 거기에 내재된 의미 사이의 상관작용에 기준을 두고 이루어져 왔다.

기독교와 같은 포괄적인 세계관이 상실되면서 예술은 찢겨지게 되었다. 모더니스트 예술은 외부세계와 분리된 의미를 장려했다. 포스트모더니스트 예술은 의미와 분리된 외부세계에 대한 강조를 증진하고 있다. 예술이 표현 아니면 상징, 의미 아니면 외형, 실존 아니면 허구, 진리 아니면 관습 등, 각각 양자 중 한가지의 것으로 되어 버린 것이다. 모더니스트나 포스트모더니스트 모두는 예술은 양쪽 모두 해당될 수 있다는 것을 잊어버린 채 그대로 진행해 오고 있다.

제3부
포스트모던 사회

제8장
신(新) 종족주의

　평상시의 어느 날 저녁, 한 미국인 가족이 그들의 일본제 승용차를 몰고 멕시코식 식당에 가서 식사한다. 그런 다음 튜돌(Tudor)왕가 같은 집에 돌아와 TV로 서부극을 감상하고 레게(reggae)식 록 음악을 듣는다. 현시대의 문화는 포스트모더니스트 미술처럼 분명히 취사 선택적이다.[1] 다양한 스타일과 문화에 둘러싸여 있기 때문에 우리는 글로벌 스칸디나비아 요리점에서 고르고 선택하듯이 취하고 있다. 우리가 다원주의적인 세계에서 살고 있다는 이야기를 더러 듣는다. 또한 세계경제의 구조 속에서 일을 하고 있으며 다문화적 지식을 발전시켜야만 하리라는 말도 듣고 있다.
　이러한 다문화적 지식의 한 가지 효과는 더욱 상대주의적인 면이다. 문화가 다양하고, 따라서 생활과 사고방식도 다양한데, 누가 어느 것이 옳다고 말할 수 있겠는가? 우리의 서구 정신적 체계만이 유일한 진리이고, 모든 다른 문화들은 잘못된 것들이라고 말하는 것은, 오만의 극치로 들린다. 다원주의 시대에서는, 어느 하나의 관점이 진리를 독점하는 것

---

[1] 이 점은 David Harvey의 다음 저서에서도 비슷한 설명과 함께 지적되고 있다, *The condition of Postmodernity* (Cambridge, MA: Basil Blackwell, 1989), pp.87-88.

은 있을 수 없는 것처럼 되어있다. 거기에서 벗어난 사고는 그 사람으로 하여금 무지 때문에 눈이 어둡고 세계의 다양성 앞에 편협한 자, 민족 중심주의자로 낙인찍히게 하는 일이다.

그와 반대로 포스트모더니즘이 형식주의적인 다양성을 증진시키는 한편, 형식의 문제를 겉모습의 문제로 전락시키고 있기도 하다. 타코벨(Taco Bell)에서 베리또(beritto)를 먹는 것이 멕시코인들의 경험과 역사와 가치관 속으로 들어가 보는 것과 맞먹는 일인가? 일제 CD플레이어로 레게음악을 듣는 것이 서인도제도나 일본과 함께 다문화적인 만남이 될 것인가? 현시대 서구인들의 타문화에 대한 이해는 흔히 수박 겉핥기 식이라서 마치 여행자가 또 다른 문화 속에 깊이 몰입해 보지는 않은 채, 문화적인 이중구조의 샘플을 몇 개 수집하는 것과 다르지 않다. 만일 모든 가치 기준들이 상대적이라면 어느 것 하나도 진지하게 받아들일 것이 없게 된다.

포스트모더니스트의 다문화주의는 모든 문화들에 대한 존재자체를 확인해 줄 수는 있을지 모르나 중요한 점은 그렇게 하는 과정에서 그 모든 문화들을 파괴하게 될 수도 있다는 사실이다.

요컨대, 실제적으로 각 문화들은 엄격한 민족적 사고와 행동의 지침(指針)들을 내세우고 있다는 점이다. 멕시코에서부터 아프리카에 이르기까지 가족이라는 존재의 결속은 강력하고 성적인 혼교(混交)는 엄격하게 금지되어 있다. 우리의 문화 말고는 어떤 다른 문화도 절대 진리 같은 것은 없는 것으로 가르치지 않는다. 외설문화와 소비자 제일주의, 그리고 도덕적 전통과 권위를 향하여 온통 둘러 진치고 있는 회의주의는 전통문화들을 파괴하고 있다.

포스트모더니즘은 각 문화들의 수준을 높낮이가 없는 것으로 만드는 동시에 문화들 간의 차이점을 과장하기도 하는 양면적인 결과를 보이고 있다. 포스트모더니즘은 사회를 잘게 부스러트려서 논쟁을 발생시키거나 서로가 이해하기 힘든 문화들, 그리고 소 문화(小文化)로 복잡하게 흩어 놓았다. 심지어 단일사회 내에서도 사람들은 생활의 자체 충족적인 공동체들 그리고 서로 싸우는 이익집단들로 잘게 나뉘어져 있는 것이다. 기독교 그 자체가 특정인종의 집단화가 되어 버린 것이다. 보스니아에서부터 미국의 여러 대학교에 이르기까지 우리는 신 종족주의(新 種族主義)가 나타나고 있음을 본다.

분열(分裂)

"사회가 수 백 개의 문화 조성자(造成者) 숭배사상과 소문화로 쪼개지고 있다. 각각의 사회는 고유 언어와 기준, 그리고 라이프스타일을 지니고 있다."고 어느 기자가 관찰한 바 있다.2) 사회의 여러 가지 변화와 기술개발, 그리고 포스트모더니스트 사상이 하나의 통일된 민족 문화의 근원적 원칙을 붕괴하고 있으며 각 개개인은 수많은 소 문화들 속에서 그들의 정체성을 확인하도록 강요당하고 있는 것이다.

모든 자들의 공동 지붕이 되어주는 문화적 정체성을 잃었다는 것은 사회학이나 기술의 관점으로 보려고 할 경우엔 부분적으로 설명될 수밖에 없다. 가정의 파괴 또한 모든 수준에서 재앙적 결과를 낳고 있다. 우리의 자식들은 가장 기본적인 삶의 틀도 안정되어 있지 않은 처지에서 지속성이나 영속성의 느낌을 발전시키기 어렵게 되어있다. 부모가 이혼했다거나 부모의 재혼에 따라 완전히 이질적 가정에 적응 할 수밖에 없는 아이들(또는 그런 경우가 한번만 있는 것이 아니고 거듭된 아이들)이, 상대주의자가 되도록 커간다는 것은 당연한 일 일지도 모른다. 그러나 그러한 아이들이 불안정한 가정이 얼마나 비참할 수 있는지를 알기에, 자라나서 결속력이 강한 가정을 이루는 일도 많다. 이것은 특히 교회내의 가정에서 명백한 모습이다.

자동차들 주(州)와 주(州)를 연결하는 하이웨이들, 그리고 항공여행 등, 역시 지역과 거리의 감각을 손상하게 해 오고 있다. 요즘은 어릴 때 자랐던 곳과 동일지역에서 성인이 되어서도 여전히 살고 있는 사람은 아

---

2) Philip Elmer-Dewitt, "cyberpunk!" *time*, 8 February 1993, p. 62.

주 드물다. 세대마다 뒤를 이어서 같은 이웃이나 소도시 속에 사는 것이 습관이었으며 대가족(大家族)을 이루어 서로 어울려 살며 상부상조했었다.

그런 방식으로 안정된 환경에서 가까운 인간관계를 형성하며 살아가는 것이 뿌리를 아는 공동체 의식을 심어 주었다. 그런데 이제는 그것이 없어진 것이다.

분명히 말해서 많은 개개인들은 그런 밀접한 관계로 이루어진 공동체 사회를 숨막힐 정도로 답답한 것이라고 생각하기도 했다. 초기에 미국으로 건너와서 정착한 사람들도 그들이 속하여 살았던 옛 사회를 그렇게 생각했었던 것이 뻔하다. 그들은 조상 대대로 알아 온 마을, 유서 깊은 지역에서 대가족을 이루며 살다가, 미국의 드넓은 야생의 자유를 찾아 떠나왔던 것이다. 개척자들도 마찬가지였는데, 그네들의 방랑벽으로 인해 국경까지 다다라 자리를 잡게 됐던 것이다.(The Laura Ingalls Wilder에서 펴낸 책들은 미국 문화와 가족의 가치관에 대한 훌륭한 모델들을 보여주고 있다. 그러나 그러한 가족이 자동차의 도움이나 주와 주를 잇는 하이웨이 없을 경우에 얼마나 자주 이동을 했는지 눈 여겨 보거나 생각해 본 일이 있는가?)

그럼에도 불구하고 개척자들은 함께 일을 했으며 강력한 핵가족에 의존하며 살았다. 미국문화는 고르지 못한 개인주의와 공동체 또는 가족과의 균형을 이루는 길을 알고 있었다. 오늘날 우리가 단체적 일체감이나 자기중심적인 고립주의로 극단적인 치우침을 보이게 되면서 그 섬세한 균형을 상실할 때가 많다.

모더니즘이 사회에 적용되면서 사회는 동질화되어 갔다. 진보라는 명목으로 과거의 전통을 말살함으로써 단일성이 성취되었다. 기술적 표준화로 말미암아 지역의 거리감이나 지방의 일체감이 부식되어 버렸다. 전국 규모의 연쇄점들이 지방산업을 밀어냈다. "잡숴보세요"라고 쓰인 카페나 "집에서 만든 음식과 같은 것을 판다"는 뜻의 간판들이 헐리고 자로 잰 듯이 똑같은 맥도날드의 상호들이 그 자리를 차지했다. 현대화의 결과로 모든 소도시들, 교외지역, 그리고 대도시들 속에 있는 상업지구의 면모들이 너무나 똑같은 모습을 하고 있다. 찰스톤(Charleston)에서부터 부르클린(Brooklyn), 데모인(Des Moines)에서부터 베이커스 필드(Bakersfield)에 이르기까지 너나 할 것 없이 라디오 음악방송 진행자들은 똑같은 억양으로 말을 한다. 현대의 미국에서는 전 국민이 같은 텔레비전 프로그램을 보며 같은 음악을 듣고, 옷도 같은 것을 입고 있다.

모더니즘시대의 기술혁신으로 지역적 정체성을 희생시켜가면서 일정한 통일을 창조한 한편, 포스트모던의 기술개혁은 그 방향을 뒤집어 놓고 있다. 한때는 기술이 통일성을 부추겼지만, 이제는 기술이 다양성을 증진하게 될 만큼 멀리 앞서 나간다. 텔레비전 방송망은 국가전체가 정보와 오락을 위해 3개의 중앙통제 방송망에 의존하게 만들어 놓음으로써 사회자체를 동질화시켜 놓았다. 반면에 케이블TV는 엄청나게 많은 채널 중에서 어느 것이든지 선택해 볼 수 있도록 해주고 있다. 방송(放送)이 협송(俠送)에게 밀려나고 있고 협송의 채널들은 청중으로 하여금 특정의 흥미에 맞춰서 특정의 소규모 시청자 부류로 잘게 나뉘도록 하고 있다.

이제 우리는 공상과학 영화를 보내주는 채널이 있는가 하면 스포츠와 코미디, 건강, 그리고 뉴스채널을 골고루 가지고 있다. 순 골프채널이 있어서 골프광들은 24시간 다른 사람들이 골프 치는 것을 스릴 있게 구경할 수도 있다. 여성을 주 대상으로 하는 채널이 있으며 흑인들, 아니면 스페인계 사람들을 겨냥한 채널도 있다. 기독교인들을 대상으로 하는 채널도 있다. 협송(俠送)의 막강한 저력은 아직 충분히 발휘된 것이 아니다. 모든 케이블 방송사는 방송망들로부터 옛날 프로그램을 따와서 재방송을 쉴 틈 없이 내보내며 "앤디 그리피스(Andy Griffith)"와 "길리건의 섬(Gilligan's Island)"에 대한 에피소드들을 계속해서 보여주고 있다(포스트모던식 과거 보전 형태라 할 수 있겠다). 그러나 새로운 광섬유 기술이 사용되면 머지않아 수 백 개의 새 채널이 등장할 수 있게 될 것이고 청중은 더욱 세분화되어 질 것이다.

포스트모던식 역사보전 운동에 눈이 뜬 지역의 공동체들은 지역도시들의 빌딩에 있는 플라스틱 겉면을 뜯어내고 옛날의 다채로운 모습으로 복구하고 있다. 광고판, 네온사인, 그리고 패스트푸드 가맹점들은 규제에 따르도록 지도해야 하는 대상이 되고 있으며 어떤 공동체 사회들은 지역적 감각이나 지방의 개성을 회복하려는 노력도 하고 있다. 그러한 시도를 포스트모던식으로 하게 되면 실체보다는 겉모습을 다루게 되는 경우가 흔하다(개발업자들은 일부러 애써서 빌딩의 외관을 풍요로운 19세기식 풍모를 지니도록 복구하고 안쪽에는 쇼핑몰을 갖추어 놓는다). 그러나 이것은 발전을 명분으로 하여 역사와 개성을 밀어 제쳐버렸었던 기술적인 표준화보다는 비교적 개선된 것이라 할 수 있다.

그러나 세분화라는 것이 판매 전략이나 다양성보다 더 큰 의미가 있다고 생각한다. 사람들은 그들의 정체성을 자기 자신들, 가족, 그들의 공동체사회나 국가 속에서 찾는 것이 아니라, 그들이 소속된 그룹 안에서 발견한다.

시민권운동(The Civil Right movement)은 이 나라(미국)에서 소수민족들의 처지에 대한 관심을 끌게 하였고 미국 흑인들의 제도적 권리를 보장케 하는데 유익을 주었으며 타 집단들에게 자기들의 특별한 요구를 주장하도록 본보기가 되어 주었다. 미국 인디언, 스페인 계, 그리고 아시아 계 미국인들 역시 그들의 시민권을 보장 받으려고 세력형성을 시작했다. 그러자, 여성해방운동의 바람이 불어 여성들도 시민권차원의 보호가 필요한 억압받는 그룹이라고 주장하게 되었다. 나중엔, 동성애자들까지 자신들을 박해받는 소수라고 내세웠다. 이윽고, 소수그룹 과다증이 나타나 장애인들, 베트남 참전용사들, 에이즈희생자들까지 제각기 차별의 희생자라고 외치며 연방정부의 시정을 요구하고 나섰다.

한편, 미국의 정치는 다른 방향으로 분절이 되고 있었다. 전통적 양대 정당의 영향력이 시들면서 정치계는 특수 이익집단들의 각축장이 되어 가고 있었다. 환경운동가들은 상공위원회와 싸우고 반핵 단체들, 흑인민권운동가들, 동성애자 연합, 여성해방단체들, 기타 특수이익집단들이 로비스트를 앞세우거나 시위를 통하여 그들의 집단 구성원 숫자보다도 훨씬 상회하는 영향력을 행사하고 있다.

특수이익단체들을 비난하려는 것은 아니다. 포스트모던 시대에는 그것이 바로 정치 형태의 방식이며 기독교인들은 그와 같은 게임을 할 줄 아는 방식을 배우지 않을 수 없게 된 것이다. 낙태 반대 운동가들은 데모를 벌였고 로비도하는 한편, 정치적 압력을 행사했다. 기독교인 임신중절 반대자들은 훨씬 더 막강한 낙태지지파에 대응하기 위해 많은 일을 해오고 있다.

그러나 정치적 파벌세분화에는 문제점이 있다. 그것은 논쟁이나 설득을 위한 공통의 장(場)을 파괴한다. 환경운동가들과 벌목꾼들, 미국 시민자유연합과 외설문화반대자들은 입장전개의 공통된 틀을 전혀 갖고 있지 않다. 낙태 반대론자들은 호전적으로 낙태 선택의 자유 옹호론을 주장하는 사람들과 낙태를 논한다는 것이 어렵다는 것을 안다. 성경적 도덕성에 호소하고 제도적 생존권, 자궁내의 생명체 성장에 관한 과학적 사실들, 낙태기술의 야만성 등에 호소하는 일들, 이러한 객관적 쟁점들에 대해 아무런 중요성도 느끼지 못하는 사람들이 있는데, 그들은 객관적 진리가 없는 세계관을 가지고 있으며 여성의 임의적 선택을 능가하는 도덕적 기준이 없다고 생각하고 정통여성해방론자의 정치 정당노선을 무비판적으로 수긍하는 사람들이다.

공통의 철학이나 언어를 가지고 있지 못하므로, 이들 특수이익집단들은 서로 상대방을 설득할 수도 없고 모방일망정 타협조차도 할 수가 없다. 그들은 오로지 서로에게 세력을 행사할 수 있을 뿐이다. 이기는 쪽과 완패하는 쪽이 있을 뿐인 추악하고 무자비한 투쟁이다. 사회의 다수 소집단화는 상이한 그룹으로 하여금 적대적 자세를 취하게 하여 노인들을 젊은이와 싸우게 만들고 흑인과 한국인 그리고 스페인 사람들을 서로 싸움의 구덩이에 집어넣는다. 계층간 갈등의 반향으로 빈곤층과 중산층, 그리고 부유층이 모두가 그들의 경제문제에 대하여 상호 비방에 열을 올린다.

도덕적 가치기준을 두고 벌이는 토론이 폭발하여 "문화전쟁"으로 비화되면서 정당이 분열되고, 학교위원회, 심지어 교회들까지 분규로 몰아 간다. 레이스 앤더슨(Leith Anderson)이 지적한 바와 같이 "문화와 교회는 더 심화된 다양성, 증가된 소집단 세분화, 극단화, 분파분열, 심지어 적개심으로까지 빠져 들어가고 있다."

앤더슨은 "21세기 교회는 세례의 형식 등에 대한 이견 때문에 분규가 일어나는 일이 적어지고 인종, 금전문제, 낙태, 동성애, 그리고 성별역할(性別役割)에 대한 의견 분열이 더 많아질 것"이라고 믿고 있다.3) 사람들은 도덕적인 쟁점에 관하여 비록 그들이 공통의 진리를 가지고 그것을 뒷받침 할만한 능력이 점점 더 약해지고 있으면서도 강한 의견들을 계속 지니고 있으려 한다.

요컨대, 크리스챤들 역시 문화의 통합 속에서 한 부분을 이룬다기보다, 사회의 여러 분파중 하나라는 사실이다. 교회는 지금 소문화(小文化)의 하나가 되어가고 있는 중이다. 크리스챤들은 자신들만의 서점이 있고 그들만의 시대적 음악이 있으며 고유의 텔레비전 네트웍과 학교들을 가지고 있다. 여러 면에서 크리스챤들은 세속의 문화와 평행을 이루는 문화 형성을 해오고 있다.4) 크리스챤들이 세속적 영역에서 몸을 뺐다기보다는 그들로부터 축출되어 왔다고 보는 편이 더 나을 것이다. 그러나 기독교의 집단화는 포스트모던 문화 속의 소집단화라는 거대한 추세에서 나타나는 한 모습으로 간주되어야만 한다.

지배적인 이데올로기들은, 종교적 소집단들을 자기 충족적 집단(자기들끼리 알아서 삶에 필요한 수요공급을 해결해 나가는)으로 표시하면서 자주 다루어 왔다. 종교를 단지 또 하나의 소문화로 격하시키는 것은 기독교를 사회적으로 무시하고 그 주장들을 잠잠케 하는 방법이다("당신네 낙태 반대자들은 자기들의 종교를 타인들에게 강요하고 있을 뿐이

---

3) Leith Anderson, *A Church for the Twenty-first Century* (Minneapolis: Bethany Houst, 1992), p.33.
4) See Kenneth A. Myers, *All God's Children and Blue Suede Shoes: christitians and Popular culture* (Westchester, IL: crossway Books, 1989), pp. 17-23.

요"). 반면에 종교적 세분화는 의도하지 않은 결과를 초래할 수가 있다. 유태인들은 박해의 수단으로 집단화되도록 강요되었던 것인데, 그 결과 생명과도 같이 강한 유대감을 가진 유태인 공동체를 형성시키는 이차 효과를 가져왔다. 뭔가 비슷한 일이 기독교에게도 닥쳐올지 모른다.

많은 사람들이 "현대적 사고를 지닌 자들"에게는 기독교가 믿을 만한 것이 못되며, 모든 초자연적인 사상들은 단순히 시들고 사라져 버릴 거라고 주장했었다. 그런 사상은 모더니즘의 많은 실패한 예언들 중 또 다른 한 개일 뿐이다. 포스트모던 사회는 기독교가 들어갈 수 있는 최소한의 빈자리를 허용하고 있다. 그들만의 문화적 공간에서 기독교인들이 더욱 강력한 정체성을 발전시키고 공동체의식이 더 풍성해져서 더욱 강한 믿음을 가진 교회가 되어 가는 것은 당연하다고 할 것이다.

다문화주의

다문화주의적 학설은 사회의 세분화를 심화시키고 있다. 학자들은 우리의 복수(複數)주의에 초점을 맞추고 다양성이 좋은 것이라고 하는 포스트모던적 전제(前提)를 증진시키고 있다. 그들은 또한 절대 진리나 우주적 보편원리를 주장하는 서구문명을 고발한다. 그러한 결과 인종차별, 제국주의, 성차별, 동성애 공포, 또는 모든 후기 마르크스주의자적인 죄악들을 초래한 것이다.

오늘날, 대학교들과 그들의 영향력의 범주에 들어 있는 것들은 공립학교들, 뉴스매개체들, 모든 단계의 정책 수립자들을 포함하여 단일적인 미국 문화의 개념을 파헤쳐서 "혼합문화" 국가를 설립하려고 있다.

모더니즘 이전의 국가들은 자체적 문화를 증진시켰었다—그 이외의 것이 있기나 했었는가? 모더니즘이 들어오더니, 모든 문화에 보편적으로 적용할 수 있는 객관적 과학지식을 옹호하면서 문화의 중요성을 허물어트렸다. 모더니즘 시대의 기술과 발전한 교육이 "미개발 국가들" 즉, 전통적인 아프리카와 아시아 문화에게 도전이 되기도 하였으며 그들을 혼란에 빠트리기도 하였다. 그러나 모든 종족의 국민들은 근대화를 통해 가능케 된 건강증진과 높은 생활수준을 매우 환영했다. 근대 이전이나 근대의 사상체계들 모두가 그들의 교육이 객관적 정보를 가르친다는 주장에는 차이가 없었다.

사실상, 근대 이전이나 근대시대나 모두 "문화"에 대한 의식이 그다지 크지 않았다. 한 집단의 사람들이 그들의 삶을 위에서부터 이어받고 관습을 물려받는다는 정도였다. 어느 한사람도 우리의 전체적인 정체성을 정의하며 우리가 사고하고 행동하는 모든 것을 결정지으려는 저의를 가진 포스트모더니즘과 같은 감각에서 "문화"를 생각해 보질 않았다. 그 대신 사람들은 어느 특정 사회의 수동적인 존재적 입장에서의 세력보다는 능동적 성취사항들에 대해 주목하는 차원에서 "여러 문명들"에 대해서 이야기하였다. 약간은 구조적이고 사회적 세력과 정체성을 모두 포괄하는 의미에서의 문화라는 단어는 실상 새로운 용어로써,5) 물리학이 모더니즘을 지배하는 원리였던 것과 마찬가지로 포스트모더니즘의 지배적 원리인 사회과학으로부터 나온 관념이다.

미국은 언제나 전 세계 출신의 사람들이 모여서 이루는 "다문화적" 사회로 되어져 왔다. 미국이 외치는 구호는 "e pluribus unum", 즉 "다수와 다양성 중의 하나"요, "다수를 이루는 개체"인 것이다. 많은 주(州)들이 모여 하나의 공화국을 이루듯이 많은 국적 출신의 사람들과 이민족 집단들이 합하여 한 나라를 이루어 온 것이다. 이민 들어온 사람들은 그들이 원하는 어떤 문화를 소유한다 해도 되도록 해왔다. 그러나 시민권을 획득하려면, 그들은 민주주의 이상(理想)속에서 강력한 훈련을 겪어야만 하는지도 모른다. 자유, 평등, 그리고 자치(自治)의 미국적 원칙들은 보편성을 인정받았다. 이러한 독특한 미국적 유산은 단순히 하나의 문화이기보다는 "형이상학적 문화", 즉 다양한 민족들에게 단일국가를

---

5) 문화를 이런 식으로 정의한 것은 1933년도에 발행된, 영어 단어의 역사에 대한 권위 있는 안내서인 옥스퍼드 영어사전에서 조차도 나와 있지 않다. 그러나 1989년에 발행된 제 2판에선 그것을 정의하고 있다.

형성하게 해주는 틀이었던 것이다. 아일랜드인, 폴란드인, 그리고 중국인들, 카톨릭과 유태교도들, 흑인들과 백인들이 모두 애국적인 미국인이 될 수 있는 것이다.

미국인이 된다는 것은 믿음의 문제이며 국가제도의 원칙들에 대한 중시(重視)의 문제이지 이민족의 정체성 문제가 아니다.

확실한 것은 이주자들이 영어를 배워가면서 그들은 이웃과 삶의 방식을 동화시킨다. 그들이 "과거에 살던 국가"의 언어나 관습을 포기하는 일은 흔하다. 다양한 배경의 사람들 사이의 상이(相異)점들이 점점 눈에 잘 안보이게 된다. 이러한 종류의 동화(同化)를 상실(傷失)이라고 간주하는 사람은 없었다. 몇 가지 지난날의 삶의 모습들이 가족의 관습이나 이민족 축제 등에서 아직 유지되곤 했다. 기타 여러 구식 유산들이 미국적인 삶의 다채로운 주단(tapestry)에 기꺼이 섞이게 되었다. "이민족 식당"이 새싹처럼 돋아나고 인기를 끄는 점을 잘 보라. 이민자들이 그들의 조상에게 물려받은 유산을 아무리 소중히 생각 한다 해도 미국인으로써의 정체성을 배양하게 되는 것이었다.

더러 현실적인 부족은 있었지만 그 미국적 "용광로"만큼은 하나의 이상(理想)이었다. 어떤 집단들은 미국 생활의 본류(本流)로부터 편견과 배척을 받아오고 있다. 대부분의 이민 집단은 그들의 모국문화의 억압으로부터 자유를 찾기 위해 미국에 왔다. 아프리카에서 실려 왔던 사람들은 자유를 찾지 못하고 오히려 노예제도를 찾게 된 셈이었다. 자유와 평등에 헌신한 국가가 노예제도와 인종차별에 부딪치리라는 사실은 미국 역사의 비극적 흐름이었다. 인종에 바탕을 둔 노예제도는 시민전쟁을 촉발시켰다. 그 전쟁은 국가를 온통 분해 되어 버리게 했다. 다양한 인종문제는 계속해서 아메리칸 드림을 훼방하고 있다.

근대 시민권운동은 마르틴 루터 킹 2세(Martin Luther King, Jr.)에 의해 예시된 것처럼 사회의 통일성을 강조했다. 미국 흑인들은 동등한 투표권을 가져야 하고 교육의 동등한 기회와 모든 다른 미국인과 같이 동등한 경제적 기회를 부여받아야 한다는 것이다. 그들은 다른 모든

이민 집단들처럼 미국의 생활에 완전한 동화를 이루며 살고자하는 같은 목표가 있었다.6)

반면에, 말콤 엑스(Malcolm X)에 의해 예시된 것처럼 포스트모던적 시민권운동은 사회의 통일성에 반대 입장을 강조한다. 1960년대에 완만한 개혁의 속도에 좌절한 나머지, 많은 흑인들이 지배적인 "백인" 사회를 모두 함께 거부하기 시작했다. 그들은 흑인 민족주의를 채택하였는데, 그것은 인종의 입장에서 아프리카 문화의 회복에 중점을 둔 정체성이었던 것이다. 이슬람이나 후기 마르크스주의 등 다른 이데올로기들은 흑인 민족주의를 북돋아주었다. 근대 이전의 고립주의가 흑인에 반대하는 차별의 방법이었던 반면에 포스트모던의 고립주의는 뭔가 좋은 것으로 신봉되고 있다.

인종 구분의 관념을 공격함으로써 시작되었었던 그 운동이 이제는 인종의 제몫 할당 부분들을 요구하는 상황으로 바뀌었다.

한때 입학차별이 없는 학교를 만들자고 데모했던 자들이 지금은 흑인 자녀들을 위하여 별도의 "아프리카계 전담학교"를 요구하고 나섰다. 마르틴 루터 킹의 동등한 기회와 "색깔을 따지지 않는" 사회로의 호소는 그 취지가 변모되어 권리부여 프로그램과 긍정적 정책을 요구하는 내용으로 나타나게 되었다.

시대의 선두에 서기 위해서 학문의 세계는 다양성이라는 명목 아래 분리주의를 이용하고 있다. 기타의 집단들이 그들의 "시민권"을 주장함에 따라(이제는 포함시켜 달라는 권리보다는 분리시켜달라는 권리의 요구로 이해됨), 그들의 요구 사항들은 학문이나 교육과목에도 영향을 주기 시작했다. 흑인들이 배척당하고 외곽으로 밀려났었기 때문에, 각 대학교들은 지식 분야의 긍정적 조치를 취하는 프로그램들을 마련하는 제도를 세웠다. 문학 강좌에서는 흑인작가들에 대해 연구했고 교과서에는 미국

---

6) 이 사항과, 포스트모더니즘이 널리 확대 전파되고 시민의 권리를 변경시킨 방법을 알기 위해서, Daved Horowitz, "The Queer Fellows," American Spectator, January 1993, pp. 42-48를 보라.

흑인들의 업적을 부각시켜 놓았는가 하면, 각 학교들은 흑인들의 연구부서들을 구성하기도 하였다. 여성해방론자들이 항의할 때는 학교들은 고전문학의 "정전(正典:Cannon)"에 여류작가들을 추가시켰고, 여류들이 연구한 사항들이 새로운 학문적 규율이 되기도 하였다. 이제는 다른 그룹들도 같은 대우를 외치고 있다. 일부 대학교들은 스페인 연구소, 아시아 연구소, 동성애자 연구소, 그리고 남성들의 연구소도 설립해 두고 있다.

전반적으로 새로운 학문적 규율들을 정하는 것 말고도 학교들은 기존의 규율들을 재 고안해서 이러한 "복합 문화적 지식"을 반영토록 하였다. 개별교과목들은 복합문화적 다양성을 감안해야만 했다. "흰 피부의 유럽계 남성"은 이제 더 이상 교과목들을 지배할 수 없으며, "그들은 사망"한 것이다. 교과서들은 성비(性比)의 균형을 반영해야 하고 "소수파의 소리"도 포함시켜야만 한다. 여러 대학교에서 "다문화적 민감성" 차원의 교과과정들이 졸업 요건이 되고 있다. 여러 개의 소수집단으로의 분화와 지식에 대한 문화적 구분을 하게 되니, 지적 근저(根底)의 본질이 바뀌고 있는 것이다.

불행히도, 그들 나름의 관점에서 타문화들을 바라보지 않고 교수들은 타문화들을 후기 마르크스주의적인 시각을 통해 왜곡 해석하는 일이 허다하다. 서구문명에 대한 강좌들은 자유와 민주주의적 유산이 아닌 "억압"의 유산을 더 비중 있게 다루고 있다. 그들은 서구를 비방하는가하면, 그 외의 문화들을 낭만적으로 취급함으로써 양쪽 유산들을 모두 왜곡하고 있다. 미개발 문화들이 서구로부터 보고 배우기 위해 막 노력하려는 바로 그즈음에 정작 서구의 대학교들은 그들 자신의 지적유산을 거부하는 일을 행하고 있는 것이다.

모든 학문분야에서 "변두리 학문"으로 분류되었었던 것이 "중심"으로 들어와 자리 잡게 되었다. 포스트모더니스트들은 "변두리와 외곽의 낭만"을 가르치며 권력에서 배척당하고 있던 집단들을 위해 싸움으로써 도덕적 권위를 주장하고 있다는 사실이 관찰되어 오고 있다.[7]

공적(公的) 문화의 경계선 밖에 있는 집단들과 신분을 일치시킴으로써, 포스트모더니스트 지식인들은 자기 스스로가 그 공적 문화에서 이탈해 나온다.8) 그러한 학자들은 힘과 권력이 그동안 이루어온 공로들을 뒤집어 놓음으로써 박탈당한 자들을 대신한 강공을 펼친다.9) 이전(以前)의 학문이 "유럽 중심"이었고 서구 유럽 쪽에 유리한 관점으로부터 지식 전개가 이루어졌다고 본다면 신학문은 "아프리카 중심"으로 이전과 다른 편향을 증진함으로써 과거의 지적 기울기를 바로 잡는 것이 될 것이라고 보는 것이다. "가부장적 문화"가 "모계중심 문화"에 부딪히게 될 것이다.

모든 억압받는 소수집단을 받아들이려는 열망을 하다보니, 많은 대학 캠퍼스들은 그 소수집단을 더더욱 잘게 나누어 놓는 일을 빚어 놓게 된다. 고등교육을 통합하려는 전쟁을 열심히 치루었지만, 우리는 오늘날 대학교의 재-인종차별 현상을 보고 있다. 소수인종집단들은 흔히 별도의 기숙사를 갖고 있으며 별도의 식당, 별도의 학생회, 별도의 년간 회보를 갖고 있을 뿐 아니라 졸업식까지도 별도의 행사를 한다. 대학교들이 취한 긍정적 조치의 계획이라는 것이 인종을 바탕으로 하여 입학이나 학위수여의 기초를 세우는 일이 된 셈이며, 입학자격이 인정된 소수 인종의 학생들을 그들만의 장점을 가지고는 성공할 수 없다는 의미를 내재시킴으로써 부당하게 낙인찍고 있다. 모든 이러한 복수문화주의(다문화주의)가 용납(容納)을 확대하려는 목적을 가지고 있긴 하지만, 더 심한 인종적 긴장과 적대감이 그 어느 때보다도 대학 내(內)에 감돌고 있다.10)

---

7) Steven connor, *Postmodernist culture: An Introduction to theories of the Contemporary* (Oxford: Basil Blackwell, 1989), p. 228. "marginal" (외곽, 변두리의 뜻)이란 용어로 의미하는 속뜻을 주목하라. 그것은 문화에 대한 모든 것을 하나의 "text"로 간주하는 사고방식의 맥락에 그 기초를 두고 있다. 책 한권의 text는 그 페이지의 단어들로 이루어져 있다. 외곽에 간단히 적어 놓은 것은 중심을 이루는 text의 부분이 아니다. 이와 같이, " marginal groups"(외곽 집단들)은 공적인 문화의 "text"로부터 배제당하고 있는 것이다, 분명히 가장자리일망정 존재하는 것만큼은 엄연한 사실이지만.
8) *Ibid.*, pp. 188-89.
9) *Ibid.*, 229.
10) See Shilby Steele, "The Recoloring of campus Life," in *The Norton reader*, ed. Arthur Eastman et al. (New Yorkk: W. W. Norton, 1992), pp.

여러 대학교 내에서 그러한 성공을 맛본 후에 다문화주의적 교육은 이제 고등학교와 초등학교 내부에까지 그 길을 넓히려 하고 있다. 국기에 대한 경례, 국가관에 대한 작문, 자유기업 경제과목들, 많은 사람들이 학창시절로부터 기억하는 애국단체들 등등이 이제는 지나간 옛날이야기이다. 교과서 저자들은 "미국의 신화"가 수록된 교재들을 정화하고 미국 역사의 어두운 면(노예제도, 인디언 대학살, 자본주의의 "착취 귀족들", 부당한 전쟁들)을 강조하고, 흑인, 부녀자, 다양한 인종 집단의 공로에 대해서는 특별한 강조를 한다. 학생들은 중국식의 설날과 멕시코 독립기념일(Cinco de Mayo)을 축하한다.11)

민족들은 언제나 자기 고유의 문화를 전수한다. 그러나 자기 것 대신 타민족의 문화를 전승(傳承)하려는 시도는 괴팍하고 무용(無用)한 일로 보인다. 타문화들을 연구하는 것은 좋은 일이지만 다문화주의자가 된다는 것은 자기 자신의 문화를 지니지 못하는 것일지도 모른다.

분명히 타 문명을 공부하고 타 언어를 배우고, 다른 이들의 관습을 존중하는 것은 값진 일이다. 그러나 포스트모던적 접근은 이들 타문화의 겉모습에 대한 것만 다룰 뿐 그 이상 더 깊게 들어가질 못한다. 이러한 문화들에 대한 실제 역사를 연구하고, 그들의 관습과 가치체계에 대해서 인류학적으로 분석하는 포스트모더니스트는 거의 없다(그렇지 않다면, 학생들은 엄격한 도덕률과 아프리카계 이민족 집단 및 과테말라인(人) 촌에서 벌어지고 있는 여성들의 비 해방론자적 역할에 대하여 배우게 될지는 모른다). 포스트모더니스트들 자신이 인정하는 바대로 언어가 문화에 대한 열쇠임에도 불구하고 문화를 이해하기 위한 차원의 외국 언어에 대한 연구는 찾아보기 힘들다. 타문화에 대한 진정한 연구는 귀중한 것이다. 사실, 복수문화적인 사상의 교육을 보면 이상화(理想化) 시켜놓은 문화의 이중 구조를, 다시 말해 "고상한 야만인"이 되고자하는 서구식

554-66.
11) See Michelle Maglalang," US Faces Bigger Problems Than Loss of Meaning," *Milwaukee Journal*, 2 July 1993, p. A9.

이상(理想)이라는 허울을 쓰고 겸손한 듯이 표현하도록 권장하는 경향을 보인다.

물론 복수문화주의는 상대주의, 즉 모든 문화들은 서로 다른 사고(思考)를 하기 때문에 어느 한 문화가(특히 내 자신이 속한 문화가) 진리에 대한 독점을 할 수는 없다고 하는 인식을 갖도록 만든다. 만일 그들의 겉모습에 대해 연구하지 않고 학교들이 좀더 엄격하게 이들 문화들을 연구한다면, 모든 문화들이 다 다르게만 생각하는 것이 아님을 명백하게 알 수 있을 것이다. 실제로 전문화(全文化)적으로 일치하는 것이 상당히 많다. 특히 포스트모더니스트들에게는 한물간 것으로 보이는 도덕적 책임 같은 영역에서 그렇다.

더구나 "문화"에 딱 맞는 정의가 명확하지 않다. 여성들이 남자들과 다른 문화를 형성하는가? 아이들을 기르는데 있어서 아마도 여성들이 남자들보다도 자기들이 받은 문화를 형성하고 물려주는데 더 많은 일을 해왔는지도 모른다. 남녀간의 차이점들이 처음에는 부정되고 있다가, 곧 여성해방론자들에 의해 과장되었던 것이기도 한데, 두 성(性)이 같은 문화 속에서 존재하고 있기 때문에 그 차이점 자체가 문화적인 것은 아님이 분명하다. 동성애자들이 대개 풍요로운 면을 지니며 영향력을 키우기는 하였으나 그들이 실질적 문화를 형성하는지 아닌지는 역시 의심스럽다. 흑인계 미국인들은 수 세기간 백인사회로부터 차별 당해왔기 때문에 몇 가지 그들만의 문화적 특징을 갖고 있긴 하다. 그러나 아프리카로 가버린 사람들이 새삼 느끼며 알고 있듯이, 이들 흑인계 미국인들은 모든 의미에서 볼 때 아프리카인이라기보다 미국인들이다.

더 넓은 의미의 미국 문화가 "소문화(小文化)"로 분류되는 경우도 더러 있다. 10대(代)들, 이민족집단, 동성애자들, 컴퓨터 해커들, 스타트렉의 팬들, 그리고 다른 이익단체들이 그들만의 관습과 특징을 가진 유별난 공동체들로 간주될 수도 있을 것이다. 그러나 이익집단들이나 어떤 "생활방식(lifestyle)"(다른 포스트모더니스트가 쓴 용어)을 함께 공유하고 있는 사람들이 "문화"라는 용어의 포괄적, 광의(廣意)의 의미에서 볼 때, 반드시 어떤 문화를 형성한다고 볼 수는 없는 것이다. 분명히 말해서 10대(代)들과 스타트렉 팬들은 그들만의 독특한 언어를 가지고 있긴 하다. 그러나 10대(代)의 속어와 공상과학소설의 특수용어는 특정분야의 세부용어이지 그들의 모국어에서 나타나는 특징은 아니다.

컴퓨터 해커들은 독특한 부류일지도 모른다. 그러나 그들은 컴퓨터에 대한 애호심으로 결정되는 존재들이 아니라 오히려 그들의 독특한 인격이 그들로 하여금 컴퓨터에 대한 흥미를 유발시키고 동질적 정신을 갖게 한다. 하나하나의 개인마다 거의 예외 없이 여러 가지의 이른바 소문화들 속에 해당된다는 사실은 포스트모더니스트들이 소문화들 간의 차이점들을 너무 과장하고 있다는 점을 증명해 주는 것이다. 다시 말해서, 한 흑인 십대가 동성애자인 한편, 컴퓨터에 중독 될 수도 있고 거기에다 스타트렉 애호가의 집회에 참석하는-다수 소문화 소속-자 일 수도 있다는 얘기다.

그러나 모든 사람을 어느 집단에 해당되도록 분류하고자 하는 정신상태는 사회를 소집단화하고 극단화시키는 쪽으로만 도움이 될 뿐이다. 클라렌스 토머스(Clarence Thomas) 판사는 흑인인데, 그의 보수주의 때문에 비난을 받는다. 그러한 사람의 경우 "흑인의 입장에서 생각"하지 않는다는 얘기다. 그것은 무엇을 의미하는가? 그가 자유주의자가 아닌 것을 보니 피부가 덜 검기라도 하단 말인가? 흑인들은 일정한 사고의 방향대로만 생각해야 한다는 법이라도 있는가? 포스트모더니즘의 기준으로 보면, 개인으로써 처신하고 그들이 속한 집단이 사고해야하는 방식을 거부하는 사람들은 흔히 집단의 결속을 해쳤다는 이유로 강한 비판을 맞이하게 된다. 거꾸로 말하자면, 집단의 구성원들은 그들의 개별성을 굴복시키는가하면 그들이 속한 집단에 맞추기 위해서 진정한 속뜻도 포기하는 경우가 흔하다.

모름지기 포스트모더니스트들에 의해 주장된 단 한 개의 유일한 절대적 도덕기준 일지도 모르는 아량-용인(容認)-을 증진시키기 위해 고안된 것이지만, 서로 배척하는 입장의 집단과 집단으로 인간들을 구분지어 놓는 일은 경직된 반감을 배태(胚胎)시키는 경향이 오히려 크다. 오웰(Orwell)의 용어를 사용하자면 "집단적 사고(Group think)"는 그것이 사회 속에 뿌리를 내리면, 우리가 세계 역사를 통해서 목도하고 있듯이 대재앙을 일으키는 결과를 낳을 수도 있는 것이다.

포스트모던식 사회 소집단 세분화는 미국에만 제한된 일이 아니다. 소련제국(The Soviet Empire)도 미국처럼 전체 포괄적인 사상에 의해서 결속시켜진 실제 내면 상으로는 복수문화적 국가였었다. 일단 그 포괄사상이 전복되고 나니, 그 체제구성 성분이었던 이민족 집단들이 서로 증오 속에서 혈투를 벌이는 적(敵)이 되고 말았던 것이다. 유고슬라비아는 다문화적 국가이다. 그러나 그 이민족 집단들 사이의 긴장이 폭발하여 보스니아를 민족 말살적으로 해체하는 결과를 내기도 하였다.

벤자민 바버(Benjamin Barber)가 관찰해온 바와 같이 "이 지구는 작은 알맹이들처럼 분산되어 급락하는 가하면 또한 같은 순간에 원치 않아도 함께 모이고 있다."[12] 대중문화와 세계 경제체제가 지구를 연합시켜 가는 바로 그 시기, 즉 그가 "맥 월드(Mc World)"라고 묘사하는 그 현상이 나타날 즈음에(맥도날드식의 경제가 주도하는 세계의 추세를 일컬어 칭한 말: 역자 주), 우리는 세계의 재(再)종족화를, 즉 그가 이슬람식 성전(聖戰)의 교리를 본 따서 "지하드(Jihad)"라 묘사한 그 현상을 목도(目睹)하고 있는 것이다.

그가 말하기를 맥 월드(Mc World)는 근본적으로 민주주의와 상관이 없다. 그리고 독재치하에서도 역시 번창하며 서민대중에게 소비재 상품과 더불어 번영을 가져다줌으로써 그들을 뿌듯한 기분에 놓여있게 해주며, 그러기 위해서는 "독립이나, 공동체사회, 그리고 정체성마저도 희생시킨다."[13] 지하드(Jihad : 성전 ; 聖戰)는 그와는 달리, 민주주의와 대조되는 것으로 오직 집단적 정체성, 공동체사회, 일치단결에만 맞아 돌아가

---

12) Benjamin Barber, "Jihad vs. McWorld," *Atlantic Monthly*, March 1992, p. 53
13) *Ibid.*, p. 62.

는 정신자세이다. 이것은 단순한 민족주의가 아니다-그 의미의 민족은 근대적 산물이기 때문이다. 그 보다는 지하드의 투쟁을 벌이는 종족들은 "국가를 이루고 있는 것이 아니고 문화적 집단이며 전체가 아닌 부분이고 종교가 아니라 종파요, 반항적인 파벌이자 반대하는 전쟁에 나선 소수 집단으로 세계 통합주의적 사상을 가지고 있는 것이 아니라 전통적인 민족국가에 대한 의식을 지닌 자들이다."14) 지하드의 위험요소들은 이미 중동, 보스니아, 그리고 옛 소련의 동서 사방 전역에서 이미 명백하게 드러난 것이다. 현대 전쟁은 종말로 가는 수단이다. 그런데 지하드는 전쟁을 정책적 수단이 아닌 "정체성의 상징이나 공동체적 표현 등을 위한 전쟁 그 자체를 목적으로 간주하고 있다."15)

현대 민족국가가 출현하기 이전에, 세계의 모든 사람들은 그들 자신을 종족으로 각각 구성하여 나누었다. 사회를 소집단으로 세분하여 상호투쟁의 문화로 만든 것은, 민족주의를 위한 공식이다. 오늘날, 아프리카에서 인도, 세르비아의 민족주의에서 미국 뒷골목 건달들의 신-종족 구성체들에 이르기까지, 한때는 통합되어 있었던 사회들이 서로 맞붙어 싸우는 종족 집단들로 잘게 나뉘어 지고 있다. 모더니즘을 초월하여 포스트모던적으로 된다는 것이 가끔은 원시상태가 다시 소생하는 것에 지나지 않을 때가 있다. 한 비평가의 지적대로 "나쁜 복수문화주의가 종족주의를 부추긴다. 이것은 대부분의 세계적 비열함의 뿌리인 것이다. 좋은 복수문화주의는 공통성을 기반으로 하고 있으며 그것은 존중과 이해의 확고한 발판이 되는 것이다."16) 세계 모든 문화속의 인류가 공유하고 있는 보편적 인성의 개념, 즉 "공통성"이야말로 포스트모더니스트의 사상에 의해 공격당하고 있는 바로 그 사항이다. 만일 우리가 포스트모더니스트들이 말하듯이 우리의 문화에 의해서 모든 것이 결정지어진다면, 그리고 "언어의 감옥"에 갇혀서 상호 분리되고, 그래서 피차에 이질문화에의 접

---

14) *Ibid.*, pp. 59-60.
15) *Ibid.*, p. 60.
16) Tom Strini, "PBS Series Shows Dance as a Link Between Cultures, a Human Mirror," *Milwaukee Journal*, 9 May 1993.

근이 불가능하다면, 우리는 서로 자신들과 닮은 사람들끼리 다시 모여서 우리의 종족을 이루지 않을 도리가 없다는 말이 된다. 반면에 존중과 이해를 갖는다는 것은 문화를 초월하는 어떤 가치관의 존재를 전제로 하는 것이며 모든 문화에 다 통하는 도덕적 절대기준과 공통의 인성에 대한 기대가 선행된다는 뜻이다.

그래서 기독교는 "좋은 복수문화주의"를 위해 포스트모더니즘보다도 더 강력한 토대를 지니고 있다. 기독교인들은 모든 인류의 타고난 혈족관계를 확인하고 인정하는 것이다. 우리는 모두 하나님의 형상으로 지음 받은 사실을 통해서 맺어진 존재이며 아담의 타락, 그리고 예수님의 재림을 통해서 서로 관련성을 지니게 된 자들이다.

교회는 실제로 세상에서 가장 "복수문화적인" 제도이며 모든 시대나 모든 세계를 통해 통일과 다양성을 함께 갖춘 "거대한 복합체로써 아무도 헤아릴 수 없는 모든 민족, 종족으로 출신이나 언어에 관계없이 하나님의 보좌와 어린 양 앞에 서 있는 것이다."(계 7:9)

제9장
힘의 정치

　미국 민주주의는 오랜 세월 지녀온 지적(知的), 정신적 전통으로부터 발생한 것이다. 개인의 권리와 다수의 규칙, 그 경제적 유산과 사상의 자유 등은 서구문명의 가장 위대한 업적에 속하는 것이다. 문제가 되는 것은 미국 민주주의가 포스트모던의 사회 구조 속에서도 살아남을 수 있느냐는 것이다.

　한때 그들이 기반으로 삼았던 "자명한" 진리들이 일단 더 이상 자명하지 않게 되면 미국의 여러 자유 관념들은 과연 어떻게 될 것인가? 현재, 민주주의를 불러일으켰던 거의 모든 주장이 공격당하고 있다. 즉, 개인의 자유에서부터 초월적 존재인 하나님에 이르기까지 모두가 공격받고 있는 것이다. 하나님의 법은 모든 문화들을 초월하여 있는 것이며 그분이 사람에게 불가양도의 권리를 주시는데도 그런 하나님이 계신다는 사실 자체가 공격의 대상인 것이다. 포스트모더니스트의 이론들이 자유, 자치적인 사회에의 관념을 무너뜨릴 뿐만 아니라, 현시대 정치의 실상마저도 뭔가 불길한 반민주적인 방향으로 정치적인 구조를 변경시키고 있는 그들의 인도를 따르고 있는 듯이 보인다.

　반면에, 포스트모던 시대를 제대로 정의 할만한 사건이 베를린 장벽의 붕괴라면 아마도 민주주의가 다시 활기를 띨 수 있는 가능성을 보여주는 것으로 생각할 수 있을 것이다. 서구의 옛 민주주의 국가들이 민주적인 원리를 포기하고 있는 듯이 보이고 있는가하면 나머지 세계에서는 그 원리들을 이제 겨우 발견하고 있는 중이다. 미국이 향유하여 오던 수세대 동안의 자유의 형태들이 포스트모던의 모든 세계를 통해 꽃피울 것인지, 아니면 이런 자유의 모습들이 무너지고 절대 권력의 전체주의적인 구조로 뒤바뀔지는 아직 두고 볼 일이다.

포스트모더니즘의 정치적 의미들

포스트모더니즘의 신조들을 기억해 보자. 몇 개의 전장(前章)에서 우리는 그것들을 보아온 바 있다.

(1) 사회적 구성주의: 의미, 도덕성 그리고 진리 등은 객관적으로 존재하는 것이 아니다. 도리어 그것들이 사회에 의해 구성되는 것이다.

(2) 문화적 결정론: 개개인은 순전히 문화의 힘에 의해서 형성되는 것이다. 특히, 언어는 우리가 무엇을 생각 할 수 있는지를 결정하며 우리를 "언어의 감옥"에 가두어 놓는다.

(3) 개별적 존재로써의 정체성 거부: 사람들은 원래 어느 집단의 구성원으로써 존재한다. 미국 개인주의적 현상은 그 자체가 독립과 자기성찰의 중산층적 가치관을 가진 미국 문화의 구조다. 그러나 그것은 모두 착각으로만 남아 있을 뿐이다. 정체성이란 본래 집단적인 것이기 때문이다.

(4) 휴머니즘에 대한 거부: 창의성, 자율, 그리고 인간 우월성은 번지수가 잘못된 것이다. 모든 문화는 나름대로의 고유한 현실을 이루고 있기 때문에 우주적 보편성을 가진 인간성이라는 것은 있을 수 없다. 정통 인문주의적 가치관은 다름 아닌, 배타성, 억압, 그리고 자연환경에 해를 끼치는 범죄들을 낳는 기준들이다. 모든 집단은 자력을 길러 스스로의 가치 기준을 주장하고 나아가 이 지구상에서 생명을 가진 다른 존재들과 함께 제자리를 지켜가야 한다.

(5) 초월성(超越性)의 부정(否定): 절대 진리는 없다. 있다 손치더라도 인간은 인간의 문화에 묶여 있고 언어 속에 갇혀 있기 때문에 그 진리에 접근할 방도가 없다.

(6) 권력 환원주의: 모든 제도, 인간관계, 도덕률, 그리고 모든 인간의 창조물들-예술작품에서부터 종교적 사상에 이르기까지-은 원칙적으로 권력의 의지의 표현이요, 그 얼굴이다.

(7) 이성에의 거부: 인간의 이성이나 사람의 진리를 객관화하려는 충동 등은 문화적 힘을 갖고자하는 자의 허상적인 겉모습이다. 신빙성(진실성)이나 완성이라는 것은 자아를 좀더 큰 집단에 소속시켰을 때, 그리고 여러 솔직한 감정들이나 성적충동, 주관적 주장, 그리고 자기의 삶에 질서를 부과하기를 거절하여 급격하게 존재 속으로 열어 제치고 들어가고자 하는 심리적 발단 등을 마음껏 풀어놓을 때, 비로소 얻어지는 것이다.

(8) 현존하는 질서에 대한 혁명적 비판: 합리주의, 질서, 그리고 통합적 진리관(觀)을 가진 근대사회(모더니즘 사회)는 신 세계질서로 바뀌어야 한다. 새로운 전자기술은 엄청난 미래의 가능성을 지니고 있지만, 과학지식은 구식 모더니즘을 나타내고 있을 뿐이다.

사회를 잘게 나누어 구성 성분이 되는 여러 집단으로 구분하는 일은 문화적인 혼합주의를 제대로 허용케 해 줄 것이다. 구질서는 일소(一掃)되어야 한다. 그런 다음 새 질서가 들어와야 한다. 아직 확실하게 정의되진 않았지만 아마도 자치 공동체 형식이 될 수도 있다.

이런 사상의 정치적 의미는 무엇인가?

데이빗 호로윗쯔(David Horowitz)가 지적한대로 실존이 사회적 현상으로 구성된 것 이라는 믿음은 전체주의적 공식으로만 쓰일 수 있는 것이다.17)

---

17) David Horowitz, "The Queer Fellows," *American Spectator*, January 1993, pp. 42-48. Hollywood의 가치에 적용한 유사한 토론도 함께 참고 바람, K. L. Billingsley, *the Seductive Image: A Christian Critique of the World of Film* (Wheaton, Il: crossway, 1989), pp. 112-13.

민주주의는 개인이 자유롭게 스스로 통제하는 것이라고 주장한다. 그들은 스스로를 다스릴 수 있다. 포스트모더니즘은 개인으로써는 자유가 없고 그 사회에 의해 다스려지는 것이라고 주장한다. 실존(현실)이 사회적인 구성물이라면 사회와 그 사회를 이끌어가는 자들의 힘은 제한이 없다. 기독교가 하나님이 실존을 지으신 분이라고 가르치는 반면에 포스트모더니즘은 사회자체를 창조자로 간주하며 문화라는 대상을 신으로 만든다. 이런 주장을 가지면 모든 문제는 사회학적 해결책이 있어야만 하고, 그러다 보면 사회를 주도하는 자들의 권한 영역에서 벗어날 수 있는 것은 그 무엇도 없을 것이란 얘기가 된다. "전체주의"란 국가가 삶의 모든 영역을 통제하는 것을 뜻한다. 이것이야말로 포스트모더니즘이 주장하는 바로 그것이다.

　포스트모더니즘은 집단을 위해서 개인의 존재를 최소화시킨다. 이것은 단체의 요구 속에서 개인의 주장이 상실되는 집단주의자적 정신 상태를 낳을 뿐이다. 개인의 자유가 환상이라고 믿는 이데올로기는 좀처럼 개인의 자유를 유지하거나 허용해 줄 것을 기대 할 수가 없다.

　더군다나 초월적인 진리의 가치기준들을 배제하는 것은 도덕적 기준들보다 사회들을 더 우위에 두는 것이다. 사회는 도덕법에 종속되어있지 않다. 오히려 사회가 도덕 법칙을 만든다. 절대 진리가 없다면 모름지기 사회는 그 사회의 마음에 들고 정작 사회자체는 아무 거리낄 것 없는 어떠한 가치 기준이라도 형성시킬 수 있을 것이다. 모든 쟁점들은 권력의 문제일 뿐이다. 도덕적 절대 기준이 없다면 권력은 임의대로 결행하게 될 것이다. 도덕적 설득력이나 합리적 논쟁에 대한 기준이 없기 때문에 최고 권력을 가진 쪽이 이기게 마련이다. 정부라는 것은 법으로도 이성으로도 제약 받지 않는 무소불위의 권력을 휘두르는 존재가 될 뿐이다. 개인의 수준에서 보면, 주관성을 옹호하고 모든 객관적 절대 기준을 거부한다는 것은, 곧 불합리, 광란의 분출, 그리고 테러의 승리에의 강요를 뜻 할 수도 있을 것이다.

　분명히 말해서, 오늘날 모든 포스트모더니스트들이 드러내 놓고 전체주의를 옹호하는 것은 아니다. 그 반대로, 그들은 그들의 입장을 억압적인 문화세력에 의해서 요구되는 "어떤 진리"로부터 압제 받는 무리들을 풀어 주고 해방시키려는 의도를 가진 자들로 내보이려 하고 있다.

그런데 그들이 주장하는 전제사항(前提事項)들이 어떤 방식으로 자유사회를 지탱해 줄 수 있다는 것인지, 그 점을 이해하기가 심히 어려운 일이다. 분명한 것은 민주주의는 포스트모더니스트의 신조(信條)들과는 반대 기준, 즉 개인의 자유와 존엄, 인간의 가치기준, 이성의 유효성 등을 의지하고 모든 가치 기준의 원천으로써 국가보다는 하나님을 의존하며, 국가의 독재라든지 개인의 열정에서 비롯된 잔학한 정치 등을 억제시켜 주는 초월적인 도덕법칙.... 등에 의존하고 있는 것이다.

중요한 의미를 주는 것으로써 포스트모더니스트들 사이에서도 사려 깊은 자들은 그들 스스로 자기들의 사상이 정치적으로 얼마나 위험한 의미를 내포하고 있는지에 대해서 캐묻고 있다. 스티븐 코놀이 말하기를, 우주적 보편 가치 기준들을 거부하는 것은,

  옳은 것일지도 모르는 우주적 원리를 태만하게 이행함으로써 포스트모더니스트의 사상을 받아들이는 결과를 초래하거나 실용주의의 낙관론적 만족을 가져오게 되는 것이다. 실용주의자들은 오로지 "이것이 우리의 삶에 맞아들어 가기 때문에 우리는 이런 종류의 행동을 하는 것"이라는 원칙보다 더 큰 위력을 갖고 있는 어떠한 다른 윤리적 기준으로는 결코 인간의 행위들을 뒷받침해 줄 수 없다는 주장을 내세우고 있다. 결과적으로, 사실상 실용주의적 선택은 언제나 갈등과 고뇌의 결말을 맞이하게 된다. 왜냐하면 그것은 누군가 당신의 그런 사상에 반대하거나, 역으로 당신으로 하여금 그들의 사상에 반대하기를 허용치 않으려고 할 때까지만 만족스럽게 들어 먹히는 것이기 때문이다. 즉, 어느 쪽으로부터든지 반대에 부딪치면 싸움으로 귀결되기 때문이다.[18]

---

18) Steven Connor, *Postmodernist culture: An Introduction to Theories of The Contemporary* (Oxford: Basil Blackwell, 1989), pp. 243-44.

그는 "고뇌"라는 말로 투쟁을 의미하고 있다. 초월적 절대 가치 기준을 대신할 수 있는 유일한 것은, 힘(力)이 곧 정의(正義)라고 믿는 권력 투쟁 뿐이다. 많은 포스트모더니스트들은 자신들이 실용주의자라고 실제로 주장하기도 하는데, 전체 포괄적인 도덕 기준은 전혀 없이, 특정의 문제들을 대할 때마다 개별적 기준을 적용하여 해결방안을 찾고 스스로 융통성 있다고 믿는 자세로 삶에 적응하려한다. 코놀은 실용주의만으로는 그것이 반대에 부딪칠 때마다 권력 투쟁으로 귀결될 것이 분명하다는 것을 깨닫고 있다. 낙태 찬성자들과 동성애 옹호자들이, 그들의 입장에 관한 객관적 논쟁을 어떻게 회피하고 있는지, 그리고 "그것이 우리에게 맞아 들어간다"는 말 한가지로 자기들의 행위를 정당화하고 있음을 주목하라. 그리고 그들은 반대자들을 파괴하기 위해서 정치적, 법적 압박을 가해 분쇄시키는 방법을 사용한다.

코놀은 또한 나치로부터의 계시(啓示)적 유산(遺産). 즉, "유일한 가치 기준의 형태는 이론적으로 극단까지 파악이 될 때만 발견될 수 있다"는 주장에 주목한다. 이 말은 포스트모더니스트들이 극단주의로 흐르는 경향이 있다는 것을 나타내 주는 내용이다.[19]

고전적 마르크스주의가 구(舊) 공산주의 국가들 속에서 신뢰를 잃고 있는 반면, 서구 지식인들에게는 아직도 매력을 주고 있다. 물론 그것은 '부분적으로는' 그들 자신이 속해 있는 사회에 대한 철저한 반발에서 나오는 것이다.

그러나 그들의 마르크스주의는 엥겔스와 레닌의 사상과는 약간 차이가 난다. 고전적 마르크스주의는 경제적 변혁을 통해 사회주의의 절정 상태가 되면 문화를 변형시키게 될 것으로 믿는다. 신 마르크스주의자들은 이탈리아 공산주의자 안토니오 그램스치(Antonio Gramsci)의 가르침에 따라 사회주의가 실행되려면 문화적인 변화가 선행되어야 한다고 가르친다. 오늘날의 좌익은 노동운동이나 경제이론에 관심이 없다.

---

[19] *Ibid.*, p. 212.

그것은 구세대 마르크스주의자들과는 다른 면이다. 그 대신 좌익이 문화적 변화를 강조한다. 미국의 가치기준을 바꾸는 일이야말로 사회주의적 유토피아로 진입하는 최상의 수단으로 간주되고 있다. 이것이 오늘날의 좌익분자들이 전통도덕과 문화적 가치관들을 파괴하는 어떠한 동기를 위해서라도 투쟁하려고 하며 그들이 문화를 형성하는-교육, 예술, 그리고 대중매체들을 중시하는-이유를 말해주는 것이다.20)

후기 마르크스주의적 급진주의는 마르크스의 압제받는 노동계급에 대한 관심을 다른 억압받는 집단(흑인, 여성, 동성애자들)으로 바꿈으로써 혁명적 신사상을 형성한다. "권력으로부터 소외" 될 때 비로소 지위나 도덕적 합법성이 나타나게 된다. 희생자가 유리한 입장을 갖게 되는 것이다.21) "소외 받은 자의 낭만" 때문에 심지어 풍요로운 대학의 교수들까지도 스스로 몸을 던져 억압세력의 희생자 역할을 자임한다. 학위논문들마다 분노와 자기연민, 그리고 "이론적 극단주의"의 흥분에 차있다. 흑인, 여성, 동성애자가 된다는 것은 일종의 세속적 성자가 되는 즐거움을 준다. 그러나 이러한 범주들조차도 더 세분화된 희생자들의 단위로 잘게 나뉘고 있다.

존 레오(John Leo)는 캘리포니아 대학교에서 나타나고 있는 "분노!"에 대한 학문적 내용을 묘사하고 있다.22) 그는 "동부 캘리포니아의 아시아계 미국인 문학에서 희생자들에게 가르치는 정치"라는 제목의 논문에 대해서 얘기한다. 이것은 동부 해안지역의 학생들이 캘리포니아의 아시아인들의 상태에 무감각하다는 어느 아시아계 미국인 교수의 좌절에 관

---

20) 나는, 미국의 급진 좌익에 대한 Gramsci의 영향을 조사한 Paul Busiek 박사께 감사를 드린다. See, for example, carl Boggs, *Gramsci's Marxism* (London: Pluto Press, 1976), and S. Steven Powell, *Covert Cadre: Inside the Insititute for Policy studies* (Ottawa, IL: Green Hill Publishers, 1987).
21) 현시대 사회의 전반에 걸쳐 나타나고 있는 이러한 현상을 파악하기 위해서는, charles Sykes, *A Nation of Victims: The Decay of the American Character* (New York: St. Martin's Press, 1992)를 보라.
22) John Leo, "Today's Campus Politics Seema Right context for Meeting on rage," *Milwaukee Journal*, 6 July 1993, p. A9.

한 내용이다.

또 다른 한 교수는 그녀의 노동계급적인 배경에 대해서, 즉 그녀가 그녀의 중산층 동료들에 의해 어떻게 희생당하고 있는가에 대해서, 그리고 셰익스피어를 가르치는 것이, 그의 인종주의와 계급주의 때문에 "종속관계를 제도화하는 일"이라는 인식에 대해 고뇌하는 입장을 보이기도 했다. 한 백인 학자가 흑인 감독들이 만든 영화에서 표현된 분노에 관하여 논문을 냈을 때, 논쟁이 벌어지게 되었다. 흑인들에게 유리하게 말하려고 했던 한 백인 학자가 어느 문화(특히, 억압하는 입장에서의) 출신의 한 사람이 또 다른 문화의 세계를 결코 이해할 수 없고 그 문화에 온전히 몸담을 수도 없다고 하는 포스트모더니스트적 원리를 위반하였던 것이다.

어느 성전환자(성전환 수술을 받은 남자)가 여성 동성애자들에 의해서 여자로 인정받지 못하는 사실에 대한 분노를 글로 발표했다. 그(그녀)는 연이어서 미국 문화에 병균을 옮기고 있는 "(성)전환 공포"에 대한 분석을 하였다.

또 어떤 학자는 "내가 동성애자 타도를 지지하는 이유"라는 제목으로 논문을 썼다. 그의 논문은 군에 가담하거나 혼인을 해서 미국 사회의 본류(本流)에 발을 들여 놓으려는 동성애자들에 대한 분노를 담고 있다. 그는 "자기중심적인 백인 동성애자들이나 잘난체하는 백인 여성 동성연애자들"을 공격 한다(어떤 사람을 "백인"이라고 부르는 것은 반박의 여지가 없는 포스트 모더니즘적 기술(記述) 형식이다). 그리고 "자유방임적 다원주의, 표현의 자유, 아메리칸 드림 등을 지지하는 자들이라고 저들을 고발한다. 포스트모더니즘의 반민주적인 면들은 "자유연설" 등을 비롯한 타인의 권리를 명백하게 거부하는 것을 보면 뚜렷이 알 수가 있다. 참여자들이 사회와 자신의 주변에 있는 희생자들 모두를 전반적 적개심을 가지고 바라보고 있음에도 불구하고 그들끼리는 많은 공통점을 가지고 있었다. 레오(Leo)는 보고 한다. "미국이 본래부터 억압적인 나라이며 거기에 대해 보여줄 수 있는 한 가지 유일한 반응이 있다면 집단적 희생자들과 그들의 분노를 감안하여 일을 구성하고 해결해야 한다는 것이 전반적인 합의사항으로 나타났다."

분명히 말해서 "분노!"의 집회에 참여한 사람들이 그리 대단한 정치적 위협세력으로 보이진 않는다. 그들의 히스테리적인 행위들, 그리고 슬픔을 경시하는 자세 등이, 그들에 대해 진지하게 생각해 보려는 입장을 혼란케 하고 있다. 스스로 의롭다며 분개하고 그들의 집단이익을 넘어서 가져야할 아무 도덕적 자제력의 필요성을 느끼지 못하는 차원의 극단주의는 잘해봐야 테러행위로 결과가 나타날 것이 예상되며 그것이 바로 포스트모던 시대의 전쟁의 양태이기도 한다.

그런 형태를 이미 나무에 못을 박는다든지, 실험실을 폭파하는 등의, 동물권리운동가들의 전형적인 포스트모더니스트적 운동에서 본 바 있다. 그러나 분명히 그렇게 초세분화(超細分化)된 집단들은 그들의 성격상 규모가 너무 작아서 정치적 입김을 가하기는 역부족이다.

사실이 그렇다보니, 거기에 또한 희망도 있다. 그렇지만 무기력해 보이는 그들의 항의에도 불구하고 이런 집단들, 특히, 그들이 표방하는 정신자세가 정작 힘을 나타내고 있다. 여러 학문분야들 속에 그들의 존재와 도덕적 권위가 들어 있는 것이 실상이다. 학문의 세계라는 것이 더러 겉보기에는 그럴 것 같지만 "현실 세상"에서 동떨어진 고상한 상아탑만은 아닌 것이다. 한 나라의 교사들이나, 변호사, 기자, 그리고 정부 관료들에게 사상을 주입하는 것이 바로 상아탑이라는 것을 알아야 한다.

이미 자유연설 행위는(동성연애 운동가들의 "분노" 집회에서 "개똥철학"이라고 비난 받기도 했지만) 불만을 품고도 말 못하는 집단에 대한 자상한 배려라는 명분으로 규제나 압력 등에 의해 대학구내에서 억제되고 있다. 듀크(Duke)대학교의 문학이론가이자 행정처장인 스탠리 피시(Stanley Fish)는 "정치적 오류" 논쟁의 중심에 있는 자로써 "자유연설과 같은 것이 또 어디 있는가, 그것 역시 좋은 것이다"라는 기사를 썼다.[23] 그는 각 대학교들이 남의 감정을 상하게 하는 연설을 단속해야 한

---

23) Stanley Fish, "There's No Such Thing as Free Speech and It's a Good Thing, Too," in *Debating P. C.: The Controversy over Political Correct-*

다고 주장하고 있다. 피시는 자기가 판단할 객관적 기준은 없다고 인정을 한다. 그의 생각을 로져런딘(Roger Lundin)이 요약한다.

> 모든 원칙들은 선택적이다. 그것은 오직 선택의 대상이며 권력을 향한 의지(will)를 감싸주고 있는 허울일 뿐이고, 우리는 그런 것을 "가치기준"이라고 부를 따름인데 그 궁극적 원천이 바로 권력인 것이다. 우리자신의 외부에 있는 권위에 호소하지 않고 우리자신의 선택을 보호하기 위해서, 또는 우리를 위협하고 괴롭히는 선택을 하는 자들의 표현을 막기 위해서 필요한 정치적 투쟁을 하려고 우리의 수사학적 능력을 잘 정리하는 노력을 할 뿐이다. 피시는 솔직하게 그 자신의 신념에 어떤 근거는 없다는 사실과 그가 찬성할 수 없는 사람들의 입을 막기 위해서 기꺼이 정치적으로 싸울 각오가 있다는 것을 시인하고 있다.24)

피시는 말하기를 "언제든 기회를 억압당하고 있는 사람은 늘 있게 마련이고 다음에 말하라는식의 얘기를 듣고 있으며 당신은 그런 대상에 해당이 안 되는 부류임을 확인하는 것이 당신이 할 일이다."25)

아더 포티넨(Arthur Potynen)은 포스트모더니즘과 대학교 구내에서의 "정치적 시정(是正)"정책 사이의 상관 점을 이렇게 요약한다.

> 지혜가 없기에 자유연설 같은 것이 없다는 소리를 듣게 되는 것이다 (그리고 캠퍼스 내에서 자유연설을 제한하는 정책들이 들어서고 있다). 또, 개인의 책임이나 존엄도 없다는 소리를 듣는다(개인의 장점을 토대로 사람을 상대하는 것이 아니라, 인종이나 성별, 그리고 계급 등의 제한적 범주를 바탕으로 하여 인간이 서로를 상대하도록 장려하는 정책들이 옹호되고 있다). 심지어 과학 따위도 없고 억압의 기준들만 있다는 식의 소리들도 한다.26)

---

ness on College Campuses, ed. Paul Barman (New York: Laurel, 1992). See the Discussion of this article in roger Lundin, The Culture of Interpretation: Christian Faith and the Postmodern world (Grand rapids, MI: Eerdmans, 1993), pp. 24-25.
24) Lundin, Culture of Interpretation, p. 25.
25) Fish, "There's No Such Thing," p. 244. Quoted in Ibid.
26) Arthur Pontynen, "Oedipus Wrecks: PC and Liberalism," Measure, Febru-

혹시 개인의 자유를 저와 비슷하게 억제시키는 일들이 대학으로부터 나와서 사회전체로 퍼져나가지나 않을까?

행정당국들이나 입법기관들, 그리고 사법기관들이 시민의 권리에 관한 법들을 널리 확대적용 한다거나 "학대"와 싸워 이기겠다는 그들의 열정적인 분위기 속에서 저들의 주장과 걸맞는 "자상한 민감성"을 내보이고 있는 상황이다. 만일 우리가 교회의 가르침에 반대해서 여성들에게 성직을 주도록 강요하는 "긍정적인 대처 법률"이나 기독교 단체나 조직 내에 동성애자들을 채용하도록 요구하는 "반차별법", 또는 교회들이 낙태수술과 같은 사회적 논란거리에 대해 조용히 있어 주기를 강요하는 "정치적 조정법률" 등을 세우자는 결론을 내린다면, 종교적인 자유는 이미 말살된 거나 다를 바 없게 되는 셈이다. 이미 몇몇 포스트모더니스트적 소집단들은 그러한 정책을 옹호하고 있으나, 다만 그들의 힘이 이를 뒷받침하지 못하고만 있을 뿐이다. 전투적인 여성해방론자들은 벌써 당사자 요청시에 낙태를 허용하는 법을 제도화 할만큼 세력을 갖고 있으며, 수백만의 인간 생명을 말살하고 있고 그들의 다음 계획은 항의 하는 자들을 감옥에 넣거나 입을 막아버리고자 하는 것이다.

코놀(Connor)은 "권위를 포기하고 그 대신 통일된 형식을 절대 중요성을 갖는 수준으로까지 추진하려는 이상한 변증법, 다시 말해 허무주의적인 세력의 새로운 주장 속으로 다시 유턴해서 돌아가고 있는 것 같은 흐름을 깨닫고 있다."27) 혁명이라는 것은 대개 예측 가능한 순서대로 되어 가는 경향이 있다. 처음에 혁명 세력들은 모든 권위와 기존의 구조적 틀을 폐기한다. 일단 권위가 전복(顚覆)되고 기존의 틀이 부서지면 혁명은 새로운 국면에 접어든다. 신 권위와 구조들이 형성된다. 그러나 모든 혁명은 그들이 만들 새로운 사회를 위한 판별기준들을 가지고 있었다. 즉, 프랑스혁명의 계몽적 합리주의라든지 러시아 혁명의 마르크스주의적인 경제 또는 이란 혁명의 이슬람으로의 귀의 같은 것을 말한다. 포

---

ary 1993, p. 2.
27) Connor, *Postmodernist Culture*, p. 213.

스트모더니스트 혁명은 그러한 절대 기준들은 모두 거부하고 임의적이며, 그들의 세력을 배경으로한 허무주의에 의해 다스려지는 자의적 사회구조 형식이 되어가는 모습이다.

"이론적 극단", "분노", "허무주의적 힘" 등, 포스트모더니즘의 되풀이되는 주제들을 보면 자유 민주사회를 유지하기 위한 징후는 잘 보이지 않는다. 모든 사람들은 포스트모더니즘의 신조들이 정치적 구조 속에서 먼저 시도되고 있었다는 사실을 깨닫지 못하고 있다. 사회적 구조주의 문화적 결정론, 개인적 정체성에 대한 거부, 권력 환원주의, 이성(理性)에 대한 거부, 그리고 기존질서에 대한 혁명적인 비판 등은 포스트모더니즘의 신조들일 뿐만 아니라 바로 파시즘이 가지고 있는 신조이다.

지금까지 언급되어져온 바를 보거나 나의 다른 책(현대 파시즘: 유대-크리스챤 세계관의 청산)28)에서 보여주고 있는 것처럼 1930년대 파시즘 속에서 함께 나타났던 사상들 중 많은 것들이 제2차 세계대전을 겪으면서도 없어지지 않았고 포스트모더니즘 사상 속으로까지 이어져서 계속 발달해 왔다. 파시스트들은 실존이 사회적 구성물이고 문화가 모든 가치 기준들을 결정한다고 가르쳤었다. 따라서 특별한 문화나 이민족 집단들은 그들 스스로 자체적인 수급해결의 사회를 형성하게 되는 것이고 비록 이런 집단들끼리 서로 다투는 일도 많지만 그런 세계는 훼손하지 말고 지켜야만 한다고 주장한다. 개인의 존재 의미는 하나의 신화일 뿐이며, 겨우 특정의 몇몇 인물들만이 자신의 개인적 존재를 더 큰 집단 속에 용해시킴으로써 뜻을 성취하는 경우가 있을 뿐이다. "인간이 지니는 가치들"은 허상에 불과하다. 문화를 판단할 수 있는 절대 초월적인 도덕률 같은 것은 존재하지도 않는다. 그런 것들은, 서구문화를 이간시키고, 죄로 몰아가고 불안정하게 만드는데 책임이 있는 "유태인적"인, 즉 성경적인 사상들 이라는 것이다.

사랑이나 자비가 아닌 힘이 권력을 지향하는 문화의 의지(will)를 진

---

28) Gene Edward Veith, *Modern Fascism: Liquidating the Judeo-christian Worldview* (St. Louis: Concordia Publishing House, 1993).

정으로 표현하는 것이 되어야 한다. 추상적 이상("유태인이 세운" 또 하나의 공로라 할 수 있겠지만)이 아닌 집합적 정서나 감정이 문화가 가지고 있는 힘의 원천이라고 가르쳐야만 한다.

"민족적 사회주의"를 채택하면 국가의 이익을 위해서, 국가에 의해서 잘 통제되고 국가 중심으로 지향되는 경제가 세워질지도 모른다. 국가가 국민들의 모든 문제를 해결해줄지도 모른다. 모든 가치 기준과 모든 선의 근원이라고 이해되는 유기체적 국가가 생기게 되면, 그 국가는 신비의 지위를 얻게 되고 신의 역할을 대신하면서 국가의 모든 구성원들의 헌신을 받게 될 것이다. 성경이 서구세계에 이질감을 가져다주기 전의 고대 이교도 사회에서처럼 문화는 자연과 여러 신들이 함께 어울려 완전한 통합을 이루게 될 것이다.

그 당시에 많은 사람들은 파시스트적 사상을 해방의 길로 간주했다. 그러나 그들의 사회적 구성주의나 문화결정론이 실제로 적용됐을 때, 그것은 곧 전체주의적인 억압을 의미했던 것이다. 그들의 개인적 가치에 대한 거부는 곧 자유의 멸절을 뜻하고 말았다. 또한 그들의 개관적 도덕 가치기준의 거부는 국가의 행사에는 제한이 있을 수 없다는 뜻이 되어버렸고 그 결과 우수형질 출생 유도 프로그램을 실시하게 되었으며, 비밀경찰 테러가 나오게 되는가하면, 장애나 "원치 않는 출산"의 경우 임신 중절을 시키는 일이 나타난 것이었다. 유대-기독교적 전통에 대한 그들의 이념적 적대감으로 인해 통합주의적 신학이론에 맞는다는 명분으로 비정통(非正統) 교회를 앞세워 모든 교회들의 주축이 되게 하면서, 참회의 종교인 기독교의 억압과, 유태인의 대량 학살 등이 벌어 졌다.

모더니즘 사상에 반대하는 반응을 나타낸다는 것은 어느 면에서 보든지 원시적이고 야만적인 상태로 역류하려고 획책하는 행위로 보았다. 1930년대의 파시즘은(마르크스주의자의 선전에도 불구하고) 전혀 보수적인 운동이 아니었다. 그것은 객관성, 합리주의, 그리고 "모더니즘 세계"의 불화와 소외에 대한 거부 반응이었다. 즉 포스트모더니스트의 반응과 그 구조상 버금가는 반응이라고 할 수 있는 것이다. 파시즘은 포스트모더니즘처럼 낭만주의와 원시주의, 객관성, 그리고 실존주의 – 절대 진리에 거부하고 "의지의 승리"를 내세우는 – 등에 그 뿌리가 있었다. 히틀러는 그가 시대를 너무 먼저 앞서 갔기 때문에 실패했던 것인지도 모른다.

현시대 민주주의

포스트모더니스트 사상이 문제시되는 정치적 의미를 갖고 있을지도 모른다. 그러나 분명히 이 사상들은 주로 은퇴한 학자들과 그들 주변의 미치광이들에 의해 주장되고 있다. "실존의 사회적 구성(실존은 신이 관계된 것이 아니고 사회적 구조와 상황이 만들어낸 결과라는 주장)"에 대해, 그리고 기타 비밀스런 포스트모더니스트적인 사상을 믿고 인정할 정상적인 일반인들은 없다. 미국이 어떤 마르크스주의자나 후기 마르크스주의자, 또는 파시스트 적 전체주의를 위해 민주적 자유를 버릴 가능성은 조금도 없어 보인다.

사실, 나는 미국의 제도와 민주주의 및 자유시장 경제의 강력한 힘에 대해 큰 신뢰를 갖고 있다. 그럼에도 불구하고 미국적 민주주의의 건강에 관해 걱정할만한 이유도 여럿 있다.

우리가 목도해 온 바와 같이 학문 세계의 상대주의는 무려 66퍼센트의 미국인들이 공유하고 있다. 그 속에는 72퍼센트의 "차세대"와 53퍼센트의 복음주의자들이 들어있다.[29] 챨스 콜슨(Charles Colson)은 상대주의의 정치적 의미들을 이렇게 지적한다.

> 정치와 정부에서보다 절대 기준의 존재가 더 중요한 곳은 어디에도 없다. 서구 세계의 국가들은 인간의 최종적인 법률들은 하나님의 불변의 도덕률을 나타내는 것이라는 믿음 위에서 건전한 정치적 구조들을 형성했다. 그런데 만일 진리가 없고 그에 따라 선과 정의에 대한 객관적 기준이 없어서 부당성의 기준도 존재치 않는다면 사회

---

29) George Barna, *The Barna Report: What Americans Believe* (Ventura, CA: Regal, 1991), pp. 83-85.

의 약속은 늘 순간의 변덕에 따라 위협 받게 된다. 그 다음에는 제약 없는 다수의 열의나 무자비한 독재자 중 어느 한 쪽으로부터 나타나는 잔학한 정치가 불가피하게 뒤따르는 것이다.30)

콜슨이 지적하는 것처럼 잔학한 정치는 독재자에게서만 나오는 것이 아니라 "다수"의 학정도 있을 수 있다.

민주적인 학정은, 도덕적인 억제 없이 자행되는 것으로 "다수의 열의"를 분출시킬 경우에는 온갖 악행을 저지르게 될 수도 있다. 오늘날엔 도덕적 의문사항들이 흔히 투표로 결정되는데, 그러고 나면 그것이 대중의 정책으로 옮겨진다. 낙태에 반대하는 수세기의 역사를 가진 도덕적, 법적 제재는 "산모가 선택한 권리"를 위하여 부서지고 있다.

안락사에 대한 도덕성 문제는 주별(州別)로 투표에 부쳐지고 있다. 사회가 도덕적 절대 기준을 인정하지 않을 땐 주관적인 의견이 가장 최고법이 되어 버린다. 바람에 불려 옮겨지는 사막의 모래와 같이 대중의 의견은 흔히 심사숙고하지 못하고 쉽게 변하며 배후조종에 약한 면을 지니고 있는데도 그러한 대중의 뜻을 기반으로 법이 제정된다. 도덕률과 무관하도록 유리된 법들이 바로 포스트모더니스트들의 법이라고 생각할 수 있다. 즉 권력이 멋대로 부여한 틀이라는 것이다.

미국의 국가 체제는 다수의 부당한 법과 학정에 대한 가능성을 예견했었다. 법의 기초학자들은 다수에 의해서 통과된 법들이 객관적이고 합법적인 기준에 위배될 경우, 반드시 저지되도록 구조적인 틀을 세워 놓았다. 객관적이고 학식이 많고 독립적인 판사들이라면 절대 가치 기준과 상충되는 어떠한 법치국가 체제 속에 들어가지 못하도록 보장 할 것이다.

법원의 구조상 최종판결은 대법원에서 하며 헌법의 절대 기준에 맞추어서 법을 심판한다. 그러나 이런 체계는 사회나 법원들이 절대기준을 인정할 때에만 그 기능을 할 수 있다. 오늘날 포스트모더니스트의 법 이

---

30) Charles colson, *The Body: Being Light in Darkness* (Dallas, TX: Word, 1992), p. 163.

론은 헌법이라는 절대원칙을 제시하는 서류가 아니고 사회가 진화해감에 따라 지속적으로 재해석되어야 하는 구조라고 가르친다.

사법운동가들은 사회의 욕구들을 전달하기 위해서는 헌법에 전혀 명시되지 않은 신 권리조항들을 새로 집어넣을 권한이 있어야 한다고 주장한다. 이러한 이론을 따라 대법원은 낙태를 합법화 했고 새로이 추론하여 내세운 "사생활의 권리"라는 명목으로 낙태를 금지하는 모든 법들을 사멸시켰다.

전통적으로 사법제도는 법 해석에 책임이 있었다. 그러나 신 사법운동가들은 입법자들이나 절대 판단 기준의 개입 없이 법을 제정하고 있다. 가장 논란이 분분한 오늘날의 "문화전쟁들"은 이러한 사법운동가들에 의해서 촉진되었다. 낙태를 합법화한 것 말고도 외설행위가 성행하도록 법정에서 허락하는 일이 있었는가 하면, 동성애자들에게도 특별한 권리를 허용하고 여성해방론자의 주장을 뒷받침해 주었을 뿐 아니라 기도와 성경 읽기를 학교 밖으로 내몰아 버렸다.

알렉스 코진스키(Alex Cozinski) 판사가 시인했듯이 "입법자를 희롱하는 버릇을 가진 판사들은, 헌법을 비롯한 모든 법들을 그들 나름의 옳고 그름의 분별을 보충하는 데 참고하는 널뛰기판 정도로 다루기 시작하는 현상을 꽤 구미가 당긴다는 표정으로 바라보고 있다."31) 개인의 의견들이 절대 가치 기준을 대신한다. 그러나 판사의 의견은 모든 자의 법이 되고 있다. 지식 기관의 양질의 교육을 받은 구성원들로써 그들의 선, 악에 대한 분별 감각은 그들의 포스트모더니스트 동료들의 그것과 닮은 성질이 있다.

이런 사법운동은 민주적으로 선출된 입법기관에 의해 통과된 법들을 취소할 수도 있으며, 그 강력한 힘을 선출 되지 않은 작은 소수의 손에 몰아 넣어주고 있다. 존 레오는 관찰하기를 "개혁가들이 입법과정을 늘상 건너뛰고 그들의 쟁점을 직접 법정으로 갖고 가는 상황을 시대의 징

---

31) Quoted in John Leo, "Judge-made Law Foments Strife," *Milwaukee Journal*, 29 March 1993, p. A9.

표"라고 본다.32) 이제 그 "개혁가들"은 의회나 미국 대중을 먼저 설득할 필요 없이 그들이 바라는 것을 쉽게 취하게 되었다.

관료정치의 학정은 미국민주주의에 또 다른 강한 위협을 가하고 있다. 니일 포스트맨(Neil Postman)은 새로 등장하는 정보기술들이 그가 "기술다원주의"라고 표현했던 신 사회질서를 어떻게 형성하고 있는지에 대해 적은 바 있다. 그는 초월적인 도덕적 바탕을 가진 민주주의의 가치기준과 그런 것이 없는 신 기술적 질서와의 사이에 사상적 갈등이 있을 거라고 예견한다. 그가 관찰하기에는 정보를 관장하는 자들이 정치적 권력을 휘두른다는 것이다. 정보가 기술적 수단에 의해 통제되기 때문에 정치권력은 기술전문가들의 손에 들어 있게 될 것이다.33)

국가의 관료제도 속에 깊이 안착해 있는 "전문기술인들"은 이미 어떤 종류의 민주적 과정, 법의 힘을 받으면서 정책을 세우고 있는 것이다. 포스트맨이 그 신 전문기술자 부류를 묘사하기를 그들은 매우 전문화되어 있어서 자기들의 전문분야 밖의 것은 어느 것도 모른다고 말한다. 전문가들은 아기 키우기, 개인문제처리, 윤리적 판단과 같은 옛날에는 인간의 보편적 관심사로 간주되어 오던 각 분야에서 이제는 자기만의 권위를 주장하고 있는 것이다. 사회과학(포스트모더니즘에 따르면 "과학의 여왕")이라고 하는 겉면에 싸이고 표준화된 판별기준, 통계, 찬반투표 등으로 무장된 전문가들은 법정에서나 입법의회에서, 그리고 대중매체들 내에서도 경대(敬待)를 받고 있다.34)

국가의 교육과정은 지역 교육위원회 아니면 담당교사들에 의해서라도 결정된다면 좋겠지만, 대중을 지도하는 주 의회 사무국의 관료들에 의해 결정된다. 교육당국은 교사들이 가르치는 내용만을 조정하는 것이 아니라(교사의 엄격한 자격요건을 두며, 교사 훈련 계획을 위한 상세한 요건

---

32) *Ibid.*
33) See Neil Postman, *Technopoly: The Surrender of Culture to Technology* (New York: Vintage Books, 1993), pp. 82-90.
34) *Ibid.*, pp. 85-90.

들을 정함으로써) 교사들이 배워야할 내용까지도 통제한다. 그 결과는 모든 학교들이 최신 교육이론을 따르도록 보장시키는 것이다. 그 안에는 이미 효과가 없는 것으로 밝혀진 것들인데도 아직 그대로 있는 경우가 적지 않다. 그러한 학교를 개혁하고자하는 여러 가지 노력들이 있었지만, 결국은 교육당국에 더 많은 권한만 주게 되는 결과를 낳았고 당국자들은 더 많은 교사 훈련과정을 요구하고 있으며 지역 관할구역 학교에 더욱 질식할 듯한 통제를 가하는가 하면, 훨씬 더 많은 실험적 방법론을, 교육에 적용해 보라고 우긴다.

사회의 가장 중요한 결정 사항들 중 많은 것이 보통 시민들이 아닌 특재된 엘리트들에 의해 만들어진다. 병원들도 의료윤리문제를 "전문가" 위원회에 위탁한다. 법정의 결정 사항도 "전문가 증인들"(대개 양쪽 당사자들을 대표하는 증인들)의 증언에 따라 좌우된다. 의회 내의 각 위원회들도 사회문제들을 해결하기 위해 만든 입법 초안 작업에 "전문가들"의 증언을 청취한다.

대개의 경우 전문가라는 사람들이 초청되어 오는 것을 보면, 보통사람들 입장에서도 항상 서로가 대답하려고 하는 그런 질문에 응하려고 초청된다. 이것이 공정한가? 또는 저것이 옳은지 그른지? 아니면 어떤 방법이 잘 통할지 어떨지와 같은 질문에 답하기 위함이다. 전문가들이 정부의 관료체제 속에 깊이 안주하며 법적인 지위를 가지고 정책들을 수립할 권위를 영구적으로 갖게 될 때, 민주적 절차는 더욱 부당한 방향으로 나아가게 되는 것이다.

미국인들은 입법자들의 타락과 비효율성을 보고나서, 그동안의 환상에서 깨어나 실질적인 자치정부는 없어졌다고 느끼면서도 비극적인 묵인을 하고 있다. 미국인들이 한때는 그들의 권리 행사에 열심을 내고, 자유를 지키느라고 맹렬한 힘을 기울였으나, 이제는 대부분 전문가나 법정이 대신 결정을 해주도록 허용하는 것으로 만족하고 있는 듯하다.

마케팅 기술과, 대중 기술, 그리고 "누에가 실을 뽑듯이 잘도 꾸며내는 전문인"들의 이미지 조작에 의해서 선거가 결정되고 보니, 점점 정치의 무게가 가벼워지고 그에 따라 민주주의 파괴가 심화되고 있다. 포스트모더니즘을 위한 변증학자인 월터 트루엣 앤더슨(Walter Truet Anderson)은 회심의 미소를 머금고 현시대 정치의 허위성을 다음과 같이 묘사하고 있다.

> 우리는 또한 점점 더 정치가 연극처럼 되어가는 것을 본다. 사건들이 대본에 따라 일어나고 대중소비를 위한 무대 관리가 이루어지며 개인과 단체들은 삶의 드라마 속에서 대본의 역할을 하려고(아주 작은 역할이라도 하겠다고) 애들을 쓴다. 연극 같은 이러한 일이 당연하고 또 불가피한 우리 시대의 모습이다. 그것은 많은 사람들이 실존이 사회적 구성물이라는 사실을 이해하기 시작할 때 발생하는 일이다. 우리 가운데 더 많은 사업자들이 특정의 삶의 실상을 구성하거나 대중에게 파는 것이 많은 득이 된다는 사실을 알고 있으며, 따라서 현실의 삶을 만드는 작업이 곧 신기술과 사업이 되고 있다. 당신이 광고나 이미지 구축이나 정치적 운동과 같은 분야에 얼마나 많은 돈이 퍼부어지고 있는지를 고려한다면 그것은 실로 큰 사업이다.35)

공직에 출마하는 일이나 광고, PR, 그리고 큰 사업을 하는 것 등에 대한 서로의 구별이 어렵게 되어 가고 있다. 정치적으로 설득을 하는 일은 특정의 실존적 구성물을 "판매하는" 문제이다. 포스트모더니스트 정치인들은 역할을 하고 이미지를 제시하며 연극과도 같은 사건들을 제조 해내고 있다. 앤더슨이 말하기를 "다수의 인간이 현실을 사회적 구성물이라고 이해하기 시작할 때부터 이러한 민주주의의 경량화(輕量化)는 불가피한 일"이라고 한다.

포스트모더니스트의 세계관이 현시대 정치에 널리 퍼져있다는 사실은 다른 구조들 속에서도 역시 명백하게 나타나는 일이다.

---

35) Walter Truett Anderson, *Reality Isn't What It Used to Be: Theatrical Politics, Ready-to-Wear Religion, Global Mythis, Primitive chic, and Other Wonders of the Postmoderr World* (San Francisco: Harper & Row, 1990), pp. 5-6.

객관적인 여러 가지 자료들까지도 주어진 패러다임에 실용적으로 맞추기 위해서 재구성되고 해석될 수 있는 것이라는 포스트모더니즘적인 견해 때문에 우리 세상에는 "실 뽑는 박사"가 있어 자유자재로 꾸미고 조작한다. 정치가는 발생하는 일들을 분석하기 위해 "전문가"를 고용한다. 그래서 그가 출마 할 경우 자신을 가능한 한 부각시킬 수 있게 해준다. 정치적 공약들은 더 이상 지켜질 것을 의미 하지 않는다. 낡은 견해를 지닌 사람만이 진리를 절대 불변의 종류라고 주장한다고 말해 버리면 그만이다. 오히려 정치 공약들은 말하는 순간 그 말의 결과까지도 동시에 끝나버리는 언어, 즉 수행문(遂行文; performative)을 뜻하며 청중을 동요시킨다거나 "말솜씨를 선뵈는 일"일 뿐이다. 일단 그 순간이 지나면, 결과는 얻어진 셈이다. 그리고 그 정치인이 "새로운 현실"을 만나면, 그는 그 약속을 공개적으로 포기해 버린다. 실존에 대한 사회적 구성론을 인정하는 사람들은 증거를 조작해내거나 계획적인 거짓말을 하는 것을 손쉽게 정당화시킬 수 있다.

포스트모더니스트 정치의 냉소주의와 투명하게 내보이는 거짓은 일반 미국인들의 환상을 무너트렸고 나아가 민주주의를 파괴하고 있다. 오늘날, 선거 유권자 중 겨우 일부분만이 일부러 나가서 투표하는 수고를 행할 뿐이다. 대중매체에의 접근이 정치적 성공을 위해 매우 필요하기도 하고 돈도 많이 들어서 오직 위치를 견고히 세운 현직인사들이나 또는 엄청난 부를 지닌 도전자들만이 공직에 출마할 능력이 있다. 사회의 세분화(細分化)는 정당의 영향력을 파괴하고 있다. 정당은 원래 그 영향력으로 정치에 발을 딛고자하는 시민들에게 지역정치 수준의 입문(入門)을 제공하는 것이 전통이었다. 오늘날 주요 정당들은, 다양하면서도 흔히 모순 되는 "이익단체"들을 만족시켜야만 총선거를 치를 수 있고, 그 다음의 결과는 사상의 왜곡과 정책의 마비가 있을 뿐이다. 결과적으로, 자치정부에 능동적으로 참여하는 미국인은 거의 없다. 만일 민주주의가 없어진다고 해도 그것을 알아차리기조차 못할 사람이 많을 것이다.

정치현실이 정말 그렇게 어두울까? 공산주의가 붕괴되고 냉전이 종식을 고한 사실은 민주주의의 위대한 승리임에 틀림없다. 자유의 이상을 좇아 수백만의 보통사람들이 길거리로 쏟아져 나왔다. 그리고 탱크와 KGB도 두려워하지 않았다. "실존구성"의 헛된 주장에도 불구하고 그 전체주의적인 정권들은 "진리에 대한 믿음과 요구"를 가지고 민주주의 혁명을 시작한 남녀들을 억제할 수가 없었다. 미국 민주주의가 기력을 잃고 있는 동안에 민주주의는 라틴 아메리카(남미)와 아프리카에서 구(旧)독재를 말끔히 쓸어내고 있다. 자유기업경제 원칙들은 훨씬 더 성공적이며 가난한 국가들에게 번영을 가져주고 있고, 개인의 창의에 보상을 해주는가 하면 스웨덴에서 중국에 이르는 지역으로부터 공산주의를 퇴출케 하고 있다.

민주주의와 자유경제는 포스트모더니즘을 주장하는 자에게 반대되는 진정한 의미의 후기 현대 사회를 대표하는 것이 당연하다.

고전적인 마르크스주의자들은 사실상 자유와 다양성, 그리고 번영을 지닌 후기 현대 사회를 자본주의의 진전된 단계일 뿐이라고 비판한다.36) 그들은 로널드 레이건(Ronald Reagan)을 대중매체에 대한 배우로써의 숙달된 모습, 향수를 자아내는 정서, 자유방임(Laissez faire)정책 등으로 특징지을 수 있는 원조(元祖)격인 포스트모던형 대통령으로 보고 있는 자들이다. 그들에게는 포스트모던 경제가 소비자 제일주의, 판매전략, 사회적 노동(의미를 둔 것이 아니라 상징으로써의) 보다는 돈에 대해서 더 강조하고 있는 가장 위협적인 모습의 자본주의로 보이고 있는 것이다.

혹시, 아직도 반성할 줄 모르는 이 마르크스주의자들이 옳다면 민주주의나 자유기업경제야말로 진정한 의미의 포스트모던적 성격을 지니고 있는 셈이 되는 것이다. 그리고 그런 상황이라면 포스트모더니스트 사상의 집단주의나 급진주의가 모더니즘에 대한 대체물이 아니라, 모더니즘이 사라지면서 겪은 죽음의 고통이었음이 밝혀지게 될 것이다.37) 한편,

---

36) This is bassically the argument of David Harvey, *The Condition of Postmodernity* (Cambridge, MA: Basil Balckwell, 1989).
37) Thomas Oden은, 해체주의자들의 포스트모더니즘과 기타 급진적 현시대 사상가

우리는 우리에게 자유사회(즉 성경적 사회)를 준 세계관과 포스트모더니스트적 세계관이 서로 충돌하여 새천년의 중심사상이 되려고 서로 경쟁하기를 기대 할 수도 있을 것이다.

오늘날에도 포스트모더니스트적 대체사상들이 구(舊) 공산주의 국가들 속에서 자유의 승리에 대한 도전을 하고 있다. 소비에트 왕국으로부터 새롭게 해방된 국가들이 민주주의와 자유경제의 틀을 만들기 위해 애쓰는 반면, 포스트모더니스트의 인종주의적 세력은 저들을 무정부상태와 파시즘으로 위협하고 있다. 그러나 민주주의는 삭제되어서는 안 된다. 그 힘과 유효성은 이미 증명된 것이다. 그러나 민주주의가 성공하려면 기본바탕구조가 있어야 한다. 그것이 성경적 세계관인 것이다. 서구 민주 국가들 속에서 많은 사람들이 그 세계관을 포기하고 있지만 동양의 수많은 사람들은 이제서야 그것을 발견해가고 있는 중이다.

포스트모더니스트와 러시아인의 만남

1988년 "문학과 사회가치관에 대한 미국과 러시아의 관점"을 연구하는 회의에서 미국의 비평가와 이론가들이 소련의 동일분야 인사들과 함께 참석했다. 러시아 작가들과 대학교수들이 가장 두드러진 미국의 포스트모더니스트적 비평가들을 만나러 캘리포니아에 왔던 것이다. 1990년에는 그 포스트모더니스트들이 당시의 소련을 방문하기도 했다. 그들의 상호 사상교환은 양편 모두를 당황시키고 말았다.

미국 포스트모더니스트들은 러시아 사람들이 정말로 "절대 가치 기준", "진리", 그리고 "휴머니즘"과 같은 개념을 믿고 있다는 사실에 대해

들의 특징을 "ultra-modernist" (극단적 모더니스트)라고 꼬집고, 모든 모더니즘 속에 배제되어 있는 회의주의를 그 극단의 벼랑으로 몰아붙였다, 그는, 이 "극단적 모더니스트들"은 머지않아 근대성(modernity)의 사망과 함께 그 몸의 일부분으로써 사멸될 것이라고 주장한다. See, for example, *After Modernity-What?: An Agenda for Theology* (Grand Rapeds, MI: Academie Books, 1990), p. 77, et. passim.

깜짝 놀라게 된 것이다.

그들에게 더욱 놀라웠던 것은 러시아인들이 이러한 절대 가치 기준의 근거를 종교에 두어야 한다고 주장한다는 사실이었다.

> 소련 사람들은 문학속의 절대 가치 기준에 대한 그들의 믿음을 거듭 주장하였다.... 그리고 그것은 영적 절대 진리와 러시아 문학의 특정작품의 고귀한 가치를 뒷받침하는 종교적 유심론(唯心論)의 전통에 호소하는 것과 맥을 같이하는 것이었다. 이것은 최소한 나에게 만큼은 소련대표 참가자들이 말하고자 했던 내용이 너무나도 놀라운 것이 아닐 수 없었다. 이때 받은 인상이 2년 뒤 모스크바에서 열린 후속회담에서 2년 전의 참가자들과 전혀 다른 소련 학자들에게서 들은 논문 발표에 의해서도 상충되는 것이 하나도 없었다. 그곳에서 우리가 들었던 여러 논문들은 깊은 종교적 관점에서 쓰여진 것들이었다.38)

가장 뛰어나고 영향력 있는 해체주의적 비평가들 중 하나인, J.힐리스 밀러(J. Hillis Miller)에 의한 다음의 논평들이 주는 어감은 특별히 의미심장하다. 그는 오늘날 누구라도 이러한 관점으로 생각할거라고는 믿지 않는다. 분명히 단 한사람의 미국인도 이런 맥락으로 생각하지 않는다. 적어도 중요한 인물은 그럴 사람이 없다.

> 비록 모든 자가 다 그런 것은 아니었으나 이렇게 확고하게 지닌 주장들의 응집된 장치는 나에게 실로 대단히 놀라운 일이었다.... 문학에 관한 소련인들의 관점과 같은 것은 특정의 매우 보수적인 비평가들, 예를 들어, 국립 학술회 회원들이나 혼합주의적 문화 연구와 여성들의 연구, 그리고 소수파의 문학 연구에 반대하는 입장으로써의 "서구적 전통"에 의존하는 기타 인사들의 경우를 제외하고는 전혀 없다. 그러나 그런 유추가 전혀 정확하지 않을 수도 있을지 모른다.

---

38) J. Hillis Miller,"Literature and Value: American and Soviet Views," *Profession* 92, 1992, p. 25.

왜냐하면 미국의 보수적 관점을 지닌 자들은 절대 진리의 중개적 존재로써의 종교에 늘 공공연하게 의존하지는 않기 때문이다.39)

말할 필요도 없이 아주 최근에 공산주의자의 학정에서 해방된 러시아인들은 미국인들의 말을 듣고 훨씬 더 놀랐던 것이다. 러시아 작가 협회 서기인 펠릭스 쿠즈네초프(Feliks Kuznetsov)가 말하기를 "당신들의 말을 듣고 나니, 우리가 매우 무신론적인 국가에 왔었다는 인상을 가지고 돌아가야 할 것 같습니다."라고 하였다.40)

미국 학자들이 러시아인들의 공산치하에서의 고난과 절대 진리의 영적 기준들에 대한 중시(重視) 사이의 상관성을 알아보지 못하는 것은 이상한 일이다.

그 미국인들은 러시아 예술가들이 박해를 받은 일이 있었다는 것을 확실히 알고 있는 학자들이었다. 밀러가 말한다. "한 러시아인 참가자가 추측컨대 '반혁명적'인 어느 작가는 '비극적인 착오'에 의해서 처형 받은 경우도 있다고 생각한다는 말을 했을 때, 미국인 참가자들은 긴장된 숨을 쉬었다. 마치 2년 후 우리가 러시아를 방문했을 때, 한 박물관에서 그것을 그린 예술가가 처형 되었다는 어떤 그림을 보고 숨을 조였던 것과 흡사했다." 이런 잔학행위에 대한 밀러의 반응은 한마디 농담이 전부였다. "그런 일들이 있었다는 것은 적어도 러시아에서는 예술이 심각하게 받아들여지고 있다는 점을 표시하는 일이다!"41)

바로 그거다. 미국에서는 예술이 정부에 의해서이건 예술가들, 또는 포스트모더니스트 비평가들 누구에 위해서든, 그렇게 진지하게 받아들여지지 않은 것이 분명하다. 잔악한 독재자에게는 매우 위험한 존재여서 체포에 나서도록 자극하는 예술이거나 목숨이 좌우될 만큼 심각하게 받

---

39) *Ibid*. 전국 학자 협의회(The National Association of Scholars)는, 대학의 생명과 학문에 대한, "정치적으로 정확한" 이데올로기들의 고압적인 영향에 관해 우려 하는 교수들의 단체이다. 그 단체는 반(反)-소수당도 아니요, Miller가 의미하는 바와 같이 보수집단이나 소외집단 또한 아니다.
40) *Ibid*., p. 22.
41) *Ibid*.

아들여지는 예술은 절대 진리를 증언하는 예술이라는 것이다.

밀러는 진리에 대한 러시아인들의 개인적 주장은 권위주의에 대한 회귀를 초래할지도 모른다는 우려를 나타내고 있다.42) 포스트모더니스트들은 절대 진리에 대한 믿음을 잔학한 정치와 일치되게 연상시키기를 좋아하지만, 그런 연관성은 논리에 맞을 수 없다. 힘을 만들어내는 것만이 유일한 가치라는 믿음과 절대 가치 기준들은 사회를 초월하며 사회와 그 사회의 권력이 심판받을 수 있는 수단이기도 하다는 믿음, 이 두 가지 중에 잔인한 독재자가 좋아할 만한 것이 과연 어느 것이겠는가? 독재정치는 또한, 공산주의자들의 잔악한 고문과 강제수용소를 실제로 겪어본 자들의 경험을 뻔뻔스럽게 부인한다.

견딜 수 없이 홀가분한 존재(The Unbearable Lightness of Being)의 작가인 밀란 쿤데라(Milan Kundera)가 공산주의를 탈출해서 서구로 갔을 때(서구 세계가 그토록 억압적이라면, 왜?), 또 한 사람의 체코 작가 박크라프 하벨(Vaclav Havel)은 자기 집에 머물러 있었다. KGB는 나중에 공산주의를 비판하는 희곡을 썼다고 그를 체포했다. 만일 문학이 현존 권력의 구조들이 내놓은 표현일 뿐이라면 그가 어떻게 항의할 수 있었겠는가? 문학이 권력체제가 내놓는 것이라면 자기네 뜻에 맞고 일치해야 하는 것이 아닌가! 비평가가 아닌, 한 KGB요원이 그를 심문했고 허상이 아닌 콘크리트와 강철로 된 객관적 사실체(事實體)인 감옥에 수감했다. 이것이 어찌 언어의 감옥일 뿐인가? 언어가 그를 속박하기는 커녕, 바클라크 하벨에게는 언어가 자유의 표현이었다. 또한 그는 언어를 사용하여 거짓을 공격하고 진리를 증언했다. 진리가 없다면 거짓말이 있겠는가! 또 모든 것이 거짓말이라 한들 문제될 것이 없지 않은가! 그렇다면 왜 감옥에 가야하는가? 옳은 기준이 없는데! 하벨이 처지에 따라 변화했어야 했는가? 그리고 "존재의 하찮음"을 인정해야 했는가? 아니면 협력자들이 했듯이 바람 부는 대로 움직여야 했을까? 실로 진리가 없

---

42) *Ibid.*, p. 26.

다면 하벨과 같은 사람들을 진리를 지킨 자로 존경해야 할 이유가 어디 있는가?

심문을 받고 집결지로 넘겨지거나 강제로 법 집행을 당한 사람들은 그들이 "포스트모더니스트"의 믿음을 고수했기 때문에 박해받은 것이 아니라 절대 진리를 끝까지 지켰기 때문이다.

그들은 지금 서양세계에서 공격당하고 있는 관념, 즉 진리, 개인의 자유, 사회보다도 우위에서 개인의 권리를 보장하는 도덕법들(이 모든 것들이 하나님의 몸 안에서 객관적이고도 절대적으로 근거를 갖는 것)을 끝까지 주장했던 것이다.

또한 사람의 잔인한 박해를 받은 작가 알렉산더 솔제니친(Alexander Solzhenitsyn)은 동양에서는 강제로 받아들여졌던 것이 이제는 서양에서 자유의지에 의해 거부당하고 있다는 사실을 깨달은 바 있다.[43]

---

43) This is the argument of Solzhenitsyn's "Templeton Address: Men Have Forgotten God," in *In the World: Reading and Writing as A Christian*, ed. John H. Timmerman and Donald R. Hettinga (Grand Rapids, ML: Baker, 1987), pp. 388-97.

제10장
일상 속의 포스트모더니즘

　대개의 미국인들은 자신들이 개인적인 정체성을 지니고 있음을 믿는다. 그들은 객관적 세계의 존재를 믿는다. 또한 진리가 사회의 구성물에 불과한 것이 아니라는 것도 믿고 있다. 포스트모더니스트의 사상은 대개의 사람들이 사고하고 살아가는 방식과는 아주 이질적으로 다르다. 그것이 지적인 부류들에게 영향을 미칠런지는 모르나 가족을 부양하고 잡부금을 내며 살려고 애쓰는 평범한 미국인에게는 할 말이 없을 것으로 보인다.
　분명히, 미국의 상식적인 유산을 기준으로 사고하는 자에게는 포스트모더니스트 이데올로기의 과도한 면들을 능히 받아 넘겨야 하리라고 본다. 개별성과 민주주의는 미국 문화에 뿌리를 깊이 내리고 있으며 쉽게 굴복하지 많을 것이다. 그밖에도 많은 미국인들이 모더니스트이거나 포스트모더니스트이다. 기독교 신앙의 효소는 더 한층 급진적인 포스트모더니스트들이 부추기는 상대주의와 염세주의를 누그러트려야만 할 것이다.
　그런데도, 포스트모던의 세계관과 그 문화는 우리들 주변에 퍼져 있다. 일반 미국인들이 이러한 것들을 피하기란 쉽지 않다. 포스트모더니즘이 우리의 라이프스타일을 형성하고 생활을 꾸려나가는 방식, 자식교육 방법, 개인문제와 사회문제에 접근하는 방식 등을 결정하고 있다.

포스트모던적 의식구조(意識構造)

레이쓰 앤더슨(Leith Anderson)은 신세대(新世代)가 사고(思考) 활동을 체계 없이 하는 경향이 있음을 관찰했다. 그런 결과로, 사람들은 흔히 논리상 서로 모순되는 사상들을 지니고 있다. 앤더슨은 초대형 교회의 목사로써 한 젊은이의 예를 든다. 그 젊은이는 개혁신학 사상을 인정하고, 성경의 정확무오성(正確無誤性)을 믿으면서도 인간의 환생(윤회설)도 함께 인정하고 있다.[1] 그는 기독교가 윤회설과는 공존할 수 없고 그것이 매우 이질적인 세계관에 근거하고 있음을 파악하지 못하고 있다.

그에게 이 사실을 지적해 주었는데도, 그는 그런 믿음을 바로 잡으려고 신경조차 쓰지 않는다. 그가 체계적인 관점에서 생각하지 않기 때문에 상이한 체계가 서로 어떻게 충돌하게 되는지 알지 못한다. 그는 성경을 "좋아하며", 그러면서도 성경말씀과 다른 모습의 삶 속으로 되돌아온다는 생각을 또한 "재미있어" 하고 있다.

그의 이러한 사고방식의 종교적 의미는 다음 장에서 토론될 것이다. 그러나 서로 모순되는 사상을 지니는 일이 현시대 정신 상태의 특징이 되고 있다. 일부 정치인들은 정치적으로 보수적임을 주장하고 있으면서도 사회문제에 관해서는 자유주의적이다. 건강이나 날씬한 몸매에 매우 신경 쓴다든지, 유기농 식품을 광적으로 애호하는 사람들이 때때로 마약을 먹어서 몸을 망친다. 개인적으로는 낙태 수술이 도덕적으로 잘못된 일이라고 생각하면서도 "선택의 자유"를 옹호하는 사람들이 많다. 많은 사람들이 자기의 관점을 제대로 갖고 있지 못하고 일관된 사람이 되고자 하는 노력도 거의 하지 않는다.

객관적 진리의 절대 기준 없이 합리적 사고는 미적 기준에 의해 밀려나고 말았다. 우리는 우리가 믿고 싶은 것을 믿고 있는 것이다. 객관적

---

[1] Leith Anderson은, 1993년 5월 12일 미네소타의 성 바울 교회에서 개최된 복음주의 언론 협의회(the Evangelical Press Association Convention)에서, "Facing the Future" 라는 제목의 발표 내용 속에 하나의 실례를 제시했다.

절대 기준의 관점에서 생각하는데 익숙하지 않은 사람들은 여전히 자기들의 의견을 가지고 있으며 강하게 지닌 자기 믿음이 있다. 사실은, 그들의 믿음이 훨씬 더 격퇴시키기 어려울 수도 있다. 그들은 이런 것들을 판단하고 잘못된 면을 보여줄 만한 외적 판단 기준이 있음을 인정하지 않기 때문이다. 그들의 믿음이 의지의 작용이기 때문에 그들은 일부러 그런 믿음에 집착한다. 또 그 믿음은 그들의 선택과 개성이외에 아무런 근거를 갖고 있지 않은 특성이 있기 때문에 그들의 믿음에 대한 어떠한 비판도 사적(私的)인 공격으로 해석한다.

"모든 인간은 자기 의견을 가질 권리"가 있기 때문에 그들은 당신이 동의하지 않아도 신경 쓰지 않지만, 그들의 의견을 바꾸어 놓으려고 한다면 그들은 방어하려들고 화도 낼 것이다.

다소 상충되는 논쟁을 실제로 어떤 사람과 해 보라, 포스트모더니즘의 문제점이 저절로 드러날 것이다. 학문의 상아탑에서든, 지역에 있는 커피숍에서든, 현시대적 사고(思考)에 절대 진리 따위는 없다. 사람들은, 남이 갖고 있는 똑같은 권위나 방법론, 또는 판단 기준을 받아들이려 하지 않는다. 만일 모든 사람이 자체 해결(사상, 생활 등 모든 것을 알아서 해결하는)의 세계에 존재한다면 서로간의 설득은 불가능해지고 자기와 다른 외부 사람들에게는 알아듣지 못할 언어를 사용할 것이다. 즉, "당신에겐 그 말이 옳지만 나에겐 맞지 않는 말이오!"의 상황이 되어버리는 것이다.

포스트모던 사업

심지어 사업체들까지도 포스트모더니스트적 흐름에 따라 재구성되고 있다. 회사들이 계급 조직의 구조로부터 돌아서서, 권위 있고 합리화된 중앙통제 기획의 분명한 계통을 갖고 있다. 통합되고, 객관적 조직, 그리고 분명하게 구별된 권위 등은 모더니스트적 가치 기준들이다. 그 대신, 회사들은 탈(脫)중앙 집중화를 꾀하며 직원들(피고용자들)에게 "재량권을 주어" 품질관리 조직의 한 부분으로써 여러 결정을 스스로 내릴 수 있게 해주고 있다. 그래서 포스트모더니스트의 다양성에 대한 가치관, 권위에의 거부, 집단에 대한 강조 등은 보수주의의 마지막 보루라고 생각할 수 있는 구역, 즉 사업의 세계에도 침입해 들어가고 있다.

감히 포스트모던 사업가들을 비판하려고 그러는 것이 아니다. 새로운 사업구성의 방법들이 효과적일지도 모르고, 또는 생각건대 포스트모던 문화에 필요한 적응일지도 모른다. 모더니즘은 영패(零敗)했다. 그리고 우리는 모더니즘적 사업의 패러다임이 더 이상 나은 공정한 경쟁을 하리라는 기대를 해서는 안 된다. 여기서 내가 말하려는 핵심은, 다만 포스트모더니즘이 모든 면에 만연하고 있다는 것과 우리 가운데 아무도 그것을 피할 수 없다는 사실이다.

모더니즘 경제의 상징은 공장이다. 산업혁명이 모더니즘의 시대를 탄생시켰다. 공장의 제조기술 속에서 과학지식의 허구적 이론이 아닌 실용적 표출이 가능해졌다. 공장들이 옷감이나 강철, 연장(도구), 그리고 자동차를 대량생산하게 되면서 생활수준이 수직 상승하였다. 분명히 말해서 산업혁명이라고 해서 비용이 많이 안 들고 논쟁이 없었던 것은 아니다. 그러나 자본주의자나 마르크스주의자들, 그리고 사업가나 노동조합들이 모두 공장이나 제조업에 초점을 두고 있었다.

컴퓨터는 포스트모던 경제를 상징해 준다. 오늘날 컴퓨터는 공장 운행의 많은 부분을 떠맡고 있다. 인간들이 컴퓨터 화면 앞에 앉아서 정보가 처리되는 것을 바라본다. 더 이상 노동자들이 조립생산 작업대에서 무심히 같은 동작의 일을 반복할 필요가 없이 단번에 바로 현장의 업무에 쓰이는 정보를 찾아 거대한 처리장치에 접근해 들어가기만 하면 되는 것이다. 이것 때문에 "탈(脫)중앙집중식 의사결정"이 허용된다. 그 신기술은 또한, 단골고객의 구체적인 수요에 맞춰서 맞춤 제조가 가능토록 해준다. 모더니즘 시대의 공장들은 대량생산의 틀을 갖추었었다. 포스트모던 공장들은 회사들이 특정의 집단들을 위한 제조를 할 수 있게 해준다.

제조업 그 자체는 "서비스 산업"에게 자리를 양보하고 있다. 형체를 가진 물건의 제조는 갈수록 자동화되거나 해외의 저비용 노동으로 넘겨지고 있다(경제의 "세계화"의 한 양상). 이제는 많은 회사들이 무형의 제품을 생산한다.

물론 "재화나 용역"은 언제나 경제에 있어 본질적인 것이지만, 오늘날은 용역이 상위를 차지하고 있다. 서비스 중심의 많은 새로운 회사들은 오로지 다른 회사들이 신기술을 다루도록 돕는 일만 담당한다, 컨설팅업체들은 정보를 생산하는 것만으로 포츈(Fortune)지(紙)발표, 500대 기업에 들게 된다.

그런데, "지식"이라는 것과 "정보"라는 말은 서로 구분된다. 지식이란 실제적이며 사실적 느낌을 줄 수 있는 것을 말한다. 정보는 빨리 지나가 버리며 정체됨이 없이 변화를 계속하는 것이다. 근대 이전과 모더니즘 시대는 지식을 소중히 했다. 포스트모더니즘 시대는 데이터에 집착한다.

모더니즘 경제는 인간을 생산자로 간주하는데, 포스트모더니즘은 사람들을 소비자로 간주한다. 미국 경제는 현재 "시장주도"의 상황이다. 이것은 곧, 회사들이 그들의 소비자에 관한 최신의 정보를 확보하고 있어야 한다는 사실일 뿐더러, 그들의 상품에 대하여 공격적인 광고를 해야 한다는 뜻이다. "시장조사"를 해보면 직업적 여론조사인과 사회과학자(포스트모더니즘 시대의 두 전문직)는 조사노력에 있어서 큰 타격을 받는다. 광고업자가 마음대로 주무를 수 있는 정보매개체들을 폭 넓게 확보해서 늘어놓고 최고의 효과를 이루어낼 수 있게 하고 있기 때문이다. 텔레비젼 광고는 다수의 청중에게 전달된다. 그러나 신정보기술-케이블 TV, 팩스, 광섬유-등은 "특정대상" 목표의 소비자 집단에게 제품들을 집중적으로 던져 보내는 효과를 거둘 수 있게 해준다. 이것은 포스트모던 사회의 집단세분화에 발맞춘 형태로 볼 수 있다.

"모든 것은 텍스트(TEXT)"라는 포스트모더니스트의 표어와 같은 맥락에서 광고업자들은 이 세상을 거대한 광고판으로 변모시켜 놓았다. 그리고 스포츠 행사로부터 쇼핑카트에 이르는 모든 것을 광고 매체로 삼고 있다. 회사의 로고들은 그 말들 자체가 유행어가 되어버려서 사람들이 어떤 제품을 광고하는 모자나 티셔츠를 입고 스스로가 무보수로 광고판이 되어준다. 오늘날의 경제에 광고 중심 성향은 수사(修辭)나 스타일, 그리고 이미지에 대한 포스트모더니스트적인 집착을 뒷받침해주고 있다.

신종(新種) 계급

이 세상에는 아직도 블루칼라 직업인들이 있다. 또한 중산층도 여전히 존재한다. 이들은 모두가 유형의 상품제조 방식과 함께 발생한 자들이다. 그러나 신 경제 풍토는 상대적으로 비가시적(非可視的) 제품, 즉 정보, 상담, 진료 등과 관련된 신 사회 계급의 발생을 가져왔다.

그 신종 계급은 교육자들(초등교사로부터 대학교수까지)과 커뮤니케이터들(기자, 예술가, TV 프로듀서, 광고업자 등), 기획자들(관리 컨설턴트, 여론조사 직업자, 마켓팅 전문가 등), 그리고 "돕는 직업군(群)"(심리학자, 사회사업가, 정부관리, 그리고 넓은 의미로 성직자들 등)을 포함한다. 현시대 경제에서 정보가 중요한 역할을 한다는 것은 그 신종 계급이 크나큰 영향력과 사회적 지위를 갖고 있다는 의미가 된다.

정치적으로 보면, 사업가들과 중산계급은 보수성을 띠는 경향이 있고 동시에 블루칼라직 종사자들이나 가난한 사람들은 민주당 후보를 지지하는 성향을 갖고 있다. 그 신 계급은 그 풍요와 바탕에 깔린 신뢰성에도 불구하고 정치, 사회적으로 민주당적 성향을 지닌다. 분명히, 중요한 예외도 없는 것은 아니다. 그러나 그 신종 계급은 변화를 위한 변화를 중시하는 경향이 있어서 사회주도기술이나 도덕적 개방성을 가치 있게 생각한다.

이런 의견과 자세는 "계급적 상징물", 즉 신분증 표찰처럼 되 버려서, 이 신종 엘리트 집단에 누가 속해 있고 속하지 않은 사람은 누군지 말해준다. 사회학자 피터 버거(Peter Berger)는 지적한다.

> 계급문화의 상징은 중요하다. 상징이 있어서 사람들은 서로 소속자와 비소속자를 알아낸다. 또한 쉽게 알아볼 수 있는 "건전성"의 판별기준을 그 상징들이 제공하는 것이다. 그래서 일류대학교의 교

직에 지원하려고 하는 교육자는 공화당의 우익에 대한 정치적 충성이라든지(어쩌면 좌익도 마찬가지), 낙태나 기타 여성해방론자의 기준에 거슬리는 내용, 또는 그 협회의 장점에 대한 불필요하리만큼의 강한 신뢰 등, "건건치 못한" 견해들을 드러내지 말도록 충고 받는다.2)

만일 그 젊은 교육자가 보수적 견해를 숨기고 그 일자리를 잡았다고 할 때, 그 견해를 더 이상 가지고 있을 수 없게 하는 사회적 압력은 엄청난 것이다. 그 의견들은 그 교육자가 그곳 교수휴게실의 신문화 사상 속에 물들어감에 따라 바뀌는 것이 당연하다. 사람들은 보수적인 정치가들이 그 신 계급의 바람이 유별난 워싱턴 주의 사회생활에 참여하는 정도에 따라 점점 더 도덕적 자유주의자가 되는 경향이 있다는 것을 눈 여겨 보았다. 포스트모더니스트적 풍토에서 정치 도덕적 믿음은 더 이상 정직한 신념을 표시하는 것이 아니라, 한 개의 집단과의 결속력을 나타내는 척도 정도가 되어있다.

한스프라이드 켈르너(Hans Fried Keelner)는 그 신종 계급에 관련하여 "생활방식의 기술자(技術者)"라는 말로 묘사하고 있다. "생활방식(lifestyle)"의 개념은 삶이 다양한 스타일로 표현될 수 있다는 사상으로써 포스트모더니스트적인 표현이다.

켈르너는 이들 신 직업군이 어떻게, 이전에는 "전문가"들의 지배권 밖에 있었던 분야에서(지금은)전문가의 지식을 주장하며 또한 합리화를 거부하는 삶의 여러 양태들 속에 과연 어떻게 전문기술자적 정의를 적용하고 있는지에 관하여 지적을 하고 있다. 켈르너는 질문한다. "사람이 어떻게 '정신건강'을 이루며, 또한 그것이 이루어졌는지 아닌지는 어떻게 결정하는가? 만족스러운 '직업선택'으로 그렇게 될 수 있는 것인가? 아니면 더 큰 '사회정의'를 실현함으로써 이루어지는가? 그것도 아니면, 더 알맞은 '삶의 질'인가"3) 그러나 그렇게 모호하고 애매한 개념들은 오히려

---

2) Peter Berger, "The Class Struggle in American Religion," *Christian Century*, 25 February 1981, p. 198.

그 신 계급의 주가(株價)를 높여주는데 기여하고 있다.

켈르너는 전통적 직업들, 즉 의약, 법률, 엔지니어 등은 특정부분의 지식에 통달해야 하고 본질적인 논리 적용이 있어야 하는 것임을 지적한다. 질병을 진단하고 치료하는 의사나 교량을 설계하는 엔지니어는 "세상에 대한 합리적 이해와 세상 사람을 상대하는 합리적 방법을 구체적으로 이행하였던 것이다." 즉 그들은 존재에 대한 객관적 질서가 있다는 사실을 전제하고 있는 것이다. 서로 다른 의사들이지만 객관적 과학에 기준을 두고 표준화된 방법론으로 동일한 환자를 진찰할 경우에는 비슷한 진단이 나오게 되어 있으며 치료과정도 별 차이가 없는 것이다. 그들이 모더니즘의 본보기라 할 수 있다.

반면에, 그 신(新) 직업군(群)은 지식의 보편인지소(普遍認知素)나 보편타당한 방법론 등이 전혀 없고, 다만 과학의 특수 용어나 통계들을 끌어다 넣고 있을 뿐이다. "모든 신(新) 직업들은 사회 과학과 인간중심 사상적 관점 내에서 훈련을 받고 있다. 이런 관점은 자연과학과 비교해 볼 때, 통일되고 명료성이 확인된 지식소(知識素)들을 갖고 있지 못하다. 충돌되고 모순되는 이론과 접근방법들이 서로 나란히 존재하는 것이다."4) 예를 들어, 당신이 정신과 의료의 도움이 필요하다고 할 때, 당신은 아마도, 프로이드식이나 융의 방법, 인문주의 방식, 아니면 행동주의적 방법 중 어느 한 가지의 치료를 받게 될 것이다. 당신을 치료하려고 어릴적 성장기를 얘기하고 꿈꾸는 내용에 대해 기록한 것과 감정과 느낌을 알려주

---

3) Hansfried Kellner, "Introduction," *Hidden Technocrats: The New Class and the New Capitalism*, ed. Hansfried Killner and Frank W. Heuberger (New Prunswick, NJ: Transaction Publshers, 1992), P. 3.
4) *Ibid.*, P. 3. See also Neil Postman's Discussion of the social sciences in *Technopoly: The Surrender of Culture to Technology* (New York: Vintage Books, 1993) and William Kirk Kilpatrick's critique of contemporary psychology in *Psychological Seduction* (Nashville: Thomas Nelson, 1983). 4. Postman, Kilpatrick, Berger, Kellner 등, 모든 사회과학 비평가들 자신이 바로 두드러진 사회과학자들이다. 그들은 자신들이 가하는 비판에도 불구하고, 그들이 취급하는 분야에서 여전히 가치를 바라보고 있다.

며, 또한 당신을 수술을 받고 있는 것과 같은 상태로 나타내 보이는 등등의 방법이 사용될 것이다. 이 심리학적 이론의 배후에 있는 철학은 서로 상충되는 것들로 프로이드와 행동주의는 둘 다 옳을 수가 없으며 그들의 방법론도 시험해 볼 수 없는 것들이다.5)

켈르너는, 그 신 계급과 사업가 계급이 그가 "신 자본주의"라고 부르는 것을 어떻게 해서 함께 형성하게 되었는지를 보여주고 있다.6)

한때는 답답하고 보수적인 사업 관리자가 생산성과 높은 경상비에 대해 걱정하고 있었는데, 이제는 대중 심리 책을 읽고 "관리방식"을 업그레이드 하려는 노력을 하며 직원들의 쾌적한 작업 환경을 위해서 고가의 컨설턴트를 고용하기도 하고 최근의 사회 과학연구에 맞추어, 그리고 포스트모더니스트의 "패러다임"에 따라 회사를 재구성한다.

온통 정보전달자들로 구성되어 있는 대중매체들은 그 신 계급의 가치관들을 당연하게 생각하다. 교육자들이 대학교와 공립학교들을 운영하기 때문에 그들은 모든 학생들을 그들이 주장하는 원리대로 지도하려고 한다. 사회과학자들의 가치관과 표어들은 그 신 계급의 한계를 넘어서 사회의 모든 부분에 만연하게 되었다. 동성연애자를 상담하는 진료 자는 대개 피상담자의 "라이프스타일"이 도덕적으로 잘못되었다고 비난하지 않는 것이 일반적이다. 그 보다는 상담자가 그 동성애자에게 스스로에 관해서 좋은 느낌을 갖게 하려고 노력한다. 오늘날, 모든 면에 아량이 있고 반(反)-판단적인 이런 접근법이 어느 곳에서나 이루어진다.

과학의 운명

심지어는 전통 있는 모더니스트적 직업들도 포스트모더니스트의 패러다임에 맞추려고 변화하고 있다. 자연과학들은 모더니즘의 최저층 바닥

---

5) See Walker Percy's eiscussion of this point in *Lost in the Cosmos: The Last Self-Help Book* (New York: Washington Square Press, 1983), p. 11.
6) See Kellner, "Introduction," *Hidden Technocrats*, pp. vii-ix The Entire book Documents this thesis.

에 남아있다. 그러나 현시대 과학은 논리적 방향으로 기울고 있는 소립자 이론과 상상하기 힘든 블랙홀의 가설을 가진 신 물리학이 질서정연한 기계적 자연법을 가진 구 유물론적 주장을 복잡하게 만들고 있는 현상을 접하고 있다. 합리주의의 집약이라고 할 수 있는 수학은 이제 무질서와 임의성을 다루는 "혼돈이론(chaos theory)"에 집중하고 있다. 토마스 쿤(Thomas Kuhn)이 처음 시작했던바, 과학의 역사는 갈수록 더 위대한 진리를 찾아 끝없이 전진하는 것이 아니라, 각각의 여러 패러다임들이 계속 이어져 온 것이며 알려져 있는 자료들을 서로 잘 구성함으로써 높은 상상력의 가설들을 생각해 내는 것이지만, 차후 더 많은 자료들을 발견해 나갈수록 지속적으로 다시 만들어가야 하는 것 이라고 본다.7)

신과학은 우주에 질서가 전혀 없다는 점을 전혀 증명하지 못하고 있다. 그러나 무질서 속에서도 수학적 질서를 찾아내는 것이 바로 그 반대의 증명이고, 신 물리학의 신비는 엄중하게 객관적 방법들에 의해 그 허울이 벗겨지고 있다. 크리스챤들은 신과학에 대해서 두려워 할 것이 전혀 없으며 오히려 계몽주의의 유물론이 내세우는바 시계처럼 기계적으로 작동한다는 우주관을 뒤집어 준 것과 하나님의 창조에 대한 손으로 만져볼 수 없는 신비, 그 신비에서 느끼는 경이감을 회복하도록 도와준 것에 대하여 고맙게 생각해야 마땅할 것이다. 쿤(Kuhn)의 과학적 패러다임에 대한 이해는 특히 창조론자들에게 쓸모가 있다. 창조론자들은 진화론이 과학 진리가 아님을 제시할 수 있는 사람들이지만, 모든 자료들을 설명해 줄 수 있는 자들은 아니고, 또한 영원히 버텨낼 수 있으리라고 기대할 수도 없는 개념적이고 문화적 배경을 가지고 있는 자들이다.

그러나 전체 문화에 대한 신과학의 영향은 과학이 명쾌한 설명을 해준다고 하는 모더니스트적 사상으로부터의 심원(深遠)한 변화를 뜻하고 있다. 현시대 문화의 반 합리주의와 환경주의는 사실상 널리 번진 과학에 대한 불신을 가중시켰다. 일반대중의 마음속에서 과학이 더 이상, 더 좋

---

7) See Nancy R. Pearcey and Charles B. Thaxton, *The Soul of Science: A Christian Map to the Scientific Landscape* (Wheaton, IL: Crossway Books, 1994).

은 일이든 나쁜 일이든 간에 21세기에 대한 절대적 진리를 제공해 주지 않는다는 인식이 있다.

과학이 변한다면, 의약분야와 같이 실용적 적용에 있어서도 마찬가지다. 현대 의학은 고도로 훈련된 전문가가 개인적으로 환자를 만나는 스타일을 포함하며 환자의 증세는 과학적으로 분석되고 현대적 기술로 치료된다. 현대 의학이 우리의 삶을 극적으로 개선하고 확장시켜 주었음에도 불구하고 오늘날의 사람들에게는 의사의 "권위"를 포스트모던 방식으로 의심하는 것이 유행이 되었다. 환자들은 "소비자"가 되어 그들이 받는 진료에 선택을 주장한다. 사람들은 의료기술을 의심한다, 수많은 생명을 구하고 있는데도 그렇다. 그들은 의약과 생명유지 체계를 증오하기도 한다. 비록 아무리 간단한 수술도 생명유지 장치가 없이는 불가능하고, 우리가 헤아릴 수 없이 많은 면에서 기술의 신세를 지고 있으면서도, 많은 사람들은 "기계의 도움으로 목숨을 유지"하느니 차라리 죽어버리겠다고 말한다.

과학에 적대감을 보이면서 "대체의학"과 자연식품, 허브의약품, 도교적 침술요법, 또는 힌두식 명상법 등에 믿음을 보이는 사람들이 많은데, 이 모든 것들은 현대 과학보다는 모더니즘 시대 이전의 이교주의의 영향을 더 받고 있는 것이다. 의약은 "심신일체의" 치료에 있어서 심리학을 대동한다. 이러한 진료법은 신체상태가 정신을 결정짓는다고 가르치며 정신문제를 해결하기 위해 약물요법과 운동요법을 함께 쓴다. 또 다른 사람들은 마음이 신체를 결정한다고 가르치고, 명상요법, 생체조절기능, 그리고 긴장완화 기술로 질병을 퇴치하라고 일러준다.

한편, 다른 사업들과 같이 의약 산업도 포스트모더니스트의 패러다임에 따라 재구성하고 있다. 의사와 일대일 관계 대신, 이제 그룹 단위의 의사들이 그룹을 형성한 환자들과 계약을 하는 건강유지 단체들을 접하게 된다. 심지어 많은 심리학자들까지 모더니스트적인 개인 진료를 포기하고 단체진료를 찬성하고 있는 실정이다.

교 육

포스트모더니스트의 집단성에 대한 강조가 교육에서도 나타난다. 학생들은 "공동학습"에 종사한다. 학생 개개인이 수업을 받고 숙제하는 것이 아니라, 그룹으로 함께 공부하고 그룹 단위로 등급과 점수를 받기 위해 제휴를 한다. 물론, 등수매기기 자체가 포스트모더니스트들에게는 문제시된다. 등수란 어떤 숙제가 다른 숙제보다 낫고, 어떤 학생이 학문적으로 다른 학생들보다 우수하다는 의미이다. 이것은 서열적(序列的)이고 비상대주의적인 것은 말할 것도 없고, "심판" 한다는 의미가 있는 것이다. 등수를 매김은 객관적 표준과 절대 가치 기준이 있다는 뜻이 된다. 이것은 모두 포스트 모더니스트들에게는 심한 저주에 해당한다. 그들은 "결과에 근거한 교육(Outcome Based Education)"으로 등수를 피할 수 있다고 한다.

레이쓰 앤더슨(Leith Anderson)은 교육의 이론과 실제에 있어서의 기타 변천을 다음과 같이 묘사한다.

> 구식의 접근법은 더욱 이론적이었으며 시간과 장소 중심적이고 연역적인데다가 직선적, 일치 적, 과정중심, 장기간의, 표준화된 것이었다. 모든 자가 동일한 시간표와 교과과정에 맞추어야 했다.8)

통일되고 합리주의적인 이러한 접근법이 모더니즘의 특징이다. 고전적인 교육은 더욱더 과정보다는 내용중심이었다. 그러나 그것 역시 언어에 바탕을 둔 것이었기 때문에 추상적 개념과 연결형 사고가 깃들게 될 소지가 많았다.

그러나 모더니즘의 교육은 이제 "낡은 것"이라 해서 버림받고 있다.

> 새로운 접근방식은 좀더 실용적이고 경험론적, 귀납적이며 본보기와 정신적 지주가 있는 상호관계에 뿌리를 두고, 단기적(短期的)

---

8) Anderson, "Facing the Future," p. 44.

(현장답사나, 세미나, 재학습 등의 경우), 상호작용, 직접제시, 실물 중심, 논점지향, 그리고 개인의 요구에 따라 맞춘 선택 형식이다.9)

포스트모더니즘 교육의 그러한 양상들이 모두 나쁜 것만은 아닌 것은 모더니즘의 교육이 모두 좋은 것만 있는 것이 아닌 것과 같다. 그 양상들은 포스트모더니즘의 세계관을 나타내 준다. 절대 진리가 없는 상황에서 포스트모더니즘의 교육은 실물적이고 경험론적인 것에 초점을 둔다. 학생들이 기본적으로 언어에서, 즉 책들과 읽고 쓰기의 정신적 훈련으로부터 배우지 않고, 새 교과 과정은, 영상물(映像物)에, 즉 컴퓨터 화면과 VCR들, 그리고 정교한 제작품, 그러나 서로 주고받는 게임과 현장답사와 같이 즐거움을 줄 수 있는 경험에 의존한다.

상호관계나 "고객요구에 맞춘" 교육 등에 대하여 높은 우선순위를 보인다는 것은 다양성과 집단적 신분의식에 대한 포스트모더니스트의 강박관념을 잘 드러내 주고 있다.

사회 정책

사회설계 엔지니어들이 교육을 맡게 된 일과 마찬가지로 포스트모더니스트 사상은 기타 정부 정책들을 수립하는 데도 영향을 미치며 사회개혁까지도 시도하고 있다. "마빈올래스키"(Martin Olasky)는 가난한 사람들을 돕는 노력들이 어떻게 달라졌는지를 묘사한 바 있다.10) 고전적인 복지의 유형에서는 불우한 이웃을 돕는 일을 주로 교회가 취급했었다. 도움을 받는 자와 도움을 주는 자 모두가 사적(私的)인 관계를 갖고 있었다. 자선단체는 사람들의 물질적 욕구뿐만 아니라 영적 욕구에도 신경을 써줌으로써 물질적 어려움으로부터 그들을 건져 주는 것이 목적이

---

9) *Ibid.*
10) Marvin Olasky, "culture of Irresponsibility?" *World*, 23 May 1992, p. 7. See also Olasky's book *The Tragedy of American compassion* (Wheaton, IL: Crossway, 1992).

었다. 노동의 책임감 인식과 영적인 변화를 통하여 도덕적으로 개조되고 성격도 형성되어가면서 사람들이 빈곤에서 탈피할 수 있게 되었다.

모더니즘적인 복지모형에서는 정부가 더욱 큰 역할을 했다. 뉴딜 정책으로 크게 고조되었던 모더니즘 시대의 복지정책은 빈곤한 사람들에게 우선 필요한 도움과 고용을 제공할 수 있는 합리적 계획을 수립하도록 해주었다. 고전적인 유형에서처럼 모더니즘 복지정책은 꼭 필요한 사람들에게만 그 혜택을 주도록 했다. 그 혜택을 받아들이는 입장이 된다는 것은 매우 곤혹스러운 것이기도 했다. 복지의 제도나 시책의 방향은 사람들이 복지혜택에서 차츰 벗어나와 가급적 빠른 기간 내에 경제생활의 본 궤도에 들 수 있게 하자는 것이었다. 모더니스트의 예술과 건축술에서와 마찬가지로, 모더니즘 시대의 복지정책은 합리, 능률, 그리고 최소 필수 단위를 지향했다.

포스트모던식 복지정책 유형은 1960년대에 위대한 사회 건설의 기치와 함께 시작됐다. 그것을 위해 세워놓은 원리는 명분(entitlement) 이었다. 그 무렵부터 사람들은 복지의 혜택이 권리라고 생각하기 시작했다. 더 이상 가난한 사람들을 운명을 개선할 수 있도록 도와주어야 할 개개인으로 간주하지 않았다. 오히려, 가난한 사람들은 사회 때문에 시달리고 있는 집단인 것이다. 그러니, 그들은 가난하게 된데 대한 개인적 책임이 없어지게 되었다. 복지 수혜(受惠)권리 소유 집단들이 법으로 지정되게 되었고, 이것은 가난한 당사자들이 아닌, 풍요로운 신흥계급의 운동가들에 의해서 주도되었다. 그들을 계몽시키고자 하는 각종 프로그램들이 늘어났다. 복지혜택 수당을 받는 것에 대한 불명에 심리가 상당히 줄어들었다.11)

빈곤을 벗어난다기보다는 포스트모던의 복지는 오히려 빈곤을 더욱 영속시켰다. 가난한 사람들은 하위문화의 보호받는 집단으로써 새 위치를 얻게 된 것이다. 신분(身分)의 사회적인 유동성(流動性)이 삐걱거리며

---

11) *Ibid.*, pp. 168-70.

멈추게 되었다. 노동의 윤리는 감소했다. 경제적인 동기 때문에 결혼하던 일이 사라져 버렸다.12)

전통적인 가치관들이 땅에 떨어져서 형체도 없이 잘게 부서지고 말았다. 도시에서는 마약과 폭력이 중산층을 밀어냈으며 자연히 실업이 증가하게 됐고, 빈곤에 찌든 이웃들은 사회투쟁의 현장(데모-시위현장)으로 뛰어 들었다. 포스트모던식 복지정책은 보조금을 지급하면서 빈곤을 영속(永續)화 시키므로 도와주는 자들은 생색을 내고, 도움을 받는 자들은 품위를 내버리고 의타심이라는 족쇄를 찬 채로 거기서 벗어나지 못하는 결과가 되어 버렸는데, 이 모든 일이 다양성, 집단정체성, 문화결정론, 상대적 가치관 등의 명목으로 벌어지고 있는 일이다.

오늘날, 집단적 명분의 심리가 복지제도 전반에 걸쳐 확산되고 있다. 중산층 역시 "명분 있는 사업들"을 위한 자기들의 몫을 주장한다. 퇴직자들 학생, 농부, 영세사업자, 보호육성 사업자, 예술가, 대학생, 예술애호가, 도시거주자들, 그리고 로비할 수 있는 힘만 있으면 누구든지 집단의 명분을 내세워 연방정부의 돈을 요구하고 나선다. 연방정부가 돈을 대어 중산층 학생들이 대학을 갈 수 있게 되었다. 사회보장 제도로 모든 사람에게 연금을 지급한다. 급기야는 모든 미국인들이 연방정부의 의료보호정책에 혜택을 누릴 "자격이 있다"고 하는 소릴 듣는다.

복지제도의 그 동안의 기록에서 판단해 보건대, 연방정부에 대한 의존도를 점점 높여 가는 일이 앞으로 국민적 성격에 재앙에 버금가는 영향을 주게 될지도 모른다.

지구 환경

많은 사회문제가 포스트모더니즘의 원인이자 결과이기도 하다. 한편, 나라 전체가 "지구적 공동체 사회"가 안고 있는 문제에 얽혀 있다.

비행기는 쉽고 빠른 항로로 여행을 하면서 거리를 좁히고 있다. 전화,

---

12) *Ibid.*, pp. 185-88.

팩스, 그리고 컴퓨터의 연결망은 상호연락을 즉석에서 자동으로 취하게 해준다. 인공위성의 기능 때문에 전 세계가 동시에 동일한 내용의 텔레비전 화면을 볼 수 있게 되었다. 국제 자유무역이 이루어져서 "지구촌시장"이 만들어졌다. 자동차 하나가 일본에서 설계되고, 멕시코산 부품을 가지고 미국에서 조립된 다음 완제품이 사우디아라비아로 팔리게 되는 일이 벌어지고 있다. 노동, 자본, 수입, 수출이 국경이 무색하게 넘나들며 이동한다.

세계가 매우 가까워졌다. 시장경제는 사회주의를 완패시켰다. 결정적으로 공산주의가 패배함으로써 미국의 이상이 옳았음을 입증케 되었고 대부분의 모든 세계국가들이 이 사실을 깨닫고 있다. 불가리아, 나이지리아, 그리고 싱가폴의 아이들이 청바지와 Air Jordan을 입고서 록큰롤 음악을 들으면서 맥도날드 햄버거를 먹을 때, 그들은 미국 문화를 모방하고 자유와 개성의 이상(理想)속에서 즐거워하고 있다. 분명히 말해서, 현시대 미국 문화는 마땅한 길로 가고 있지 않으며 타국가들이 그들의 자체적 문화유산을 상실하고 미국 대중문화에 빠져 버린다면 그것은 비극이 될지도 모른다. 그러나 갈수록 세계가 미국을 닮아가고 있다는 사실만큼은 아무도 부인하지 못할 것이다.

자본주의와 민주주의가 세계를 장악하고 있으며, 그 뿐 아니라 기독교 역시 그러하다. 후기 기독교 서구 세계에서 보다는 제3세계에서 더 그렇다. 포스트모던의 세계가 번영과 자유, 그리고 영적 생명의 시대를 향유하기를 소망하는 것이 그다지 지나친 것은 아니라고 본다.

반면에, 다른 부분에서는 세계가 잘게 찢기고 있다. 인종간의 증오, 전투적인 국수주의, 그리고 이른바 "신 세계질서"를 지배하는 내란(內亂)들이 포스트모던적 인종주의에서 발원(發源)되고 있다. 집단정체성과 문화결정론에 집착하는 포스트모던의 사상은 세계적인 분포 범위를 보이고 있다. 미국 사회만 그런 것이 아니라 온 세상이 서로가 적대적인 소집단으로 잘게 갈라지고 있다.

우리가 우리만의 문화 영역 내에 제각기 묶여 있어서 빠져 나오지 못하면, 우리를 공동 인류의 부분으로 묶어줄 보편성은 없어지게 되고 우리와 더불어 살고 있는 세계 인류를 상대하는 방식을 규정해줄만한 아무런 도덕적 절대 진리가 없다면, 우리는 각자 자신의 종족권(種族圈) 속으로 후퇴해 들어와 있을 수밖에 없을 것이다. 우리에게 속해 있지 않고 자기들만의 문화에 갇혀서 본질적으로 우리에게 낯선 집단들이 사는 우리의 세상을 그렇지 않도록 만들어야 한다는 주장이야말로 일리가 있다. 사람들을 인간 개인으로 인식하는 것이 어려워지고 있다. 사람을 죽이는 일이 쉽게 생각되고 있다.

모더니즘 세계에서 포스트모더니즘의 세계로의 이동을 가장 뚜렷하게 나타내주고 있는 모습을 긍정과 부정적 양면 모두의 차원에서 동부유럽에서 볼 수 있다. 마르크시즘은 종교에 대한 적대감, 과학중시, 인류통합의 거대 계획, 그리고 "합리적" 방법으로 사회문제를 해결하겠다는 큰 의도 등을 놓고 볼 때 모더니즘과 아주 흡사하다. 그것은 실제로, 형언할 수 없을 만큼 악하고 억압적이며 비인도적이다. 인간의 모든 문제를 경제적인 관점으로만 비하시킨 그 사상이 결국은 경제적 문제 때문에 최후를 맞이했다는 사실은 기막히게 딱 들어맞는 모순이었다. 소련은 동부유럽과 북아시아의 광대한 지역을 통합하고 수백 개의 다양한 문화를 공산주의 왕국으로 흡수했었다.

소련이 그렇게 한 것은 모든 국가의 전통과 종교를 압박하고 비밀경찰의 도움으로 마르크스-레닌주의를 철저하게 지키도록 요구하는 정책을 통해서였다.

공산주의가 붕괴하면서 모더니즘이 죽고 포스트모던 시대가 시작됐다.[13] 기독교에 대한 박해도 끝났다. 수많은 사람이 예수님에게 돌아왔다. 발틱 연안 국가들을 중심으로한 소련의 지배를 받던 나라들이 독립을 쟁취했다. 참된 자유를 실감한 것이다.

슬프게도, 러시아와 기타 소련의 이전(以前) 회원국가나 위성국가들은

---

13) See Thomas oden, *Two Worlds: Notes on the Death of Modernity in America And Russia* (Downers Grove, IL: InterVarsity Press, 1992).

모더니즘 이후 시대의 어두운 면, 즉 포스트모던 시대를 직면해야만 했다. "통합적" 사상과 공산주의 국가의 세력이 약화되다보니, 소련을 구성하고 있던 국가들은 분열하게 되었다. 이렇게 된 것 자체가 나쁠 것은 없다. 각 민족들은 독립의 자격이 있는 것이기 때문이다. 문제는 독립한 국가들 스스로가 소집단으로 분열이 계속되어, 조그마한 이민족 집단들로 남게 되면서 각 집단들끼리 서로 화해할 수 없는 앙숙이 되어버린 것이다. 아르메니아인들과 카자흐스탄인들은 서로 살상을 하고 그루지아는 러시아에서 떨어져 나와 내란에 휩싸이고 말았다. 동유럽에서는 체코와 슬로바키아가 각각 두 나라로 쪼개지는 가하면, 한때 유고슬라비아 땅이었던 곳에서는 세르비아, 크로아티아, 그리고 보스니아가, 민족말살의 폭거를 일으켜 온 세계를 숨막히게 했다.

마치 이러한 일이 대수롭지 않다는 듯이, 공산주의에서 해방된 국가들은 포스트모더니즘이라는 또 다른 유혹에 마주쳐야만 했던 것이다. 지구 규모의 정보망이 구축됨으로 말미암아 저들은 소비자 제일주의라고 하는 미혹적인 서구의 사고방식을 접하게 됐다. 그 대중문화는 록큰롤과 헐리우드식 가치관을 보여 주며 손짓을 해댔다. 지구적 차원의 경제규모의 면모들이 그들의 눈앞에서 아른거렸지만, 사유재산의 폐지와 의미가 다른 화폐, 그리고 노동의 가치관 등등은 저들로 하여금 자유시장 경제로 발을 들여 놓기 힘겹게 했다. 그들의 기독교적 유산은 거의 말살되었으므로 수많은 사람들이 "절대 진리가 없다"는 포스트모더니즘적인 금언만을 남겨 두고 있었다. 새로 맛보는 언론의 자유는 외설문화의 붐을 가져왔다.

자기네 문화를 재건하지 않고, 많은 민족들이 돈에 정신이 팔렸다. 물질주의를 추종하면서 소비재 상품들에 대한 탐욕을 보이게 되었고 돈을 벌기 위한 손쉬운 방법으로 매춘에 눈을 돌렸다.

구소련의 영토에 포스트모더니즘 시대의 여러 모습들 중에서 어느 것이 번져 나갈 것인가? 모더니즘에 의해 파괴되었던 가치관 회복의 기회가 될 것인가? 아니면 도덕적 상대주의의 무정부 상태가 될 것인가?

그렇다면 미국에는 어떤 모습이 번질 것인가? 모든 차이점에도 불구하고 동구와 서구가 동일한 문제에 직면하고 있다.

냉전 체제의 종식에도 불구하고, 한편으로는 세계는 여전히 안전한 장소가 못되고 있다. 현대전(戰)은 강대국을 위시한 동맹국들에 의해 치러지는 지구 전체의 일로 되어가는 양상을 띠게 되었다. 엄청난 군사력과 고도로 발달된 대량 파괴의 무기를 갖추고 양(兩) 진영이 전쟁에 나서는 양상이었다. 지금은 그런 전쟁이 벌어질 전망은 적다. 미국만이 유일한 군사 강대국으로 남아있기 때문이다. 그러나 포스트모던식 전쟁으로 테러의 상표가 붙은 신제품이 등장했다.

테러분자들은 사실 포스트모더니즘의 전형이며 위험요소이다. 한 개 소집단이 그 나머지 사회에서 분리되어 자체적 정체성을 지니고 고립된다. 그 집단은 자기들의 가치기준 이상의 아무것도 의식하지 못한다. 스스로 희생자라는 심리와 자기의(義), 그리고 집단적 단결심 등으로 의분에 가득 차서, 테러분자들은 빌딩을 폭파하거나 거리의 죄 없는 사람들에게 기관총을 난사하는 등의 행위에 대해 전혀 가책이나 거리낌이 없다.

중요한 것은 거리의 죄 없는 사람들이 개인으로 간주되지 않고 미국인이나 보스니아인, 또는 유태인 같은 집단의 일원으로 간주된다는 것이다. 그들은 집단적 죄의식을 지닌다. 집단책임과 집단피해, 그리고 집단적 비난의식은 모두 포스트모더니즘이나 테러리즘의 정신상태를 형성하는 것들이다. 다시 말해, 벤자민 바버(Benjamim Barber)가 지적하듯이 테러분자들은 "전쟁을 정치적 도구로 간주하지 않고 정체성의 상징, 즉 공동체 의식의 표현 방식으로 간주하며 그 자체가 목적일 뿐이다"14)

포스트모더니즘은 우리의 일상생활 전반을 통하여 그 면모를 나타내고 있다. 신문이나, 아동교육, 일하는 방식이나, 여가 활용 등의 곳곳에서 나타난다. 그러나 그들이 끼치고자 하는 가장 크고 음흉한 영향은 우리의 영적 생활 속에 들어 있다.

---

14) Benjamin Barber, "Jihad vs. McWorld," *Atlantic Monthly*, March 1992, p. 60.

제4부
포스트모더니즘 시대의 종교

제11장
진리 없는 영성

　계몽주의 시대 이래로 모더니즘 시대 전반을 통하여 학자들은 종교가 사멸될 것으로 기대했었다. 그러나 그런 일은 일어나지 않았다. 지칭되고 있는바 "모더니즘 시대 인간"(여성해방론 이전의 일임)은 초자연성을 믿지 못하는 존재였다.
　20세기는 소위 모더니스트와 근본주의자들 간의 신학적인 논쟁과 더불어 그 문이 열렸다.
　1925년 스코프의 재판(Scopes Trial)과 함께 각종 미디어들은 근본주의자들을 풍자하였고 지식 엘리트들은 그들을 조롱하였다. 모더니스트들은 신학교들을 포함한 가장 중심축이 되는 교회들의 종파적 구조들을 꼬집으며 자기네들이 이긴 것처럼 나섰다. 그 이후로 계속, 모더니스트적 신학자들은 기독교를 20세기식 사고방식에 따라 구미에 맞게 만들려는 노력으로 성경을 "비신화화(非神話化)" 시켜 왔다. 그들은 "현대인"이 과학 중심적이고 "세속적인 도시"에 적합하게 되어 있어서, 그저 기적을, 그리고 신적 계시와 보이지 않는 하나님이란 분을 믿을 수가 없게 된 것일 뿐이라고 주장한다.
　각(各) 신학교들은 성경을 권위 있는 하나님의 말씀으로서가 아니라,

기타 고전자료나 마찬가지로 "모더니즘의 과학적 학문"의 역사 비평적 방법론을 사용하여 연구하기 시작했다.

이러한 접근법으로 그들은 성경의 내용에 있는 기적들은 일어나지 않았던 것이며 반드시 비(非)초자연적인 방법으로 설명되어야 한다고 주장하였다. 성경의 권위를 인정하기는 고사하고 모더니즘은 성경의 말씀들은 문화의 반영이라는 관점 및 고대 민족의 편향성의 차원에서 "비판적"으로 받아들여져야 한다고 주장했다. 모더니스트적 접근방식에 의하면, 성경에서 말씀하는 것은 꼭 옳은 것만 있는 것이 아니다. 그보다 신학적 자유주의자들은 성서적 비평에 의해서는 밝혀지지 않고 "현대과학 합리주의"라는 확실한 옷을 입힌 성경에 관해서, 자기들이 단정 지어 놓은 진리를 두고, 거기에 큰 확신을 갖는다.

자유주의자들은 그들의 신학을 농단하여 모더니즘의 사상과 그 문화를 수용하였고, 교회를 내세의 구원에 대하여 몰두하는 것으로부터 세상살이에서 일어나는 문제들에 대한 관심 쪽으로 방향을 틀어 놓았다. 선한 일에 대한 교회의 전통적인 관심은 심리학 쪽으로 이동했고 세속적 "사회과학자들"이 하는 똑같은 방법과 주장을 사용하였다. 이에, 교회들은 거기에 대응하여 맞서는 그룹들(예; 創造科學會, 敎授信友會 등: 譯者. 註)을 후원하기 시작했고, 목사들은 자유주의자들과의 상담을 통하여 "스스로 깨달을 수 있도록" 돕기 시작하였다.

이제 정치적인 유토피아 사상과 심리적인 순박함을 지닌 자유주의 신학은 여전히 중심축을 이루는 신학교들을 대부분 지배하고 있긴 하지만 묘하게 시대에 뒤떨어져 보인다. 모더니즘에 젖은자에게 어필하기는커녕, 교회들은 소외되지 않는 입장이 되려고 자유주의의 강으로 곧장 뛰어들었다. 만일 자유주의자들이 옳다면, 교회가 존재할 필요성이 없을 것이다. 성경이 그저 신화에 불과하다면, 우리는 구원 받아야 할 이유가 없는 것이다. 자유주의자들이 그토록 정성껏 외치는 이야기대로라면, 일요일 아침에 잠이나 푹 자지 그들은 왜 교회에 가는가? 아이러니하게도 보수적인 근본주의적 교회가 더 성장하기 시작했고 모더니스트적 교회들이 부인하는 진정한 영적 필요들을 선포하고 있다.

물론 자유주의자들이 애써 어필하려는 대상인 "모더니즘적 인간"은 실제로 존재하는 것이 아니었다. 매우 과학적이요, 합리적인 이러한 부류의 인간은 현대 철학이 만든 그림이자 자기들의 과학 만능주의와 합리주의를 전(全) 인류에게 바치고 싶어 하는 소수의 지식인들이 창조해낸 신화였던 것이다. 정상적인 인간은 그들의 한계성과 그들이 언제나 지니고 있는 죄의 문제를 똑바로 의식하고 많은 사람들이 하나님의 말씀 안에서 믿음을 찾았던 것이다. 자유주의 신학자들은 그들의 기독교 신앙유산을 함부로 사용하여 모더니스트적 지식인들에게 호의를 얻으려는 헛된 노력을 하였다. 머지않아, 모더니즘 그 자체는 자기 착각적인 과도한 자신감과 명백한 실패에 따라 조롱거리가 되고 말았다. 모더니즘이 몰락하면서 자유주의 신학도 함께 땅에 나뒹굴게 되었다. 그 일에 대하여 우리는 영원토록 감사할 수 있을 것이다.

포스트모던의 시대는 성경을 믿는 기독교인들에게 소망을 준다. 그러나 새로운 다른 위험 요소가 없는 것은 아니다. 모더니즘적 이단들은 최후까지 버둥거리고 있지만, 이제 포스트모더니즘적인 이단이 그 자리를 차지하고 있다. 합리주의는 실패했었기에 지금은 불합리주의에게 그 자리를 내어주고 있다. 이 두 가지는 모두 하나님의 계시에 적대적이긴 하나, 그 방법이 다르다. 모더니스트는 성경이 옳다고 믿지를 않았고 포스트모더니스트들은 진리라는 범주자체를 송두리 채 뽑아 던져 버리려 하였다. 그러면서 그들은 뉴 에이지 사상의 종교와 종교혼합주의, 그리고 도덕적 혼란이 담긴 판도라 상자의 뚜껑을 열어 놓았다.

근본주의자들의 교회는 자신들을 모더니스트들과 반대되는 입장으로 구분하기를 주저하지 않았으며 전선(戰線)은 분명히 그어졌다. 오늘날 그 쟁점들이 더욱 복잡하면서도 쟁점을 빙자하여 함정에 빠트리므로 믿음을 저해하려는 성질이 한층 더 강하다. 비극적인 사실은 포스트모더니스트의 정신적 자세가 복음주의적인 교회 내에서 거점(據點)을 확보해가고 있다는 사실이다.

진리냐 욕망이냐

　정리하자면, 포스트모더니즘은 객관적 진리라는 것이 없다고 주장하며 도덕의 기준은 상대적이고 실존이라는 것도 다양한 사회가 주체가 되어 사회적으로 구성되어진 것이라고 주장한다. 이렇게 믿는다고 해서 종교가 배제될 수는 없다. 모더니즘도 그렇게 의도했지만 그대로 되지 않았었다. 그러나 그들이 내세우고 있는 종교와 신학은 성경적 정통성과 모더니즘 두 가지 모두와 큰 차이가 난다.

　전에는, 즉 모더니즘이나 근대 이전 시대에는 종교란 실제적인 것들에 대한 믿음도 포함하고 있었다. 하나님이 계시던지 아니던지 둘 중 하나는 사실이다. 예수가 성육신한 하나님의 아들이던지, 그렇지 않으면 사람일 뿐이던지 둘 중에 하나는 맞다. 기적이 일어났던지, 아니던지, 역시 둘 중 하나가 옳다. 어떤 크리스챤들은 열을 띠며 서로 반대 한다. 연옥(천주교에서 주장하는-죄에 대한 심판 대기소: 역자 주)과 같은 곳이 있는가? 마리아가 천국에서 우리를 위해 중재 역할을 하고 있는 것이 사실인가? 원래부터 천벌을 받도록 예정된 사람들이 있다는 말씀이 맞는가? 그러나 이런 사항들은 사실 여부에 대하여 의견이 일치하지 못했다. 오늘날 종교는 사실과 비 사실에 관한 일단의 믿음으로 간주되지 않는다. 오히려 종교를 선택의 문제로 간주하고 있다.[1] 우리는 우리가 좋아하는 것을 믿는다. 믿고 싶은 것을 믿는다.

　절대 진리가 없는 상황에서는 지식인들이 의지에 모 든 것을 맡긴다. 심미적(審美的) 기준이 합리적 판단 기준들을 대신한다. 사람들이 오늘날 종교에 대해서 토론하는 소리 들어보라. "나는 정말로 저 교회가 좋아"라고 말하는 소리를 듣는다. 그 교회에서 주장하는 교리에 동의한다던가, 그 설교를 믿을만하다는 등의 사항들은 어떤 교회에 대한 선호 여

---

1) See Walter Truett Anderson, *Reality Isn't What it Used to Be: Theatrical Politics, Ready-to-Wear religion, Global Myths, Primitive chic, and Other Wonders of the postmodern World* (San Francisco: Harper & Row, 1990), pp. 7-9.

부에 관계된 사항이 아니다. 신앙의 신조들에 대해서도 위와 같은 관점에서 토론한다. "나는 '하나님은 사랑이시라'는 성경 구절이 참 좋아..." 각인의 생각에 따라 공정하고 진실 되다고 생각되는 것을 받아들일 뿐이다. 기독교에도 쓸만한 것이 많이 있고, 그 중에서 하나님의 사랑과 예수님의 대속, 그리고 하나님의 은총과 도우심 같은 것이 특히 괜찮다는 식이다.

그러나 그 다음에 우리는 그 사람이 좋아하지 않는 것에 관해서 말하는 것을 듣기 시작한다. "나는 지옥 이라는 것이 싫어" 틀림없이 적합한 반응이다. 지옥을 "좋아할" 사람은 없기 때문이다. 그렇지만, 이 무서운 학설(지옥의 개념)에 대한 우리의 자연스런 혐오의 소감이 문제가 아니라, 그런 관점 자체가 본질적 핵심에서 벗어나 있다는 것이다. 중요한 것은 우리가 그것을 좋아하느냐의 여부가 아니라, 실제로 그런 곳이 있는지 없는지가 문제이다. 현실은 우리의 선호에 대해 감안하지 않는다. 심지어 우리의 일상생활의 아주 작은 면을 들여다보아도 그렇다. 영원히 끝나지 않는 형벌과 고통의 영역, 즉 지옥이 정말 있을지도 모른다는 사실이야말로 깜짝 놀랄 만큼 중요한 정신 차려야 될 개념이다.

죽음 저편에 그렇게 무서운 것이 존재하는지를 결정하고, 그러면 우리가 그런 운명으로부터 어떻게 구출될 수 있는지를 알아보기 위해서 기독교인은 우리가 영적 실존에 관해서 알고 있는 모든 것의 근원, 즉 하나님의 계시된 말씀에 의지해야만 한다. 기독교인이 그 정보를 덮어놓고 무조건 "좋아"만 하도록 기대해야 마땅한 것은 아니다. 사실 기독교인들은 뚜렷한 구분과 도덕적인 의무사항이 결여되고 오직 기분에만 맞는 신학이론들을 각별히 조심해야 하는 것이다. 그러한 믿음은 욕망 달성과 유혹적인 환상일 뿐이다.

오늘날에는 보수적이고 복음주의적인 목사들까지도 지옥에 관해서 거의 말하지 않는다. "사람들이 그것에 대해 듣는 것을 좋아하지 않는다."는 것은 틀림없으며 우리도 그들이 겁을 먹고 달아나게 하고 싶지는 않다. 그러나 언제든 사람들이 지옥의 이야기를 듣고 싶어 하기 때문에 말하는 것은 아니라는 사실이 중요하다. 차이점인 즉, 역사속의 어느 시기

보다도 유독 요즘 사람들이 자기들이 달가워하지 않는 것은(믿음이 의지의 기능인양), 마치 심미적인 고려 사항들이 사실여부를 결정하는 듯이 믿으려 들지를 않는다는 것이다.

이것은 종교에 대해서 완전히 다른 사고의 방향이다. 즉 종교가 무엇이 옳으냐의 문제가 아니고 사람이 좋아하는 것과 바라는 것이 무엇이냐의 문제라는 사실은, 왜 예배에서 그렇게 많은 지식인과 교육을 잘 받은 사람들을 받아들이려고 하는지 설명해준다. 예를 들어, 정신의 종합과학을 인정하는 교회는 외계인들이 수백만 년 전에 우리 우주에 들어와서 우주 전쟁을 벌였다고 가르친다. 그리고 이 외계인들이 과거 우리의 삶에 영향을 끼쳤다. 우리는 전기상자 속에 머리를 깊게 집어넣고 우리의 과거 생애(生涯)에서 축적된 부정적인 기억의 자취들을 제거시켜줄 정신의학적 종합과학자에 의해서 엄청난 비용을 들이고 상담을 받음으로써 우리의 문제들을 해결할 수 있다는 말이다. 그렇게 해서 우리는 "깨끗해진" 영적 존재가 된다고 한다.

스스로 생각하기에 너무나 정밀한 성품이라서 요한복음을 믿을 수 없다고 말하는 자가 그 말은 믿을 수 있겠는가? 정신의료 종합과학은 사실 풍요로운 사업운영자나 출세한 영화배우들, 그리고 교육을 잘 받은 젊은 전문직업인들에게 매력을 느끼게 한다. 모든 과학적 수사(修辭)에도 불구하고 정신의료 종합과학은 이러한 우주의 외계인 존재에 대한 실질적 증거와 전생(前生)이 있었는지에 대한 증거를 준다든지 하는 가식적인 말들은 못꺼내는 형편이다. 정신의료 종합과학자들은 하나님으로부터 온 계시에 대하여 그 가능성이 없다고 할지는 모르나 아주 흔쾌히 그 창시자 L. 론 허바드(Ron Hubbard)가 주는 계시는 받아들이려 한다.

그러나 포스트모더니즘 시대의 종교들은 증거나 동의를 요구하지 않는다. 허바드는 원래 성공적인 공상과학 소설가였다. 수많은 사람들이 공상과학 소설의 주된 특색 이라할 수 있는 외계인과 우주전쟁을 굉장히 좋아한다. 이것이 사실이라면 훨씬 더 재미가 좋지 않겠는가? 정신의료 종합과학의 학설은 매혹적이고 매우 풍부한 상상력을 자극하며 나아가서는 재미있기도 하다. 그러니 믿지 않으려고 할 이유가 있을까?

예배자 중 어느 한 사람에게 말을 건네고, 그 사람이 얼마나 철저하게 주관적이며 흥미 위주의 관점으로 교회의 가르침에 대해서 묘사하고 평가하는지를 주목해보라. "그 힌두교 도사는 정말로 멋있더라." "문(Moon) 목사는 나 자신에 관한 느낌을 좋게 해주더군." "초월적인 명상(Transendent Meditation)은 내 기분을 편안하면서도 매우 환희롭게 해준단 말이야!" 뭔가를 좋아하고 또 그것이 사실이기를 바란다는 점이 그들의 믿음을 위한 유일한 판단 기준인 것이다.

기독교인이라면 이러한 예배의 인기에 대하여 좀더 깊이 있게 설명해 줄 수 있을 것이다. 즉 그런 예배를 추종하는 사람들은 사탄의 덫에 걸려 들은 것이라고 말해줄 것이다. 우리는 사탄이 우리의 욕망을 건드려서 우리를 유혹한다는 사실을 깨달을 필요가 있다. 사탄은 아주 정확하게 우리가 좋아하고 바라는 것을 알고 그것을 약속하는 수단을 써서 우리를 미혹한다(물론, 마귀의 모순으로 그가 정녕 주는 것은 우리가 싫어하며 바라지 않는 것, 즉 지옥이다.) "죄로 물든 본성에서 나오는 욕망"(롬 13:14)의 관점에서 볼 때, 우리는 우리 육의 욕망을 만족시키는 것을 우리의 최고 영적 권위로 삼는 일은 감히 하지 말아야 될 것이다.

도덕성을 지킬 것인가?, 욕망을 따를 것인가?

포스트모더니스트에게는 도덕성이 종교와 마찬가지로 욕망의 문제이다. 내가 바라고 내가 택한 것이라야 (나에게)옳을 뿐더러 (나에게)진리가 되는 것이다. 서로 다른 사람들이 서로 다른 것을 바라고 택한다는 사실은 진리나 도덕성이 상대적이란 뜻이 되며 내 입장에서는 내 욕망에 맞출 "권리를 갖고 있다." 거꾸로 말하면, 내 욕망과 선택을 비판할 "권리를 가진 사람은 아무도 없다."

포스트모더니스트들이 전통적인 도덕성을 거부하는 경향이 있지만, 그들은 그래도 매우 도덕적인 사람이 될 수 있다. 그들은 그들이 하고 싶은 것을 할 "권리"를 청교도적인 열정으로 지키려 할 것이다. 더구나 그들은 그들이 하고 있는 일에 대해서 비판받지 않을 권리가 있다고 느끼는 듯하다. 그들은 자격을 확보함은 물론이고 찬성받기도 바라고 있다.

그래서 으뜸가는 미덕이 되는 것이 바로 아량이다. 포스트모더니스트적 사고방식으로 볼 때, 문화적 다양성이라는 것은 같은 정신의 소유자들의 집단마다 제각기 하나의 문화를 형성한다는 뜻이며 그 문화는 어느 다른 것에 못지않게 훌륭한 것으로 간주되어야 한다는 것을 의미한다.

포스트모더니스트가 죄라고 여기는 것은 "심판하는 일", "편협한 마음을 갖는 것", "유일한 진리를 가진 것으로 생각하기", "자기의 가치기준을 남에게 강요하는 일" 등이다. 포스트모더니스트의 독단인 "절대 진리는 없다"는 말을 의심하는 사람들은 아량의 원칙적 대상으로부터 제외시킨다(즉, 용납할 수 없다). 단 한가지의 잘못된 생각은 진리를 믿는 것이다. 즉, 유일한 죄는 죄를 인정하는 행위 자체인 것이다.

욕망이라는 개념의 도덕적 원칙은 성의 문란으로 대 파괴를 불러왔다. 곧 성(性)은 결혼과 무관하게 되었다. 임신조절약이 나온 후 성(性)은 출산의 문제와 상관없는 것이 되어 버렸다. 남녀간에 결혼하지 않고 동거하는 것이 흔한 일이 됐다. 아이를 갖고자하는 여성들은 구태여 남편 얻는 불편을 치르지 않고서도 아이를 갖는다. 성의 혁명은 가족을 황폐하게 만들었다. 사회는 이제, 성적 욕망을 채우는 것을 아무도 비판할 수 없는 권리로 간주한다.

이제 AIDS가 면역체계가 몸에 해롭게 변하고 나서 결국 몸을 파괴하는 현상을 가지고 성적(性的) 방임자세(放任姿勢)에 도전하고 있다. AIDS는 올 것이 오고야만 포스트 모던적 질병이다. 그것은 무시무시한 자멸의 종류로써 뿐만 아니라 1960년대의 유산(遺産),—즉 성의 혁명, 동성애 권리, 약물 남용 등—에 의해서 초래된 것이기 때문이다. 많은 사람들이 성의 윤리를 회복하고 있지만 그 밖의 사람들은 AIDS를 피하여 가족으로부터 분리됐을 뿐만 아니라 인류로부터도 멀어진 성의 행태를 벌이고 있다. 외설 문화, 전화 섹스, 그리고 최후에는 기술적으로 그 전망이 내다보이는 "가상 섹스"- 즉 사람들이 전신을, 신체 크기의 콘돔 속에 들어가 갇혀 있게 한 상태로 3차원 입체의 성적 환상 속에 빠뜨리는 플러그를 연결하는 것2)- 이 성의 비인간화로써의 극한을 달리게 하리라는 위협을 주고 있다. 결국 치러야 할 대가가 있을 것임에도 불구하고 사람들은 "욕망의 윤리"에 집착하고 있다.

포스트모던의 도덕은 희한한 신조를 가지고 있다. 즉, 집단적 책임과 집단적 죄가 그것이다. 집단 중심의 사상이 개인성을 최소화하므로 개인의 책임까지도 최소화 한다. 문화가 개인을 형성시키는 것이라면 문화는 개인이 하는 것에 책임을 져야만 할 것이다. 결과적으로, 비난은 개인에게보다 문화에게 돌아가는 것이다. 도덕적 지위는 사람의 행위에 의해서가 아니라 집단의 구성원으로써 결정된다. 젊은 백인 남성은 그런 의미에서 수세기 동안 "유색인종"을 잘못 대우한 모든 백인들의 죄에 대하여, 그리고 역사 속에서 여성들을 억압한 남성들의 모든 죄에 대하여 죄책감을 느끼도록 권고 받는 것이다. 그 젊은 나이의 백인 남성이 노예를 소유했겠는가, 인디언을 대량 학살 했겠는가, 아니면 여성을 학대하기라도 했는가, 전혀 아닌데도 자기 조상이 행했던 일에 대하여 죄책감을 가져야 한다는 이야기다. 이 죄를 보상하기 위해서 그는 자유주의자로 또는 급진적 정치인으로 투신하게 될지도 모른다. 한편, 정부와 사업체들은 "역사속의 부당 행위들"을 보상하기 위한 긍정적 대처 계획을 세우고 지난날의 희생자들에 대한 보상을 해주고 있다. 보상 받은 자들은 피해 당사자들의 후손으로 본인이 전혀 직접 아무 부당함도 겪지 않은 사람들이다.

물론, 집단적 죄의 관념이라 해도 그 속엔 도덕의 객관적 기준이 존재한다는 사실을 주장한다. "정의"에 대한 요구라는 것이 옳고 그름의 기준, 즉 사람들이 마땅히 받아야 할 것을 받게 하자는 기준이 있음을 내포하고 있다. C . S . Lewis는 선악의 기준이 존재하지 않는다고 하는 사

---

2) See Philip Elmer-Dewitt, "Cyberpunk!" *Time*, 8 February 1993, pp. 59-65.

람들도 누군가 버스에서 그들의 자리를 차지하고 그들을 부당하게 취급할 때에는 그들의 믿음에 어긋나게 반응을 나타낸다고 지적한다.3)

솔직한 포스트모더니스트들은 그들 스스로 도덕적 절대기준이 존재하지 않는다고 하면서도 "정의"를 옹호하는 것에 대한 자기모순을 인식하고 있다. 스티븐 코놀(Steven Conor)은,

> 포스트모던 사상이 보편적 가치관과 도덕성의 지평선을 포기한 결과를 과소평가하는 자세에 대해 경고한다. 가치관과 도덕성의 본질에 관해서 스스로 동의해 줄 선한 의지를 가진 포스트모더니즘 시대 사람들 사이에 가치관과 도덕이 자연적으로 끈질기게 이어질 것이라는 바람만을 가지고 그것들이 앞으로도 무난히 유지될 것이라고 주장하는 것은 매우 미흡한 일이다.4)

그는 제3세계에서는 도덕적 투쟁을 부추기고 있으면서 서구 세계에서는 도덕의 불확실성을 내세우는 포스트모더니스트들의 모순된 행동을 지적한다. 그는 말하기를 그러한 모순은 "특정의 가치관에 대한 문화적 상대성을 잘 나타내고 있는 것이며 보편적 가치관이 있을지도 모른다는 것을 우선 부정부터 하고보자는 그들의 입장에 잘 조화되지 않는다"고 한다.5)

> 참으로, 면밀하게 조사해보면 보편타당성이 주는 부당하고 억압적인 제도라는 것에 대한 포스트모던적 비판은 모든 자들이 부당하고 억압적으로 대우받지 않을 보편적 권리가 존재한다는 가설을 바탕으로 하여 그 힘을 얻고 있는 것이다.6)

---

3) C. S. Lewis, *Mere Christianity* (New York: Macmillan, 1960), pp. 17-20.
4) Steven Connor, *Postmodernist Culture: An Introduction to Theories of the Contemporary* (Oxford: Basil Blackwell, 1989), pp. 242-43.
5) *Ibid.*
6) *Ibid.*, p. 243.

코놀(Connor)은 이 모순을 해명해주지 않고 있다. 그는 포스트모더니즘에 관한 그의 저서를 "윤리적 집단성에 대한 새롭고도 더욱 포괄적인 형식들을, 즉 공동으로 인정 할 수 있는 한 가지 틀"을 만들어낼 것을 요청 하면서 끝을 맺는다.7) 그러나 그렇게 한다면 그것은 포스트모더니즘의 핵심 주장들을 포기하게 되는 일이 될 것이다.

포스트모더니스트들에게 오직 한 가지 일관된 입장이 있다면 바로 도덕성에 대한 모든 이야기는 그들 자신의 것도 포함하여 오직 권력 의지가 쓰고 있는 가면일 뿐이라고 하는 점이다.

정의나 해방, 그리고 억압의 종식을 요구하는 일들은 수사학적 장치들에 불과할지도 모른다. 힘이 없는 집단들은 어떤 수단을 써서라도 힘을 확보해서 그들을 압제하는 자들에게 대항하는데 사용해야 한다. 압제자였던 사람들이 이제 억압의 희생물이 될 것이라는 사실이야말로 딱 맞는 말이다. 도덕적인 여러 제약으로 억제되지 아니한 있는 그대로의 세력 발휘는 하나의 공식으로써, 첫째는 테러를 위한 것이요, 둘째는 전체주의를 위한 것이다.

정치적이고 개인적인 모든 차원에서 욕망의 윤리는 '권력'(내가 바라는 것)에 대한 '의지'(내가 선택한 것)를 두고 하는 말이나 마찬가지다. 정치적으로 욕망의 윤리는 상호경쟁적인 집단들끼리의 무자비한 권력싸움을 의미한다. 미국에서는 이와 같은 일이 낙태 반대 시위자들을 감옥에 가두고자하는 여성해방론자들에게서 교회의 예배를 못하게 하려고 여러 방법을 동원하는 동성애 운동가들에게서, 또는 보수적인 정당 후보들을 '낙선'시키는 운동을 한다든지, 그리고 공공연한 테러 행위 등에서 명백하게 나타난다. 구(旧) '소련왕국'에서는 내란과 이민족 말살 행위에서 그런 일이 뚜렷이 표출되었다. 개인에게는 욕망의 윤리는 이기심, 혼음(混淫), 그리고 도덕의 포기를 뜻한다. "나는 내가 원하는 것을 행할 권세를 가져야만 하고 너는 나를 막을 힘이 없어야 한다."

---

7) *Ibid.*, P. 244.

도덕의 기준이 없이는 사회가 서로 싸우는 파벌과 저질의 고립된 개인들로 잘게 흩어져 버리는 것이다. 그렇게 된 결과는 폭력과 타락, 그리고 사사기에 기록된 무정부 상태의 재현이다. 그것은 고대 팔레스타인의 도덕적 타락과 포스트모더니스트적 윤리이론을 동시에 진단해주고 있다. "사람이 각각 그 소견에 옳은 대로 행하였더라"(삿 21:25)

신(新) 종교들

모더니즘이 이 땅에서 종교를 없애려고 했던 반면, 포스트모더니즘은 새로운 종교들을 만들어내고 있다. 객관성이나 전통, 이성, 또는 도덕성으로 억제되지 않는 한, 이 새로운 믿음들은 기독교와 다르다. 그들은 가장 고대의 원시적인 이교주의의 강제요소들을 끌어 들이고 있다.

심지어 해체주의자들까지도 신비주의적 용어를 사용하고 있다. 그들은 "부정적 신학"을 변호하는 중세기적 변호사라고 비유되어왔는데, 하나님이 어떤 분이신가를 말하기를 거절하고 하나님이 어떤 분이 아닌가만을 말할 수 있다고 주장한 사람들이다. 좀더 정확하게 말하자면 그들은 선종(禪宗) 불교의 승려들과 같다. 그들은 합리성 자체를 없애버리고, 우주적(宇宙的) 무위(無爲)인, 열반(悅盤)의 빛(光明)에 도달코자 존재 계(存在 界)의 모든 차이점이나 특징들을 말살(抹殺)한 자들이었다.

해체주의자(解體主義者)들은 모든 긍정적인 말과 합리적 논쟁, 모든 진리의 주장을 분해(分解)한다. 그들의 말대로 하면 형식을 파괴하여 긍정적인 모든 진술, 모든 합리적인 논쟁, 그리고 모든 진리의 주장 등을 분해 하는 이유는 표출(表出)될만한 모든 의미를 초월하여 의미 저편에 놓여 있는 것을 열어 볼 수 있기 위함이라고 한다. 절대 진리의 그늘에 가려서 최후까지 남아 있는 것을 초월하여 존재한다는 것은 우리의 상상력을 벗어나는 것일 것이다. 우리의 사고(思考)는 합리주의의 틀에 둘러싸여 있기 때문이다. 언어의 불완전성은 여전히 뒷전에 그대로 남아있으면서 분리된 개개인의 소외감은 자연과 심리학 그리고 문화의 신비스런

화해능력 속에서 치유될 것으로 보고 있는 것이다.8) (포스트모더니스트들은 자기들의 것이 원죄의 원리도 없고 가장 좋은 것이라고 주장한다. 그 말은 모든 형식의 파괴가 곧 무서운 죄악을—가두어 놓았던 울타리 밖으로—풀어 놓아 주게 되는 일임을 예언하는 것일지도 모른다.)

포스트모더니즘은 객관적 진리를 거절한다는 면에서 힌두교나 불교의 사상과 뚜렷한 유사성을 가진다. 그 사상들은 외부세계는 인간의 마음에서 엮어진 환상일 뿐이라고 가르친다. 동양의 종교들은 좀더 대중적인 영성의 형태에 대한 기초를 제공하기도 한다. 포스트모더니스트 월터 트루엣 앤더슨(Walter Truet Anderson)은 다음과 같이 지적한다.

> 구시대의 확실성으로부터 벗어나서 포스트모던적 반발이 밀려나와 저돌적인 사람들을 휩쓸어다가 구성주의자들의 세계관보다도 더욱 급진적인 세계관 속으로 몰아넣었다. "외부에 있는 것들은 우리가 거기에 놓아둔 것일 뿐"이라고 선언하는 소리들을 많이 듣는다. 좀더 정확히 말하자면 내가 거기에 놓은 것은 바로 나의 소우주이며 이유는 모르지만 매우 행복하게 나만의 우주를 창조하게 해주는 것이다. 우리는 이것을 유아론(唯我論)으로 칭하곤 했었다. 그러나 이제는 그것을 뉴 에이지 사상의 영성이라고 부른다.9)

뉴 에이지 종교들은 그들이 가지고 있는 이교도적인 모든 함정이 있기도 하지만 공통적으로 가지고 있는 사상이 있다. 즉, 자아(the self)가 곧 신이고 네가 하나님이자 너 자신의 우주의 창조자라는 것을 말한다. 이브를 유혹한 뱀의 이야기만큼이나 오래된(창 3;5) 이 사상은 이제 자구책을 찾기에 부심하고 동기부여용 소책자까지 참고로 삼으며 대중의 심리 속으로 그 갈 길을 찾아 나섰던 것이다("너 자신의 현실은 스스로가 창조하는 것이다"). 뉴 에이지 운동도 포스트모더니즘처럼 당황스러우리만큼 다양한 모습으로 존재하면서도 공통된 주제를 지닌다. 뉴 에이지의

---

8) *Ibid.*, p. 212.
9) Anderson, *Reality Isn't What It Used to Be*, p. 13.

종교지도자들은 고대 이집트 전사들이나 외계인의 생명형태를 지닌 자들과 같은 "심령술사들"일지도 모른다. 그들은 수정구슬의 은혜로운 영험을 가르치기도 하고 신기한 약초로 만든 약을 강력하게 권고할지도 모른다. 그들은 초감각적 관념 속으로 사이비 과학 연구를 추진해가거나 티벳 불교식의 명상을 한다고 도포를 걸쳐 입을지도 모른다. 또 그들은 청나라 엽전을 던져서 점을 치거나 마술을 행할지도 모른다. 여러 가지 차이점들이 있지만 그들이 한결같이 주장하는 독단은 자아가 신이고 객관적 보편진리는 허상이며 진리는 상대적이라는 내용이다. 뉴 에이지 사상의 종교들은 물론, 구(旧)이교주의의 재현에 불과하다. 별점이나 초능력과 심령술의 배후에는 구식 예언, 요술, 그리고 신들림이 숨어있다. 기독교의 존재에 가려진채로 원시 자연종교들은 미신과 야만성을 지니고 몰래 다시 돌아온 것이다. 이러한 것들이 더 볼 것도 없이 현시대의 상상력에 적용되고 있다. 여성해방론자들은 기독교 등과 같은 "가부장적" 종교에 반발하여 여신숭배를 회복시키려고 노력한다. 환경보호론자들은 지구 전체가 한 덩어리의 상호의존적 생태구조를 과연 어떻게 형성하고 있는지에 대해 알도록 강조한다. 그것이 마치 우리 모두가 더욱 큰 생명체, 즉 모체지구(母体地球), 또는 가이아(Gaia)여신으로 오래 동안 숭배되어온 살아있는 존재의 개별세포들인 것처럼 설명한다.

　이교도의 신앙형태들은 오늘날의 재현된 현상으로만 본다면 도덕적인 엄격성이 결여되어있다. 컴퓨터 해커들이나 사이버펑크족들은 소위 "기술성애 이교주의(技術性愛 異敎主義: Techno-Erotic Paganism)"를 가르치면서 모뎀을 사용하여 "전자 가상공간(cyber space)"의 구역에 출입한다. 이곳에서 상호 연결된 컴퓨터 화면을 보고 그들은 일종의 세계적 참여의식을 성취한다. 그것은 그들에게 유사(類似)신학적 대화를 주고받을 수 있게 해주고 손끝 한 번 두들겨서 포르노 사진을 E-mail로 보낼 수 있게 해준다.[10] 흔히 신흥종교들은 도덕적인 반역과 관련되어 있다. 여신숭배가 다시 나타나는 것은 여성해방주의는 물론이고 동성연

---

10) Elmer-Dewitt, "Cyberpunk!" p. 64.

애와도 관련이 되어있을 것이다. 학자들은 고대에 동성애가 여신숭배 행위와 어떻게 연관되어 있는지를 보여준 바가 더러 있다.11) 여러 고대 종교들이 또한 유아살해를 자행했다. 임신중절이 몰렉신(Molech) – 아이를 태워서 바쳤던 대상의 신: 레위기 8:21의 내용 – 숭배의 형식인지는 알 수 없으나, 그것은 인정한다는 것은 초월적 윤리의 종교가 존재한다는 전제(前提)로부터 후퇴하여 더욱 어둡고 야만적인 윤리의식으로 돌아가는 매우 심각한 변동이 왔다는 신호라고 볼 수 있다.

그러나 그 다음에 나타날 주요 새 종교는 아마도 두드러진 이교주의 옛날 형식중 하나가 아니고, 여러 가지가 합해져서 만들어진 잡종의 종교가 될 것이다. 진리를 상대적이라고 생각하는 소비자 중심적이고 차츰 더해가는 포스트모더니스트적 세계 속에서 사람들은 그들이 "좋아하는" 것에 맞춰서 서로 다른 믿음의 양상들을 고르고 택할 것이다. 죠지 바르나(George Barna)는 예언한다. "성인(聖人)들을 그들 스스로의 판단 기준에 맡겨둔다면 그들은(다른 종교에 의해서보다는) 기독교의 가장 근본적이고 중요한 믿음의 원리에 감명을 덜 받을 것이며 다른 것을 받아들이는 것보다도 그 흡수의 정도가 약할 것이다. 그 대신 성인들이 삶의 진리와 목적을 계속 추구하고 있기 때문에 그들은 종교 혼합주의적인 사람이 될 것이다."

　　동방의 종교들이 더욱 복합적 요소를 지니게 됨에 따라 기독교적 특성 중에서도 가장 마음에 와 닿는 면들이(핵심이 되는 영적 신조들보다는 생활 형식에 관계된 요소들이 해당되리라 보이지만), 동방의 신앙모습 중에서 특이하고 매력적인 성질들과 배합(胚合)이 될 것이다. 그리고 그 결과로 하나의 족속이 배태되어 나타날 텐데, 그들은 자기들이 기독교를 정직하게 개선시켰다고 믿으며 신앙을 창조적 개조의 대상으로 삼았으면서도 자신들을 크리스챤이라고 인정할 그런 사람들이 될 것이다.12)

---

11) See Daniel F. Greenberg, *The Construction of Homosexuality* (chicago: University of Chicago Press, 1988), p. 99. Greenberg의 책은, 동성애의 문화적 근거들을 강조 제시했다는 점에 있어서 중요하다.

바르나(Barna)는 거기서 머물지 않고 "공산주의가 세력을 차지하고 들어 올까봐 겁을 먹은 사람들이 미국이 여신숭배국가가 되는 위험을 막으려고 철조망을 설치했다. 하지만 그들은 두려워할 것 없다. 우리는 그와 정반대로 될 것이기 때문이다. 즉 온갖 잡신이 다 들어온 나라가 될 테니까"라는 내용으로 들여다보고 있다.13)

성경적인 기독교인들은 자신들이 고대 이스라엘 사람들과 초대교회의 처지와 똑같은 상황 속에 있음을 깨닫고 주변에는 온통 적대적 이교도들이 들끓고 있는 와중에서 그들의 믿음을 굳게 지키고 있어야 함을 알게 될 것이다. 그들에게도 마찬가지 유혹이 있다. 많은 이스라엘 사람들이 종교 혼합주의에 빠져서 참 하나님을 모시는 사원에 이교의 제단을 세우는 일까지도 있었다. 초대교회에서도 많은 사람들이 기독교를 인지주의 철학이나 마니교의 신비주의적 제례의식과 혼합하려는 시도를 보이면서 이교도로 빠져 버린 일이 있었다. 주변으로부터 이교도의 행위와 가치관, 그리고 믿음을 추종하라는 압력이 거세지 않을 때가 없었다. 그러나 하나님의 말씀은 분명하다:

> 너희는 스스로 삼가서 네 앞에서 멸망한 그들의 자취를 밟아 올무에 들지 말라. 또 그들의 신을 탐구하여 이르기를 이 민족들은 그 신들을 어떻게 위 하였는고 나도 그와 같이 하겠다 하지 말라. 네 하나님 여호와께는 네가 그와 같이 행하지 못할 것이라. 그들은 여호와의 꺼리시며 가증히 여기시는 일을 그 신들에게 행하여 심지어 그 자녀를 불살라 그 신들에게 드렸느니라. 내가 너희에게 명하는 이 모든 말을 너희는 지켜 행하고 그것에 가감하지 말지니라.(신 12:30-32)

---

12) George Barna, *The Frog in the Kettle: What Christians Need to Know About Life in the Year 2000* (Ventura, CA: Regal Books, 1990), p. 121.
13) *Ibid.*, p. 122.

사회의 선택

하나의 사회가 도덕과 종교적 합의 없이 오래도록 존속할 수 있는가? 각 사회들이 서로가 대립하여 호전적인 파벌로 잘게 나뉘어, 핵심적인 인식의 틀이 공유되고 있지 못하면 분명히 불안정하다. 따로따로 흩어지는 사회는 결국 다른 방향으로 다시 모이게 된다. 이윽고 지금의 포스트모더니스트적 시점에서 우리는 분산의 국면에 놓여 있다. 즉, 전통적인 가치관뿐만 아니라 모더니즘적인 가치관들까지 모두 잘게 부서지고 있는 중이다.

분산됐던 소사회(小社會)들이 새로운 구조를 이루며 다시 서로 합쳐질 때, 무슨 모습으로 나타날지 아직은 더 두고 봐야 한다. 그러나 새로운 종류의 사회를 일구는 새로운 종류의 세속화된 종교가 나타날 여러 징후가 보인다.

아놀드 토인비는 세계문명에 대한 그의 당찬 분석에서 성공한 사회들은 일정한 종교적 합치가 있다는 사실을 주장했다. 이 합치점이 없어지면 영(靈)적인 공허감을 채우기 위해서 새로운 숭배의 대상들이 그 빈 공간을 채우게 된다. 토인비에 따르면, 하나의 사회가 그 초월적 신앙을 잃게 될 경우 그 사회는 3가지 부류의 대체(代替) 신앙의 대상 쪽으로 고개를 돌린다. 그가 솔직한 표현으로 "우상 숭배행위"라고 말한 그 세 가지는 민족주의, 교파혼합주의, 기술 중심주의 등이다.

첫 번째 선택, 즉 민족주의라는 것은 초월적 보편신앙이 "신격화되고 편협한 공동체사회"의 세력에 밀려서 그 존재성을 잃는 것을 말한다.14) 이러한 유형 속에서는 제각각의 소집단이 그 스스로를 신으로 인식한다. 그리고 거기에서 나타나는 특수문화나 또는 2차 문화(하위문화)를 우상으로 여긴다. 그러한 공동체가 바로 도덕적 가치기준의 원천이 되는 것이며 그 기준은 그 공동체에 속한 사람들에게만 해당되는 것이다. 외부

---

14) Arnold Toynbee, *An Historian's Approach to Religion* (New York: Oxford University press, 1956), p. 211.

사람들은 적이다. 그들에게는 그 도덕적인 관념들이 적용되지도 않는다. 토인비는 중세기의 합일점이 붕괴된 이후에 르네상스의 민족주의가 발흥(發興)했을 때, 무솔리니의 파시즘이나 히틀러의 민족적 사회주의의 상황 속에서 또한 고대 아테네와 스파르타에 그러한 일이 어떻게 일어났는지를 보여준다.15)

토인비가 보여준 유형은 포스트모더니즘과 포스트모더니스트의 사회를 놀라울 만큼 내다보고 있는 것이었다. 동부 유럽이 마르크스주의라는 합일점을 상실했을 때, 새로운 민족주의가 고개를 들었다. 즉, 서로가 서로의 코앞에서 편협하고 신격화된 공동체를 이루고 있게 된 것이다. 미국 사회에서 민주주의라는 합일점이 상실되자, 서로서로가 억제된 적대감이 언제 터져 나올지 모르는 인종정치, 전투적인 이익집단들, 그리고 하위(下位)문화들이 나타났다.

초월적 종교의 합일점이 상실된데 대한 또 하나의 대안적 선택이 "신격화된 통합 종교 왕국"이다.16) 그런 유형은 통합이라는 것을 우상시하면서도 무한한 다양성을 여전히 수용한다. 로마는 조상 대대로 내려오는 지역 종교를 잃고 나서 광대한 영토의 제국으로 의식을 돌리면서 황제숭배를 제도화 하였다. 로마제국 자체가 통치자 한 사람의 몸을 빌어서 신이 된 것이다. 로마는 그 법 아래에 있는 모든 사람에게 향을 피우고 시이저(Caesar)에게 기도하도록 요구하였다. 이 한 가지 조건을 따른다는 전제하에서 로마는 모든 종교를 용인해 주었다. 그러나 기독교인들은 참된 믿음은 하나밖에 없다고 선언하고 황제숭배를 거절하였다. 그 결과 로마제국은 그들을 복수주의적(複數主意的) 사회로부터 배제하고 결국은 죽음으로 몰았다. 그 밖의 나머지 사회는 스스로의 신격화를 통하여 단일화되었다. 신격화된 로마제국은 "종교 통합적"이었다. 즉, 세계를 한꺼번에 흡수하는 집단이었던 것이다.

세계적인 범위로 그 영역을 추구하는 것이 종교들의 속성이다. 로마는

---

15) *Ibid.*, pp. 211-15.
16) *Ibid.* See also pp. 43-58.

시야에 드는 모든 사람을 정복하고 전도적 열정(사실은 살인적 열정)을 가지고 그들이 알고 있는 모든 세계를 묶음으로써 모든 자를 한 울타리에 끌어넣어서 그 신앙을 진전시켰다.

우상 적인 통합공동체 사회를 강화시키려는 것이 고대 로마 뿐만은 아니었다. 토인비가 본 유사한 양상은 고대 이집트, 수메리아(Sumeria), 페르시아, 그리고 비교적 근래의 오토만(Ottoman)제국, 중국의 제국적 왕조들, 나아가서는 전 세계를 손에 쥔 대영제국의 경우이다.17) 그는 또한 자신의 생전에(제2차 세계대전 이후의 세월 속에서) 통합주의의 부활이 UN과 단일 세계정부를 향한 유토피아의 꿈을 꾸는 고상한 소망을 가지고 이루어지는 것을 바라보고 있다.

"통합"이라는 것은 물론 모더니스트적 가치관이다. 통합이라는 우상에 대한 숭배는 모더니즘 후반기의 기능이라고 볼 수도 있으며 계몽주의와 함께 시작되었고 20세기에 그 절정에 달했던 종교적 합일점의 결여에 대한 반응으로 볼 수 있다. 모더니스트적 신학자들은 "에큐메니칼 운동"이라는 적당한 말을 지어내서 교회들의 신앙적 차이점들을 말살하고 모든 교회들을 한데 묶으려는 방법을 끌어내었다. 허다한 교회들이 정통성을 포기한 채 두리뭉실한 정서들을 받아들였으며 좌익적인 단일세계 정책에 동조하였다.

"통합"에 대한 관심은 모더니스트적 가치관일수 있으나 포스트모더니스트들이 선택함으로써 아직 잔재해 있는 것이기도 하다. 모든 기독교 교회들을 통합시키려다 실패했던 에큐메니칼 운동은 이제 세계의 종교란 종교는 전부 한데 묶으려는 작업을 하고 있으며, 그것은 신앙의 차이점들을 또다시 말살시키고 그들 모두에게 생소한 새로운 믿음을 떠받들겠다는 심산이다. 이들 신학자들은 포스트모더니스트의 상대주의적인 원리를 중시하면서도, 한편으로는 모든 문화와 종교를 껴안겠다는 다소 마음 내키는 대로 세운 듯한 틀을 공식화하려고 힘을 쏟고 있다. 다가올

---

17) *Ibid*., pp. 43-58.

미래에 대한 징조를 보고 있는 것일지도 모른다. 분명히, 다른 것은 차치하고 "용납(容納)"이라는 가치 기준은 토인비가 보여주듯이 혼합적 공동체 사회의 특징적 정의이다.18) 정반대로 용납하지 않으려는 면, 또한 에큐메니칼 공동체의 특징적인 정의로 볼 수 있는데, 그것은 기독교인들에게 그러하다. 그들은 바로 거역하는 자들이기 때문이다.

포스트모더니스트적인 다양성에의 선호에도 불구하고 환경론자, 뉴에이지 사상 신학자들, 사업체의 총수들, 록 스타들, 그 외에 신의식(新意識)의 주동자들은, 또다시 "지구적 통합"을 거론하고 있다. 우리는 모두 단일 생태구조에 의존하고 있다. 지구를 형성하는 거대한 단일 생명체인 "Gaia"속의 하나하나의 세포가 바로 우리들인 것이다. 그러니까 미국의 사업체들이 상호의존적인 지구경제의 한 부분들이지, 분리된 것이 아니다. 세계는 하나다. 사실 "지구화"라는 용어는 저렇게 고개 들고 있는 포스트모더니스트적 통합주의를 위해 새롭게 울려나오고 있는 말이다. 그 말은 문화적 상대주의와 비록 잘못 정의되긴 했지만 지구 전체를 통합하는 큰 틀을 제시해주고 있다.

토인비는 말한다. 통합제일주의는 자유의 손실을 가져온다는 것이 피할 수 없는 결과이다. 통합이 존재하려면 개인성이 억압되어야 한다는 것이 공지의 정의(定義)다. 통합된 사회를 바란다는 것은 그러한 사회의 바탕 위에 여러 신들의 속성과 책임을 받아들이고 그런 기준으로 우리의 가치관을 정의하게 되며 그럴 때 사회는 우리의 모든 필요를 돌봐주겠다는 그럴싸하고 호의적인 것 같은 뜻이 되어 계속 사람들의 마음을 끄는 것이다. 토인비는 현대의 복지국가를 신격화된 공동체 사회의 두드러진 예라고 보았다. 그런 국가는 식량이나 직업, 건강, 그리고 그 국민들이 필요로 하는 모든 것에 대한 궁극적 제공자로써의 자세를 취하며 그 시민들은 안정을 위해서 그들의 본원적 자유까지 바친다. 1950년대에 토인비가 쓴 내용 속에 "통합적 복지국가는, 기독교가 버려지고 난 빈 자리에 버젓이 세워진 차기(次期) 우상이 될 수도 있다"는 말이 들어 있다.19)

---

18) See *Ibid.*, pp. 250-53.

제11장 진리 없는 영성 281

모든 자에게 은혜롭고 전능한 국가가 탄생할 것이라는 전망은 여전히 서구세계의 많은 사람들을 유혹하고 있다. 특히, 아직 실패 사례를 겪어 볼 만큼 연만(年晩)한 복지국가가 아닌 미국에서 더욱 그렇다. 그럼에도 불구하고 궁극적인 복지국가였고 가장 극악하고 신격화되었던 통합제국이었던 소련 공산주의의 어마어마한 몰락은 그러한 선택(option)이 세상에 뒤떨어진 것이었음을 보여줄지도 모른다.

토인비에 의하면, 초월적인 종교 신앙에 대신해서 들어설 세 번째 대체자(代替者)는 "도저히 따를 수 없다고 느껴지는 기술자에 대한 우상화"이다.20) 그는 기술이 어떻게 해서 종교의 기능을 떠맡을 수 있는 정도로까지 발전한 것인지를 추적하고 있다. 전지전능한 신의 속성을 이제는 기술의 속성 쪽으로 돌리고 있다는 것이다.

분명히, 과학에 대한 그러한 인식은 포스트모더니즘의 세계가 아닌 모더니즘의 세계에 대한 정의이다. 그러나 토인비가 관심을 갖는 것은 과학기술의 영향이 아니라, 자연을 정복하고 기계 덕택에 이룩된 라이프스타일을 지니게 해준, 그 기술이 세상을 지배하고 있다는 점이다. 포스트모더니즘의 반-지성주의는 당연히 과학기술 추구를 둔화시킬 것이다. 그러나 텔레비전, 컴퓨터, 그리고 상상을 극한 전자기술에 대한 호기심은 채워질 줄을 모를 것이다. 이러한 제품을 만들어내는 기술자들이 그 분야의 문외한들에게는 넘보기조차 어려운 지식을 소유한 신종(新種) 사제단을 이루게 될 것이다. 일반인들에게는 그런 기술이 이해할 수 없는 요술로 보일 것이기 때문이다. 대중들은 객관적 과학에 대해서는 전혀 무관심 하면서도 기술의 주위에서 가까이 하며 그들의 삶과 가치관을 형성해가게 될지도 모르는 일이다.

토인비(Toynbee)는 니일 포스트맨(Neil Postman)이 현시대 사회의 전반에 걸쳐 발생하고 있다고 묘사한, 즉 모든 문화 위에서 단독으로 군림할 "기술사회"의 출현을 예언했던 것으로 보인다.

포스트맨(Postman)은 주장하기를 기술이 어떤 사물의 내용을 이루

---

19) *Ibid.*, p. 219.
20) *Ibid.*, pp. 220-38.

는 과정을 캐내는데 전념한다는 것은 도덕과 영적인 혼란을 불러오는 결과를 낳게 되고 우리의 전반적인 사고능력을 변질시키게 된다고 한다. 그는 또한 다음과 같이 서술 한다. "자체 속에 중심적 세계관이 빠져있는 교육의 형식이 선동하고 있기 때문에 기술은 우리에게서 초월적인 것을 알 수 있는 사회적, 정치적, 역사적, 형이상학적, 논리적 혹은 영적 기반을 빼앗아 버린다."21) "시대에 발맞추기" 위해 끊임없는 수정(修正)이 요구되는 기술이라는 것은 본래 전통과는 상반되는 것이다.22) 기술의 범주에서만큼은 그것이 딱 들어맞을 수 있다. 새로 나온 컴퓨터가 오래된 것 보다는 더 나은 것이 일반적이다. 그러나 어느 한 가지 영역에서 유효하다고 해서 그것이 다른 어느 분야에서나 다 그런 것은 아니다. 모든 문화속의 여러 가지 전통들이 언제나 중요한 사회기능에 도움이 됐지만(즉, 도덕적 가치관을 보존시키고 안정된 가정을 이루는 등의 경우), 기술은 그들 모두를 쓰레기통에 던지고 만다. 중세기에는 철학풍의 신학이 그 방법론을 과학 등 그 인식 범위 밖의 영역에 엉뚱하게 적용하기도 했다. 오늘날에는 그와 정반대의 경우가 벌어지고 있다. 사람들이 기술적 관념을 적용시키지 않는 곳이 없다. 심지어 신학이나 윤리학에도 그것을 적용한다.

　모더니즘의 사회가 공격적이리만큼 세속적이었던 반면, 포스트모더니즘 사회는 종교적인 여러 가지 기능을 그 사회 자체의 기능으로 역할을 하도록 배분하고 있다. 포스트모더니스트들은 신학적이거나 도덕적, 그리고 인간의 미스터리들을 전문 기술적인 지식으로 다루어야 할 대상 이라고 일축한다. 포스트맨은 기술전문가들이 어떻게 신(新) 사제군(師弟群)이 되었는지에 대하여 이렇게 지적한다.

　　　기술사회에서는 모든 전문가들이 성직자와 같은 카리스마를 부여
　　　받는다. 우리의 성직자적 권위를 인정받는 기술 전문가들 중 일부는

---

21) Neil Postman, *Technopoly: The Surrender of Culture to Technology* (New York: Ventage Books, 1993), p. 58.
22) See *Ibid.*, p. 185.

정신병 의사나 심리학자, 사회학자, 또는 통계학자와 같은 수준으로 거론되고 있다. 그들이 모시는 신은 의(義)라든지, 선(善), 또는 자비(慈悲)나 은총(恩寵)을 말하지 않는다. 그들의 신은, 능률, 정확도, 객관성을 이야기한다. 그리고 그것이 바로 죄와 악 등의 개념이 왜 기술사회에서는 자취를 감추는지에 대한 이유다. 그러한 개념들은 전문기술의 신학에는 안 어울리는 도덕의 세계에서 온 것이기 때문이다. 그래서 기술사회의 사제들은 죄를 "사회적 괴짜"라 부르며 통계적 개념으로 생각한다. 또 그들은 악을 "심리적 병리 현상"이라며 의료적 개념으로 본다. 죄악이 자취 없이 사라졌다. 잴 수 있는 잣대나 객관적인 아무 척도가 없기 때문이다. 그런 것은 전문기술자들이 다루는 대상에 들지 못하므로 기술사회에서는 취급할 일이 없어진 것이다.23)

사람이건, 감정이건, 아이디어나 가치관까지 모든 것을 양(量)으로 따져야 한다. 기술논리(技術論理)적 관념은 모든 것을 수치(數値)로 나타내야 한다. 우리는 지금, 통계시대에 살고 있다. 즉, 여론조사, 각종 표준화된 검사, 그리고 우리의 노동의 질(質)에서부터 인간 심리상태에 이르기까지 모든 것을 측정하도록 의도된 "인증 기준들"이 그것이다. 우리는 옳고 그름의 관점으로 평가하지 않고 10단계의 설문지 선택번호에서 그 중 하나를 골라 기표(O표)하는 식으로 평가를 내린다.

종교적 상징과 같은 상황으로는 전통적 상징들이 거부되지는 않지만 오히려 거부할 대상도 못되는 하찮은 것으로 간주한다.24) 통계자료로 사물에 대한 관점을 삼다보니 믿음이라는 것이 개인적인 선택기준에 따라서 좌우될 수 있는 의견이나 도덕적인 표준 정도로 비하된다. 모든 것이 기술에 의해 다시 만들어지고 그칠 사이 없이 변동의 표시가 눈에 보이게 되니 신비의 개념이나 신성함의 의식이 무차별적으로 공격을 받게 된다. 성경적 거룩의 개념이 문자 그대로 "따로 구별된 것"을 의미하게

---

23) *Ibid.*, p. 90.
24) *Ibid.*, p. 185.

되었다. 기술은 모든 것을 눈으로 볼 수 있게 하였다.—섹스, 고난, 개성, 내적인 삶의 모습 등을 내보여줌으로 불경(不敬)스럽지 않은 것이 없도록 해놓았다. 글자 그대로 "공통적인 현상"이 된 것이다.

전자매체들이 섹스를 화면에 띄우는 것이 이제는 사건이나 사고가 아니다. 한때는 은밀한 비밀의 사항으로 지켜져 왔었다. 폭력의 장면도 마찬가지다. 그것도 전에는 너무나 끔찍한 것이라고 감추어졌던 것이다. 새로운 영상매체들은 눈으로 볼 수 있는 것이면 무엇이든지 화면에 담았다. 하나님, 신앙, 선(善), 영성(靈性)처럼, 눈에 보이지 않는 것은 그 인식범위에서 벗어난 것이고 무시되는 대상에 속할 뿐이다. 만일 무시하지 않는 경우에도 영적인 실상이 신 영상매체의 관점에 맞게 가시화된다는 사실 자체가 이미 경시되고 있다는 의미를 갖는 것이다. 하나님이 영화에서 다루어지게 될 경우, 그 역할은 죠지 번즈(George Burns)가 맡게 될 것이고 그 영화는 희극물이 될 공산이 크다. 종교적인 영상(映像)들은 아직도 강한 정서적 반향을 불러일으킨다. 그러나 그러한 것들이 아무 의미 설명도 없이 사용되고 있다. 최근의 섹스심벌은 마돈나(Madonna)라는 이름을 사용하고 있다. 바로 동정녀 마리아의 이름이다. 그녀는 예수님의 십자가상을 그녀의 섹시한 이미지를 돋보이게 하는 고유장식처럼 과시하고 안개가 자욱한 비디오 화면 속에서 한 성자의 상(像)이 살아서 그녀에게로 나와 교회 내에서 그녀와 성관계를 갖는 장면을 보여준다. 대중매체들은 불경스럽고 불손한 모습들을 하도 빈번히 되풀이 하다 보니, 얼마가 지나고 나면 그것이 더 이상 충격을 주지 못한다. 대중은 거기에 익숙해진다. 그래서 그 상징들이 갖는 본래 의미가 다 빠져서 없어지게 된다고 포스트맨은 말한다.25)

기술사회에서는 사람들이 "도덕적인 결정을 하지 않고 실용적으로만 결정한다."26) 그들이 선악의 초월적 관념을 갖고 있지 않으므로 그들이 가지고 있는 기준만을 의지한다. 그것이 바로 "무엇이 잘 들어 먹히는

---

25) See *Ibid.*, pp. 164-80.
26) *Ibid.*, p. 79.

가?"라는 기술적인 기준이다. 그들은 인간 생명 존엄의 문제를 건강 보호 비용 차원의 사항으로 비하 시킨다. 그들은 병든 자와 장애인, 그리고 태반 속에 있는 아이들을 수치(數値)로 따지는 경제적 관점에서 판단하고 살해하며 그런 행위를 정당화한다.

여론조사에 의하면, 대다수의 사람들이 기계에 의존해서 목숨을 부지하는 것을 원치 않는다. 그러므로 안락사는 병원비용을 절감하게 해주고, 낙태행위는 복지 정책적 부담을 덜게 해주리라는 등의 차원에서 생각하는 것이다. 사람들은 자기들이 윤리적 모순에 봉착하면 "전문가"들에게 해결을 의뢰한다. 그리고 생명에 대한 최종 결정을 병원 윤리 위원회에 맡긴다. 자살을 범하려는 많은 사람들이 케보키언 박사(Dr. Kevorkian)와 같이 색다른 종류의 최후의식을 관장해주는 신종 사제의 관리를 받기 원해서 그의 상담과 지지와 도움의 차례를 기다리기 위해 예약을 하고 있다.

우리는 현재 심오한 변천의 한가운데 놓여 있다. 모더니즘 이전 시대와 모더니즘 시대로부터 멀어져, 지도에 나와 있지 않은 바다로 배를 몰아가고 있는 것이다. 그 신세계의 무질서가 "편협하게 신격화된 공동체 사회들" 쪽으로 방향을 잡아 갈 것인지, "신격화된 단일 통합 제국"이나, 또는 "넘볼 수 없는 기술을 소유한자에 대한 우상화"의 길로 들어 설 것인지는 아직 불분명하다. 현재로서는 맹렬한 집단적 정체성, 강제 통합을 위한 지구적인 규모의 계획, 거침없는 기술사회 등의 세 가지 징조가 모두 보인다. 물론, 거기엔 추가할 선택이 한 가지 더 있다. 그것은 초월적 믿음을 회복하는 것이다.

토인비는 에드윈 베번(Edwyn Bevan)으로부터 받은 편지를 찬성하듯이 인용한다. 무정부상태와 잔학한 정치 사이의 상관성을 인식하고 있는 내용이다. 베번(Bevan)의 세계 미래에 대한 삭막한 예언 속에 한 가지 뚜렷한 희망의 빛이 보인다.

> 무정부 상태는 본질적으로 나약하다. 그리고 무정부 상태의 세상에서는 합리적 조직이나 과학지식을 가지고 확고하게 짜여진 어느 집단이든지 나와서 그 나머지 세계에 대한 지배력을 펼쳐나가게 되

리라고 본다. 그리고 무정부 상태에 대한 대안(代案)으로써 세계는 안정된 국가 상태를 환영하게 될 것이다. 그러나 감안해야 될 요인으로 기독교의 교회가 있음을 알 필요가 있다. 교회는 미래의 세계 통합 국가 속에서 순교를 치러야 할지도 모른다. 그러나 교회가 로마의 세계 통합적 국가로 하여금 마침내 그리스도에게 공식적인 굴복을 하지 않을 수 없게 했던 것과 같이 교회는 순교의 방법을 통하여... 다시 한번 미래의 세계 통합국가를 정복할지도 모른다.27)

---

27) A Letter from Edwyn Bevan, quoted in Arnold J. Toynbee, *A Study of History* (London: Oxford University Press, 1948), 5:9-10.

제12장
포스트모던 시대의 기독교

　포스트모던 사회에서의 기독교 국가는 가늠하기가 어렵다. 기독교는 모더니스트적인 지식인들의 기대와는 반대로 모더니즘 시대를 버티어냈을 뿐만 아니라 포스트모던 시대에서도 번성할 것으로 보인다. 자유주의 또는 모더니즘적인 교회는 그 줄기가 메말라가고 있지만, 보수적이고 복음주의적인 교회들은 번창하고 있다. 여론조사 결과는 무려 94퍼센트나 되는 미국인이 하나님을 믿으며 80퍼센트가 기독교인이라고 주장하고 43퍼센트가 일요일마다 교회에 출석한다.1)

　그런데, 이 수치가 맞는다면 현시대의 문화 속에서 기독교가 거의 눈에 띄지 않는 이유는 어디에 있는가? "성경이 하나님의 말씀의 기록이고 모두가 정확무오한 가르침"이라고 믿는 미국인이 70퍼센트나 되는데, 도덕적, 지적 상대주의가 그렇게 만연하는 이유는 무엇인가?2)

---

1) George Gallup, Jr., and Robert Bezilla, "U.S. Religious Composition Changes; Fervor Constant," Princeton Religion Research Center (1993), Religious News Servece, in *Reporter: News for Church Leaders,* August 1993, p. 16. 기독교인이라고 주장하는 미국인들에 대한 통계는, 그 전에 Charles Colson에 의해 인용된 여론조사로부터 받아들여 사용되었다. *the Body* (Dallas; Word Publishing, 1992), p. 46.
2) George Barna, *the Barna Report: What Americans Believe* (Ventura, CA: Regal, 1991), pp. 192-94.

우리가 "초대형 교회"와 교회성장의 시대에 살고 있지만, 교회에 다닌다는 사람들의 비율이 1980년대와 거의 같고 청교도적 교인의 수는 실제로 감소하고 있다.3) 현시대 기독교인들이 세속적 문화와 잘 공존하고 있는 것처럼 보이지만, 버티는 힘이나 영적인 헌신, 그리고 성경적 도덕의 기준에 대한 충실도가 결여되어 있다.4) 많은 교회들이 질적으로는 부족하지만, 양적인 면에서는 잘하고 있다.

모더니즘 시대의 종말이 성경적 기독교를 위한 진정한 기회를 활짝 열어주고 있다. 그러나 포스트모던적 상태에 예리하게 맞서지 않고, 많은 기독교인들이 그 밖의 문화를 병들게 하는 포스트모더니즘에게 굴복하고 있다. 대개 보수적이고 복음주의적 교회들이 모더니즘의 미혹을 잘 피해 왔다. 이제 모더니즘의 적(敵)이 패퇴한 상황에서 그들은 방비의 자세를 늦추고 새로운 문화 풍토에 천진난만하게 굴복하고 있다. 추측컨대, 많은 보수적인 교회들이 현시대 사회에 어필하기 위해서 형식뿐만 아니라 메시지까지도 변경하고 있다.

교회가 그렇게 해야 할 일이 아니다. 교회는 포스트모더니스트가 되지 않고서도 포스트모던적으로 될 수 있다. 기독교인들은 모더니즘의 사멸을 이용해서 상실과 혼란의 세대에게 역사적 성경적 신앙을 고백할 수 있어야 한다. 포스트모던 시대에 적응하기 위해서 교회는 오로지 하나님 말씀의 진리와 하나님의 법의 유효성, 그리고 예수 그리스도 복음의 충족성을 선포해야만 한다.

복음주의적 포스트모더니즘

여러 면에서 교회는 포스트모던적 변화에 영향을 받지 않을 수 없다. 우리는 지금까지 포스트모던 사회가 매우 집단적으로 세분화되고 서로

---

3) Bill Hall, "Is the Church Growth Movement Really Working?" in *Power religion: The Selling Out of the Evangelical Church*, ed. Michael Horton (chicago: Moody Press, 1992), pp. 142-43.
4) See Colson's discussion of this point, *The Body*, p. 31.

다른 집단들이 그들만의 아류문화(蛾類文化) 속으로 분규 되어져가는 현상을 목도한 바 있다. 이러한 현상의 가장 명백한 실례가 보수신앙인들의 진영에도 존재하지 않나 생각해 볼 일이다. 기독교인들은 그들만의 학교와 대학, 그들만의 서점, 자기들만의 위락산업, 그리고 전용매체들을 가지고 있다. 포스트모더니스트들은 이 세상에 보편적 의견 일치는 있을 수 없으므로 같은 언어와 세계관을 지닌 사람들이 그들만의 자체해결과 충족을 이룰 수 있는 공동체를 이루어야 한다고 주장한다. 이것이 지금 분명히 기독교 내에서 벌어지고 있는 일이다.

기독교적 아류문화(蛾類文化)를 깎아내리는 기독교인들은 그것이 없어질 때 나타날 대안(代案)은 문화의 말살이 될지도 모른다는 사실을 깨달아야 한다. 기독교는 전체문화에서 단절되어 왔다. 학교나 지식세계, 그리고 대중매체 등으로부터 구조적으로 배제되어 온 것이다. 기독교학교나 출판사, 예술그룹, 방송사, 금융산업 등의 설립이 20세기 교회의 위대한 업적 중 하나일지도 모른다. 포스트모더니스트의 압력이 가중될수록 거기에 대응할 수 있도록 한다는 점은 효과적인 저항의 입지를 구축한다는 면에서 기독교인들에게는 매우 소중한 일로 밝혀지고 있다.

기독교인들은 전체문화 속으로 뚫고 들어가서 모든 수준에 영향력을 발휘하기위해서 그들의 기지(基地)들을 사용해야 한다. 그들은 반드시 "기독교인들만의 집단 주거지" 속에 안주하려는 유혹을 뿌리쳐야 한다. 그들이 전체 속으로 들어갈 때, 어느 일정 수준에 도달해야만 받아들여질지도 모른다. 그러나 한편, 집단 거주지에 머물러있고 싶어하는 인간은 피차에 없기 때문에 힘써 볼만 하다. 유태인이나 흑인의 집단거주지는 배척당한다는 의미였고, 기독교인들 또한, 점점 더 세속화되어가는 세상으로부터 배제될 수 있음을 예상할 수 있다. 바르샤바의 유태인 집단거주지라든지 1920년대 미국 할렘의 흑인 집단거주지는 중심사회로부터의 차단이었다. 그러나 이것이 그들로 하여금 그들 나름의 풍부하고 활발한 문화적 삶을 영위하지 못하게 막지는 않았다. 기독교인들도 역시 그렇게 하기를 갈망할는지 모른다.

문제는 기독교인들이 그들 나름의 걸맞는 제도를 갖고 있다는 사실이 아니라, 이러한 제도들이 때로는 세속적인 것들과 매우 흡사하다는데 있다. 복음주의적인 아류문화(蛾類文化)에 의해 길러진 관념은 흔히 놀랄 만큼 세속적인 포스트모더니즘의 그것을 닮고 있다.

객관성에 대한 포스트모더니스트적인 거부는 복음주의적 교회에 만연하고 있다. "우리는 지성적인 논쟁이나 노선을 유지하는 사고, 신학적인 체계보다는 초자연적인 현상을 만나는 것에 더 관심 있어 하는 세대를 가지고 있다"고 레이스 앤더슨(Leith Anderson)은 파악하고 있다.5) 결과적으로, 교회에 다니는 사람들이 영성에 대한 다른 입장을 가지고 움직인다. "이전(以前)의 패러다임은 올바른 가르침이 있어야 하나님을 만날 수 있다고 가르쳤다고 말한다."6) 객관적 주장이 위축되고 주관적인 경험이 득세할뿐더러, 실제로 경험이 학설을 평가하기위한 판단 기준이 되고 있다.

앤더슨은 초대형 교회의 목사이자 교회 성장 상담자로써 앞으로 목사들이 점점 더, 우리가 앞에서 토론했었던 대로 성경의 무오류성과 개혁신학을 믿으면서도 환생(還生)설을 함께 믿는다고 말하는 그 젊은이 같은 사람들을 다루게 될 것이라고 말한다. 환생을 믿는 것이 성경을 믿는 것과 모순 된다고 말해 봐도 일치감을 얻기가 어렵다. 신세대(그는 포스트모던 세대하고 말했을지도 모르지만)는 그저 체계적 관점에서 사고(思考)하지 않을 뿐이다. 젊은이들은 성경과 죤 칼빈(John Calvin)을 좋아하는 것이 사실이기도 하지만, 동시에 셜리 맥레인(Shirley Maclain)도 좋아한다. 그들에게는 양쪽 다 깊은 의미가 있는 대상이다. 그들은 모순을 가지고 살아갈 수 있는 사람들이다.7)

---

5) Leith Anderson, *A Church for the Twenty-First century* (Minneapolis: Bethany House, 1992), p. 20.
6) *Ibid.*, p. 21.
7) Leith Anderson gave the example in a workshop, "Facing the Future," at the Evangelical Press Association Convention, 12 May 1993, St. Paul, MN.

이러한 원리나 객관적 사고의 위축이 어떻게 해서 53%의 복음주의적 교인들이 절대 진리가 없다고 믿을 수 있는지(전체 미국인의 66%가 그렇게 믿고 있는 것과 별 차이 없이 나타나는 수치)를 설명 가능케 해준다.8) 확실히 복음주의적 전통은 언제나 "머리로만 아는 것"과 반대되는 체험종교를 강조하고 또한 그러한 정서를 길러 왔다. 개인의 감정과 경험에 대해 이렇게 개방하고 있는 것은 포스트모더니즘과 맥이 통하는 부분이고 19세기의 "열정적 복음주의자"가 인식하고 있을법한 면을 뛰어넘어서 주관성의 역할을 계속 강조하는 소이이다.

이와 비슷하게 복음주의자들은 구원에 있어서 선택의 역할을 강조하는 경향을 보여 왔다. 사람들은 "예수를 위한 결정"을 내리도록 강요당한다. 이것은 인간 의지의 기능으로써 규칙적으로 제시되던 구원의 위임이다. 이러한 용어(用語)는 포스트모던식 관념과 잘 맞아 떨어진다. 거기에서는 종교와 도덕성을 진리의 차원이 아니라 선택의 관점에서 이해하기 때문이다.

그러나 복음주의자들이 그들의 실체적 신학의 유산을 파고들어가 보면 그들이 알고 있었던 것보다도 더 많은 부분이 "결정론적 신학"으로 기울어져 있었다는 사실을 발견하게 된다. 루터나, 칼빈, 성 어거스틴, 기타 많은 성경적 신학자들에게 인간의 의지는 죄에 묶여 있어서, 우리의 선택은 우리로 하여금 하나님으로부터 멀어지게 만든다고 되어있다. 구원의 사항이 있어서 우리가 하나님을 택하는 것이 아니라, 그 분이 우리를 택하신다. 우리는 우리 의지에 따라 구원받는 것이 아니고 성경의 권능에 의해 죄로 가득한 우리의 의지를 변화시키는 하나님의 은혜로 구원을 받는다. 오직 그렇게 될 때에만이, 우리는 의지의 자유를 지녔다고 일컬어질 수가 있고 "예수를 선택"할 능력을 소유했다는 말을 할 수가 있는 것이다. 알미니우스(Arminius), 웨슬리(Wesley), 그리고 아퀴나스(Aquinas)와 같은 신학자들도 인간은 자유의지를 지니며 구원의 과정에서는 신인

---

8) Barna, *Barna Report*, pp. 83-85, 292-94.

(神人) 협력이 이루어져야 한다고 믿고 구원을 전적인 하나님의 선택으로 간주하지 않았다.

복음주의는 어쩌면 그 신학을 무시했기 때문에 그 온화한 정서주의와 선택에 대한 중시에 대해서 포스트모더니스트들에게 매력적으로 보이는 것 같다. 복음주의자들이 수년 동안 추종했던 다른 관습들, 즉 성경연구회와 기도회 같은 것은 갑자기 포스트모더니스트들에게는(지지단체나 집단의식 배양을 좋아하는 그들의 입장에서) 새로운 반향을 일으켰다. 그러한 복음주의적 전통이 포스트모더니스트들을 이끌어서 복음화하는 데는 좋은 방법이겠지만, 더러는 회심의 방향이 엉뚱하게 흘러가는 일도 있어왔다.

우리는 포스트모더니즘이 대중문화와 솔직한 상업주의에 얼마나 개방적인지 지금까지 봐왔다. 예술, 정치, 사상들은 객관적 현실과의 연관성이 결핍되다 보니, 모두 소비자의 취향 쪽으로 방향을 맞춰서 그것을 보완 하려고 했던 것이다. 수사학과 대중시장성 추구책으로 합리적 설득을 대신하고 있다. 포스트모더니즘은 소비심리를 부추기고 있다. 그러면서 한편으로는, 사람들이 좋아하고 원하는 것을 준비한다. 이것이 바로 우리가 보아 온 바와 같이 종교 속으로 들어오고 있는 면이다. 진리가 더 이상 생의 필수 요소가 아닐 땐, 어느 상품을 고르듯이 종교를 고르게 된다. 내 마음에 드는가와 내 뜻대로 해줄까를 생각해서 고른다. 찰스 콜슨(Charles Colson)은 교인수를 늘려야 되겠다고 결심한 어느 복음주의적 교회에 관한 이야기를 한다. 담임목사는 우선 시장조사를 의뢰했다. 그 결과 많은 사람들이 "침례주의자" 또는 "침례교"라는 말 때문에 외면당한다는 사실을 알아내게 되었다. 곧 교회 명칭을 바꿨다. 사람들이 교회를 쉽게 찾아 갈 수 있기를 바란다는 사실을 알게 되었고 그에 따라 고속도로 가까운 곳에 새 교회 건물을 세웠다. 건물에는 대들보가 있는 천정을 만들고 돌로 된 벽난로를 설치했으며, 사람들이 부담을 느낄지 모른다고 해서 십자가나 그 외의 종교적 상징물은 모두 없앴다. 그런 다음, 담임목사는 신학적인 언어사용을 하지 않기로 결정했다. "우리가 속죄라든지 회심과 같은 말들을 사용하면 사람들은 속박의 기분을 느낄 것"이라고 추측했다. 그는 지옥이나 저주에 관한 설교를 중단하고 좀 더 긍정적인 내용으로 바꿨다. 확실히 교회는 성장했다. 어느 교인이 꼬집어 평가하기를 "거기에 가면 사람들을 교리(敎理)보다 더 위에 두는 영(灵)이 있지요"라고도 했다. "그 교회는 일체의 금지나 허가사항 없이 있는 그대로 받아들인다."9) 교리나 도덕적 권위를 포기하고 시장의 수요에 맞추어 그 가르침을 적용하면서 그 교회는 포스트모더니즘으로의 순례를 떠날 채비를 했던 것이다.

죄와 예수 그리스도의 십자가를 통한 구원의 확신을 이끌도록 설교하지 않고, 교회들이 사람들의 마음을 기쁘게 하는 "기분 좋은" 내용으로 설교한다. 포스트모더니스트의 문화를 "치료의 문화"라고 묘사한 이들도 있는데, 그 속에서는 "진리"가 아닌 심리적 행복감이 가치를 정한다.10) 현시대의 교회는 이와 마찬가지의 유혹에 직면하여 신학을 치료법으로 대신하려고 한다.

포스트모던적 사상이 초월적이고 영적인 믿음에 대해서 용납하고 기다릴만한 인내를 지니고 있지 못하기 때문에 지금 당장 손에 잡히지 않는 대상으로 초점이 바뀌고 있다. 사람들은 천국에 관한 관심을 갖고 있지 않다. 그들은 현재의 교회로 몰리며 교회는 정치적 영향력, 기하학적인 성장세, 그리고 승승장구하는 교세와 더불어 모든 문제를 해결해 줄 기적들을 약속한다.11) 루터는 권력과 자부심을 바탕으로 한 "영광의 신학"을 우리의 낮아짐과 예수 그리스도의 고난에 근거한 "십자가의 신학"과 대조하면서 저와 비슷한 생각을 하고 있었다.12)

---

9) Colson, *The Body*, pp. 43-44.
10) See roger Lundin, *The Culture of Interpretation: Christian Faith and the Postmodern World* (Grand Rapids, MI: Eerdmans, 1993), pp. 5-6.
11) 교회내의, 자체 세력의식 심리에 대한 다양한 표시들을 파악하려면, Michael Horton, ed., *Power Religion: The Selling Out of the Evangelical Church* (chicago: Moody Press, 1992)를 보라.
12) See, for example, Alister E. McGrath, *Luther's Theology of the Cross* (Oxford: basil Blackwell, 1985).

콜슨은 "대중탕(大衆湯) 종교"의 기분맞춤 신학과 "맥도날드 식 교회"의 대중문화에 대한 무조건적 항복을 엄중히 비판한다. 그는 교회에서의 소비자 제일주의는 본연의 메시지를 흐려 놓으며 교회의 성격을 바꾸고 있고, 복음을 타락시키는가 하면, 교회의 권위를 부인하게 만든다고 말한다.13)

교회의 소비자 제일주의보다 더 심각한 것은(대개는 두 가지가 동반해서 오지만), 복음주의적 신학 그 자체가 어느 부분에서는 포스트모더니스트의 이데올로기에 완전히 항복하고 있는 상황이라는 점이다. 이 새로운 신학은 학문적 신학자들이 개발하고 무수한 복음주의적 서적들과 설교자들을 통해 명백해진 바와 같이, 고전적인 청교도주의로부터 복음에 대한 전혀 다른, 즉 주로 포스트모더니스트적인 이해 쪽으로 "거대한 변천"이 이루어진 것으로 묘사된 바 있다.14)

거대한 변천의 신학은 성경적 정통성의 예각(銳角)을 완화하고 현시대 사회적 가치관과 관념을 수용하고자 노력한다. 마이클 홀톤(Michael Horton)은 일련의 대조를 통하여 그 새로운 신학을 설명한다.

고전적 기독교가 하나님의 초월성과 전능, 전지를 강조하고 있는데 반해, 새로운 신학에서는 하나님의 창조와 동반된 역동적이고 가변적인 내재적 신성을 강조한다. 고전적 기독교는 모든 인류를 아담의 타락 속에 포함된 것으로 간주한다. 그렇기 때문에 우리는 모두 타락했고 저주받은 존재다. 죄는 주어진 하나의 조건이다. 새로운 신학은 전적 타락을 거부한다. 우리는 아담의 죄로 인해 죄인이 될 수 없다. 아담과 같은 도덕적 죄를 범할 때 우리도 그와 같은 죄인이다. 죄는 행위의 결과다.

고전적 기독교는 우리의 문제는 "저주"이며, 우리 모두는 하나님의 진노 하에 있다고 가르친다. 새로운 신학은 우리의 문제가 주로 무지이며,

---

13) Colson, *The Body*, pp. 44-47. The term "hot-tub religion" is from J. I. Packer.
14) See Robert Brow, "The Evangelical Megashift," *Christianity Today*, 19 February 1990, pp. 12-14.

그래서 하나님이 우리를 얼마나 사랑하시는지 알지 못한다고 가르친다.

고전적 기독교는 예수 그리스도의 구속사역에 대한 믿음이 없이는 구원이 불가능하다고 가르친다. 새로운 신학은 예수를 믿지 않아도 구원받는 사람들이 많고, 성령은 예수를 모르는 사람들에게도 구원을 가져다주며 예수님은 우리의 희생자로 오신 것이 아니라 본보기로 오신 분이라고 가르친다.

고전적 기독교는 우리의 궁극적 상태가 천국에서이든 지옥에서이든 영원히 죽지 않는 것이라고 가르친다. 새 신학은 사악한 자들은 멸절되어 없어지나 그 밖의 경우에는 천국이 모든 이에게 열려있다고 가르친다.15)

새 신학에서는 포스트모던적 신조들이 많이 드러난다. 절대 진리의 경시, 초월성에 대한 불신, "불변의 진리" 보다는 "역동적 변화"의 선택, 종교적 다원주의를 소망하며 다른 문화와 종교를 지닌 자들도 구원받을 수 있다는 주장, 인간에 대한 하나님 권위의 경시, 용서의 풍조, 온화한 정서, 그리고 대중적 심리 등이 그것이다. 그러나 그 모든 좋은 생각들에도 불구하고 거대한 변천 신학은 예수 그리스도께서 우리 죄를 대속하기 위해 십자가상에서 돌아가셨으며 우리에게 값없이 구원의 선물을 주셨다는 좋은 소식을 전해주고 스스로를 복음주의적이라고 칭할 수 있는 것은 어느 것이든지 그것의 근본을 공격하고 있다. 위태롭게 된 것은 복음 그 자체이다. 거대 변천 신학자들은 예수의 십자가상의 죽음을, 하나님이 우리를 얼마나 사랑하시는지에 대하여 보여주는 하나님의 방법으로 이해한다. 이런 관점에서는 예수님은 우리 죄를 대속하는 분이 아니다. 우리의 죄는 각자 개인의 행위일 뿐이기 때문이다. 예수는 우리의 희생자가 아니라 우리의 본보기이다. 그는 우리가 서로 어떻게 사랑해야 하는지를 보여준다. 그의 십자가상의 죽음은 우리에게 죄송함을 느끼게 한다. 그리고 우리가 진정으로 그분의 고난이 얼마나 큰 것이었나를 깨달

---

15) Theology at a Glance," *Modern Reformation*, January/February 1993, p. 33.

을 때, 우리는 하나님의 사랑을 실감하게 된다. 이것이 우리로 하여금 우리 삶을 변화시키고 타인을 사랑하도록 동기를 주는 것이다.

복음주의는, 이 새로운 신학에 따르면, 죄인에 대한 하나님의 심판에 대한 선포와 예수님을 믿어서 얻게 되는 하나님의 은혜로운 구원의 선물이 들어 있지 않다. 오히려 복음주의는 단지 사람들에게 하나님이 그들을 얼마나 사랑하시는지에 대해서 가르칠 뿐이다. 하나님께서는 실제로 어느 누구도 처벌하기를 원치 않으신다. 그분은 모든 자들이 행복하게 되고 만족한 삶을 영위하며 스스로에 대해서 기쁘게 여기기를 바라신다. 하나님으로부터 멀어지는 사람들은 이러한 풍성한 삶을 놓치게 된다. 그러나 성령님은 그들이 예수 그리스도를 몰랐었는데도, 그들을 당연히 천국으로 인도하신다.

이 신학이 하나님을 온화하고 부드러운 치료자로 바꿔놓고 있지만, 그 가르침의 핵심은 도덕주의와 자포자기이며 인간의 노력에 초점을 두고 있다. 그들의 속편한 낙관론은 상처받은 영혼에게 아무런 위로도 되어 주지 못한다는 사실이 중요하며 죄사함 받기 위한 효능 있는 대책이 들어있지 않다는 것이다. "만일 의롭게 되는 것이 율법으로 말미암으면 그리스도께서 헛되이 죽으셨느니라!"라고 갈라디아서(2:21)는 주장하고 있다. 이것은 다른 복음을 만들어서 사람을 기쁘게 하려는 노력에 대한 엄중한 경고이다(갈 1:6-10).

마이클 홀톤(Michael Horton)은 거짓된 복음주의 신학을 조사하는 비평가로서 복음의 인간중심적 전환을 이렇게 보여 준다:

예전엔, 하나님이 그분의 기쁨을 위해서 계셨다. 그러나 그 새로운 신은 우리를 위해서 존재한다. 죄인들이 거룩하고 선한 신 앞에서 의롭게 존재한다. 죄인들이 거룩하고 선한 신 앞에서 의롭게 되어야 하는 것이 아니라, 이제는 우리가 하나님에게 우리 앞에서 그분 자신을 거룩하게 되도록 요구하는 좋은 자들이다. 그런데, 왜 우리가 그분을 믿어야 하나? 업보나 최신의 사상적 유행을 믿는 것보다 그분을 믿는 것이 어떻게 우리를 더 행복하게 한단 말인가?16)

소비자의 만족을 요구하며 하나님보다 앞장서고 이스라엘의 거룩하신 이를 마치 여러 가지 선택사항 가운데 하나인 것처럼 취급하는 자들의 교만과 외식은 괴이하기조차 하다.

홀톤(Horton)은 하나님의 계시가 우리가 원하거나 좋아하는 것이 아닐지도 모른다는 사실을 적극적으로 직시한다:

> 똑바로 인식하도록 합시다. 성경에서 우리가 발견하는 많은 것이 우리가 조금도 좋아하지 않는 것들임을 외면하려고 해선 안 됩니다. 하나님은 내가 바라는 것을 얻게 해주시고 나를 행복하게 해주셔야만 하는 분으로 막연히 인식되어 있습니다. 우리에 대한 하나님의 사랑이 얼마나 큰지를 보여주고, 그리고 그리스도의 사랑과 긍휼을 우리도 본받게 하려고 십자가 사역이 있었던 것처럼 생각하는 경우가 많습니다. 예수님의 십자가를 우리 자신의 뭔가를 뒷받침하려고 우리가 얼마나 가치 있는 존재인가를 보여 주려고 존재하는 것으로 생각하고 있다는 것입니다. 그러나 지옥의 존재가 어떻게 사람들을 행복하게 할 수 있습니까? 그것이 어떻게 사람들을 변화시킬 수 있습니까? 그러나, 이 세대는 성경이 대답해 줄 수 있는 것들을 질문하고 있지 않는 것 같습니다. 성경에 의하면, 우주적 관심사는 "어떻게 하면 내가 행복해질까?"가 아니라 "어떻게 내가 구원받을 수 있는가?"라는 것입니다.17)

고백적 선택

영국의 인류학자 어니스트 겔르너(Ernist Gellner)는 현시대 문화의

---

16) Michael S. Horton, "How Wide Is God's Mercy?" *Modern Reformation*, January/February 1993, p. 8.
17) Michael S. Horton, "What Is the Megashift?" *Modern Reformation*, January/February 1993, p. 1.

분열과 그것이 어떻게 모든 문화들과 마찬가지로, 가치관과 의미를 제공해 줄 전체적 세계관과 종교를 필요로 하는지에 대해 연구해왔다. 그가 내린 결론은 이 세상에는 오직 3가지 종교적 결론이 있을 뿐이며, 포스트모던적 상대주의와 합리적 근본주의, 그리고 종교적 근본주의 등이 그것이라고 말한다.

겔르너 자신은 그가 말하는 소위 "합리적 근본주의"를 옹호하는데, 계몽주의의 이상(理想)으로의 소신 있는 복귀를 뜻한다. 종교적 근본주의와 같이 명백하게 독단적인 이 합리주의는 절대 초월적 진리를 믿는다. 그러나 그들은 계시나 지적 확실성을 거부하는 면에서 상대주의자들과 뜻을 같이 한다.

그러나 겔르너는 "포스트모던적 상대주의"가 거의 경멸할만한 대상이라고 생각한다. 포스트모더니스트들에 대해 신랄하게 비판을 가한 후에, 그는 간단하게 그들을 일축해 버리고 있다:

> 상대주의자들에게 사람이 할 수 있는 유일한 말은 – "당신네들은 우리가 식당 메뉴판에서 음식을 고르거나 벽지를 선택하는 방법에 대해 아주 뛰어난 설명을 해주고 있군요. 우리가 사는 세상의 현실과 행동지침에 대한 설명이라고 보기에는 당신들의 견해는 참으로 웃음을 자아내게 합니다."– 라는 것 밖에 없다.18)

겔르너는 세속주의자로 확인된 사람임에도 불구하고 종교적 근본주의자들에게 훨씬 더 공손한 자세를 보이고 있다:

> 근본주의자들은 진리의 고유성을 우리와 함께 인식하고 보편적 상대주의를 내세워 안이한 자기기만에 빠지지도 않는 사람들이며 또한 우리의 지적 조상으로써 존경을 받을만한 분들이다. 지나친 조상숭배의 자세는 갖지 않더라도, 우리는 그들에게 상당한 존경심을 보여야 한다. 굳이, 단일신 사상에 집착하는 입장에서 말하지 않아

---

18) Ernest Ge.lner, *Postmodernism, reason and religion* (London: routledge, 1992). p. 96.

도 계몽사상의 합리적 자연주의는 진리의 밝은 빛을 결코 목도하지 못했으리라는 것이 당연하다. 모든 개연성을 두고 볼 때, 계시의 고유성에 하나 덧붙일 것이 있다면, 고유하면서도 균형감 있게 조물주에 접근 할 수 있는 가능성을 성공적으로 열어주어야 한다는 역사적 전제 조건이 있다. 질서정연한 단일세계를 향한 종교적 강한 충동, 그리고 기회주의자들의 일관된 회피, 조작된 모순 등이 없었더라면 인식상의 기적은 일어나지 않았을지도 모른다.19)

겔르너는, 종교적 근본주의를 모더니즘의 존경받는 조상으로 뿐만 아니라 현시대 세계를 위한 합법적 선택으로 간주했다.

불행하게도, 그가 연구하여 최고의 활력을 가지고 있다고 파악하고 있는 특별한 종류의 근본적 합리주의는 이슬람 근본주의이다. 기독교(적어도, 그가 영국에서 익숙해진 표현)는 그에게 매우 타락했으며 세속과 타협할 뿐 아니라 굴복적으로 보이는 것이 분명하다. 그래서 그는 기독교를 진지하게 받아들이지 않는다. 기독교인들은 이슬람이 전 세계적으로 그들의 종교적 경쟁자가 되어가고 있다는 사실을 제대로 알 필요가 있다. 아프리카의 교회는 이미 이슬람으로부터의 강한 싸움과 박해에 직면하고 있다. 더 이상 중동의 종교로 머무는 것이 아니라 이슬람은 아프리카와 아시아 전역에 퍼지고 있으며 구(旧) 공산주의 국가들 내에서도 강하게 자리 잡고 있고 서유럽과 미국으로까지 파고들어 오고 있다. 호전적이고 타협할줄 모르는 이슬람은 포스트모던 시대의 가장 강력한 종교로 나서게 될지도 모른다. 거기에 대응하는 겁많은 합리주의자들이나 맥빠진 상대주의자들, 그리고 기분을 맞춰주기에 열중하는 기독교인들은 무기력하게 드러날 수도 있다.

겔르너는, 자신의 입장을 "합리주의자적 근본주의"라는 용어로 새삼 솔직하게 나타내면서 객관적 이성과 과학적 방법을 독단적으로 중시한다. 포스트모더니즘의 여러 가지 결말에 대해서 눈을 뜨고 있는 점점 많

---

19) *Ibid.*, pp. 95-96.

아지는 학자들이나 사려 깊은 사람들과 같이, 겔르너는 계몽사상의 가치 관으로 돌아가서 모더니즘을 재정립해 보고자 무던히 애쓰고 있다. 겔르너는 합리적인 분석을 가하여 포스트모더니즘을 손쉽게 반박하고 있지만, 핵심에 도달하고 있지는 못한다. 합리주의를 전면적으로 거부하는 사람들은 겔르너의 논리가 나무랄 데 없이 조리 있어 보이기는 하지만, 그의 논리에 흔들리지 않는다. 그 문화의 추세는 처음에 의도한 것 하고는 아주 딴판으로 가고 있다. 포스트모더니스트의 상대주의는 실로 "우스운" 일이라 할 수도 있지만, 그것을 쉽사리 무시할 수는 없다.

기독교로부터 불신 받고 있는 모더니즘과 전형적인 무정부상태로써 아무도 오래 버텨낼 수 없는 포스트모더니즘, 그리고 그런 문제 때문에 더더욱 부각되기 쉬운 이슬람의 근본주의의 실질적인 대안이 되려면 무엇보다도 집안부터 단도리를 제대로 해야 한다. 기독교는 자유 신학 입장으로써의 모더니즘에 굴복할 수도 없으며 거대 변천 신학으로써의 포스트모더니즘과 타협할 수도 없다. 자유주의나 거대변천 복음주의 모두, 현실 문화에 굴복하는 것들이다. 지배적인 문화와 타협한다는 것은 아이러니하게도 성공으로 가는 공식이 되지 못하고 실패로 가는 공식이다. 자유주의 교회들은 모더니즘을 옹호하면서 "현대인"에게 다가서려고 힘썼으나 지적 풍토가 바뀌면서 스스로 부적합한 처지 속으로 자신들의 운명을 이끌고 들어갔다. 무비판적으로 포스트모더니즘을 옹호하는 복음주의 교회들도 같은 운명을 맞게 될 위기에 처해졌다. 현실적 시대의 정신에 굴복하면서 혼합주의적 신학은 초자연성을 거부하는 모더니즘과, 진리를 부정하는 포스트모더니즘의 혼란 속에서 방황하는 인류의 참된 영적 욕구를 위해 사역을 감당하려들지 않는다.

디오게네스 알렌(Diogenes Allen)이 쓴 것을 보면, "미래가 무엇을 택할지 아직 아무도 모른다, 그러나 분명한 것은 종교적인 시각에 대해서라면 하여간 적대적인 모더니즘적 정신으로 주장하는 것들을 다 벗어 버리고 기독교 신앙을 원천적으로 다시 평가하는 일이 긴요하다."[20] "포스트모던 시대는 계몽사상이 발생한 이후로 줄곧 시달림 받아 온 기독교의 정통성을 회복할 수 있게 해주고 있다."고 알렌은 지적 한다. "모더니즘의 정신적 특징인, 이성의 좁은 시야와 과학으로의 고전적 의존심리가 존재한다고 해도, 기독교가 과거 300년간이나 해왔던 것과 같은 방어적인 자세를 이제는 더 이상 취하고 있을 수만은 없다."21)

토마스 오든(Thomas Oden)은 고전적인 기독교 정통성이 포스트모던 시대에 다시 등장할 것이라고 믿는다. 오든이 볼 때는 공산주의의 붕괴는 곧 모더니즘의 붕괴를 말하는 것이다. 또한 러시아 정교회가 살아남아 지켜져 온 것에 대단한 의미를 둔다. 그 전통은 1세기 이후에 조금도 변하지 않았기 때문이다. 오든은 한때 몸담고 있었던 청교도 자유정신을 무용지물로 표현하고 있다. 그는 각각의 전통에 영향을 받던 신학자들이 어떻게 성경으로 되돌아오고 있으며 초대교회를 연구하고 교부들의 지혜와 영성을 회복하고 있는지를 주목한다. 그는 "포스트모던시대의 기독교인들은 좋은 신앙심을 가지고 모더니즘의 원칙 속에 들어갔다가 모더니즘의 환상에서 깨어나게 된 후에, 되돌아와, 실제 인류역사 속에서 나타내신 하나님의 말씀을 깊이 공부하고 있는 사람들"이라고 적고 있다.22)

오든은, 포스트모더니스트들이 사실상 모더니즘의 초월자들이며 모더니스트들이 지닌 회의론을 벽에 부딪치게 만든 사람들이라고 믿고 있다. 정통 기독교가 하듯이, 모더니즘에 대한 참된 대안(代案)을 제시해주지 못하고 이들 문화상대주의자들은 모더니즘의 고통스런 사망의 모습만 보여주고 있다. 사실 그가 옳기를 바라지만, 오든도 겔르너와 같이 포스트모더니스트들을 과소평가하고 있다. 그러나 지금 그들의 사상은 전 세

---

20) Diogenes Allen, *Christian Belief in a Postmodern World* (Louisville, KY: Westminster/John Knox Press, 1989), p. 2.
21) *Ibid.*, p. 2.
22) Thomas C. Oden, *Two Worlds: Notes on the Death of Modernity in America and Russia* (Downers Grove, IL: InterVarsity Press, 1992), p. 53. See Also his book *After Modernity-What?: Agenda for Theology* (Grand Rapids. MI: Academie Books, 1990).

계에 퍼져 들어가고 있다. 나는 또한, 오든이 고전적 기독교의 승리를 너무 낙관하고 있는 게 아닌가 싶다. 그러나 기독교는 점점 더 상대주의적으로 되어가는 사회 속에서 엄청난 반대세력에 부딪힐 것이 틀림없다고 본다. 그럼에도 불구하고 오든은 기독교인들에게 모더니즘의 사멸을 인정하고 그들의 교리와 영적 유산을 회복하여 새로운 시대에 열중하라고 선동적으로 외치고 있다.

겔르너는, 합리주의적이든 종교적이든 간에 "근본주의"적인 부류를 상대주의에 대한 바람직한 선택(사실상 유일한 선택)이라고 간주한다. 그러나 "근본주의"란 말은 모더니즘에 대한 시시비비의 흔적인 것이지 그 이상은 아니다. 근본주의라는 용어는, 그 말에 해당되는 인사(人士)들이라고 겔르너가 주장하는 사람들 사이에서 조차도 평판이 나쁘다. 그 밖에도, 포스트모던의 세계에서는 그 말이 이슬람 근본주의를 연상시키는 함축적 뜻을 지니게 됐으며 권위주의적인 이슬람 율법학자나 혹독한 고행을 떠올리게 하는 용어이기도 하다. 이런 것은 법이나, 문화, 또는 은혜에 대해 다른 관념을 가진 기독교인들이 전달하고자하는 내용이 될 수가 없다.

최초의 포스트모던 국가였던 아돌프 히틀러의 정권에 저항했던 교회들은 스스로를 "고백의" 교회라고 지칭했다. 그들은 혼합주의적 교회와 경찰국가에 맞서서 위대한 역사적 신앙고백에서 있었던 것처럼 하나님의 말씀과 기독교 교리 위에 손을 얹고 신앙고백을 하였다.23)

우리도 그들의 영예를 함께 느끼고, 많은 쟁점들이 어느 시대나 거의 다를 것 없다는 인식 속에서, 우리는 "신앙고백의 기독교"를 심는 문제에 대해 이야기를 해야 되지 않을까 싶다.

기독교인들이 포스트모던적 상대주의에 대한 대안이 되려면, 말과 행동으로 신앙고백을 해야 한다. 고백이란 그런 신앙이 무엇인지를 안다는

---

23) I tell their story-and it is an inspriring and instructive one-in my book *Modern Fascism: Liquidating the Judeo-christian Worldview* (St. Louis: Concordia Publishing House, 1993).

의미가 된다.

모든 교회의 그리스도인들은 그들 자신의 교리적 유산을 되찾음으로써 신앙고백이 시작되리라고 본다. 루터파들(Lutherans), 칼빈주의자들 그리고 그 밖의 역사적인 교회들은 그들의 믿음에 대한 정형(定形)된 고백서들이 있다. 성공회 교회들, 카톨릭 교회들, 그리고 정교회들은 풍부하면서도 엄격한 전통들이 있다. 기타 종파들은 교리적 정의를 보다 덜 엄격하게 하고 있으나, 그들 역시 신앙고백과 성경에 기초한 신앙적 유산을 지니고 있으며 그들은 마땅히 그것을 되찾아야 할 것이다. 그렇게 하면서 그들은 활력을 되찾게 될 것이며 상대주의적 교회에게 명백한 증거가 될 성경적 핵심을 선포하게 되리라고 본다. 교리적인 일관성을 가진 성경적 교회들은 흐리멍텅하고, 특별히 어느 것도 대표하고 있지 않은 기분 맞춰주기식 교회 회중들 보다는 더 강력한 증거를 지니게 되어있다. 고백주의라고 해서, 온기 있고 살아있는 신앙을 희생하면서 무슨 교리적 순수성이나 고집하는 듯한 "죽은 정통파"를 의미하는 것이어서는 안 된다. 그 목표는 "살아있는 정통파", 즉 경험과 진리에 근거한 신앙이어야 하며, 거기에는 감정과 지성이 함께 깃들 수 있는 여지가 필요하다. 간혹 교회사적으로 교리가 지나치게 강조되는 일이 벌어지고 있으나 진리라는 것은 모조리 부인해버리는 사회 속에서 그것마저도 위험의 요소가 될 일은 없다고 봐도 무방하다.

교리를 강조하다 보면 다양한 기독교의 전통 간에 교리의 차이를 부각시키게 된다. 그러나 이것이 꼭 파괴적 종교 전쟁을 뜻한다고 볼 필요는 없다. 다양한 전통은 우선 회복부터 시키고 나서 평가나 도전을 할 필요가 있다. 일단 그것들이 다시 자리 잡고나면, 신학에 기초를 둔 토론이 회복되게 된다. 신학이 다시 진지하게 받아들여질 것이기 때문이다. 활발한 신학적 토론이 일면 교회에는 활력이 불어올 것이다. 혼합주의적 방법으로 모든 특성 있는 믿음의 형태를 제거하고 통일을 이루려는 의도는 실패하고 말았다. 그러나 교회의 진정한 적이 누군지를 아는 엄격한 고백주의가 교회를 선도하고 통일을 이루게 되리라고 생각한다. 결국,

교회의 통일은 사도 바울이 명백하게 말씀하는 것처럼, 여러 지체들을 가진 한 몸으로 다양성을 수용하는 것이다(고전 12장). 통일과 다양성을 결합한다는 것은 흡사 포스트모던적인 느낌을 주기도 한다.

포스트모더니즘적 활용

마이클 홀톤(Michael Horton)이 개혁신학으로의 복귀를 호소한다거나 토마스 오든(Thomas Oden)이 초대교회 신학의 회복을 외치고 있는 것은 둘 다 새로운 기독교 고백주의(Christian confessionalism)를 주장하고 있는 셈이다. 포스트모던적인 지적 풍토는 이론상으로 위의 주장을 받아들일 것처럼 되어있다. 포스트모더니즘의 대변인격인 사람이 표현하고 있듯이 "모든 집단은 자기 나름의 목소리를 낼 권리를 가지고 있으며, 그 주장의 소리를 권위 있고 합법적으로 받아들여지게 만들 권한도 있다는 사상은 포스트모더니즘적 다원주의 입장의 중심내용이다."24) 그 입장으로 본다면 기독교 공동체들도 자체적 목소리를 낼 자격이 분명히 있다는 뜻이 된다. 기독교 단체들도 그 같은 신념과 신학적 언어를 공유하고 있기 때문이다. 만일 포스트모더니즘이 소외집단을 중심 위치로 끌어들이려고 한다면, 기독교야말로 현대사조의 외곽에만 있었기 때문에 중심으로 들어가야 될 대상임에 틀림없다. 게다가 오든이 지적한 대로 교회는 사실상 세계적이며 다문화적이고 복합세대적인 몇 안 되는 단체 가운데 하나이다.25)

신앙고백적인 기독교인들은 포스트모더니즘의 모더니즘에 대한 파괴의 입장에도 의식을 같이 할 수 있다. 모더니즘은 신학적인 바탕에서 만큼은 아직도 강한 거점을 보유하고 있는 상황이다. 한 가지 긴요한 필요성이 있는 바, 예컨대, 기독교의 중심적 교파에 골고루 파고들어, 성경의 권위를 손상시키고 있는 역사·비평적 접근에 적극 대처해야 한다는 것

---

24) Daved Harvey, *The Condition of Postmodernity* (cambridge, MA: Basil Blackwell, 1989), p. 48.
25) Oden, *Two Worlds*, p. 54.

과 같은 일이다. 포스트모던적 비판은 성경 본문에 대한 초자연적이거나 자연주의적 이해를 거부하면서 과학적이고 객관성을 가진 역사적 성경의 학문이라고 인식된 그것이 얼마나 비 객관적이며 비과학적인지를 보여주고 있다. 포스트모던 학문의 도구는 그들의 객관성에 대한 표방에도 불구하고, 그것이 얼마나 역사·비평적이며 단지 모더니즘적 세계관에 겉모습만 바꾼 것이며, 또한 성경의 본문을 벗어나서 비약한다는 것이 철저하게 공상에 그칠 뿐이라는 사실 등을 잘 드러내준다. 일부 학자들은 이러한 처리를 이미 실행하기 시작했지만, 자유주의적 성경 해석이 완전히 파헤쳐지기까지는 아직 할 일이 많이 남아있다.

신앙고백의 기독교인들은 죄를 심각하게 받아들이고 타락의 어원적 의미를 강조하여 포스트모던 학문의 식견을 그들의 것처럼 전용(專用)할 수도 있다. 포스트모더니스트들이 말하듯이 인간의 이성은 부적합하다. 그러나 기독교인들이 믿음의 근거로 삼는 것이 이성이 아니고 하나님의 계시라는 것을 알아야한다. 즉 하나님의 말씀인 성경을 근거로 하고 있다. 포스트모더니스트들은 의미는 오직 "의미 상통의 공동체" 내부에서만 결정되는 것이라고 말한다. 기독교인들에게는 교회가 의미 상통의 공동체라 하는 뜻이다.26)

비록 기독교인들이 포스트모더니즘의 학문을 이용할 수는 있지만 어느 시점이 지나게 되면 그들 학문에 도전하게 될 수밖에 없는 상황이 된다. 기독교인들은 오직 이성에만 의존하는 일을 회의하는 반면에 절대 진리를 믿는다. 하나님은 스스로를 언어로 나타내시기 때문에 언어는 기만적인 속성이 있는 것이 아니라, 오히려 계시적이며 진리를 표현할 수 있다. 문화가 아닌 하나님이 의미와 진리, 그리고 가치 기준의 근원이다. 존재계를 지으신 분으로써 하나님은 권위를 갖고 계신다. 그러므로 뚜렷한 절대 진리와 초월적 가치관들이 그 범위와 적용에 있어서 보편적인 것

---

26) James W. Voelz, "Multiple Signs, Levels of Meaning and Self as Text; Elements of Intertextulity," Society of Biblical Literature convention, San Francisco, November 1992.

이다.

  크리스챤들이 정말로 참된 것을 찾기 위해 힘쓰는 중이라면 포스트모더니스트들이 직면하고 있는 모순점들을 설교하고 있는 셈이다. 스티븐 코놀(Steven Connor)이 파악한 바대로 "향후, 포스트모던 이론가들은 동의를 강요할만한 절대 가치 기준이 없다고 주장하고 나설 것이다." "그러나 그러한 상황에서는 가치관이나 합법성에 대한 회의는 사라지지 않고 새로운 극단적 입장만 생길 뿐이다."라고 그는 말한다.27) 포스트모더니스트들이 아무리 절박하고 강렬하다고 해도, 그러한 문제에 대답 할 수는 없다. 데이빗 하비(David Harvey)는 포스트모더니스트적 사고의 피상성과 상업주의에 봉착하고 나서, "각종 영상물(映像物)보다는 언어적 설명을 심미적 기준 보다는 윤리적 기준을" 반격으로 제시해야 한다고 했으며, "다양성 속에서 통일을 지향해야 한다"고 강조했다.28) 그러나, 그러기위해서는 포스트모더니즘으로는 설명 할 수 없는 초월적 존재가 요구되는 것이다.

  바클라프 하벨(Vaclav Havel)은 공산주의의 감옥에서 풀려나와 자유 체코슬로바키아의 대통령이 된 극작가로써 의회 연설을 통해 동양과 서양 세계를 위해 다음과 같이 말했다:

> 우리는 정치나, 과학, 경제보다 도덕성을 우선하는 방법을 아직도 모르고 있다. 우리는 도덕적인 인간이 되기 위해, 우리 행위의 진정한 유일의 중심 기준이 책임감이라는 것을 이해할 능력이 여전히 모자란다. 내 가족, 내 국가, 내 회사, 내 성공 등의 것들보다 더 높은 어떤 것에 대한 책임을 말이다.29)

---

27) Steven connor, *Postmodernist Culture: ;An Introduction to Theories of the Contemporary* (Oxford; basil Blackwell, 1989), p. 8.
28) Harvey, *Condition of Postmodernity*, p. 359.
29) Quoted in Neil Postman, *Technopoty: The Surrender of Culture to Technology* (New York: Vintage Books, 1993), p. 82.

그러나 무엇에게, 누구에게, 우리는 책임이 있는가? 무엇이, 누가, 우리의 눈으로 볼 수 있는 모든 것 보다도 더 위에 있다는 말인가? 포스트맨(Postman)이 말하듯이, 그것으로는 결점 많은 이론에서 자유로워지기에 모자라다. 우리에겐 더 나은 이론이 있어야하며 기술사회가 그 답이 될 수는 없다. 반면에 기독교는 하나의 답이 될 수 있을 것이다.

그러나 포스트모더니즘 시대의 기독교인들은 포스트모더니스트들에게서 아주 대접을 잘 받고 싶어 한다. 기독교인들은 "그들만이 유일한 진리를 가지고 있다는 생각" 때문에 극심한 비난을 받을 것이다. 그들은 아량이 없다고 욕먹을 것이다, 그리고 "자기들의 믿음을 남들 모두에게 강요하려 든다"고 비난 받을 것이다. 포스트모더니스트들이 그들의 아량과 다원주의 신(神)께 기도할 때, 그 내용 속에 기독교인들이 들어있지 않을 것을 기대할 수나 있을지 모르겠다. 문화가 점점 무법천지의 야만적인 것이 되어 갈수록 기독교인들은 더욱더 박해를 맛보게 될지도 모른다. 그러한 풍토에서는 교회가 성장할 수도 있고 못할 수도 있다. 나는 교회가 위축되어서, 믿음이 충실한 소수의 잔류자만 유지되고 있지 않을까하는 생각도 해본다. 그러나 예수 그리스도의 교회를 음부의 권세가 이길 수는 없으며 어느 문화가 이기는 일은 더더욱 불가능하다(마 16:18).

결 론
"기초가 무너지면"

"하나님의 말씀은 시편 11:3의 뜻 깊은 질문을 통해, 우리의 교회를 위해 우리 시대의 모습을 예고한다. "터가 무너지면 의인이 무엇을 할 고?"우리의 모더니즘적 시대 전체가 근본을 무너트리고 돌 부스러기 위에 새로운 기초를 세우려는 노력에 전념해 왔었다.

우리의 주님께서는 친히 근본을 말씀하셨다. "그러므로 누구든지 나의 이 말을 듣고 행하는 자는 그 집을 반석위에 지은 지혜로운 사람 같으리니"(마 7:24). 반대로, 하나님이 말씀하신 근본을 거역하는 자는 "그 집을 모래위에 지은 어리석은 사람 같으리니"(마7:26). 모래는 물론, 계속 제자리에 있지 못한다. 모더니즘 사상의 역사는 계몽사상의 합리주의, 로맨티시즘의 정서주의, 실존주의의 의지력 등, 여러 근본들의 연속으로 이루어져 있다. 그러나 위기의 시대, 즉 "비가 내리고 창수가 나고 바람이 불어 그 집에 부딪히매" 사람의 생각으로 세운 모든 기초들이 무너져, "그 무너짐이 심하니라"(마 7:27).

오늘날, 우리는 모든 근본이 거부됨을 목도하고 있다. 모더니즘의 다양한 계획들 속에는 근본들을 모두 파괴한 후에, 그 위에 다른 기초를 세우려는 것도 들어 있었다. 이제, 모더니즘은 구시대의 것이 되었고 결코 끝나지 않는 해체와 재 설립의 순환이 허망한 일임이 명백해졌다. 포스트모더니스트들은 완전히 다른 대안을 세우고 있다. 어쩌면 우리는 기초 없는 집을 짓게 될런지도 모른다.

포스트모더니즘을 감싸는 자들이나 비판하는 자들 모두, 포스트모더니즘의 핵심이 "반(反) 근본적"이라는 사실에는 한결같이 동감한다.1) 계몽사상으로 시작 된 모더니즘 속의 여러 사조들이 데이빗 하비(David Harvey)의 말대로 혼란을 수습하려고 힘썼던 반면, 포스트모더니즘은 근본적 판단을 총체적으로 회피하고 혼란과 더불어 살아가려는 추구를 하고 있다.2)

기독교인들은 끝없이 이어지는 인본주의적인 기초에 대한 포스트모더니스트적 비판을 수용하고 또 거기에 동참할 수도 있다. 그러나 교회는 "사도들과 선지자들의 터 위에 세우심을 입었고 예수 그리스도께서 친히 모퉁이 돌이 되셨다"(엡 2:20). 사도 바울은 경고한다. "각각 그 위에 어떻게 세우기를 조심할지니라." "이 닦아둔 것 외에 능히 터를 닦아 둘 자가 없으니, 이 터는 곧 예수 그리스도라"(고전 3:10-11).

의인이 무엇을 할고?

그러나 "기초가 무너지면"— 모든 기초가 무너지면 —"의인이 무엇을 할고?" 오직 하나의 기초만 가져야 한다고 주장하는 교회가 모든 근본이 다 버려지고 있는 이 시대에 어떻게 제 구실을 할 수 있겠는가? 지난날에는 사람들이 옳고 그른 것과 진리와 비 진리에 관해서 논쟁을 벌였다. 오늘날에는 도덕이나 진리의 개념 자체가 버려지고 있다. 그러한 시대에 기독교인들이 과연 어떻게 의(義:righteousness)를 주창(主唱)할 수 있겠는가? 기독교인들이 어떻게 그리스도의 진리를 증거할 수 있는가? 그들이 어떻게, 죄인임을 부인하고, 모든 사람이 구원을 받는다고 말하는 사람들에게 복음을 선포할 수 있겠는가?

---

1) David Harvey, *The Condition of Postmodernity* (cambridge, MA: Basil Blackwell, 1989), p. 9..
2) *Ibid.*, p. 11.

교회 성장의 전문가들은 요컨대, 포스트모더니즘 사회에 기독교를 전달할 방법을 연구해 왔다. 그 예로, 레이스 앤더슨(Leith Anderson)은 현시대 사람들이 누군가 추상적인 사상에 대해 이야기하면 거기에 관심을 기울인다는 문제를 가지고 있다고 말한다. 그러나 그러한 사상들은 이야기로 표현되거나 실질적 적용문제를 강조하게 되면 형편없이 무너질 수가 있다. 그는 나아가, 사람들이 체계적으로 사고한다거나 합리적 논의에 귀를 기울이지 않는 경향이 있기 때문에 논쟁을 벌이거나 인간 상호간 영향력을 통했을 때, 사상들이 가장 접근하기 쉬운 쟁점으로 변하게 된다고 주장한다. 역할 모델들이나 정신적 지주(mentors), 그리고 친구들이 더 좋게든, 나쁘게든 간에 객관적 이성보다도 사고 형성에 더 영향을 준다.3)

성경을 믿지만 환생(윤회)도 믿는다고 말하는 젊은이는 사후 세계의 구체적 쟁점에 초점을 맞춘 성경 연구를 통해서야 정통성에 복귀하게 될지도 모른다. 그가 하나님의 말씀을 읽어감에 따라서 성령님이 역사하실 것이다. 그러는 과정에서 그가 존경하는 목사와 그가 사랑하는 견고한 믿음을 가진 밀접한 관계를 이룩함으로써 그 젊은이는 그들의 올바른 믿음의 영향을 받게 될 것이다.

포스트모던의 사고방식을 가진 사람들과 상호 뜻을 전달할 방법적인 이런 제안들은 쓸만한 일이다. 예수께서는 어쨌든 비유로 말씀하셨지, 추상적인 논문으로 뜻을 전하시지 않았다. 예수님은 그의 제자들을 분명히 "훈련"하셨다.

일부 교회 성장 연구에 따르면, 일반적으로 이루어지고 있는 것보다 다른 적용사항들이 지적되고 있다. 포스트모던적인 사람들이 집단 중심적이라는 것에는 대체로 이견이 없다. 이러한 견해는 "분리형 교회" 구조를 초래해 왔고, 그 속에서는 거대하고 비개인적인 "초대형 교회들"이 분산되어 개인적 친분을 위한 소집단 형태를 이루게 된다. 내가 보기에는 작은 규모의 개인적 집단들이 사람의 마음을 끈다는 것은 소형교회의 적합성을 계속

---

3) Leith Anderson, *A Church for the Twenty-First Century* (Minneapolis: Bethany House, 1992), pp. 45-46.

보여주는 것으로 생각된다.

포스트모더니즘의 심리는 과거에 대해서 문이 열려있다. 교회 성장 연구가들은 종종 이 사실을 간과한다. 역사 보존 운동으로부터 TV 재방송이나 역사 소설, 그리고 "복고풍" 의상 등으로 나타나는 대중문화에 대한 향수에 이르기까지, 현시대 사람들은 과거에 대한 매력을 느끼고 거기에 끌리고 있다. 유일하게 모더니스트들만이 그것을 "낡은 것"이라는 이유로 버리려 든다. 교회의 전통들이 찬양의 전통적 형식을 포함해서 우리가 느끼고 있는 것보다 더 많은 매력을 지니고 있는지도 모른다. 특히 전통 없이 살면서 전통을 갈망하는 세대에게는 더 그렇다.

교회들이 현 사회와 서로 교통하고 어필할 길을 추구하는 것은 옳은 일이다. 그러나 그들이 기억해야할 것은 그들이 밖으로 손을 뻗어 포스트모더니스트들에게 닿을 필요가 있는 한편, 그네들을 있는 그대로 방치해서는 안 된다는 것이다. 새로 구성된 교회가 아직 전도가 안 된 "소비자들"에게 마케팅 전략으로 접근 해야만 할지도 모른다. 그러나 일단 그들이 인도되어 오면, 교회는 그러한 소비자적 사고방식에 도전해야만 한다. 교회가 사람들의 정서에 어필해야만 할 경우도 있을 것이다. 그러나 그 다음에는 반드시 그들에게 성경적으로 사고하는 법을 가르쳐야 한다.

교회 성장 전문가들은 앤더슨(Anderson)을 비롯해서 교회들이 신자들을 이끌기 위해서 문화와 보조를 맞추면서 변화해야 할 필요도 있다고 주장한다. 그러나 교회의 목적은 스스로가 변화하는 것이 아니라 삶을 변화하도록 만들어주는 것이다. 분명히, 교회가 만일 복음주의에 대하여 불필요할 정도로 방어적인 입장을 계속 견지해 왔다면, 어느 정도의 변화야 말로 적절한 조치가 되리라고 본다.

외부지향에 있어서 강력한 장애요소들 즉, 너무 공격적인 인종적 정체성이나, 접근하기 부담스러운 건물시설, 불친절, 외부세계와의 의사소통에 대한 실패 등이 지적될 필요가 있다.

그러나 잠재적 교인들에게 더 마음에 들기 위해 교회의 성격이나 가르침을 바꾸고자하는 유혹은 존재한다. "초대형교회"가 되고자하는 바램이 간혹 "거대 변천" 신학을 초래하기도 한다. 형식의 변화는 흔히 내용의 변화를 무심코 저지르는 경향이 있는 것이다. 좀더 정서적인 것으로 즐거움을 줄 수 있도록 하기 위해 찬양 예배의 형식을 바꾸는 것은 회중에게 주관성과 영적 쾌락주의만 가르치게 될 뿐이다.

사도 바울은 "너희는 이 세대를 본받지 말고 오직 마음을 새롭게 함으로 변화를 받아 하나님의 선하시고 기뻐하시고 온전하신 뜻이 무엇인지를 분별하도록 하라"(롬 12:12)고 쓰고 있다. 오직 이 본문 말씀만이 교회가 주된 세상의 흐름에 맞게 변화되어야 한다는 주장을 잠재울 수 있는 충분한 교훈이다. "세상의 양상"이 교회의 사역을 결정하게 되어서는 안 된다. 이 기준은 온갖 종류의 혼합주의, 자유주의, 그리고 "거대 변천" 신학 따위를 배제한다. 오히려 크리스챤들이 성령에 의해 변화 받아야 하며 그들의 정신이 하나님의 말씀으로 새로워져야 한다.

제자를 삼는다는 것은 도덕적, 지적, 그리고 영적 훈련이 필요하다. 이러한 것들은 분명히 인간의 본성에 생소한 것이다. 특히 오늘날의 인간에게 그렇다. 그러나 오늘날의 사람들이 기독교의 진리를 이해할 능력이나 그들의 마음을 변화시킬 능력이 없다고 말하는 것은 성령님과 하나님의 권능을 과소 평가하는 것이다.

참된 교회 성장은 양적으로나 질적으로 볼 때, 사회과학적 연구나 마케팅 기법을 통해서 오는 것이 아니라, 탐 네틀즈(Tom Nettles)가 지적하듯이 부흥과 개혁을 통해서 오며,4) 인간의 창의력을 통해서 되는 것이 아니라 하나님의 역사를 통해서 이루어지는 것이다. 그 과정에서 교회도 성경적 정체성을 고수하고 있어야 한다.5)

특히, 교회는 현재 공격당하고 있는 두 가지 관념위에 확고하게 서야한

---

4) Tom Nettles, "A Better Way: Church Growth Through Revival and Reformation," in *Power Riligion: The Selling Out of the Evangelical Church,* ed. Michael horton (chicago: Moody Press, 1992), pp. 161-87.
5) 이것이 의미하는 바를 도전적으로 표출한 내용과, 교회가 포스트모던 세계에서 어떻게 그 믿음을 살릴 수 있을 것인가에 대한 것을 보려면, Charles Colson, *The Body* (Dallas: Word, 1992)를 보라.

다. 즉, 도덕성과 진리위에, 루터(Luther)가 이르기를 "죄인의 최종적인 증거는 사람이 자신의 죄에 대해서 모른다는 사실이며, 우리가 할 일은 사람에게 자기 죄를 일깨워주는 것"이라고 하였다.6) 하나님의 법을 선포하는 것은 죄에 대한 확인을 가져다주는 것이고, 그 시점(時點)에서 우리가 할 일은 예수 그리스도의 구원의 복음을 선포하는 것이다.

이것을 선포하는 것은 진리에의 위탁이 요구된다. 사도 바울은 말하기를 "살아계신 하나님의 교회는 진리의 기둥이요 성벽이다."(딤전 3:15)라고 하였다. 교회는 "기둥"이 되어야 한다. 즉, 가르침과 행동으로 진리를 지탱하고 있어야 한다.7)

성경 본문이 밝혀주는 이 진리는 단순히 인간 이성의 지식이 아니라, "신적인 신비"의 비할 데 없이 풍성한 진리, 즉 예수 그리스도의 성육신과 영광, 그리고 효력(딤전 3:16)이며 예수님 자신이 곧 진리이시다(요 14:6).

역사의 교훈

기초를 파괴하는 것은 새로운 일이 아니다. 시편 11장에서 제기된 문제는 모든 시대의 하나님 백성들에게 해당된다.

애굽의 종들에게는 그들의 믿음에 대한 아무런 뒷받침도 없었다. 또한 모세가 하나님의 말씀과 강력한 구원의 역사를 가지고 오기 전까지는 이교도의 감시에 맡겨져 있었다. 이스라엘 자손들이 언약의 땅에 들어왔을 때, 그들 주변의 우상숭배자들은 강력하게 그들을 미혹하였다. 사실상 이스라엘 사람들은 혼합주의의 유혹에 굴복한 것이다. 그들은 자기 아이들까지 희생물로 바칠 만큼 가나안 족속의 행동 양식에 맞추기도 하였다(렘 7장). 하나님의 심판은 엄중했다. 하나님은 그들에게 바빌론 제국을 보내어 그들의 나라를 파멸시키고 그들을 포로로 잡아 갔다. 바벨론 사람들이 예루살렘의 성벽을 완전히 무너뜨리고 희생의 거룩한 장소이자 믿음의 중심지인

---

6) Quoted in *Ibid.*, p. 191.
7) See Colson's discussion of this passage, *Ibid.*, pp. 183-200.

그들의 사원을 헐어버렸을 때, 그들의 기초들은 말 그대로 모두 파괴되어 버렸다.

그래도, 하나님께서는 쫓겨나는 그의 백성들에게 함께 계셨으며 그들을 모두 다시 복구시키셨던 것이다. 그들은 또 다시, 그리스 제국과 로마와 같은 주변국들에 의해 쓰라린 아픔을 겪게 되었다. 예수께서는 친히 모퉁이 돌이 되시기 위해 오셨다(엡 2:20), 그러나 그분은 또한 건축자들의 버린 돌이기도 하셨던 것이다(마 21:42).

로마제국은, 아무리 줄여서 말한다 해도 다원주의 사회였다. 비록 그들이 고대의 미덕을 상실했었지만 로마인들은 지극히 수용적(受容的)이었다. 그들이 용납할 수 없었던 유일한 민족은 크리스챤들이었다. 박해를 당하는 동안에 믿음을 포기하기를 거절했던 크리스챤들은 그들의 법적 권리를 몰수당한 채, 다른 경우였다면 면밀하게 공정성이 지켜졌을 법제도 하에서 부당하게 즉결처형을 당하는 것도 감수할 수 있었다.

역사가(歷史家) 스티픈 벵코(Stephen Benko)에 따르면, 그의 제정 로마 시대의 반(反) 기독교인 선전에 대한 연구에서 초대교인들이 그토록 잔인하게 박해받은 주요 원인들 중 하나가 그들이 유일한 진리를 소유하고 있다는 주장을 굽히지 않았다고 하는 사실이라고 했다.

로마가 몰락할 때, 그 문화는 포스트모더니즘의 문화를 닮은 것이 되어 있었으며 문화 상대주의(물론 로마적인 잣대에 의해서)와 모든 종교의 용인(容認)(모든 사람이 시이저를 숭상하는 조건만 맞춰준다면)을 옹호하고 있었다. 기독교인들이 로마황제의 신성(神聖)을 인정치 않는 것은 큰 악(惡)이었다. 그러나 벵코(Benko)가 보여주듯이, 고대 로마인들을 초조하게 만들고 살인마처럼 격노하게 했던 것은 이들 노예의 운명을 타고난 저급한 자들이 자신들만 유일한 진리를 갖고 있다고 외친다는 사실이었다.[8]

그러나 교회는 세상의 양상에 맞추려고 애쓰지 않았다. 교회는 원칙들을 양보하지 않았던 것이다. 대중적으로 사회에서 인정받기는 고사하고 기독

---

8) Stephen Benko, *Pagan Rome and the Early Chrisstians* (Bloomington: Indiana University Press, 1984), pp. 58-59.

교는 무시당하고 있었다. 복음주의적인 노력들이 기독교인이 되면 죽음의 처벌을 받는다는 사실 때문에 혼란스러워졌다. 이제 교회의 마케팅 전략이 중대한 문제에 부딪히게 될 것이다. 수천 명의 기독교인들이 순교했다. 그럼에도 불구하고, 성령은 계속해서 사람들을 그리스도께로 인도했다. 결과적으로, 모든 권세와 영광을 쥐고 있던 전체의 로마제국이 그리스도의 주권 앞에 굴복했던 것이다.

모든 역사를 통해서 교회는 - 시대에 맞춰 가느냐, 시대에 거스르느냐 - 의 두 가지 선택을 늘 앞에 두고 있었다. 교회 역사 속에서 가장 중요한 신학적 움직임들은 그들 시대의 추세에 역행하는 운동이었다는 주장을 하는 사람도 간혹 있을만하다.

18세기 계몽운동 시대에 많은 교인들이 이성의 시대에 순응하기로 결정했었다. 그들은 많은 기적을 보면서도 믿음을 버리고 합리적 사고로 기독교를 재해석하려하였다. 이것이 바로 자유주의 기독교의 최초 형태이다. 그러면서도, 18세기는 시대에 거슬리는 종교 운동의 시대로 기록되고 있다. 영어 사용권에서의 방법론적 운동과 루터파의 경건주의 운동이 초자연적이면서도 감상주의적 영성을 가진 계몽사상의 합리주의와 맞부딪히게 되었다. 미국에서는 이성의 시대가 위대한 계몽사상의 물결에 합류하였다.

19세기에, 많은 사람들이 계몽적 합리주의에 반발하여 감상주의, 주관성, 그리고 자기 탐구적 로맨티시즘을 받아들였다. 이러한 운동은 또 다른 신학적 자유주의를 배태시켰으며 타락한 경건주의적 형태로써 기독교를 감정의 상태일 뿐이라고 내세웠다. 그런 상황에서도 19세기 로맨티시즘은 그 시대적 정신에 예리하게 대항했던 신학 운동에 의해 저지를 받게 되었다. 영국의 옥스포드 운동은 감정에 얽매인 시대를 향해 전통적 예배의식과 객관적 교리가 타당한 것임을 강조했다.

이 시기는 구교(Catholic)의 부흥기이기도 했는데 기독교계에 제랄드 맨리 홉킨스(Gerard Manley Hopkins)와 프랑시스 톰슨(Francis Thompson)과 같은 탈(脫)-로맨티시스트가 나오게 하기도 하였다. 또한 C.F.W. Walther와 같은 루터파 신학자나 찰스 하지(Charles Hodge)와 찰스 스펄젼(Charles Spurgeon)과 같은 개혁주의 신학자들은 개인의 경건 생활에도 교리의 엄격성이 들어 있어야 함을 강조하였다.

21세기 실존주의는 또 다른 종류의 자유주의 신학을 불러일으키고 기독교의 객관적인 내용을 훼손시키려하고 있었다. 그러나 20세기의 가장 반성하는 종교적인 움직임들은 당시의 시대적인 각종 주장 사항에 대하여 수수방관하며 내버려두기만 하는 일은 없었다. 미국에서는 모더니즘이 근본주의의 벽에 부딪히게 되었으며 복음주의자들은 복음의 선포를 강조하며 성경의 권위를 고수하려 노력하였다. 신앙고백적 교회들은 히틀러(Hitler)의 독일에서 벌어진 교회의 수난을 이겨내었는가 하면, 폴란드의 구교(Catholicism)는 공산주의를 붕괴시키는 일이 벌어졌고, 동유럽(Eastern)의 정교(Orthodoxy)는 소련의 통치를 견디어냈다. 니일 포스트맨(Neil Postman)은 교육이란 "온도조절기와 같은" 것이어야 한다고 주장한 바 있다. 방이 너무 추우면 온도조절기가 작동하여 온도를 높이고, 또 너무 더우면 온도 조절장치가 이번엔 에어콘을 가동시키게끔 작동하는 것이다. 포스트맨은 교육도 그와 똑같은 작용을 해야 할 필요가 있다고 말한다. 문화가 정체되어 있거나 편협하게 될 땐, 교육이 사람들의 사고를 완화시켜주도록 해야 한다. 반대로, 문화가 변화 일변도로 치닫게 되면 교육은 안정을 위한 세력이 되어 줄 필요가 있는 것이다. 가시적(可視的)인 텔레비젼이 주도하는 환경에서는 학교 교육은 그 어느 때보다 더욱, 독서와 글쓰기를 강조할 필요가 있는 것이다.9) 교회도 역시 사회의 "온도조절"적인 역할을 할 필요가 있다. 차갑고 지식 중심적인 시대에는 교회가 신학적 통일성을 조성하려고 할 게 아니라, 인간의 정서를 배양하기 위해서 풍부하면서도 편안한 이해를 할 수 있는 영적 유산을 이끌어 내 줄 필요가 있다. 반면에, 정서적이며 주관적인 시대에는 교회가 객관적인 사고(思考) 배양에 앞장서야 하는 것이다. 포스트모던의 시대에서는 교회의 조절능력으로 도덕성과 진리를 강조하는 일이 필요할 것으로 본다. 제르지 파피엘루쯔코(Jerzy

---

9) Neil Postman, *Teaching as a Conserving Acitvity* (New York; Delacorte Press, 1979).

Popieluszko)는 공산주의자들에 의해서 순교 당한 폴란드의 신부로써 교회의 역할에 대해서 아주 적절한 표현을 한 바 있다. "기독교인은 이 세상 속에서 걸림돌의 상징이 되어야만 한다."10) 공산주의 치하에 있던 교회는 20세기의 가장 농도 짙은 박해를 견디어 냈던 것이다. 비록 교회내의 많은 관료주의자들이 공산주의자들과 협력한 것도 사실이나 믿음을 실천했던 참 기독교인들은 KGB의 체포를 무릅쓰고서도 타협하지 않았다. 러시아의 동구(東區) 정교회 신도들은 그들의 고대 기도서들과 3세기 때부터 내려오는 신학을 유지하고 있었다.

보수적 청교도들, 즉 침례파, 오순절파, 칼빈파, 그리고 동유럽의 루터파 등은 무신론적 사상을 협박적으로 주입하려는 형태에 맞서 저항했다.

일사불란하게 거대한 덩치를 이루고 있던 공산주의를 허물어버리고 마침내 모더니즘 시대의 종말을 보았던 사람들에게 쟁점사항은 언제나 "진리"였다. 솔제니친(Solzhenitsyn)에서 기독교 순교자들에 이르기까지, 바클라프 하벨(Vaclav Havel)로부터 단일화(Solidarity) 운동가들까지, 거듭되어온 반대자들의 주제는 진리에 대한 그들의 주장이었지, 거짓말을 고집하고 있었던 것이 아니다.11)

그토록 진리를 강조하고 도덕성에 대한 영웅적인 부르짖음이 서구의 포스트모더니스트적인 상대주의자들에게는 공허한 울림으로 밖에 보이지 않는 것이 분명하다. 사실, 솔제니친이 1987년도에 하바드에서 졸업연설을 할 때, 그는 하바드의 모토인 "Veritas"('진리'라는 뜻의 라틴어)를 축원하는 말로 시작했다. 그의 연설은 서구세계의 부도덕성, 물질주의, 그리고 세속화를 파헤치는 것이었다. 그것은 지적 체제를 이루는 자들의 머리털을 곤두세워 놓았고 학자들을 흔들어 무색케 했다. "솔제니친은 자기가 진리를 소유하고 있다고 믿으며, 그래서 그가 어디를 보든 간에 맹렬한 분

---

10) Quoted in colson, *The Body*, p. 213.
11) See Colson's stirring account of the church under communism and the role of Christians in its fall, *Ibid.*, pp. 201-31. Notice the recurring emphasis upon "truth."

노를 유발케 했으며, 자유주의적 대중매체 세계에 분개한 논조들이 잘못된 점이 눈에 띈다"고 뉴욕 타임즈는 극단적인 포스트모더니스트적 비난의 어조로 논평했다.12) 마이클 노박(Michael Novak)이 솔제니친의 연설을 "우리 시대의 가장 중요한 종교적인 문서"라고 평한 말이 아마도 한층 더 핵심에 다가 선 느낌을 준다.13)

솔제니친의 연설은 포스트모더니즘의 쟁점들을 분명한 크리스챤적 방법으로 부각시켜주고 있다. "제각기 분열된 세계"라는 연설 제목 자체가 포스트모더니즘의 상태를 암시한다. 그는, 서구 세속주의의 대중문화가 온 세상을 에워싸고 있는 것에 반발하여 전통문화에 대한 확신을 피력하고 있다. 그는 용기 있게 희생할 수 있는 능력을 메마르게 만드는 서구의 물질주의나 편리와 즐거움에만 신경 쓰는 사고방식을 해부하고 있다. 그는 우리의 법률 등이 도덕성과 무관하게 된 과정에 대하여 통탄한다. "사회가 젊은이들에게 해로운 도덕적 폭력, 즉 외설, 범죄, 그리고 공포 등을 마구 휘두르기 위해 자유를 남용하고 있는 사실 등, 인간 타락의 깊은 나락에 빠져드는 것을 막기 위한 방비에 너무 소홀한 것으로 드러난 지 오래다."14) 그는 뉴스 매체들의 무책임과 서구세계들의 "무신경증을 앓는 TV"에 대하여 크게 질타했다.15) "여러분의 학자들은 법적 의미에서는 자유롭다. 그러나 그들은 일시적으로 만연된 유행의 우상들에 의해 포위되어 있다는 것을 알아야 한다."고 그는 보고 있다.16) 그는 또 "기독교적 유산을 상실해버린 인본주의"를 공격하고17) "딱딱하게 굳어진 계몽사상의 공식들"이 쇠퇴하고 있음을 인용한다.18)

---

12) "The Obsession of Solzhenitsyn," *New York Times*, 13 June 1978, reprinted in *Solzhenitsyn at Harvard: The Address, Twelve Early Responses, and Six Later Reflections*, ed. Ronald Berman (Washington, DC: Ethics and Public Policy Center, 1980), p. 23.
13) Michael Novak, "On God and Man," in *Solzhenitsyn at Harvard*, p. 131.
14) Aleksandr 1. Solzhenitsyn, "A World Split Apart," in *Ibid.*, p. 9.
15) *Ibid.*, p. 13.
16) *Ibid.*, p. 11.
17) *Ibid..*, p. 18.

그의 분석의 핵심은 세계관 비판과 기독교인의 역사의식이다:

> 르네상스로부터 우리 시대까지 오는 도중에, 우리는 풍부한 경험을 했습니다. 그러나 우리는 우리 혈기와 무책임을 자제시켜 주곤 했던 최고 완전 실존자에 대한 개념을 잃어버렸습니다. 우리는 정치와 사회 개혁에 너무 큰 기대치를 두어 온 것입니다. 그 결과는 우리의 가장 소중한 재산이 박탈당했다는 것, 즉 영적인 삶의 소멸입니다. 그것은 동양에서는 파티의 군중에게 짓밟히고 서양에서는 상업적인 군중에 의해 유린되고 있습니다.19)

동양의 공산주의나 서양의 세속주의 둘 다 똑같은 영적 질병에 감염되어 있다.

포스트모더니스트들처럼 솔제니친도 모더니즘의 시대가 끝나고 우리는 이제 막 새로운 것을 향해 들어가려고 문지방을 넘는 중이라고 믿는다.

> 만일, 종착역에 도달한 것이 아니라면 세계는 지금 역사 속에서 중대한 갈림길에 놓여있습니다. 중세기에서 르네상스 시대로 전환할 때와 맞먹는 중대한 시점입니다. 이 시기는 우리에게 영적인 불꽃을 태우도록 요구할 것이며, 우리의 시각(視角)은 새로운 높이까지 성장해야 할 것입니다. 즉 새로운 삶의 수준으로 올라가야만 우리의 육체적 본질이 중세기에서처럼 저주받지 않을 것입니다. 그러나 그보다 중요한 것은 우리의 영적 존재가 모더니즘 시대에서처럼 짓밟히는 일이 없게 될 것입니다.20)

동양과 서양 모두에 대한, 그의 황폐하게 만드는 듯한 비판에도 불구하고, 1978년 그의 연설 이후로 전개되어 온 각종 행사에 의해서 강조된 감은 있지만, 솔제니친은 비관주의자가 아니다. 그는 "이 지구상에 어느 누구에게도 다른 갈 길이 남아있지 않으며, 오직 위를 향해가는 길만 놓여있다"21)는

---

18) *Ibid.*, p. 19.
19) *Ibid.*
20) *Ibid.*, p. 20.

말로 끝맺음 한다. 그는 우리에게 "영적인 불을 밝히기" 시작하도록 도전하고 있다.

성소에 계신 주님

"기초가 무너지면, 의인이 무엇을 할고?" 시편은 이어서 거기에 대한 대답으로 인류가 무엇을 할 수 있는가로부터 쟁점을 신앙고백으로 옮겨 놓는다. "여호와께서 그 성전에 계시니, 여호와의 보좌는 하늘에 있음이여"(시11:4).

인류가 기초를 파괴할지도 모르지만, 하나님의 주권에는 아무 영향도 줄 수가 없다. 통치자는 여전히 하나님이시다. 그분은 하늘에서 초월적이면서도 공의롭게 다스리신다. 게다가 그분은 하늘에만 계시지 않고 이 땅에도 계신다. 그 분은 하늘 보좌 위에만 계신 것이 아니라, 그 성전, 즉 그의 교회에도 계신다. 문화가 하는 일이 무엇이든지 상관없이 하나님의 자녀들은 절대 보장을 받고 있다. 주께서 통치하시고 백성들과 함께 하시는 것이다.

시편은, 쟁점을 인간이 무엇을 할 수 있는가로부터 하나님의 계획이 무엇인가로 옮겨간다. 시편은 "악인과 강포함을 좋아하는 자들"을 위해 주님이 예비하고 계신 무서운 심판을 묘사하고 있다(시 11:5). "악인에게 그물을 내려치시리니 불과 유황과 태우는 바람이 저희 잔의 소득이 되리로다."(시 11:6). 절대 진리는 실존이다. 절대 진리를 거역한 결과는 이 땅과 사후에 모두 명백하게 나타난다. "여호와는 의로우사 의로운 일을 좋아하시나니"(시 11:7)와 같이 말씀하신 것처럼, 절대 진리는 하나님 스스로의 성품 속에서 객관적으로 존재한다.

기초가 파괴되면, 저들은 하나님의 백성들을 표적으로 삼을지도 모른다. "악인이 활을 당기고 살을 시위에 먹임이여 마음이 바른 자를 어두운데서 쏘려하는도다"(시 11:2). 믿음의 적들이 "어두운 데서" 쏘려한다는 것은 공격의 교활함을 암시해준다. 그러나 도망하여 숨지 않고, 즉 "새 같이 네

---

21) *Ibid.*

산으로 도망"하지 않고 믿는 자는 결코 요동치 않는 기초에 의지한다. 시편 기자가 "내가 여호와께 피하였거늘"(시 11:1)이라고 고백한 것처럼 말이다.

이것을 안다면, 그리스도인들은 포스트모더니스트들이 덧없는 인간지식과 문화와 역사에 의지하고 있다는 사실을 공감할 수 있을 것이다. 그와 반대로, "예수 그리스도는 어제나 오늘이나 영원토록 동일하시다"(히 13:8). 따라서 우리는 오직 주님을 사모하고 그를 향한 열정이 식어지지 않토록 해야 할 것이다.

**모든 육체는 풀과 같고 그 모든 영광이 풀의 꽃과 같으니,
풀은 마르고 꽃은 떨어지되 오직 주의 말씀은 세세토록 있도다
(벧전 1:24-25).**

□ 참고문헌 □

<단행본>

Allen, Diogenes. *Christian Belief in a postmodern World.* Louisville, KY: Westminster/John Knox Press, 1989.

Anderson, Leith. *A Church for the Twenty-first Century.* Minneapolis: Bethany Houst, 1992.

Anderson, Walter Truett. *Reality Isn't what It Used to Be: Theatrical Ploitics, ready-to-Wear Religion, global Myths, Primitive Chic, and Other Wonders of the Postmodern world.* San Francisco: Harper & row, 1990

Barber, Benjamin. "Jihad vs. McWorld," *Atlantic Monthly*, March 1992.

Barna, George. *the Barna Report: What Americans Believe.* Ventura, CA: Regal, 1991.

Barna, George. *The Frog in the Kettle: What Christians Need to Know About Life in the Year 2000.* Ventura, CA: Regal Books, 1990.

Barth, John. "Life-Story," in *the Norton Anthology of American Literature*, 3rd ed., ed. Nina Baym et al. New York: W. W. Norton, 1989.

Benko, Stephen. *Pagan Rome and the Early Chrisstians.* Bloomington: Indiana University Press, 1984.

Berger, Peter. "The Class Struggle in American Religion," *Christian Century*, 25 February 1981.

Besner, E. Calvin. *Prospects for Growth: A Biblical View of Population, Resources, and the Future.* wheaton, IL: Crossway, 1990.

Billingsley, K. L. *the Seductive Image: A Christian Critique of the World of Film.* Wheaton, Il: crossway, 1989.

Bourdon, David. *Warhol.* New York: Harry N. Abrams, 1989.

Carl Boggs, *Gramsci's Marxism.* London: Pluto Press, 1976.

Charles Jencks, *The Language of Post-Modern Architecture.* London: Academy Editions, 1984.

Colson, Charles. *The Body.* Dallas: Word, 1992.

Colson, Charles. *The Body: Being Light in Darkness.* Dallas, TX: Word, 1992.

Connor, Steven. *Postmodernist Culture: ;An Introduction to Theories of the Contemporary.* Oxford; basil Blackwell, 1989.

Dover, K. J. *Greek Homosexuality.* Cambridge, MA: Harvard University Press, 1978.

Farias, Victor. *Heidegger and Nazism,* tr. Paul Burrell. Philadlphia: Temple University Press, 1989.

Fish, Stanley. "There's No Such Thing as Free Speech and It's a Good Thing, Too," in *Debating P. C.: The Controversy over Political Correctness on College Campuses,* ed. Paul Barman. New York: Laurel, 1992.

Foucault, Michel., "Nietzsche, Genealogy, History," in *Foucault Reader,* ed. Paul Rabinow. New York: Pantheon, 1984.

Fruttero, Carlo. and Lucentini, Franco. with Dickens, charles. *The D. Case, or the Truth About the Mystery of Edwin Drood,* tr. Gregory Dowling. New York: Harcourt, Brace, Jovanovich, 1992.

Gallup, George. and Sarah Jones, *100 Questions and Answers: Religion in America.* Princeton, NJ: Princeton Research Center, 1989.

Gallup, Jr. George. and Bezilla, Robert. "U.S. Religious Composition Changes; Fervor Constant," Princeton Religion Research Center. 1993.

_____. Religious News Servece, in *Reporter: News for Church Leaders,* August 1993.

Gorman, Michael J. Abortion and the Early Church. Downers grove, IL: InterVarsity Press, 1982.

Greenberg, Daniel F. *The Construction of Homosexuality.* chicago: University of Chicago Press, 1988.

Hall, Bill. "Is the Church Growth Movement Really Working?" in *Power Religion: The Selling Out of the Evangelical Church,* ed. Michael Horton. Chicago: Moody Press, 1992.

Hardison, O. B. Jr, Disappearing through the Skylight: Culture and Technology in the Twentieth Century. New York: Viking, 1989.

Harvey, David. *The Conditions of Postmodernity.* Cambridge, MA: Basil Blackwell, 1989.

Harvey, Eavek. *The Condition of Postmodernity.* cambridge, Ma: Basil Blackwell, 1989.

Hirsch, David H. *The Deconstruction fo Literature: Criticism after Auschwitz.* Hanover, NH: Brown University Press, 1991.

Horton, Michael. ed., *Power Religion: The Selling Out of the Evangelical Church.* Chicago: Moody Press, 1992.

Jacob, Alan. "Deconstruction," in *Contemporary Literary Theory: a Christian Appraisal,* ed. Clarence Walhout and Leland Ryken. Grand Rapids, MI: Eerdmans, 1991.

Jencks, Charles. *The Language of Postmodern Architecture.* London: Academy Editions, 1984.

Kariel, Henry S., *The Desperate Politics of Postmodernism.* Amherst: University of Massachusetts Press, 1989.

Kellner, Hansfried. "Introduction," *Hidden Technocrats: The New Class and the New Capitalism,* ed. Hansfried Killner and Frank W. Heuberger. New Prunswick, NJ: Transaction Publshers, 1992.

Kilpatrick, William Kirk. *Psychological Seduction.* Nashville: Thomas Nelson, 1983.

Kroker, Arthur. and Cook, Daved. *The Postmodern Scene: Excremental Culture and Hyper- Aesthetics.* New York: St. Martin's Press, 1986.

Kroker, Arthur. *Panic Ebcyclopedia: The Eefinitive Guied to the Postmodern Scene.* New York: St. Martin's Press, 1989.

Levin, Daved Michael., *The Opening of Vision: Nihilism and the Postmodern Situation.* New Yor: Routledge, 1988.

Lewis, C. S., *Mere Christianity.* New York: Macmillan, 1960.

Lewis, C. S., *Miracles.* Nes York: Macmillan, 1947.

Lundin, Roger. *The Culture of Interpretation: Christian Faith and the Postmodern world.* Grand rapids, MI: Eerdmans, 1993.

Lyotard, Jean-Francoise., as summarized by Steven Connor, *Postmodernist Culture: An Introduction to Theories of the Contemporary.* Oxford: Basil Blackwell, 1989.

Mackintosh, Alastair. "Warhol," in *Contemporary Artists*, 3rd ed. Chicago: St. James Press, 1989.

Mason, Bobbie Ann. "Big Bertha stories," in *Literature: An Introduction to Fiction, Poetry, and Drama*, 5th ed., ed. X. J. Kennedy. New York: Harper Collins, 1991.

Maynard Hutchins, Robert., ed. *American State Papers, Great Books of the Western World.* Chicago: Encyclopaedia Britannica, 1952.

McGrath, Alister E. *Luther's Theology of the Cross.* Oxford: basil Blackwell, 1985.

Myers, Kenneth A. *All God's Children and Blue Suede Shoes: Christitians and Popular culture.* Westchester, IL: crossway Books, 1989.

Myers, Kenneth. *All God's Children and Blue Suede Shoes: Christians and Popular Culture.* Wheaton, IL: Crossway Books, 1989.

Nettles, Tom. "A Better Way: Church Growth Through Revival and Reformation," in *Power Riligion: The Selling Out of the Evangelical Church,* ed. Michael horton. Chicago: Moody Press, 1992.

Novak, Michael. "On God and Man," in *Solzhenitsyn at Harvard.*

Oden, Thomas C. *After Modernity-What?: Agenda for Theology.* Grand Rapids. MI: Academie Books, 1990.

Oden, Thomas. *Two Worlds: Notes on the Death of Modernity in America And Russia.* Downers Grove, IL: InterVarsity Press, 1992.

Olasky *The Tragedy of American compassion.* Wheaton, IL: Crossway,

1992.

Olasky, Marvin. *Prodigal Press: The Anti-Christian Bias of the American News Media*. Westchester, IL: Crossway Books, 1988.

Pearcey, Nancy R. and Thaxton, Charles B. *The Soul of Science: A Christian Map to the Scientific Landscape*. Wheaton, IL: Crossway Books, 1994.

Peper, Christian B. ed. *An Historian's Conscience: The correspondence of Arnold J. Toynbee and columba cary Elwes, Monk of ampleforth*, Boston: Press, 1986.

Percy, Walker. "The Last Donahue Show," in *Lost in the Cosmos: The Last Self-Help Book*. New York: Washington Square Press, 1983.

Postman, Neil. *Amusing Ourselves to Death: Public Discourse in the Age of Show Business*. New York: Viking, 1985.

Postman, Neil. *Teaching as a Conserving Activity*. New York: Delacorte Press, 1979.

Postman, Neil. *Technopoty: The Surrender of Culture to Technology*. New York: Vintage Books, 1993.

Powell, S. Steven. *Covert Cadre: Inside the Insititute for Policy studies*. Ottawa, IL: Green Hill Publishers, 1987.

Ricci, N. P., "The End/s of Woman," in Arthur Kroker, ed. *Ideology of Power in the Age of Lenin in Ruins*. New York: St. Martin's Press, 1981.

Rockmore, Tom. *On Heidegger's Nazism and Philsophy*. Berkeley: University of California Press, 1992.

Roger Lundin, *The Culture of Interpretation: Christian Faith and the Postmodern World*. Grand Rapids, MI: Eerdmans, 1993.

Schaeffer, Francis. *The God Who Is There, in The Complete Works of Francis A. Schaeffer*. Wheaton, IL: crossway Books, 1984.

Shideler, Mary McEermott. *The theology of Romantic Love: A study in the Writings of Charles Williams*. Grand Rapeds, MI:

Eerdmans, 1962.
Stachelhaus, Heiner. *Joseph Beuys*, tr. David Britt. New York: Abbeville Press, 1991.
Steele, Shilby. "The Recoloring of campus Life," in *The Norton reader*, ed. Arthur Eastman et al. New York: W. W. Norton, 1992.
Sykes, Charles. *A Nation of Victims: The Decay of the American Character.* New York: St. Martin's Press, 1992.
T. Dennis. Lane. ed., "The Fragmentation and Integration of truth," in *Francis A. Schaeffer: Portraits of the Man and His Work.* Wheaton, IL: Crossway Books, 1986.
Timmerman, John H. and Hettinga, Donald R. ed. Solzhenitsyn's "Templeton Address: Men Have Forgotten God," in *In the World: Reading and Writing as A Christian,* Grand Rapids, ML: Baker, 1987.
Toynbee, Arnold J. *A Study of History.* London: Oxford University Press, 1948.
Toynbee, Arnold. *An Historian's Approach to Religion.* New York: Oxford University press, 1956.
Veith, Gene Edward. *Modern Fascism: Liquidating the Judeo-christian Worldview.* St. Louis: Concordia Publishing House, 1993.
Veith, Gene Edward. *Reading Between the Lines.* Wheaton, IL: Crossway Books, 1990.
Venturi, Robert. et al, *Learning from Las Vegas.* Cambridge, MA: MIT Press, 1977.
Walhout and Ryken, eds,. *Contemporary Literary Theory,*
Waugh, Patricia. *Postmodernism: a Reader.* London: Edward Arnold, 1992.

<학술 논문>
Anderson, Leith. "Facing the Future," The Evangelical Press Association Convention, 12 May 1993, St. Paul, MN.
Brow, Robert. "The Evangelical Megashift," *Christianity Today,* 19

February 1990.

Charles Newman in a review of the state of the contemporary novel in *The New York Times,* 17 July 1987.

Colson, Charles. "Reaching the Pagan Mind," *Christianity Today,* 9 November 1992.

Eagleton, Terry. "Awakening from Modernity," *Times Literary Supplement,* 20 February 1987.

Elmer-Dewitt, Philip. "Cyberpunk!" *Time,* 8 February 1993.

Greeley, Andrew M. "Sex and the Single Catholic: The Decline of an Ethic," *America,* 7 November 1992.

Hassan, Ihab. "The culture of Postmodernism," *Theory, Culture and Society,* 2. 1985.

Hebdige, Dick., "A Report on the Western Front: Postmodernism and the 'Politics' of Style," *Block,* 12. 1986/7.

Horowitz, David. "The Queer Fellows," *American Spectator,* January 1993.

Horton, Michael S. "How Wide Is God's Mercy?" *Modern Reformation,* January/February 1993.

Horton, Michael S. "What Is the Megashift?" *Modern Reformation,* January/February 1993.

Kelly, James R. "Abortion: What Americans *Really* Think and the Catolic Challenge," *America,* 2 November 1991.

Lawton, Kim. "The Doctor as Executioner," *Christianity Today,* 16 December 1991.

Leo, John. "Judge-made Law Foments Strife," *Milwaukee Journal,* 29 March 1993.

Leo, John. "Today's Campus Politics Seema Right context for Meeting on rage," *Milwaukee Journal,* 6 July 1993.

Linkola, Pentti. *Johdatus 1990-luvun a jatteluun. [Introduction to the thought of the 1990s]*, Heisinki: WSOY, 1989.

Maglalang, Michelle. "US Faces Bigger Problems Than Loss of Meaning," *Milwaukee Journal,* 2 July 1993.

Miller, J. Hillis. "Literature and Value: American and Soviet Views," *Profession* 92, 1992.

Nuechterlein, James. "The Last Protestant," a review of Peter berger, *A Far Glory: The Quest for Faith in an Age of Credulity, in first Things*, March 1993.

Olasky, Marvin. "culture of Irresponsibility?" *World*, 23 May 1992.

Pontynen, Arthur. "Oedipus Wrecks: PC and Liberalism," *Measure*, February 1993.

Rucker, Rudy. "Cyberpunk!" *Time*, 8 February 1993.

Smith, Roberta. "At the Whtney, a Biennial with a social conscience," *New York times*, S March 1993.

Strini, Tom. "PBS Series Shows Dance as a Link Between Cultures, a Human Mirror," *Milwaukee Journal,* 9 May 1993.

Virkkula, Simopekka., "One Man's War," *Books from Finland*, 24, 1990.

Voelz, James W. "Multiple Signs, Levels of Meaning and Self as Text; Elements of Intertextulity," Society of Biblical Literature convention, San Francisco, November 1992.

□ 역자 약력 □

♣ 홍 치 모 교수

* 서울대학교 문리과대학 사학과 졸업
* 영국 그라스코 성서대학 졸업 및 그라스코 대학교 수학
* 미국 바이올라 대학교(Biola University) 명예문학박사 학위 수득
* 고신대학교 전임 강사 역임
* 숭의여자전문학교 교수 역임
* 서울대학교, 성균관대학교, 인하대학교, 동국대학교, 이화여대 대학원, 숙명여대 대학원 강사 역임
* 총신대학교 교육대학원장 및 부총장 역임
* 현재, 총신대학교 명예교수 및 서울성경신학대학원 대학교 초빙 교수

판 권
소 유

포스트모더니즘의 세계
도전 받는 크리스챤

2004. 10. 28 초판 인쇄
2004. 11. 5 초판 펴냄

지은이 Gene Edward Veith, Jr.
옮긴이 홍치모
발행인 김영무

발행처 도서출판 아가페문화사
156-094 서울동작구 사당4동 254-9
등록 제3-133호(1987. 12. 11)

보급처 : 아가페문화사
156-094 서울동작구 사당4동 254-9
전화 02-3472-7252-3
팩스 02-523-7254
온라인 우체국 011791-02-004204(김영무)

정가 12,000 원

ISBN 89-8424-075-3 03230